O passado me condena

PELO ESPÍRITO
MARGARIDA DA CUNHA

PSICOGRAFIA DE
SULAMITA SANTOS

LÚMEN
EDITORIAL

O passado me condena
pelo espírito Margarida da Cunha
psicografia de Sulamita Santos
Copyright © 2013 by
Lúmen Editorial Ltda.

2ª edição – junho de 2013

Diretor editorial: *Celso Maiellari*
Diretor comercial: *Ricardo Carrijo*
Coordenadora editorial: *Fernanda Rizzo Sanchez*
Revisão: *Maria Aiko Nishijima*
Projeto gráfico e arte da capa: *Ricardo Brito | Estúdio Design do Livro*
Imagem da capa: *Saswell | iStockphoto.com*
Impressão e acabamento: *Gráfica Orgrafic*

Dados Internacionais de Catalogação na Publicação (CIP)
(Câmara Brasileira do Livro, SP, Brasil)

Cunha, Margarida da (Espírito).
O passado me condena / pelo espírito Margarida da Cunha ; psicografia de Sulamita Santos. – São Paulo : Lúmen Editorial, 2013.

ISBN 978-85-7813-124-1

1. Espiritismo 2. Psicografia 3. Romance espírita I. Santos, Sulamita. II. Título.

13-01484   CDD-133.93

Índice para catálogo sistemático:
1. Romances espíritas psicografados : Espiritismo   133.93

Rua Javari, 668
São Paulo — SP
CEP 03112-100
Tel./Fax (0xx11) 3207-1353

visite nosso site: www.lumeneditorial.com.br
fale com a Lúmen: atendimento@lumeneditorial.com.br
departamento de vendas: comercial@lumeneditorial.com.br
contato editorial: editorial@lumeneditorial.com.br
siga-nos nas redes sociais:
@lumeneditorial
facebook.com/lumen.editorial1

2013
Proibida a reprodução total ou parcial desta obra
sem prévia autorização da editora

Impresso no Brasil — *Printed in Brazil*

Sumário

PRÓLOGO, 7

1 RELEMBRANDO TRISTES FATOS, 9

2 AMBIÇÃO E DESENTENDIMENTO, 21

3 DESCONFIANÇAS, 36

4 A RECUPERAÇÃO DE OSMAR, 58

5 O CONVITE, 73

6 IDEIA INFELIZ, 81

7 DECEPÇÃO, 93

8 O ACIDENTE, 105

9 ENTRE A VIDA E A MORTE, 129

10 ACERTOS E DESACERTOS, 138

11 BOAS NOTÍCIAS, 153

12 ORQUÍDEAS VERMELHAS, 170

13 TEMPO DE MUDAR, 184

14 O JANTAR, 205

15 CORAÇÃO APAIXONADO, 217

16 TUMULTOS, 229

17 REFLEXÕES ESPÍRITAS, 242

18 CAMINHAR, 260

19 NOVA REALIDADE, 275

20 CONHECENDO A CASA ESPÍRITA, 288

21 PARA CADA AÇÃO UMA REAÇÃO, 306

22 DO OUTRO LADO DA VIDA, 320

23 O AMOR SE APROXIMA, 345

24 UM NOVO AMOR, 367

25 O ENCONTRO, 376

26 ARREPENDIMENTO, 392

27 A DOENÇA, 400

28 ATITUDES INFELIZES, 424

29 O ENLACE, 442

30 A ARTE DE PERDOAR, 459

Prólogo

O arrependimento sincero é bem-visto perante os olhos de Deus, mas há aqueles que se permitem carregar em seus ombros o peso exagerado da culpa, que esmaga a alma.

Todos vivemos em um processo progressivo, mas o sentimento de culpa muitas vezes serve como entrave à elevação espiritual.

O arrependimento é balsâmico, porém a culpa corrói os pensamentos e a alma. Nunca nos esqueçamos de que Deus está sempre pronto a nos ajudar. Sendo a personificação do amor, Ele conhece bem as deficiências e as mazelas do espírito sequioso por progresso.

Por que somos obrigados a carregar o fardo demasiadamente pesado da culpa? Esse sentimento é um claro sinal de que ainda não nos perdoamos. E perdoar a nós mesmos não significa minimizar nossos erros, mas sim vê-los de maneira correta e tirar proveito de cada um deles.

Muitos ainda se prendem à ilusão da posse e, em nome do poder e das riquezas, são capazes de cometer verdadeiras atrocidades, que lhes causam prejuízos à evolução espiritual.

O passado não se muda, mas dele podemos tirar valiosas lições para nosso o espírito. Por que continuarmos a nos culpar pelas coisas que não podem ser mudadas?

Graças aos erros passados é que muitos espíritos galgaram corajosamente a escala evolutiva e hoje se prontificam a ajudar os que ainda engatinham rumo à evolução.

Há quem diga que o passado nos acompanha. Deixar que isso aconteça pode ser benéfico, pois significa que não vamos nos esquecer dos erros cometidos, mas sofrer por eles é carregar um peso desnecessário e inútil.

A cada dia Deus nos dá uma nova chance de repararmos o mal que porventura tenhamos cometido. Por essa razão não podemos deixar que a culpa adoeça nossa alma a ponto de esquecermos que ainda há uma longa jornada pela frente.

Em cada nova encarnação, Deus misericordiamente tem colocado sobre os nossos olhos a venda benéfica do esquecimento.

Mas como podemos reagir diante de erros cometidos no momento atual? Devemos encará-los como aprendizado.

Jesus disse a Maria Madalena: "Vá e não peques mais". Com essas palavras, ele não estava pedindo que ela carregasse sentimentos de culpa, mas antes a persuadindo a aprender com seus erros e deixar de praticá-los.

O passado condena os que ainda não aprenderam o ensinamento maior do amor, tanto para com o próximo, como para si mesmo, o perdão.

Margarida da Cunha

1
Relembrando tristes fatos

Osmar acordou no exato momento em que o médico Cassiano Medeiros entrou no quarto e com um sorriso perguntou:

— E então, Osmar, como se sente?

O homem, ao olhar para cada detalhe do quarto e para a vestimenta branca do homem à sua frente, perguntou:

— Onde estou?

— Osmar, há dois dias um de seus filhos o encontrou caído no escritório de sua casa e imediatamente o trouxe para este hospital a fim de que recebesse os devidos cuidados.

Sem compreender muito bem o que o médico estava querendo lhe dizer, Osmar ficou alguns momentos em silêncio tentando lembrar o que havia acontecido.

Lembrou-se de que sentira uma terrível dor na cabeça, acompanhada de um gosto de sangue na boca. Por fim, falou:

— Preciso resolver problemas importantes da fábrica!

— Calma! Não é o momento de pensar em seus negócios. O melhor que tem a fazer é descansar para se recuperar o quanto antes — disse o médico, percebendo que o paciente estava se agitando.

— Não quero descansar.

O médico, levando o estetoscópio ao peito de Osmar e colocando suavemente o aparelho de pressão em seu braço direito, disse:

— Osmar, mantenha a calma! Sua pressão voltou a subir. Isso não é um bom sinal.

Cassiano Medeiros saiu no corredor e chamou uma enfermeira. Preocupado, disse:

— Por favor, aplique uma injeção calmante no paciente do quarto doze. Ele acordou e está bastante alterado. Daqui a alguns minutos vou ao posto de enfermagem para fazer a prescrição por escrito.

— Mas qual a medicação que devo aplicar?

O médico pensou e lhe passou as informações necessárias. A moça, andando rapidamente pelo longo corredor, entrou em uma pequena sala e em seguida voltou com uma bandeja.

Entrou no quarto de Osmar e lhe aplicou a injeção. Ele estava muito agitado e não parava de falar sobre o desfalque que a empresa sofrera.

A enfermeira ficou observando-o e viu quando lentamente ele desfaleceu e adormeceu.

Cassiano Medeiros visitava todos os internados naquele corredor onde Osmar estava, quando um homem alto e elegantemente vestido aproximou-se dizendo:

— Por favor, é o dr. Cassiano Medeiros?

— Sim! O que deseja?

— Muito prazer! Sou João Vitor Dias, filho do sr. Osmar Dias. Soube que está cuidando de meu pai e estou querendo saber o que lhe aconteceu.

— Por favor, estou terminando de fazer as visitas, mas preciso conversar com o senhor em minha sala.

— Mas o que meu pai tem, doutor?

— Por favor, falo com o senhor em pouco mais de cinco minutos.

João Vitor não gostou do tom usado pelo médico; afinal, estava acostumado a ser recebido com deferência por todos, porém o médico pouco se importou com sua posição social.

João Vitor informou-se sobre qual era a sala onde o médico atendia os pacientes menos graves e se dirigiu para lá, a fim de aguardá-lo no corredor. Olhava impaciente o relógio quando viu Cassiano Medeiros entrar rapidamente na sala. O jovem entrou atrás dele e disse:

— Por que está me fazendo perder tempo? Poderia já ter me dito sobre o estado de saúde de meu pai. Sou um homem ocupado e tinha uma reunião marcada.

— O que é mais sério para o senhor? A saúde de seu pai ou a reunião em sua empresa? — Cassiano Medeiros, indiferente, perguntou.

João Vitor sentiu raiva e, ignorando a pergunta do médico, inquiriu:

— Qual é o problema do meu pai?

O médico, em tom sério, falou:

— Seu pai sofreu um AVC (Acidente Vascular Cerebral), ou seja, um derrame cerebral; porém não podemos dizer com precisão quais serão as sequelas. Preciso chamar um colega neurocirurgião para avaliar o estado dele.

— Quem contratou seus serviços? Por acaso foi meu irmão Lucas?

— Ninguém me contratou, fui indicado pelo meu colega de trabalho, o dr. Fabiano Ruiz — respondeu o médico, esboçando um leve sorriso.

— Por que o dr. Fabiano não cuidou de meu pai? Afinal, há muito tempo é médico de nossa família — questionou João Vitor, indignado.

— Os motivos não posso lhe informar; mas posso lhe afirmar que estamos fazendo o nosso melhor em respeito a seu pai.

— Vou trazer um médico de minha inteira confiança para tratar do meu pai. Afinal, somos pessoas de posses e podemos contratar médicos do exterior, se for o caso.

— Faça como quiser; mas enquanto seu médico não chega vou continuar cuidando de Osmar.

João Vitor, dando de ombros, saiu sem nem mesmo se despedir. Cassiano Medeiros pensou: "Que homem arrogante! Ele tentou me intimidar com sua arrogância, mas para mim Osmar é um paciente como outro qualquer".

O médico, sem dar importância ao fato, pegou algumas fichas que estavam sobre a mesa e passou a chamar os pacientes, que o aguardavam do lado de fora da sala.

No dia seguinte, Cassiano Medeiros chegou cedo ao hospital. Ao entrar no posto de enfermagem, a enfermeira que estava terminando o plantão noturno, comentou:

— Doutor, esta noite, o filho e a nora do paciente do quarto doze entraram lá e causaram agitação no paciente. Tivemos de lhe dar nova injeção calmante.

O médico não respondeu, apenas ficou pensando sobre o motivo daquela visita. Assim que entrou no quarto de Osmar, percebeu que ele estava adormecido, porém sua fisionomia demonstrava aflição. O médico olhou a papeleta e verificou que a enfermeira havia feito tudo certo. Aproximando-se do leito, pensou: "Que os bons espíritos venham assistir este homem que se encontra em sérias dificuldades".

Com aspecto sereno, o médico fez uma prece em pensamento, e se retirou. Foi visitar outros pacientes que estavam na mesma ala de Osmar.

Naquele dia, Cassiano Medeiros trabalhou tranquilamente. Primeiro no hospital e em seguida em seu consultório, onde a clientela aumentava a cada dia.

À noite, decidiu que voltaria ao hospital para realizar algumas visitas. Quando estava estacionando seu carro, viu João Vitor sair de um carro luxuoso e entrar no hospital com sua peculiar arrogância.

O médico hesitou por alguns instantes, mas ouviu uma voz lhe dizer:

— Vá ao quarto doze, aquele homem não está com boas intenções.

O médico saiu do carro e, quase correndo, passou pela portaria do prédio e entrou por uma porta lateral que dava para o corredor dos quartos.

Sem prestar atenção em ninguém, entrou no quarto doze e ouviu quando João Vitor disse:

— É como diz o ditado: "Erva ruim, geada não mata! Morra, velho desgraçado!

— Por favor, peço que se retire. Preciso examinar seu pai.

— Você não vai examinar ninguém! Sou filho e tenho direito de escolher o médico que cuidará de meu pai.

— Não o quero aqui, João Vitor; você quer me matar — balbuciou Osmar.

— Ora, papai, deixe disso. Sou seu filho e estou querendo o melhor para o senhor.

— Por favor, não me deixe sozinho com esse verme! — disse Osmar, lançando um olhar súplice para o médico.

— Peço que se retire. O paciente está agitado e tenho de examiná-lo — ordenou o médico, olhando para João Vitor.

— Vou tirar meu pai deste hospital agora mesmo! Ninguém pode enxotar João Vitor Dias dessa forma!

— Faça como quiser, mas saiba que se pedir a alta dele e acontecer alguma coisa a responsabilidade é totalmente sua; eu não vou lhe dar alta só porque você quer — respondeu o médico, fazendo uma prece em pensamento.

João Vitor, irritado, retirou-se, mas prometeu a si mesmo que iria se vingar de Cassiano Medeiros.

O médico questionou o enfermo:

— O que seu filho quer com o senhor?

— Esse meu filho sempre foi diferente do irmão, porém eu nunca quis admitir que ele era mau-caráter e ambicioso — disse Osmar, fitando-o com um olhar enigmático.

O médico, não querendo estender a conversa, retrucou:

— No momento, preocupe-se somente com sua saúde, deixe seu filho aprender as duras lições que a vida vai se encarregar de lhe dar.

— Tenho pena de João Vitor. Ele vai sofrer muito na vida — afirmou o homem que estava parcialmente paralisado.

— Só há duas maneiras de aprender: pelo amor ou pela dor. E seu filho está escolhendo a pior maneira possível.

— E o culpado sou eu, pois se eu tivesse sido mais duro e não o tivesse apoiado em suas canalhices talvez ele não fosse assim.

O médico fitou Osmar e por um momento percebeu que aquele homem arrogante fora mimado ao extremo. Agora, o pai percebia o quanto errara em sua educação.

— Doutor, peço-lhe que não permita que João Vitor venha me visitar. A presença dele e sua língua ferina me fazem muito mal.

— Não posso fazer isso; afinal, é seu filho. Sugiro que contrate um enfermeiro para ficar ao seu lado dia e noite, assim ele poderá assistir o senhor quando receber as visitas inoportunas de seu filho.

Cassiano Medeiros, rodopiando lentamente nos calcanhares, abriu a porta e logo se retirou dizendo que voltaria mais tarde.

Ao chegar ao posto de enfermagem, o médico, olhando para a enfermeira, disse:

— Por favor, contate a família do sr. Osmar Dias e diga que tenho algo importante a lhes falar.

No mesmo instante a enfermeira ligou para o posto de internação e pediu o telefone dos familiares do paciente. Contatou Lucas, o filho que encontrara o pai caído no escritório.

— Senhor Lucas?

— Sim.

— Sou a enfermeira do hospital onde seu pai está internado.

— Aconteceu alguma coisa?

— Não, mas o dr. Cassiano Medeiros precisa conversar com o senhor.

Lucas, que segurava o fone com força, disse com a voz trêmula:

— Onde posso encontrá-lo?

— Ele está terminando de fazer visitas a alguns pacientes, mas em breve estará aqui, na sua sala.

— Diga ao dr. Cassiano Medeiros que vou agora mesmo conversar com ele. Por favor, não o deixe ir embora — falou, antes mesmo de a enfermeira terminar de falar.

Ela nem chegou a responder e Lucas desligou o telefone.

Cassiano Medeiros, ao ficar sabendo que o filho de Osmar iria até o hospital, decidiu esperá-lo a fim de informá-lo sobre tudo o que estava acontecendo.

Passados pouco mais de vinte minutos, Lucas entrou no hospital à procura do médico que estava cuidando de seu pai.

Não demorou para que Lucas o encontrasse.

— O senhor mandou me chamar? — questionou preocupado.

O médico, que conhecera Lucas no dia em que Osmar fora internado, disse:

— Por favor, venha até a minha sala.

O profissional logo percebeu que Lucas realmente estava preocupado com o estado de saúde do pai.

— Osmar está se recuperando lentamente, porém seu estado inspira cuidados. Ele sofreu um AVC e está parcialmente paralisado, de modo que passará por uma avaliação de um neurocirurgião e depois de alguns exames saberemos ao certo quais serão as sequelas — informou, tentando acalmá-lo.

Lucas, a cada palavra do médico, sentia seu corpo tremer, e com sofreguidão na voz perguntou:

— Meu pai pode morrer, doutor?

— Todos nós podemos morrer de um momento para o outro. Seu pai sofreu um AVC e posso lhe garantir que isso é grave; mas se tiver uma vida tranquila poderá se recuperar e só vão restar apenas algumas sequelas. Por enquanto, ele precisa ficar internado para exames e reavaliações — respondeu o médico, com seriedade.

Lucas não conseguia se acalmar. Chorava sem se envergonhar diante do médico, que, percebendo o desespero dele, esperou que ele serenasse para completar:

— O motivo pelo qual o chamei aqui é para lhe dizer que seu pai precisará de um enfermeiro para assisti-lo dia e noite. Como sabe, a enfermagem do hospital não tem tempo de permanecer ao lado dos pacientes durante 24 horas, uma vez que são muitos enfermos.

— Não se preocupe, providenciarei um enfermeiro para cuidar de meu pai.

O médico sentiu vontade de contar a Lucas o que estava acontecendo, porém sabia que isso não era ético. Assim, decidiu se calar e deixar aquele assunto de família para que os envolvidos resolvessem.

— Meu pai sempre foi um bom homem, embora se mostrasse duro em algumas ocasiões, trabalhou, criou-nos e nos proporcionou boa educação e conforto — contou Lucas, em tom choroso, passando a desabafar com o médico.

— E sua mãe?

— Minha mãe faleceu quando meu irmão mais velho tinha catorze anos e eu treze, mas posso lhe garantir que ele cumpriu bem seu papel de pai e sempre se preocupou conosco.

— Fale-me um pouco de seu irmão.

— Meu irmão sempre foi o filho preferido de meu pai. Desde cedo, começou a trabalhar na fábrica da nossa família. Contudo, nunca foi bom caráter. Ainda jovem mostrou seu lado ambicioso, mas meu pai sempre o elogiava dizendo que um homem sem ambição seria um joão-ninguém na vida. Mas o que meu pai não conseguia ver era o quanto meu irmão era implacável com os que se colocavam em seu caminho. Por diversas vezes, tentei alertá-lo de que meu irmão nunca amara ninguém, mas meu pai dizia que eu tinha inveja da capacidade de João Vitor. Quando comecei a trabalhar na fábrica, João Vitor nunca permitiu que eu assumisse qualquer cargo importante, de modo que trabalho até hoje no setor de vendas.

— E qual é o setor que seu irmão trabalha? — questionou o médico, remexendo-se na cadeira.

— Ele é vice-diretor e tem quase as mesmas responsabilidades e atribuições de meu pai. Tenho certeza de que meu irmão quer que meu pai morra, a fim de comandar os negócios da família.

— Por que diz isso?

— Por que se meu pai morrer, ele assumirá integralmente a fábrica; afinal, ele sempre diz que a fábrica é dele e que não a dividirá comigo.

— Mas ele não pode fazer isso; vocês são os herdeiros diretos de Osmar e por lei ele será obrigado a dividir com você tudo o que seu pai um dia deixar como herança.

— Eu sei que tenho os mesmos direitos dele, porém não quero ficar em seu caminho, pois tenho certeza de que ele poderá fazer alguma coisa contra mim ou minha família.

O médico então percebeu o pavor estampado nos olhos de Lucas.

— A ambição é um mau que destrói o homem aos poucos.

— É uma pena que meu irmão não consiga enxergar isso. Sempre fui diferente. Enquanto ele quer dinheiro, eu quero somente o necessário para viver — respondeu Lucas, respirando fundo.

— Quão verídicas são as palavras de um sábio do passado: "O amor ao dinheiro é a raiz de todo o mal".

— Isso é verdade; por diversas vezes pensei que se meu pai não tivesse nada, meu irmão não seria do jeito que é — concordou Lucas depois de pensar por alguns instantes.

— Se seu pai não tivesse o dinheiro que tem, posso lhe garantir que seu irmão seria exatamente como é. Ele trilharia seu próprio caminho para conseguir dinheiro, pois a ambição é uma fraqueza que vem com o espírito.

— Sempre fui tão diferente...

— Antes de sermos seres humanos, somos espíritos, e posso lhe garantir que cada espírito é diferente do outro; cada em está em uma escala evolutiva; e talvez você já tenha aprendido essa lição que seu irmão ainda não aprendeu.

— O senhor acredita em espíritos, dr. Cassiano Medeiros?

— Tenho muitos motivos para acreditar, meu bom rapaz.

— Como pode acreditar em algo que não vê?

— Como não vejo? Compreenda que todos nós somos espíritos, e nosso corpo é apenas uma vestimenta que usamos por determinado tempo e abandonamos na ocasião da nossa morte. Antes de nascermos, somos seres espirituais e para que possamos viver neste planeta é necessário usarmos um corpo que tenha alguns elementos orgânicos da terra. Mas o que anima o corpo físico é o espírito, uma vez que quando o espírito se desliga da matéria, o corpo físico entra em falência e morre.

Lucas estava intrigado com a maneira de pensar do médico, de modo que permaneceu calado esperando que ele continuasse sua explanação. O médico, percebendo o interesse do rapaz, disse:

— Como médico, posso prescrever medicamentos que farão bem ao corpo, mas Jesus foi o grande médico de almas.

— O senhor é religioso?

— Posso lhe dizer que sou um estudioso, e isso faz toda a diferença.

Lucas não entendeu a resposta do médico, porém decidiu se calar a fim de não incomodá-lo mais.

— Quando digo que sou um estudioso, quero dizer que estudo a fundo os fenômenos espirituais que cercam todos os seres humanos.

Lucas permaneceu calado e o médico percebeu que ele estava tentando digerir suas informações. Assim, resolveu falar sobre o estado de saúde de Osmar. Lucas, achando que estava tomando o tempo do médico, disse:

— Hoje mesmo vou procurar um enfermeiro para ficar com meu pai.

— Osmar precisa descansar o máximo que puder, e um enfermeiro saberá ajudá-lo.

Lucas levantou-se e estendendo a mão ao médico disse:

— Doutor, agradeço-lhe por tudo o que está fazendo por meu pai.

Sentindo-se mais tranquilo, o jovem saiu do hospital pensando: "Gosto imensamente do dr. Cassiano Medeiros e cheguei até a pensar que já o conhecia...".

Na manhã seguinte, João Vitor voltou ao hospital, fingindo ser um filho extremamente preocupado com a saúde do pai. Ao entrar no quarto, viu que ele dormia a sono solto.

Uma enfermeira, ao vê-lo se dirigir ao quarto de Osmar, sob a orientação de Cassiano Medeiros, entrou falando que precisava trocá-lo. A moça notou que João Vitor estava visivelmente nervoso.

— Meu pai melhorou? — perguntou João Vitor.

A enfermeira, que não simpatizara com ele, respondeu:

— Esta é uma resposta que somente o médico poderá lhe fornecer.

O jovem fixou o olhar em seu pai e não deixou de perceber o quanto estava abatido. Em seu pensamento disse: "Morra, desgraçado! Preciso assumir a fábrica logo!".

Osmar, que dormia, acordou no momento em que João Vitor falava com a enfermeira. Contudo, permaneceu com os olhos fechados na esperança de que ele fosse embora.

O filho estava irritado com a presença da enfermeira e andava de um lado para o outro, enquanto Osmar fingia dormir. Percebendo que a enfermeira não ia arredar os pés do quarto, ele decidiu ir embora e voltar à noite.

Assim que João Vitor saiu, Osmar abriu os olhos, e disse baixinho:

— Meu filho foi embora?

— Sim, mas continue fingindo que está dormindo porque ele pode voltar — aconselhou a enfermeira, sorrindo.

— Não quero ver esse miserável novamente! — Osmar disse, esboçando um sorriso para a mulher.

— Infelizmente, não podemos fazer nada para impedi-lo de entrar, mas sugiro que finja que está dormindo sempre que ele aparecer, assim ele vai embora logo — informou Doroteia, a enfermeira.

Osmar gostou do conselho.

2

Ambição e desentendimento

Lucas saiu do hospital decidido a encontrar um enfermeiro para cuidar de seu pai, porém não sabia por onde começar a procurar. Na manhã seguinte, ao chegar à fábrica, sentou-se em sua mesa sentindo-se completamente desanimado. De repente, Jorge Pereira entrou perguntando:

— E então, como está o patrão?

Lucas, sem levantar os olhos, respondeu:

— O estado de meu pai requer cuidados e o médico me chamou e pediu-me que arranjasse um enfermeiro para ficar com ele no hospital. Mas quem? Não conheço nenhum enfermeiro a quem possa recorrer.

— Tenho uma irmã que se formou em enfermagem há dois anos, mas está há alguns meses sem trabalho.

— Obrigado por tentar me ajudar, mas meu pai precisa de um homem. Afinal, para uma mulher seria constrangedor cuidar de um senhor como ele.

— Que conversa é essa? Acaso não sabe que enfermagem é uma profissão feminina? Dificilmente encontrará um homem que faça tal serviço — perguntou indignado, não acreditando no preconceito do rapaz.

— Talvez encontre um homem enfermeiro que queira cuidar dele.

— Procure! Mas procure com os olhos bem abertos; quando desistir, volte a falar comigo.

— Jorge, vá trabalhar, se o João Vitor encontrá-lo jogando conversa fora comigo ficará bravo. E desta vez nada poderei fazer para ajudá-lo.

— Não tenho medo dele! — Jorge disse, dando de ombros e saindo da sala, batendo com força a porta.

Lucas gostava de Jorge, porém sabia o quanto o funcionário detestava seu irmão. Naquele dia, o jovem saiu mais cedo a fim de encontrar um enfermeiro para cuidar do pai, mas ninguém sabia informá-lo onde poderia encontrar um profissional capacitado.

Somente no fim da tarde é que Lucas decidiu conversar com Jorge sobre a irmã dele.

— O que o fez mudar de ideia? — questionou Jorge sorrindo.

— Não entendo por que há tantas enfermeiras e nenhum enfermeiro nesta cidade — disse Lucas desanimado.

— Porque é difícil para um homem aceitar uma profissão que é quase que exclusivamente de mulheres — respondeu Jorge sorrindo.

— Nunca pensei que fosse tão preconceituoso! Há trabalhos que os homens fazem e as mulheres não porque exigem força masculina, só isso — Lucas falou desapontado.

— Quando pretende conversar com minha irmã? — Jorge voltou ao assunto.

— Tenho pressa em conseguir alguém para ficar com meu pai; portanto, se puder conversar com ela ainda hoje seria muito bom.

Os dois rapazes combinaram de conversar com a moça assim que terminasse o expediente. Depois de uma hora, os dois saíram da repartição e foram até a casa de Jorge, que não morava muito longe da fábrica. Ao chegar, o rapaz já entrou na casa chamando a irmã.

Lucas não deixou de notar o quanto Jorge levava uma vida simples e por um momento desejou trocar de lugar com o colega de trabalho. Ficou aguardando na sala.

Assim que Jorge sumiu pelo corredor, uma senhora, de estatura baixa, entrou e, ao ver Lucas, sorriu e disse:

— Boa tarde! Como vai, Lucas? E seu pai, como está?

— Estou bem, meu pai continua quase do mesmo jeito, mas tenho fé em Deus que ele logo vai melhorar.

— Aceita tomar um café? — perguntou Rosa sorrindo.

— Não, obrigado! Vim aqui para conversar com a sua filha. Meu pai está precisando de uma enfermeira para ficar com ele no hospital, portanto, se ela aceitar o trabalho, poderá começar hoje à noite.

— Berenice é uma boa enfermeira, pena que não tem sorte na vida — disse, fixando os olhos em Lucas.

Jorge voltou à sala e encontrou a mãe conversando com Lucas. Sem cumprimentá-la perguntou:

— Mãe, onde está Berenice?

— Está recolhendo as roupas.

Jorge novamente sumiu pelo corredor, deixando o amigo conversando com a mãe. Ao encontrá-la, disse:

— Berê, o filho do meu patrão está aqui, quer conversar com você sobre um trabalho.

— Mas que tipo de trabalho? — perguntou sorrindo.

— Como enfermeira! O pai se encontra acamado no hospital da cidade e precisa de alguém que o acompanhe — disse, de forma rude e grosseira.

— Não estudei para ser acompanhante — respondeu Berenice.

— Deixe de ser boba! Enquanto o dr. Osmar estiver no hospital você pouco terá que fazer, mas quando ele voltar para casa, poderá exercer sua profissão.

Nesse momento, Berenice se dirigiu à cozinha e depositou o cesto sobre a mesa indo ao encontro de Lucas para acertar os detalhes. Berenice era uma moça de rara beleza, possuidora de cabelos negros, olhos castanhos, uma bela silhueta e um sorriso franco.

Ao chegar à sala, encontrou com Lucas, que ao vê-la levantou-se para cumprimentá-la.

— Boa tarde, sou Lucas, filho de Osmar.

— Boa tarde! — disse a moça esboçando um breve sorriso.

— Talvez Jorge já tenha comentado que meu pai está no hospital da cidade devido a um derrame cerebral; mas, conversando com o médico que cuida dele, fui informado de que precisa de uma enfermeira para acompanhar sua evolução enquanto estiver hospitalizado. Como Jorge disse que você é enfermeira, gostaria de lhe fazer uma proposta.

— Para mim é um prazer — respondeu a moça sorrindo.

— Ótimo! Agora só falta acertar o valor de seus serviços — finalizou Lucas entusiasmado.

Ele logo fez uma oferta e a moça prontamente aceitou. Contudo, lembrou-se da observação do médico que disse que ele teria de arrumar duas pessoas para se revezarem em turnos alternados.

— Agora preciso arrumar outra pessoa, pois será cansativo para uma só pessoa trabalhar em dois horários — falou.

— Berenice poderá fazer a vez da outra pessoa se você lhe pagar dois salários — concluiu Jorge sorrindo.

A moça, sabendo que seria humanamente impossível trabalhar dia e noite disse:

— Deixe de ser bobo, Jorge! Esqueceu que preciso descansar?

— Não acha que está por demais descansada? Chegou a hora de trabalhar! — brincou o irmão.

— Berenice, por favor, se souber de outra pessoa que seja enfermeira e esteja disposta a trabalhar, avise-me — pediu Lucas.

A moça, sorrindo, anuiu com a cabeça sem dizer uma só palavra e perguntou:

— Quando posso começar?

— Peço que comece hoje! — respondeu Lucas aliviado.

Berenice, entusiasmada, concordou prontamente. Lucas, com seus modos educados, não demorou a se despedir de todos e retornar a sua casa. Ao chegar, pensou: "Espero que João Vitor não venha me pregar sermões por fazer as coisas sem avisá-lo. Ele sempre fez tudo o que lhe deu na cabeça, e eu nunca o impedi; mas agora terá de entender que é pelo bem de nosso pai".

Levando a mão à testa, como a afastar os maus pensamentos, decidiu tomar um banho.

Passava das nove horas da noite quando Lucas ouviu o ronco do carro do irmão parar em frente à casa.

— Quem mandou você arranjar uma enfermeira para cuidar do papai? — perguntou João Vitor gritando.

— O dr. Cassiano Medeiros — respondeu Lucas com tranquilidade.

— Como pode tomar decisões sem me consultar? — berrou João Vitor.

— Por que teria de consultá-lo? Fiz apenas o que é melhor para nosso pai! — respondeu Lucas sorrindo.

— Sou o filho mais velho e você tem o dever de me informar tudo o que acontece.

— João Vitor, você sempre fez tudo o que lhe deu na cabeça e eu nunca lhe cobrei coisa alguma; mas agora é diferente, é pelo bem-estar do nosso pai! Por que está tão irritado? Acaso quer que ele morra?

Nesse momento, o rapaz achou que devia se controlar; afinal, o irmão caçula tinha os mesmos direitos que ele para tomar determinadas decisões, além disso, pretendia acertar de uma vez por todas seu futuro na empresa do pai.

— Segui apenas as recomendações médicas e nada mais; portanto, não entre em casa como se ainda morasse aqui e me dando sermões. Se você é filho de Osmar Dias eu também sou, e se você tem direito de tomar decisões eu também tenho! — continuou Lucas.

João Vitor percebeu que o irmão não era o bobo a quem ele sempre se referia e com isso contemporizou dizendo:

— Está bem! Mas saiba que vou tirar papai daquele hospital e transferi-lo para outro melhor.

Lucas, indignado com a decisão do irmão, disse:

— Você não vai levar papai a lugar algum! O dr. Cassiano Medeiros está cuidando muito bem dele, e assim vai ser, quer queira ou não!

— Estou pensando somente no seu bem-estar! — falou João Vitor, segurando-se para não esbofetear o irmão.

— Não me diga! Pensa que não sei o que acontece na empresa? Para você, a morte dele seria providencial; afinal, ninguém ficaria sabendo do desfalque que deu na empresa, não é mesmo? — respondeu Lucas irritado.

João Vitor, lívido diante da declaração do irmão, permaneceu calado por alguns instantes a fim de poder lhe dar uma resposta à altura. Meneando a cabeça, disse:

— Que bobagem é essa?

— Estou dizendo que sei do desvio de dinheiro que fez para a sua conta pessoal; portanto, se nosso pai morresse seria muito bom para você.

João Vitor, irritado com as afirmações do irmão, disse em tom desafiador:

— Por que não manda fazer uma auditoria na fábrica?

— Não perderei meu tempo em fazer isso; sei que você vai adulterar as notas, se é que já não o fez — completou Lucas que sempre foi manso.

— Naquele hospital papai não ficará!

— Papai ficará naquele hospital e só sairá para voltar para casa.

João Vitor, irado, saiu da casa batendo fortemente a porta. Assim que ele saiu, Lucas jogou-se no sofá não acreditando que havia enfrentado o irmão. E disse a si mesmo: "O diabo não é tão feio como parece; precisei ser firme para que João Vitor retrocedesse!".

Sorrindo, ele voltou ao quarto para descansar, pois sabia que no dia seguinte teria de trabalhar.

João Vitor saiu da casa do pai indignado com a maneira que seu irmão o afrontou.

— O Lucas não sabe com quem está mexendo... Posso pisar em sua cabeça como se pisa em uma mosca.

Decidiu deixar o irmão pensar que ele não faria nada. No carro, e com raiva, pisou fundo no acelerador e saiu a toda velocidade. Enquanto dirigia, João Vitor não viu uma sombra que o acompanhava e o intuía a se vingar do irmão.

Ao chegar a casa, o homem atormentado não viu ninguém, de modo que a passos rápidos entrou em seu escritório a fim de pensar sobre como resolveria aquele impasse. A casa era grande, confortável e bonita. O escritório tinha um sofá belíssimo de couro legítimo. Cansado, ele se jogou no sofá a fim de não ter de dividir seu mau humor com a esposa. Por alguns instantes pensou: "Antes de dar um jeito em meu pai, terei de cuidar de Lucas; afinal, se o velho morrer, Lucas ficará com a metade dos bens que são meus por direito.

A sombra que estava ao lado de João Vitor disse:

— Acabe com Lucas! Ele vai atrapalhar seus planos.

Ele não a ouviu, porém registrou tudo em pensamento, achando que eram suas próprias ideias. Pensou: "Preciso arrumar uma maneira de acabar com o Lucas! Ainda bem que ainda não é casado, se fosse, meus problemas seriam ainda maiores".

João Vitor sentia-se angustiado, mas não sabia o motivo daquela angústia que tomava conta dele. O espírito que estava colado em João Vitor lhe transmitia esse sentimento, formando assim uma simbiose energética. Não conseguindo conter o seu desespero interno, ele se levantou e se dirigiu à sala, a fim de tomar uma dose de uísque e relaxar.

Sorveu o líquido lentamente, pensando com raiva em Lucas. Em determinado momento, disse:

— Maldito! Ele não tem a minha inteligência, por essa razão pagará caro por ter me afrontado.

— Quem pagará caro? — perguntou a esposa que se aproximava.

— Ninguém! — respondeu entredentes, voltando-se para trás e vendo a esposa sorrindo.

Maria Alice, acostumada às crises de mau humor do marido, disse:

— Não seja você a cobrar nada de ninguém, pois a vida se encarrega de fazer isso por nós.

— Lá vem você com essas filosofias de esquina! Não são frases bonitas que resolverão meus problemas, mas sim minhas atitudes!

— O seu mal é pensar demais no futuro! Por que não vive um dia de cada vez? Lembre-se de que tudo nesta vida passa, e nada permanece igual o tempo todo.

— Chega! Deixe-me em paz! Estou com problemas e não posso adiar a decisão; tenho de tomar uma atitude! — gritou irritado.

— Mas o que está acontecendo para deixá-lo deste jeito? — questionou Maria Alice preocupada.

— Penso em meu pai que está quase morrendo naquele hospital e para ajudar tenho muitos problemas no trabalho. O que quer de mim? Por que não me deixa sozinho para que eu possa pensar em uma solução?

— Sua preocupação não resolverá seus problemas, antes vai avolumá-los ainda mais; espere e confie que tudo se resolverá da melhor maneira — completou Maria Alice com sua habitual calma.

— Para você tudo é fácil! Coloque uma coisa nessa cabeça dura: a única coisa que cai do céu é chuva, nada mais — falou irritado João Vitor depois de dar uma gargalhada irônica.

Maria Alice, olhando para o marido, pensou: "Hoje João Vitor está pior do que nos outros dias, o melhor a fazer é deixá-lo sozinho com o seu mau humor".

Como costumava ser grosseiro com a esposa, nem se importou com a saída dela e colocando outra dose de uísque no copo, retirou-se para o escritório.

O espírito ao seu lado disse:

— Tome cuidado com sua esposa, ela pode atrapalhar seus planos se descobrir que pretende matar seu irmão.

— Preciso tomar cuidado; ela pode acabar com a minha vida! — exclamou.

Como não se sentia bem, voltou à sala e pegou a garrafa de uísque, levando-a consigo para o escritório. Naquela noite, João Vitor bebeu tanto que não conseguiu ir para o quarto, dormindo ali mesmo, no sofá do escritório.

No dia seguinte, atormentado, decidiu tomar um banho e ir ao hospital para saber notícias do pai. Sem falar com a esposa nem ver o filho, saiu, sentindo a cabeça rodar devido à bebedeira da noite anterior.

Ao chegar ao hospital, viu a moça servindo o café da manhã ao pai e, sorrindo, perguntou:

— Como meu pai passou a noite?

— Passou muito bem! — disse Berenice, visivelmente cansada.

Osmar, olhando com ódio para o filho, disse a Berenice:

— A que horas você vai embora?

— Daqui a meia hora — explicou a moça consultando o relógio de pulso.

— Não me deixe sozinho com esse verme! — balbuciou Osmar.

— Papai, isso é jeito de falar comigo? Sempre nos demos tão bem! Por que me chama de verme? — questionou João Vitor sorrindo.

Osmar voltou a olhar para a moça com o olhar súplice, de modo que ela não pôde deixar de notar o terror nos olhos do paciente.

Berenice era uma moça simples, porém arguta como uma serpente. Logo percebeu que havia alguma coisa errada com aquele filho de Osmar. Dessa forma, decidiu sair somente quando João Vitor fosse embora.

— A doença fritou os miolos do meu pai. Estive conversando com o dr. Cassiano Medeiros e ele me disse que pessoas que são acometidas desse mal falam coisas desconexas — retrucou João Vitor irritado.

Berenice esboçou um sorriso sem dizer nada, e João Vitor, sentindo-se incomodado, decidiu se retirar e ir para a fábrica.

Assim que ele saiu, Osmar disse:

— Se estou entrevado nesta cama, a culpa é desse canalha!

— Não pense nisso! O senhor deve descansar para conseguir se levantar logo desta cama e voltar à sua rotina — respondeu a moça carinhosamente.

— Você voltará esta noite? — inquiriu Osmar, fixando os olhos em Berenice.

— Certamente que sim! Lucas contratou meus serviços por tempo indeterminado.

— Lucas! Ele sempre foi diferente de João Vitor. Agora percebo o quanto errei com o meu filho.

— O senhor tem sorte de ter um filho como o Lucas. Ele me pareceu muito preocupado com o senhor.

Osmar lançou um sorriso para Berenice. Logo depois, Cassiano Medeiros entrou e perguntou a Berenice:

— Como o seu Osmar passou a noite?

— Bem, porém seu filho veio visitá-lo e ele ficou extremamente agitado.

Cassiano Medeiros coçou a cabeça pensativo e disse:

— E então, Osmar, como se sente?

— Estou melhor; mas sinto minha perna pesada.

— Isso é normal, com o tempo você começará a fisioterapia e logo vai se sentir melhor. Você sofreu um AVC isquêmico, e não foi tão grave como é comum acontecer. Acredito que em um tempo razoável você voltará ao normal. Claro que não voltará a ser um atleta e andar rapidamente, mas seus movimentos voltarão gradativamente.

Berenice, percebendo que já havia passado de sua hora, olhando para Osmar falou:

— Doutor Osmar, à noite estarei de volta. Enquanto isso, procure descansar e obedecer às recomendações médicas.

— Está ouvindo? Para melhorar terá de me obedecer — retrucou o médico sorrindo.

Osmar deu um sorriso e esperou Berenice sair.

— Doutor, não quero que João Vitor volte a me visitar! Somente agora vejo que ele é capaz de fazer coisas terríveis para conseguir ficar com tudo o que me pertence.

— Enquanto estiver sob meus cuidados, nada vai lhe acontecer.

O enfermo, sentindo-se tranquilo, voltou a ter sono e quando o médico saiu, ele adormeceu.

João Vitor saiu do hospital sentindo ódio do pai e do irmão. Ao entrar em seu carro disse:

— Esse velho maldito me paga!

Ao chegar à fábrica, sentou-se em sua mesa sem disposição para rever alguns contratos, porém o espírito voltou a lhe dizer:

— Seu pai o trata como um cachorro! Está na hora de mostrar a sua força.

João Vitor pensou por alguns instantes e decidiu: "Lucas vai morrer fazendo a coisa de que mais gosta, ou seja, dirigindo".

Espreguiçando-se na cadeira disse para si mesmo:

— Vou ajudar Lucas a sofrer um acidente de automóvel. Assim ele estará definitivamente fora do meu caminho.

Soltando uma gargalhada sinistra, pegou os papéis que estavam sobre a mesa e passou a lê-los tranquilamente.

Lucas estava atarefado naquele dia e resolveu visitar o pai somente ao sair do trabalho. No escritório, Lucas se aproximou e perguntou ao funcionário:

— Jorge, foi realizada a entrega para a loja da rua Manoel Eurípides?

Jorge, verificando os papéis sobre sua mesa, respondeu:

— Ainda não! Algumas das principais injetoras deram problemas e infelizmente teremos de atrasar a entrega. O sr. Juvenal é um dos piores clientes que temos, porém é o mais rentável também.

— Vou ligar para ele e dizer que amanhã faremos a entrega — explicou Lucas calmamente.

— Se você que é o filho do dono não está preocupado, por que devo eu, um reles mortal, preocupar-me? — finalizou Jorge sorrindo.

— Jorge, seu problema é o desespero. Lembre-se de que isso não resolve problema algum, porém, se mantivermos a calma, tudo será resolvido; ademais, se o sr. Juvenal não estiver satisfeito, pode procurar outra fábrica para fornecer os produtos plásticos de que ele necessita.

— Seria ótimo se as coisas fossem simples assim...

— As coisas são simples, somos nós quem as complicamos.

— Ao sair de casa encontrei com Berenice e ela me disse que seu pai dormiu bem e tomou todo o café da manhã — comentou Jorge mudando de assunto.

— Que bom! Se Deus permitir, logo meu pai sairá do hospital.

Jorge, sorrindo, rodopiou lentamente nos calcanhares e se retirou da presença de Lucas, que sem pensar voltou ao trabalho.

Não demorou e Edvaldo entrou na sala de Lucas dizendo:

— O mal-humorado de seu irmão o está esperando em sua sala.

Lucas riu da forma como o rapaz que trabalhava próximo ao irmão falou. Colocou o lápis na boca e pensou: "Tenho pena de João Vitor, ninguém nesta fábrica o suporta".

— João Vitor não faz nada a ninguém sem esperar algo em troca; além de pensar que é o dono do mundo — dizendo isso, Lucas se levantou e foi ter com o irmão em sua sala. Diante da sala, pensou: "Se João Vitor estiver a fim de brigar, vou deixá-lo falando sozinho". Bateu levemente na porta e aguardou.

— Entre!

— Mandou me chamar, João Vitor?

— Sim, feche a porta.

Lucas sentou-se e ficou esperando que o irmão falasse. João Vitor, sem rodeios, disse:

— Quero que cuide da linha de fabricação, pois, segundo apurei, a produção caiu sensivelmente e alguns clientes estão cancelando os pedidos.

— Não posso ser responsável pela produção, pois os contratos, antes de chegarem às suas mãos, passam pela minha mesa.

— Mas se não tiver nenhum de nós para cuidar da linha de fabricação, logo não teremos pedidos, e isso significará nossa falência — retrucou João Vitor, que não suportava ser contrariado.

— Por que não coloca o Jorge para cuidar da linha de produção enquanto eu permaneço na área de vendas?

— Porque Jorge não tem competência para cuidar do pessoal. Além disso, tem amizade com todos e ninguém vai respeitá-lo.

— Você não quer colocar o Jorge em tal função porque sabe que se mudá-lo de setor terá de aumentar seu salário — afirmou Lucas, discordando do irmão.

Naquele instante, João Vitor percebeu que o irmão já não era mais o mesmo. Antes, acatava tanto as suas ordens como as do pai, sem contestar. Agora, falava o que pensava sem medo.

— Lucas, não vou colocar Jorge nessa função e está resolvido; portanto, faça o que estou mandando; afinal, a empresa é assunto de nosso interesse.

— Mas por que você quer que eu cuide da linha de produção se temos pessoas capacitadas para o cargo?

— Quero que cuide da área porque o progresso da empresa depende muito de nós; afinal, papai jamais voltará ao trabalho e cabe a nós darmos continuidade ao esforço dele — concluiu João Vitor indignado.

— Não vou trabalhar na linha de produção. Se quiser, escale outro profissional para desempenhar esse papel — disse Lucas categórico e decidido saindo da sala.

João Vitor, olhando a porta bater, disse:

— Lucas vai me dar trabalho se continuar cuidando da área de vendas, pois saberá o quanto entra mensalmente na empresa e isso não será bom para mim. Preciso arrumar uma maneira de afastá-lo.

O espírito que o acompanhava, disse em seu pensamento:

— Lucas tem de morrer! Senão, será uma grande pedra em seu sapato.

— Ele é como uma pedra em meu sapato, mas vou jogar essa pedra fora de uma vez por todas.

— Faça isso enquanto é tempo.

3

Desconfianças

Lucas saiu da sala do irmão sentindo uma terrível dor de cabeça e procurou por Jorge.

— Você tem algum remédio para dor de cabeça?

— Que estranho... Você nunca se queixa de dor.

— João Vitor tem o dom de deixar qualquer mortal com dor de cabeça.

— Isso é verdade! Seu irmão é capaz de fazer doer a cabeça até mesmo de um defunto!

— Não estou brincando, estou sentindo forte cefaleia.

— Tenho este comprimido, é ótimo.

— Tomara que com este remédio eu melhore, pois estou até com enjoo — Lucas resmungou.

— É muito bom! Minha mãe toma para a enxaqueca e diz que é o mesmo que tirar a dor com a mão.

— Tomara que seja. Nunca senti uma dor como essa antes — falou Lucas sorrindo e pegando um copo com água.

— Você precisará tomar muitos comprimidos desses; afinal, seu irmão é a enxaqueca em pessoa.

— Vou voltar ao trabalho.

— O que seu irmão queria com você?

— João Vitor tem cada ideia... Ele quer que eu assuma a linha de produção da fábrica.

Jorge, que sabia dos últimos desvios de dinheiro da fábrica, questionou:

— E você aceitou?

— Lógico que não! Não vejo motivos para assumir a linha de produção sendo que há pessoas capacitadas para isso! — exclamou Lucas.

— Não aceite! Ele é como uma serpente; se você não tomar cuidado ele vai engoli-lo inteiro — afirmou sem conter a indignação.

— Por que diz isso? — perguntou Lucas, sem compreender o que o funcionário queria dizer.

Jorge, não querendo se envolver em assuntos que não lhe diziam respeito, respondeu:

— Por nada! Apenas lhe peço para tomar cuidado.

— Ninguém diz uma coisa dessas por nada. O que sabe que eu não sei?

— Não estou sabendo de nada. É que já ouvi vários relatos de pessoas que são capazes de fazer tudo por dinheiro.

— Seja o que for que está querendo me dizer, diga logo, pois não gosto de enigmas — intimou Lucas puxando uma cadeira e se sentando.

— Prefiro não me envolver nos assuntos de sua família — retrucou sem conter a língua.

— Jorge, se você realmente tem apreço por mim, peço-lhe que não me esconda nada!

— Está bem! Vamos almoçar e vou lhe adiantar algumas coisas que você deveria saber por si — finalizou Jorge olhando para um ponto indefinido.

Lucas pensou por alguns instantes e respondeu:

— Ok, eu pago o almoço.

— Lucas, vou lhe dizer algumas coisas que sei; mas antes terá de me prometer que não me colocará em confusão; afinal, tenho obrigações em casa — comunicou preocupado.

— Jamais faria isso com alguém que quer me ajudar.

Assim, os dois rapazes combinaram de se encontrar no portão da fábrica para almoçarem juntos.

Quando Lucas saiu da sala de Jorge, o rapaz disse a si mesmo: "Gosto do Lucas, não posso deixar aquele safado do João Vitor roubar descaradamente a fábrica".

Um espírito feminino o envolvia e falava ao seu coração:

— Lucas precisa conhecer o caráter do irmão.

Assim, Jorge, olhando para o papel em sua mesa, disse a si mesmo: "Lucas é um bom sujeito e certamente precisa saber que espécie de homem é João Vitor.

No horário marcado, Jorge, esperando por Lucas, que estava atrasado, pensou irritado: "O Lucas pode voltar a hora que quiser do almoço, porém eu tenho apenas uma hora para almoçar.

Vendo que alguns funcionários saíam a passos rápidos da fábrica, pensou: "Quer saber? Não vou esperar por Lucas, pois se depender dele ficarei sem almoçar".

Jorge começou a caminhar em direção à sua casa quando ouviu alguém o chamando:

— Jorge! Jorge!

Ele olhou para atrás e viu Lucas gritando do interior do carro. De cenho fechado, disse:

— Lucas, você é filho do dono da fábrica, porém eu sou um simples funcionário e tenho apenas uma hora de almoço.

— Não se preocupe; hoje você terá uma hora e meia de almoço — disse Lucas sorrindo.

— E quando voltar, recebo a carta de demissão do seu irmão.

— Fique tranquilo, se digo que pode tirar uma hora e meia de almoço é porque pode fazê-lo sem medo.

— Se está dizendo, assim será. Mas saiba que o almoço é por sua conta.

— Está bem.

Os dois rapazes se dirigiram a um restaurante perto da fábrica e assim que se viram sentados, Lucas falou:

— E então, o que você está sabendo que eu desconheço?

— Deixemos o assunto para depois do almoço, não quero estragar seu apetite.

— Berenice está gostando do trabalho? — Lucas mudou de assunto com discrição.

— Sim! Minha irmã diz que seu pai está melhorando e logo terá de procurar outro trabalho.

— Tomara que ela esteja certa, pois o velho faz muita falta na fábrica.

— Não se entusiasme muito. Segundo Berenice, seu pai talvez não volte mais à fábrica — comentou Jorge não querendo desanimar o amigo.

— Confesso que gostaria muito que ele recuperasse plenamente a saúde; porém, compreendo que ele ficará com algumas limitações.

Por um momento Jorge sentiu pena de Lucas; por essa razão, tratou de mudar de assunto.

— Fui convidado para jogar futebol no clube, no sábado. O que acha de ir comigo?

— Talvez não possa. Tenho de procurar por outro enfermeiro para ficar com meu pai durante o dia.

— Tenho um amigo que estuda à noite e está desempregado. Talvez você pudesse contratá-lo para fazer companhia ao seu Osmar.

Lucas pensou e, depois de alguns instantes, disse:

— Conversarei com o dr. Cassiano Medeiros e veremos o que ele diz.

Os dois rapazes almoçaram tranquilamente e somente depois que tomaram um cafezinho, Lucas perguntou:

— E então, vai me contar o que está acontecendo?

— Alguns meses atrás, peguei algumas notas e quando lancei os pedidos, verifiquei que estava faltando metade do dinheiro descrito nas notas. Pensei que tivesse sido algum erro do Fernando, mas ele, depois de verificar tudo, garantiu-me que os preços que constavam nas notas estavam certos, porém o dinheiro não havia entrado nas contas da fábrica — falou Jorge muito delicadamente. — Sem que ninguém soubesse, comecei a procurar onde estavam os erros e apareceram notas falsificadas, com as mesmas datas, porém com os números modificados.

— Você acredita que alguém fez essas mudanças de propósito? — questionou Lucas.

— Certamente que sim; quem mudou as notas desviou o restante do dinheiro.

— Entrei em contato com algumas lojas e elas me apresentaram uma cópia das notas verdadeiras. Constatei que o dinheiro que deveria ter entrado na fábrica era bem maior que o apresentado pelas notas falsificadas.

— Mas quem cuida dos contratos e das notas é João Vitor, somente ele poderia falsificar as notas.

— João Vitor é um homem ambicioso. Ele pode se tornar um barril de pólvora e machucar quem estiver por perto, ou seja, quem atravessar o seu caminho.

— Preciso das notas que estão nos arquivos da fábrica e das cópias das notas emitidas pelas lojas ainda hoje.

— Não posso fazer isso, pois se eu pegar as notas o Fernando vai contar ao João Vitor; afinal, você sabe o quanto ele bajula seu irmão.

— Compreendo seu temor; eu mesmo pegarei as notas dos arquivos; e lhe peço que me entregue as cópias das notas das lojas.

— Isso eu posso fazer, mas mantenha toda a discrição, pois se alguém descobrir, estarei na rua; João Vitor só está esperando uma boa oportunidade para isso.

— Mas por que ele desviaria dinheiro da fábrica? Ele é o funcionário mais bem pago da empresa.

— A resposta é simples, meu amigo, ele é ambicioso e, para pessoas assim, nada é suficiente.

— Talvez o derrame que meu pai sofreu tenha a ver com esse desfalque.

— Talvez. Ele pode ter descoberto as falcatruas do seu irmão.

— Não vou permitir que João Vitor continue a nos roubar, levantarei provas e lhe mostrarei que não sou um moleque!

— Vá com calma! Seu irmão é um homem perigoso e certamente não medirá esforços para tirar você do caminho — arrematou Jorge preocupado.

— João Vitor não teria coragem de fazer alguma coisa contra mim! Sou seu irmão! — exclamou incrédulo.

— Não seja ingênuo! Ele é um homem frio e calculista; e o fato de você ser seu irmão em nada o ajuda em seu caráter.

Lucas, em seu íntimo, conhecia o caráter do irmão, porém, seu coração não queria aceitar que ele fosse capaz de trapacear para conseguir o que desejava.

— Jorge, conheço os defeitos de meu irmão, será que corro perigo?

— Já lhe disse, e como amigo lhe aconselho a tomar cuidado — disse Jorge, percebendo que Lucas não estava dando crédito às suas palavras.

— Vamos, não quero tirar uma hora e meia de almoço. Ainda tenho muito a fazer na fábrica.

— Tem razão! O trabalho nos espera.

Os dois rapazes saíram do restaurante e voltaram à fábrica a fim de dar continuidade ao trabalho que estavam realizando antes do almoço.

Durante o trajeto, Lucas ficou pensando em tudo o que Jorge havia lhe falado e decidiu investigar, a fim de saber o que realmente estava acontecendo na fábrica.

Na manhã seguinte, Cassiano Medeiros entrou sorrindo no quarto de Osmar e, olhando-o, disse:

— Osmar, hoje vou lhe dar alta hospitalar e você poderá fazer o tratamento em casa.

— Já não era sem tempo, doutor.

— Osmar, sugiro que a sua enfermeira o acompanhe; embora estará em casa, vai precisar de certos cuidados, assim como o acompanhamento de um bom fisioterapeuta — aconselhou Cassiano Medeiros, deixando transparecer certa preocupação em sua expressão.

— Não gosto de fisioterapeutas e não acredito na eficácia desse tipo de tratamento — disse sorrindo.

— A fisioterapia é muito importante; afinal, ela é eficaz não só em tratamentos de quem sofreu um AVC como em outros casos em que a parte mecânica ficou afetada por conta de outras doenças ou acidentes — informou Cassiano Medeiros sorrindo. — Confiar na eficácia do tratamento fisioterápico é meio caminho andado para sua recuperação. Você sofreu um AVC e seu lado direito está comprometido. O trabalho do fisioterapeuta será ajudá-lo a recuperar parcialmente os movimentos; portanto, eu recomendo.

— Para mim, fisioterapeuta não passa de um massagista.

— Está enganado, meu amigo. O fisioterapeuta não é um massagista, antes é um profissional habilitado para ajudar na recuperação motora de pacientes.

— Quando receberei alta? — inquiriu Osmar, sem querer se aprofundar no assunto.

Cassiano Medeiros, percebendo que o paciente estava se esquivando do assunto, respondeu:

— Assinarei sua alta depois das minhas visitas matinais. Seu tratamento consistirá em fisioterapia e na ajuda de sua enfermeira particular.

— Não abrirei mão de minha enfermeira, ela é gentil e prestativa — afirmou Osmar.

— E muita bonita — completou Cassiano Medeiros em tom jocoso.

— Prefiro Berenice a ver um marmanjo colocando a mão em mim.

Os dois homens riram, e o médico, mantendo a ética profissional, não tocou no assunto de João Vitor.

— A quem posso avisar para vir buscá-lo?

— Avise meu filho Lucas, pois ele realmente gosta de seu velho pai.

— Pedirei uma ligação e vou avisá-lo de que você voltará para casa.

Berenice, que havia saído para tomar café, retornou ao quarto no exato momento em que Cassiano Medeiros estava de saída. Foi o médico quem lhe disse:

— Berenice, vou assinar a alta de Osmar. Antes, gostaria de lhe passar algumas instruções.

O médico saiu do quarto e Berenice o seguiu. Uma vez no corredor, o médico lhe disse:

— Darei alta hospitalar a Osmar. Já foram feitas algumas avaliações pelo colega Marcos Freitas e, infelizmente, as previsões não são muito animadoras. Osmar será um homem dependente, pois a lesão é grande e não há nada que podemos fazer. Recomendo que cuide bem de sua higiene e não o deixe em apenas um decúbito, a fim de prevenir a formação de escaras. Com o passar do tempo, ele apresentará momentos de depressão, e nessa hora, é fundamental ter paciência. Farei as prescrições e entregarei a Lucas. As medicações devem ser tomadas rigorosamente no horário.

— Lucas já está sabendo que o pai sairá do hospital? — questionou Berenice timidamente.

— Não! Vou terminar de fazer as visitas e assim que assinar sua saída ligarei para ele. Cuide bem de Osmar; neste momento ele precisará muito de sua ajuda.

— Farei tudo o que estiver ao meu alcance para ajudá-lo a superar esse momento difícil.

Passava das oito horas da manhã, quando Lucas recebeu a ligação do hospital informando-o que o pai estava de alta. Sorriu e foi avisar o irmão. Quase correndo, entrou na sala de João Vitor sem bater.

— O que houve para entrar desta maneira em minha sala? — questionou João Vitor.

— Acabo de receber uma ligação do hospital — respondeu Lucas eufórico.

João Vitor, imaginando que o pai havia morrido, perguntou:

— E então, o velho morreu?

— Não! Papai acaba de receber alta — comentou Lucas desapontado.

— E por causa disso entra em minha sala feito um furacão?

— João, trouxe-lhe uma notícia boa de nosso pai e você reage assim?

João Vitor, olhando seriamente para o irmão, falou:

— O que quer que eu faça? Que saia por todos os setores da fábrica dizendo que nosso pai vai sair do hospital? Por favor, Lucas, deixe de se comportar feito um moleque! Muitas pessoas saem todos os dias dos hospitais, nem por isso vemos pessoas saltitando nas ruas e gritando aos quatro ventos que um ente querido saiu do hospital. Por favor, saia! Preciso trabalhar.

Por alguns momentos, Lucas observou o irmão, que voltara sua atenção para um papel à sua frente. Saindo da sala, lembrou-se da conversa que tivera com Jorge no dia anterior.

Desanimado, dirigiu-se à sua sala e, depois de colocar alguns papéis em ordem, foi ao hospital.

"João Vitor não gosta de papai, e agora já não está conseguindo disfarçar a irritação por saber que o velho Osmar estará de volta. Jorge tem razão, quando diz que João Vitor é frio e calculista", pensou Lucas.

Levando a mão à testa para afastar os maus pensamentos, saiu de sua sala e encontrou com Jorge no corredor. Entusiasmado, disse:

— Jorge, vou ao hospital. Papai recebeu alta hospitalar e hoje talvez não volte ao trabalho.

— Essa é uma ótima notícia!

— É uma pena que nem todos pensem dessa maneira — resmungou Lucas com expressão séria.

— O que quer dizer com isso? — perguntou o amigo sem compreender direito.

— Não é nada! Tenho de buscá-lo, afinal você sabe o quanto ele detesta esperar.

Lucas se afastou e ele ficou pensativo: "João Vitor aprontou alguma coisa; afinal, Lucas não me pareceu muito feliz".

O rapaz saiu apressado, porém seus pensamentos estavam confusos, lembrava-se da fisionomia do irmão ao saber que o pai havia recebido alta.

 Na sala, quando Lucas saiu, João Vitor disse irritado:

— Com mil diabos! Esse velho não vai morrer...

O espírito lhe disse ao ouvido:

— O cerco está se fechando! Seu pai não vai morrer agora, e você precisará tomar as devidas providências.

— Não posso perder tempo; tenho de fazer alguma coisa antes que seja tarde demais... Antes de acabar com o velho, preciso dar cabo de Lucas; afinal, ele é meu maior obstáculo. Meu irmão sempre quis mudar de cargo na empresa. Agora vou ajudá-lo a realizar seu sonho... Vou ocupar o cargo de presidente e darei a Lucas o cargo que ocupo. Como recompensa, vou presenteá-lo com um carro novo — deu uma gargalhada sinistra que ecoou na sala. Bem-humorado, continuou: — Preciso fingir preocupação com meu pai, para que Lucas não desconfie de nada.

Procurando por Lucas, perguntou para Jorge:

— Por favor, assim que Lucas voltar, diga-lhe que preciso conversar com ele em minha sala.

— Sim, senhor!

Depois que João Vitor entrou em sua sala, Jorge pensou: "Essa cobra peçonhenta está aprontando alguma coisa... Esse filhote do diabo nunca mais dirigiu a palavra a mim desde a discussão... agora vem com sorrisos? Não sei não, mas isso não está me cheirando coisa que preste".

Ao pensar em Lucas, ele sentiu um frio percorrer-lhe a espinha e, ao se lembrar da incredulidade do amigo, disse:

— Não vou me meter nesse assunto de família. Seja como for, a cobra peçonhenta é seu irmão e ele acabará acreditando em sua palavra.

Jorge levou a mão à testa na tentativa de afastar os maus pensamentos, porém, em seu íntimo, sabia que nada de bom poderia vir de João Vitor, que sempre foi diferente do pai e do irmão.

Lucas chegou ao hospital e, antes de se dirigir ao quarto do pai, procurou por Cassiano Medeiros, a fim de ter uma conversa com o médico. Aproximou-se do posto de enfermagem e, vendo uma enfermeira que preparava uma medicação, perguntou:

— Por favor, gostaria de conversar com o dr. Cassiano Medeiros. Onde posso encontrá-lo?

— Ele está terminando de visitar seus pacientes, acredito que terá de esperar por alguns minutos.

— Recebi uma ligação dizendo que meu pai poderá voltar para casa.

— Quem é seu pai?

— Senhor Osmar Dias.

— Sim! O dr. Cassiano Medeiros atestou a alta de Osmar, porém terá de aguardar por alguns minutos — respondeu pegando a papeleta que estava sobre a mesa.

Lucas esboçou um sorriso para a jovem enfermeira e, olhando em seu relógio de pulso, pensou: "Hoje não voltarei à fábrica, tenho de cuidar de meu pai".

Ao olhar para o longo corredor, avistou Cassiano Medeiros saindo de um quarto e se dirigindo até ele.

— Bom dia!

Lucas timidamente respondeu ao cumprimento e, sem qualquer discrição, perguntou:

— E então, doutor, como meu pai está?

— Seu pai melhorou consideravelmente e por esse motivo lhe dei permissão para sair do hospital. Aguardei que viesse para lhe dar algumas instruções sobre seu estado de saúde — avisou sem rodeios. — Como sabe, Osmar sofreu um derrame e uma parte de seu corpo está paralisada. Segundo a avaliação do neurocirurgião, permanecerá assim por tempo indeterminado. Recomendo-lhe que contrate um fisioterapeuta para auxiliá-lo em sua funcionalidade motora; e aviso-o que o problema poderá acometê-lo novamente se não tiver uma vida tranquila, sem preocupação. Pelo que soube, ele sempre foi um homem completamente independente, mas agora, pelo menos por uns tempos, ficará dependente de alguém e isso poderá causar alguns períodos depressivos. Assim, ele vai precisar do apoio da família. Vale lembrar que é, e será necessário, que a enfermeira continue ao seu lado, porém você deve contratar outro profissional para revezar com ela.

Lucas sabia que seu tempo seria dividido entre cuidar do pai e das suas obrigações na fábrica de plástico do pai.

— O senhor acredita em sua recuperação, doutor?

— Enquanto houver vida, há esperança.

O médico entrou no posto de enfermagem e, sentando-se à mesa, abriu sua valise e pegou um receituário para prescrever as medicações de que Osmar deveria fazer uso. Enquanto escrevia, disse:

— Nos primeiros dois meses, peço que leve Osmar ao meu consultório para as avaliações costumeiras e, à medida que seu quadro clínico for melhorando, poderemos espaçar as avaliações.

— Posso levá-lo agora, doutor?

— Certamente que sim; afinal, Osmar quer voltar logo para casa.

Lucas estendeu a mão ao médico que, sorrindo, correspondeu ao cumprimento. Rapidamente chegou ao quarto de número doze.

— Papai, estive conversando com o dr. Cassiano Medeiros e ele me informou que o senhor poderá voltar para casa.

— Já fui informado! Que bom, não aguentava mais ficar aqui; a toda hora entram enfermeiras para fazer uma coisa ou outra. Quero voltar para casa e ter pelo menos uma noite inteira de sono.

Lucas, ao ver Berenice, cumprimentou-a:

— Olá, Berenice. Quero que continue a cuidar de meu pai em casa; afinal, o velho teimoso precisará de ajuda.

— Para mim será um prazer continuar a cuidar do dr. Osmar.

— Berenice é uma excelente enfermeira, sempre prestativa e paciente, se você não quisesse levá-la, juro que iria deserdá-lo — comentou Osmar sorrindo.

— Berenice, prefiro que cuide de meu pai durante o dia. Vou contratar um enfermeiro para a noite.

— Também prefiro trabalhar de dia, pois nada como descansar bem à noite.

— Como levaremos meu pai até o carro? — questionou Lucas.

— Temos de colocá-lo em uma cadeira de rodas — a jovem disse.

— E onde arranjaremos uma?

Berenice pediu que ele aguardasse; saiu e em poucos minutos voltou com a cadeira de rodas do hospital. Logo os três estavam saindo do hospital em direção à casa de Osmar. Ao chegarem à casa do empresário, Osmar disse:

— Lar, doce lar... Nunca imaginei que um dia me sentisse feliz por ver minha casa.

— Papai, creio que o senhor quis dizer nossa casa, não é mesmo? — Lucas o corrigiu.

— Lucas, tudo o que tenho é seu; portanto, esta casa é mais sua do que minha.

Berenice e um dos empregados da casa tiraram Osmar do carro, enquanto Lucas pegou seus pertences.

Osmar foi carregado por Aristides até o quarto e, ao ser colocado em sua cama, disse:

— Isso é que é cama!

— Nada como a nossa casa... — disse Berenice sorrindo e saindo do quarto.

Osmar, sorrindo, olhou para ela e, sem dizer uma só palavra, afundou a cabeça em seu travesseiro, como a dizer que estava feliz por retornar ao lar.

— Já pedi que Aristides fosse comprar seus remédios na farmácia — informou Lucas ao entrar no quarto.

Osmar não se importou com o comentário e, olhando para o filho, disse:

— Lucas, o médico disse que preciso levar uma vida tranquila, pois minha pressão aumentou devido a um aborrecimento que tive.

— Papai, por que se aborreceu? Pelo que sei tudo anda muito bem na fábrica.

— Não quero que João Vitor venha me visitar.

— Papai, ele vai querer vê-lo, o que é absolutamente natural.

— Mas eu não quero recebê-lo — resmungou Osmar trincando os dentes.

— Por que o senhor não quer vê-lo? Pelo que sei João Vitor foi por diversas vezes visitá-lo enquanto esteve no hospital.

— E em todas elas me fez passar mal.

— Papai, por que essa raiva toda? Pelo que sei, ele cuidou bem dos negócios enquanto o senhor esteve no hospital — comentou Lucas, querendo arrancar alguma coisa do pai.

— João Vitor é um patife! Há oito meses desvia dinheiro da fábrica — falou com sofreguidão.

— Como assim? — quis saber os detalhes.

— Não tenho dúvidas de que seu irmão honra os compromissos, porém descobri que ele manda boa parte do dinheiro para uma conta pessoal. Enquanto estive no hospital, ele deixou claro que preferia me ver morto; fazendo-me enxergar um lado obscuro de sua alma.

Lucas logo se lembrou da conversa que tivera com Jorge no restaurante e acabou por dar credibilidade às palavras do pai.

— Por favor, não permita que esse canalha entre por esta porta, temo por minha vida — resmungou Osmar, visivelmente perturbado.

— Papai, cuidado com os exageros! Sempre soube que João Vitor é um homem ambicioso, porém ele não é um assassino — brincou Lucas.

— A ambição é um demônio que reside dentro de alguns seres humanos, que para conseguirem seu intento são capazes de tudo, até de cometer um homicídio.

Lucas sentiu um frio percorrer-lhe a espinha.

— Como poderei evitar que ele venha visitá-lo?

— Não quero vê-lo e pronto! Diga isso a ele quando vier aqui!

Lucas, que estava feliz por ter o pai de volta ao lar, dissimulou a preocupação dizendo:

— Agora chega de conversa, descanse; vou conversar com Berenice.

"Se o que papai disse é verdade, terei sérios problemas com João Vitor", pensou ao sair do quarto.

Com esse pensamento, o jovem foi ao encontro de Berenice, que estava conversando com Laura, a cozinheira, sobre como deveriam ser preparadas as refeições de Osmar.

— Berenice, por favor, acompanhe-me até o escritório. Preciso conversar com você — pediu Lucas sorrindo.

No escritório, sentando-se à sua frente, Berenice perguntou:

— O que o incomoda?

— Papai me disse o que provocou seu AVC; portanto, peço-lhe que faça a gentileza de não permitir que João Vitor entre naquele quarto.

— Como poderei fazer isso? Ele é filho e tem o direito de ver o pai.

— Compreendo sua preocupação, porém foi meu pai que deu a ordem e confesso que também estou preocupado — completou, levando a mão à cabeça.

— Não podemos evitar que seu irmão o visite; além disso ele vai me humilhar se eu tentar fazer isso.

Lucas, percebendo que estava transferindo a responsabilidade para os ombros da enfermeira, disse:

— Esqueça o que lhe pedi. Preciso conversar com papai sobre o assunto, mas se meu irmão vier visitá-lo, peço que me ligue na fábrica.

— Está bem! Agora tenho de ficar com o dr. Osmar.

Lucas não respondeu, apenas viu a moça sair do escritório a passos de seda. Lembrou-se de todos os detalhes da conversa que tivera com Jorge e tirou o telefone do ganho, queria falar com ele.

Ao atender, o amigo logo identificou sua voz e, sorrindo, perguntou:

— E então, Lucas? Como está o dr. Osmar?

— Continua com um lado paralisado, e o dr. Cassiano Medeiros disse que preciso contratar um fisioterapeuta para que ele se recupere mais rápido — respondeu desanimado. — Jorge, estou ligando por dois motivos. Primeiro, para confirmar que não voltarei ao trabalho hoje; segundo, porque preciso conversar com você em minha casa.

— O que está havendo?

— Não posso falar por telefone. Preciso encontrá-lo.

— Quando?

— Ainda hoje.

— O que acha de conversarmos na hora do almoço?

— Ótimo! Venha almoçar em minha casa; afinal, não quero que João Vitor fique sabendo que estamos nos encontrando na hora do almoço.

— Está bem! Estarei aí às treze horas — concordou Jorge.

Lucas ficou feliz e logo desligou o telefone disposto a procurar um fisioterapeuta para cuidar do pai. O rapaz entrou no quarto e encontrou Osmar conversando com Berenice, enquanto a moça cortava as unhas de seus pés.

— Papai, o senhor está parecendo um marajá, sendo cuidado por uma moça tão bonita...

— Esta moça é um anjo bom que apareceu em meu caminho.

— Mas não vá se acostumando, pois logo terá de voltar ao trabalho e essa mordomia toda vai acabar.

— Quando voltar a trabalhar, Berenice vai comigo.

Berenice sorria abertamente da conversa dos dois homens.

— Papai, preciso contratar um fisioterapeuta e um enfermeiro para atender às suas necessidades noturnas. Além disso, preciso comprar uma cadeira de rodas para que saia da cama de quando em vez.

— Lucas, você é um bom filho, pena que não vi isso antes.

— Faça tudo o que Berenice lhe pedir, pois quero que volte ao trabalho o quanto antes — retrucou com um nó na garganta e contendo a emoção.

— Não há como desobedecer a uma moça tão bonita...

Lucas, sorrindo para o pai, rodopiou rapidamente nos calcanhares e saiu do quarto, a fim de arranjar um fisioterapeuta e um enfermeiro para cuidarem do pai.

O moço não comentou com o pai que havia convidado Jorge para almoçar em sua casa naquele dia; avisou somente a cozinheira que o almoço deveria ficar pronto às treze horas.

Lucas saiu de casa e dirigiu-se ao consultório de um fisioterapeuta de nome Robson Gomes, para contratar seu serviço. Estava sentado em uma poltrona, na sala de espera, quando viu um rapaz moreno, vestindo roupas brancas se aproximar e dizer:

— Desculpe; acaso tem hora marcada?

Lucas, levantando-se rapidamente, respondeu:

— Não! Estou aqui porque preciso de um fisioterapeuta para cuidar de meu pai, que se encontra preso ao leito.

Lucas contou tudo o que havia acontecido e encerrou a conversa:

— Aceite o trabalho e será regiamente recompensado.

Robson, sorrindo, aceitou prontamente, pois conseguiria conciliar o trabalho na clínica e atender o pai de Lucas.

— Preciso arranjar um enfermeiro para cuidar de meu pai à noite. O senhor conhece alguém que queira trabalhar em domicílio?

— Tenho uma amiga enfermeira que poderá aceitar o trabalho — respondeu Robson com seu jeito bonachão.

Lucas anotou o endereço da moça e em seguida dirigiu-se à casa dela, que logo concordou em cuidar de seu pai à noite. Consultando o relógio, ele logo viu que faltavam quinze minutos para as treze horas. Preocupado, disse a si mesmo: "Preciso voltar para casa, logo Jorge vai chegar, além disso, temos muito que conversar".

Ao entrar na cozinha, o moço perguntou:

— Laura, o almoço vai demorar para ficar pronto?

— De maneira alguma, o almoço está pronto e a mesa já está posta.

— Adoro sua eficiência! E meu pai, já almoçou?

— Sim! Berenice pediu que o almoço do doutor ficasse pronto antes do meio-dia.

— Ótimo! Boa moça essa Berenice, não acha?

— Berenice cuida muito bem do doutor... Fique tranquilo, ele não poderia estar em melhores mãos.

Lucas sorriu satisfeito, afinal ela era irmã de seu melhor amigo. Antes do almoço, foi ter com o pai e o encontrou sonolento.

— O que houve? De manhã ele estava tão bem-disposto?

— Não se preocupe, o sono depois do almoço é absolutamente normal — avisou Berenice.

— Quem diria, o velho Osmar dormindo depois do almoço... A que horas você vai almoçar?

— Daqui a pouco, vou me juntar aos outros e almoçarei na cozinha.

— Está bem! Vou tomar um banho antes do almoço, pois hoje Jorge virá almoçar comigo. Não quer almoçar conosco?

— Não, obrigada! Vou almoçar no mesmo horário que os outros, na cozinha.

Lucas anuiu com a cabeça concordando com a decisão da jovem. Rodopiando nos calcanhares, saiu do quarto.

Enquanto isso, Berenice disse a si mesma: "Lucas é tão diferente do irmão! Apesar de ser rico, não é orgulhoso como João Vitor".

Lucas se retirou e ao entrar em seu quarto foi logo desabotoando a camisa, enquanto pensava: "Berenice é tão bonita...".

Com esses pensamentos, entrou no banheiro e tomou uma ducha, a fim de refrescar-se do calor. Jorge se atrasou para o almoço e chegou às treze horas e quinze minutos. Lucas não se importou; não estava com muita fome.

Durante o almoço, Lucas não tocou no assunto que o atormentava. Somente quando terminaram o almoço ele disse:

— Jorge, venha até o escritório; preciso ter uma conversa com você.

— Vamos; pois ainda tenho muito trabalho a fazer; a fábrica está com uma grande encomenda para o fim do ano e seu irmão reluta em contratar mais funcionários.

Lucas, preocupado, relatou ao amigo tudo o que seu pai havia dito.

— Infelizmente, vai ter de me ajudar a investigar, sem que João Vitor desconfie de nada.

— Já conversamos sobre isso. Como vou fazer? João Vitor é uma raposa e não vai permitir que tenhamos acesso às contas da fábrica.

— Se ele não deixar, terei de ter uma conversa direta com ele, exigindo uma análise desde o mês de janeiro.

— Não seja ingênuo, Lucas! João Vitor certamente vai lhe mostrar as contas adulteradas; afinal, ele não é imbecil a ponto de lhe entregar as contas antes do desvio do dinheiro.

— Vamos fazer o seguinte: podemos ir à fábrica à noite e verificar todos os registros de entrada de dinheiro.

— Isso não vai dar certo, algum funcionário pode nos ver entrando na fábrica à noite e relatar o fato a João Vitor.

— Precisamos correr esse risco.

— Está bem! Podemos ir depois das vinte e três horas, pois nesse horário o segurança está dormindo.

— Jorge, obrigado por me ajudar.

— Lucas, para que servem os amigos? Além disso, João Vitor está aprontando naquela fábrica há muito tempo.

Embora Lucas tivesse um aliado para ajudá-lo nas investigações, continuou com o cenho franzido, demonstrando preocupação. O amigo, ao perceber sua preocupação, perguntou:

— Por que continua preocupado? Vamos tirar uma cópia de todos os documentos de João Vitor e analisar com calma.

— Meu pai disse algo que me deixou preocupado.

— O quê?

— Disse que teme por sua vida, pois João Vitor é um homem ambicioso capaz de praticar um assassinato para conseguir o que deseja.

— Concordo plenamente. Um homem altamente ambicioso como ele faz qualquer coisa para tirar as pedras de seu caminho.

— Estou desconhecendo-o.

Um espírito feminino estava ao lado de Jorge e o intuiu: "Tome cuidado! João Vitor é capaz de fazer coisas inimagináveis para conseguir seu intento".

— E meu pai não quer recebê-lo de maneira alguma. Como farei para cumprir o desejo de meu pai? — questionou Lucas.

Jorge permaneceu calado por alguns segundos, depois respondeu:

— Não se preocupe com seu pai; durante o dia Berenice estará à disposição dele, e à noite você estará em casa. Se seu irmão estiver tramando alguma coisa contra você ou contra seu pai, suas atitudes se tornarão afáveis, de modo que levantarão suspeita — respondeu Jorge.

— Tem razão! Vou prestar atenção em João Vitor e observar seus modos.

— Lucas, não posso ficar por mais tempo, tenho muito trabalho a fazer.

— Não se preocupe, vou levá-lo à fábrica.

4

A recuperação de Osmar

João Vitor estava apreensivo, pensar em visitar o pai lhe dava certo mal-estar; afinal, ele já havia planejado tirar as duas principais pedras de seu caminho. Sentia-se inquieto quanto ao momento em que deveria colocar seu plano em prática. "Não posso fazer nada agora, pois isso levantaria suspeitas; além disso, tenho de mudar a maneira de tratar Lucas, a fim de que ninguém desconfie de nada.

João Vitor levantou-se e ao abrir a porta viu Verônica, sua secretária.

— Verônica, por favor, diga ao Lucas para vir até minha sala.

A secretária, que não sabia que Lucas não voltara a trabalhar naquele dia, levantou-se e foi até o setor de vendas para chamá-lo. Ao chegar lá, encontrou Jorge fazendo algumas anotações. Sorrindo, perguntou:

— Jorge, onde está Lucas?

— Foi buscar o pai e não voltou ao trabalho. Por quê?

— O dr. João pediu para que ele fosse até sua sala.

— Lucas tinha alguns assuntos para resolver, e por esse motivo não voltou ao trabalho.

— Lucas não podia ter feito isso sem avisar o irmão. Ele vai ficar uma fera ao saber — disse Verônica preocupada.

— João Vitor não tem paciência. Ao contrário dele, Lucas se preocupa com o estado de saúde do pai.

Verônica se retirou, retornando à sala de João Vitor.

— Doutor, infelizmente o Lucas não voltou ao trabalho depois que saiu para buscar seu pai no hospital.

— Lucas não pode faltar ao trabalho! Se nosso pai recebeu alta é porque já está melhor!

A moça permaneceu calada e, pedindo licença, voltou ao trabalho, pensando: "Ele ficou irritado ao saber da ausência de Lucas, mas eu não tenho nada com isso!".

❦ — Verônica, como o homem reagiu ao ficar sabendo da ausência de Lucas? — perguntou Jorge.

— Ficou irritadíssimo! Quando vi que ele ia descontar em mim, pedi licença e me retirei.

— João Vitor tem a mania de descontar suas frustrações em quem estiver pela frente...

— Jorge, acaso quer conversar com o dr. João Vitor?

— Por que o chama de doutor? Sei que ele não fez nenhum curso que leva esse título — falou Jorge abafando a gargalhada.

— Ele exige que eu o chame de doutor — respondeu com displicência.

— Só vou chamá-lo de doutor quando ele pendurar o diploma na parede. Caso contrário, ele continuará a ser João Vitor.

— Mas por que o pai você chama de doutor?

— Porque Osmar é o dono de tudo. Voltarei ao trabalho antes que o carcará sanguinolento saia da sala.

Passados pouco mais de quarenta minutos, João Vitor saiu de sua sala e disse à secretária:

— Verônica, vou resolver alguns assuntos e só voltarei no fim da tarde. Se algum cliente ligar, peça para ligar amanhã.

— Sim, doutor.

Ele saiu rapidamente, levando consigo sua valise. Enquanto caminhava pelo estacionamento, pensou: "Antes de ir ver o velho; vou fazer uma pesquisa de preço dos automóveis. Lucas vai adorar receber um presente como esse".

Sorrindo, ele não percebeu a entidade que estava a seu lado e que o inspirava. Enquanto dirigia o automóvel último tipo, ele mudou de ideia.

— Agora não posso presenteá-lo, pois isso levantará suspeitas.

Assim, decidiu ir à casa de seu pai e cumprir o protocolo de bom filho. Ao chegar diante da casa do pai, falou para si mesmo: "Com a morte dos dois idiotas, ficarei com todos os imóveis da família, incluindo esta casa...".

A entidade que o acompanhava disse:

— Por que adiar o presente de seu irmão? Lembre-se de que não há tempo para desperdiçar. Você está com medo! Covarde!

Sem se dar conta, repetiu a si mesmo: "Não sou covarde! Apenas sou um homem cauteloso".

João Vitor estacionou seu carro atrás do carro de Lucas e xingou:

— Vagabundo! Enquanto trabalho arrumou a desculpa de pajear meu pai para ficar em casa!

Lucas foi informado por Aristides de que o irmão havia chegado, e entrando no quarto do pai, disse:

— Papai, João Vitor acabou de chegar. O quer fazer?

— Não deixe esse patife entrar! Não quero ver esse ingrato! — esbravejou Osmar irritado. — Se João insistir, diga que estou dormindo.

Berenice sentiu-se constrangida em ter de mentir, porém sabia que para permanecer no emprego isso era necessário.

João Vitor entrou em casa falando alto:

— Lucas, onde está?

— Estou aqui!

— Como está nosso pai?

— Está se recuperando — respondeu Lucas prestando atenção em cada gesto do irmão.

— Lucas, quero vê-lo, onde está?

— Que pena! Está dormindo, pois como sabe, uma pessoa acamada se cansa facilmente.

— Se papai está dormindo, por que está constrangido, meu irmão? — perguntou desconfiado.

— Eu, constrangido? João Vitor, você tem cada ideia...

João Vitor pressentiu que estava acontecendo alguma coisa e decidiu ir ao quarto do pai para ver se o irmão falava a verdade. Lucas começou a dizer em voz alta:

— Não acorde o papai; ele está cansado e precisa repousar!

Osmar, ouvindo o burburinho do lado de fora do quarto, fechou os olhos fingindo dormir a sono solto.

João Vitor entrou no quarto e viu Berenice, que fingia ler tranquilamente.

— Há quanto tempo meu pai está dormindo? — sussurrou.

— Há pouco mais de uma hora — respondeu, levantando os olhos vagarosamente.

O filho se aproximou do leito e, prestando atenção em sua fisionomia, não demorou a deduzir que o pai fingia flagrantemente. Controlando seu ódio, olhou para Berenice e resmungou:

— Meu pai nunca foi um bom ator. Até uma criança veria que ele está fingindo.

Berenice sentindo as mãos suadas, permaneceu calada. João Vitor, irritado, saiu do quarto, e se aproximando do irmão disse:

— Diga ao velho que não precisa fingir dormir para não me receber. Se ele não quer me ver, basta avisar-me.

— Do que está falando?

— Nada! Apenas fiquei nervoso em não poder falar com papai. Será que ninguém oferece café nesta casa?

Lucas, sorrindo, chamou por Teresa e pediu que ela servisse café ao irmão, que permanecia sentado confortavelmente na sala de estar.

João Vitor começou a falar sobre assuntos pertinentes ao trabalho enquanto Lucas o analisava furtivamente. Lembrando-se do carro do irmão, disse:

— Lucas, por que não compra um carro novo?

— Por dois motivos: primeiro, meu carro está bom; segundo, não tenho dinheiro suficiente para trocar de carro.

— Dinheiro não é problema; afinal, temos um pai rico.

— Ele é rico, mas eu não; e o fato de ser filho de um homem rico, não me dá o direito de gastar dinheiro com coisas desnecessárias.

— Lucas, não seja tão modesto. Lembre-se de que modéstia em demasia é vaidade disfarçada.

— Não estou sendo modesto; apenas quero lhe dizer que se nosso pai conseguiu chegar aonde chegou, eu também vou conseguir, com meu esforço.

— Tenho de ir à cidade vizinha para conhecer a rede de lojas do sr. Waldomiro Torres; afinal, ele é um excelente cliente.

— Tem razão, ele é um excelente cliente. Só no mês passado fez uma grande encomenda de caneca plástica e outros utensílios domésticos, que nos rendeu um bom dinheiro.

João Vitor percebeu que o irmão não estava tão alienado com os assuntos da fábrica quanto parecia e pensou: "Lucas se faz de sonso, por esse motivo tenho de tomar muito cuidado".

Não demorou para se despedir:

— Lucas, não falte ao trabalho para cuidar de nosso pai; sinto que o velho está bem assistido.

— Amanhã estarei na fábrica.

João Vitor entrou no carro extremamente irritado. Ao fazer a manobra, disse em voz alta:

— Patife! Pensa que me engana com esse papo de completo desinteresse nos negócios da família, mas garanto que se o velho bater as botas será o primeiro a reivindicar sua parte na herança. Se der um carro a ele, aceitará de bom grado.

Com esses pensamentos, ele chegou à principal avenida que o levaria à cidade vizinha.

Quando ele saiu, Lucas disse a si mesmo: "Jorge tem razão; certamente ele está aprontando alguma coisa; afinal, nunca foi um homem afável e sorridente! Isso não está me cheirando a coisa boa".

— E então, meu pai, como se sente? — perguntou Lucas.

— Se não fosse a visita inoportuna de João Vitor estaria melhor — respondeu Osmar bem-humorado.

— Papai, o senhor me coloca em cada situação... — falou Lucas.

Berenice verificou a pressão arterial de Osmar e, olhando para Lucas, comentou:

— A pressão do dr. Osmar está normal.

— Logo ele poderá voltar ao trabalho.

— Isso é tudo o que mais quero. Preciso ter uma conversa de homem para homem com aquele patife do seu irmão — disse com tristeza no olhar.

Lucas, compreendendo aonde o pai estava querendo chegar, decidiu não continuar o assunto; pediu licença e foi para o seu quarto.

Passada uma hora, Lucas percebeu que já estava na hora de Berenice ir para casa.

— Berenice, que horas vai embora?

— Quero cumprir o turno de doze horas. Dessa forma, meu horário já venceu há pouco mais de meia hora.

— Contratei um fisioterapeuta e uma enfermeira para cuidar de meu pai no turno da noite.

— Lucas, poderia me oferecer para cuidar de seu pai; mas minhas condições físicas não permitem; estou muito cansada e preciso tomar um banho para relaxar.

— Jamais permitiria que você ficasse mais de doze horas cuidando de meu pai. Não se preocupe, eu mesmo ficarei com meu pai durante a noite — falou Lucas com afabilidade.

Berenice gostou da atitude dele e se despediu de ambos. Lucas sabia que naquela noite teria de sair com Jorge a fim de iniciar a investigação sobre o desfalque. Assim, chamou Aristides e disse:

— Aristides, terei de sair e só voltarei depois da meia-noite. Peço-lhe que fique com meu pai e o atenda em suas necessidades. Não se preocupe que vou lhe pagar hora extra.

— Tudo bem, Lucas. Pode ir tranquilo que tomarei conta com cuidado do dr. Osmar.

— Pagarei suas horas extras assim que chegar.

Berenice já havia anotado todos os horários das medicações e colocou algumas observações que deveriam ser obedecidas. Lucas pegou o papel das anotações e explicou tudo ao empregado. Lucas sentiu-se aliviado por saber que o pai ficaria com uma pessoa de confiança.

Faltava pouco para as dez e meia da noite quando Lucas se despediu de Aristides e foi até a casa de Jorge. Ao chegar, o jovem viu Jorge conversando com uma moça diante de sua casa. Naquele momento, o rapaz conheceu Rosângela, a namorada de Jorge. Depois de se cumprimentarem, Jorge falou para ela:

— Rosângela, terei de ir à fábrica; tenho um trabalho a fazer.

— Jorge, não precisa se apressar; afinal, ainda é cedo e posso esperar.

A moça olhava furtivamente para Lucas, sem deixar que o namorado percebesse o que passava em sua mente. E disse:

— Trabalho é trabalho! Não se pode deixar para amanhã o que se pode fazer hoje.

Jorge, satisfeito com a compreensão da moça, beijou-a ternamente no rosto e se despediu.

— Sua namorada mora em frente à sua casa?

— Tenho sorte; sei de todos os passos de Rosângela.

Os dois rapazes entraram no carro e Lucas perguntou:

— Há quanto tempo namora?

— Há pouco mais de dois meses.

— E é sério?

— Isso só o tempo poderá dizer; gosto de Rosângela, mas não penso em casamento.

— Jorge, sua namorada me pareceu uma boa moça; por que não pensa em um compromisso sério?

— Rosângela é uma moça séria, de boa família, bonita, mas sinto que falta algo...

— Entendi. Falta amor.

— É isso! Gosto da companhia dela, porém não tenho aquele sentimento de fazer perder o juízo.

— Se você sabe que não sente amor por ela, por que insiste no namoro? Por que não se dá a oportunidade de encontrar a pessoa certa?

— Enquanto não encontrar a pessoa certa; vou me ajeitando com as pessoas erradas.

— Jorge, sempre fomos amigos. Por esse motivo me sinto à vontade para lhe dizer que não está certo você brincar com os sentimentos alheios — reclamou Lucas indignado com a resposta do amigo.

— Por que está me dizendo essas coisas?

— Você já pensou que a moça pode estar sinceramente interessada em você e investindo na relação?

— Lucas, quando começo a namorar já aviso que não sou homem de me prender a ninguém. Com Rosângela, não foi diferente — falou, demonstrando que não se preocupava com os sentimentos alheios.

— Você diz isso porque não se apaixonou por ninguém, mas quando isso acontecer vai pensar diferente — disse sentindo alegria.

— Mas enquanto isso não acontecer continuarei namorando sem compromisso algum.

Logo, os dois chegaram à fábrica.

— Por ora, pare de pensar nas namoradas e vamos ao que interessa — intimou Lucas.

Assim, os dois rapazes saíram do carro e caminharam até o escritório de João Vitor. O vigia noturno não os viu entrar. Como era comum as luzes dos escritórios ficarem acesas durante a noite, o vigia de nada desconfiou.

Lucas sentou-se à mesa de João Vitor e abriu as gavetas à procura de provas que o incriminassem, porém nada descobriu.

— João Vitor é uma raposa! Devíamos ter desconfiado que ele não deixaria documentos que pudessem incriminá-lo no escritório — afirmou Jorge debochado.

— Mas não vou descansar enquanto não descobrir algo que comprove o desfalque — falou Lucas com raiva.

Jorge, que estava ao lado do arquivo, disse:

— Por que em vez de procurar provas nas gavetas não procuramos nos arquivos?

— Vasculhe-os, mas cuidado para não tirar nada da ordem.

— No escritório não encontraremos nada!

— Já que estamos aqui, ficarei até encontrar alguma coisa comprometedora.

— Tudo bem! Mas o que estamos procurando?

Lucas percebeu a má vontade do amigo e dirigiu-se aos arquivos, porém, a procura foi em vão. Parecia que tudo estava correto.

— João Vitor jamais deixaria algum documento incriminador na fábrica, certamente as provas estão em sua casa — disse Lucas.

— É isso que estou tentando fazê-lo entender desde o início.

— Vamos embora! Estamos perdendo tempo! — retrucou Lucas, olhando para todos os cantos do escritório.

Jorge suspirou aliviado e concordou imediatamente com o amigo. Ao saírem, eles tomaram cuidado para não serem vistos pelo vigia. Durante o trajeto de volta, Lucas contou a Jorge sobre a afabilidade estranha de João Vitor.

— Lucas, tenha cuidado! João Vitor está aprontando alguma coisa.

— Eu também acho...

Quando chegaram diante da casa de Jorge, sem perceber, Lucas olhou para a fachada da casa de Rosângela e lembrando como ela era bonita, pensou: "Jorge não passa de um fanfarrão. Apaixonar-se por uma moça como Rosângela não é tarefa difícil".

Com esses pensamentos, o rapaz logo chegou à sua casa. Foi direto ao quarto onde Osmar estava. Encontrou-o dormindo e Aristides cochilando, sentado em uma confortável poltrona. Com amabilidade, aproximou-se do serviçal e o chamou:

— Acorde, Aristides!

— Lucas! A que horas chegou? — sobressaltou-se o homem com expressão cansada.

— Agora mesmo! Vai descansar, eu cuidarei de meu pai. Meu pai está dormindo tranquilamente...

— Lucas, acaso pretende ir ao trabalho amanhã?

— Sim! Meu pai está sendo bem cuidado por todos; acho que posso voltar tranquilamente ao trabalho.

— Sugiro que vá descansar; posso ficar com o doutor até a enfermeira começar.

— Está bem! Enquanto a enfermeira do turno da noite não começa, pagarei a você outro salário.

— Fique tranquilo, não vai se arrepender!

Lucas, sorrindo com satisfação, respondeu:

— Não tenho dúvidas, Aristides; afinal, você trabalha com papai há muitos anos.

— Durma com Deus, papai! — disse Lucas, aproximando-se de Osmar e colocando a mão no rosto dele.

Assim que Lucas se despediu, rodopiou lentamente no calcanhar e se retirou. Ao entrar no quarto; não pôde deixar de pensar em Rosângela e em sua graciosidade. Disse a si mesmo: "Não posso pensar na namorada de meu amigo!".

No dia seguinte, Lucas decidiu passar no consultório do fisioterapeuta, a fim de saber se ele iria atender a seu pai naquele dia.

— O sr. Robson Gomes está?

— Sim! Ele está terminando um atendimento.

Lucas sentou-se em uma confortável poltrona e enquanto folheava uma revista, viu uma senhora saindo de uma das salas. A secretária levantou-se e avisou Robson que Lucas o estava esperando.

— Judite, por favor, diga ao sr. Lucas para me esperar que em poucos minutos vou falar com ele.

A moça, ao se aproximar de Lucas, informou-o de que em poucos minutos o fisioterapeuta iria atendê-lo.

Passados alguns minutos, Robson Gomes, o fisioterapeuta, saiu de sua sala e foi ter com Lucas, que disse:

— Bom dia! Estou aqui somente para saber se você vai atender meu pai.

— Sim! Já havíamos combinado, e a fisioterapia de seu pai já estava agendada.

— Isso é muito bom! Vou deixá-lo avisado; porém, não poderei estar presente, pois tenho de retornar ao trabalho.

— Ontem você perguntou se eu conhecia algum enfermeiro e, para ajudá-lo, conversei com um amigo que está sem trabalho.

Lucas pensou por alguns instantes e disse:

— Obrigado! Peça-lhe para procurar-me na fábrica.

Lucas deu o endereço da fábrica e, em seguida, despediu-se do fisioterapeuta, seguindo para o escritório.

Depois de estacionar seu automóvel, entrou rapidamente a fim de iniciar os trabalhos daquele dia. Foi com alegria que percebeu que o vigia noturno nada desconfiou sobre sua entrada no escritório na noite anterior. Ao ver Jorge, ele disse bem-humorado:

— Olá, Jorge. O que temos para hoje?

— Temos trabalho e mais trabalho...

— E não é para isso que estamos aqui?

— Sou funcionário da fábrica e não escravo! Seu irmão mandou levantar as fichas de antigos clientes e visitá-los ainda hoje! Como se não bastasse, mandou-me fazer um levantamento da produção. João Vitor disse que devemos recuperar os antigos clientes para melhorar as finanças.

Lucas estranhou as ordens de João Vitor e disse:

— Estranho... João Vitor nunca se importou com isso!

Jorge, ignorando as palavras de Lucas, respondeu:

— Estranho é ter de vasculhar os arquivos, que não são poucos. Acho que está na hora de contratar mais uma pessoa, pois o trabalho está aumentando e eu sou apenas um.

— Não se preocupe, vou pedir ao Departamento de Pessoal que contrate mais uma pessoa para nos ajudar nos trabalhos.

Jorge deixou seu rosto se iluminar em um sorriso e falou:

— Lucas, se for contratar alguém, peço que dê uma chance a Rosângela; ela trabalhou muitos anos num escritório de Contabilidade e há pouco mais de dois meses está desempregada.

Lucas sentiu o coração disparar, porém tratou de conter a emoção e pausadamente respondeu:

— Então diga à sua namorada que venha falar comigo ainda hoje.

— No horário do almoço vou até a casa dela.

— Jorge, não quero namoricos na fábrica, pois aqui é um ambiente de trabalho e não uma praça pública.

— Lucas, pensei muito sobre o que conversamos ontem. Cheguei à conclusão de que não devo continuar com esse namoro. Gosto de Rosângela, mas como amiga, acho que em breve vou terminar esse namoro.

Lucas se assustou com as palavras de Jorge e perguntou:

— O que eu disse que o fez mudar de ideia?

— O que me fez mudar de ideia foi o fato de saber que Rosângela é uma boa moça e merece um rapaz que a ame de verdade. Aprecio sua alegria e sua companhia, mas isso não é o suficiente para manter nosso namoro. Quero amar alguém e não apenas ocupar meu tempo com uma moça que sei que não amo.

Lucas sentiu seu coração disparar e, contendo a emoção, respondeu:

— Bem se vê que é um bom rapaz! Agora vamos trabalhar e diga a Rosângela para ter comigo ainda hoje.

A parte da manhã transcorreu tranquilamente e no horário do almoço João Vitor foi até a sala do irmão e avisou:

— Lucas, hoje dei ordem para Jorge para contatar velhos clientes da fábrica; peço-lhe que contrate alguém para conseguir novos clientes.

Lucas sabia que iria conversar com Rosângela à tarde, porém não gostaria que ela ficasse longe da fábrica, assim respondeu:

— João Vitor, na verdade precisamos de duas pessoas no setor de vendas, uma para ajudar a cuidar dos arquivos e contatar velhos clientes e outra para prospectar novos clientes.

João Vitor, insatisfeito, respondeu:

— Está bem! Converse com Ricardo do Departamento de Pessoal e diga que autorizei a contratação de dois funcionários.

Lucas, irritado, respondeu:

— Por que tenho de fazer isso? Acaso não tenho o direito de contratar ou demitir funcionários da empresa de nosso pai?

— Você tem tanto direito quanto eu para contratar ou demitir funcionários, porém você nunca se envolveu nas contratações.

— Nunca me preocupei com isso porque nosso pai estava aqui, mas, enquanto ele não estiver, quero me inteirar de todos os assuntos pertinentes à fábrica.

João Vitor mordiscou os lábios com raiva e, sorrindo com falsidade, respondeu:

— Já não era sem tempo de você assumir certas responsabilidades na empresa.

João Vitor rodopiou rapidamente no calcanhar, sumindo pelo corredor do setor. Enquanto caminhava, pensava: "Preciso acabar com a alegria desse otário! Lucas não é desinteressado como parece, e isso mostra que preciso tirar essa pedra do meu caminho o quanto antes". Procurando não pensar no assunto, retornou à sua sala visivelmente irritado.

Lucas, ao observar João Vitor se afastar, disse a si mesmo: "Não posso concordar com a autonomia total dele; afinal, a fábrica é nossa!

Contudo, procurando não pensar mais no assunto, Lucas voltou ao seu trabalho sentindo-se vitorioso em sua primeira batalha contra o irmão. E assim tudo corria tranquilamente quando Jorge se aproximou dizendo:

— Lucas, vai sair para almoçar?

— Almoçarei no restaurante próximo à fábrica, pois tenho muito trabalho a fazer. Por quê?

— Porque queria seu carro emprestado, pois se for andando não retornarei a tempo ao trabalho.

Lucas, sem pensar, tirou as chaves da gaveta e deu a Jorge dizendo:

— Pode ir com o meu carro, mas tome cuidado.

— Não se preocupe, sou um excelente motorista.

5

O convite

Assim que chegou o horário do almoço, Jorge saiu rapidamente; afinal, iria comunicar a Rosângela sobre o trabalho na fábrica.

Ao chegar à casa dela, chamou-a no portão. Ao vê-la, sorriu sem nada dizer. A moça, assustada com a presença do rapaz naquela hora do dia, disse:

— Jorge, o que faz aqui?

— Rosângela, abriu uma vaga na fábrica no setor em que trabalho e vim até aqui para saber se você aceita o trabalho.

— Trabalhar na fábrica?

— Sim! Lucas vai contratar uma pessoa e pensei em você.

— Jorge, sempre trabalhei como assistente de Contabilidade, não entendo nada de vendas.

— Não se preocupe; afinal, você é uma moça inteligente e logo aprenderá o serviço. Além do mais, você não sabe se dará certo ou não se não tentar.

Rosângela ficou calada por alguns instantes e pensou: "Não posso recusar esse trabalho; desde que parei de trabalhar, estamos passando por sérias dificuldades". E finalmente decidiu:

— Está bem! Quando deverei conversar com Lucas?

— Vou almoçar e se quiser poderá me acompanhar.

Rosângela eufórica respondeu:

— Vou almoçar e me arrumarei em seguida.

— Mas não se atrase, tenho horário para retornar à fábrica.

A moça combinou o horário e entrou em casa dizendo à mãe:

— Mamãe, Jorge me chamou para um trabalho na fábrica.

Nair, sorrindo, disse:

— Que bom, minha filha! Com seu dinheiro poderemos colocar as dívidas em dia.

Ela era uma mulher bondosa, que gostava sinceramente de Jorge. Com tristeza, disse:

— Jorge é um bom rapaz; porém ainda não descobriu o que quer da vida.

Rosângela que colocava uma saia, falou:

— Mãe... lá vem a senhora com essa conversa!

— Minha filha, não sei por que vocês insistem em um namoro que sabem que não dará certo; nunca se amaram o suficiente para namorar.

— A senhora tem de entender que gostamos da companhia um do outro.

— Se seu pai estivesse vivo, não aceitaria esse namoro.

— Mamãe, entenda, papai morreu! E o que ele acharia ou deixaria de achar de meu namoro com Jorge não faz a menor diferença.

— Espero que dê tudo certo nesse novo trabalho.

Rosângela, arrependendo-se da má resposta que deu à mãe, tentou contemporizar a situação:

— Mamãe, assim que receber meu primeiro salário, vou lhe comprar sapatos novos para ir ao Centro Espírita.

— Não se preocupe com isso, minha filha! Meus sapatos ainda estão bons para ir ao Centro Espírita.

Rosângela lançou um olhar carinhoso para a mãe e completou:

— Se tem uma coisa que gosto na senhora é sua simplicidade.

— Minha filha, se tivermos o que comer, o que vestir e uma casa para nos abrigar, podemos nos dar por satisfeitos.

Rosângela terminou de se vestir e fez seu prato, comendo rapidamente. Não demorou e Jorge a chamou no portão:

— Rosângela, vamos, já estou atrasado.

Enquanto ela saía, Nair fez uma prece silenciosa pedindo a Deus que tudo corresse bem. Jorge chegou à fábrica e disse ao vigia:

— O dr. Lucas já chegou do almoço?

— Para falar a verdade nem o vi sair, creio que está trabalhando.

Jorge sorriu satisfeito e, olhando para Rosângela, disse:

— Venha! Vamos procurá-lo.

A moça timidamente acompanhou Jorge, que andava apressado. Ao chegarem à sala de Lucas, a moça sentiu uma emoção diferente, porém se esforçou para aparentar tranquilidade. Ele, ao vê-la com Jorge disse, amável:

— Boa tarde!

A moça respondeu ao cumprimento e Lucas se apressou a comentar:

— Estamos precisando de duas pessoas para auxiliar no serviço que se avoluma; Jorge disse que você tem experiência em serviços de escritório.

A moça respondeu que sim e Jorge completou:

— Rosângela, tenho de voltar ao trabalho; fique à vontade para conversar com Lucas.

Jorge deixou-a sendo entrevistada e retornou, desejando boa sorte à namorada. Lucas procurou deixar a moça descontraída e logo a timidez inicial desapareceu.

— Você está contratada! Não se preocupe com o trabalho, pois tanto Jorge quanto eu poderemos ensiná-la.

O rapaz ligou para o Departamento de Pessoal e, em seguida, disse para a jovem:

— Providencie o quanto antes os documentos e se apresente ao trabalho.

A moça estava radiante e, sorrindo, agradeceu-lhe a oportunidade. Passados três dias, voltou à fábrica para se apresentar ao trabalho. Lucas estava entusiasmado com a contratação dela. Jorge olhava furtivamente para Rosângela que se esforçava em aprender o trabalho. Certa manhã, disse:

— O que acha de tomarmos um sorvete à noite?

A moça pensou por alguns instantes e respondeu:

— Jorge, estou chegando muito cansada em casa.

— Preciso falar com você.

— Está bem! Mas não posso demorar mais que uma hora.

— Vou buscá-la às sete horas.

Ao combinar o encontro, Rosângela pensou: "Mamãe está certa. Não vejo motivos para continuar com esse namoro; afinal, não nos amamos".

Rosângela levou a mão à testa como se afastasse os maus pensamentos e voltou ao trabalho mexendo nos arquivos de antigos clientes.

O outro rapaz contratado para ajudar no trabalho contatava os clientes. Lucas, vez por outra se pegava olhando para a moça e, em seu pensamento, dizia: "Deixe de bobagem! Rosângela é namorada de Jorge".

Naquela noite, a jovem chegou do trabalho e disse à mãe:

— Mamãe, hoje terei uma conversa definitiva com Jorge. Gosto de sua companhia, mas não o amo; portanto, não vejo motivos para continuar esse namoro sem fundamento.

— Rosângela, você sempre soube que não amava esse rapaz, por que começou a namorá-lo?

Ela se sentou desalentada na cadeira e com tristeza respondeu:

— No início, o achei atraente, com o passar do tempo passei a admirar suas qualidades, mas lá no trabalho ele sai toda hora de sua mesa para conversar. Se o irmão de Lucas me pegar de papo com ele poderá chamar minha atenção.

— O que pretende fazer, minha filha?

Rosângela com pesar respondeu:

— Pretendo terminar esse namoro.

— Sempre alguém acaba se machucando...

Rosângela, surpresa com as palavras da mãe, respondeu:

— Em nosso caso ninguém sairá machucado; afinal, sempre soube que Jorge não é apaixonado por mim.

— Espero que você não incorra no mesmo erro futuramente! Só inicie um namoro se estiver certa de que está apaixonada.

— Não se preocupe, minha mãe. Tudo dará certo.

Não demorou e Jorge chegou para conversarem.

Rosângela, ao ouvir a voz de Jorge pensou: "Se fosse Lucas... eu deixaria tudo o que estava fazendo para recebê-lo!".

Desanimada e andando vagarosamente, ela saiu e foi ter com Jorge. Esforçando-se para sorrir, disse:

— Jorge, você nunca foi tão pontual!

— Quer ir à sorveteria da esquina?

— Sim! Também tenho algo a lhe dizer.

Naquela noite, Jorge não fez questão de pegar na mão da moça e, andando ao seu lado, falava apenas sobre assuntos de trabalho. Ao chegarem à sorveteria, Jorge falou sobre outras coisas, depois disse:

— Rosângela, sempre soube que você é uma boa moça. Mas sinto que nosso namoro não está indo bem.

Rosângela anuiu com a cabeça e permaneceu calada, deixando o rapaz continuar com suas observações. Jorge, esfregando a mão nervosamente voltou a dizer:

— Vemo-nos todos os dias no trabalho, mas pouco nos encontramos...

Rosângela, não entendendo aonde o rapaz queria chegar, precipitou-se dizendo:

— Mas você tem de compreender que chego cansada, além do mais, tenho obrigações em casa. Minha mãe costura e não tem tempo para cuidar dos afazeres domésticos.

— Compreendo perfeitamente que você é uma moça ocupada e não a estou cobrando de nada. Gosto imensamente de você, pois sempre se mostrou ser equilibrada e trabalhadora, mas sinto que está faltando algo em nossa relação.

— Aonde está querendo chegar com essa conversa?

— Estou querendo dizer que nosso namoro é um erro.

Rosângela finalmente compreendeu que o rapaz estava querendo terminar o namoro e, sentindo-se aliviada, respondeu:

— Concordo plenamente com você, Jorge. Para falar a verdade, sempre o senti distante...

O rapaz logo percebeu que a moça queria o mesmo que ele e assim a conversa se tornou mais fácil.

— Estou pensando que deveríamos terminar nosso namoro.

Rosângela, sorrindo, respondeu:

— Jorge, depois de muito pensar também cheguei à essa conclusão; afinal, esse namoro é infundado; tanto você como eu sabemos que não nos amamos e não vejo motivos para continuarmos um relacionamento sem amor.

— Você é uma boa moça e merece ser feliz.

— Não se preocupe, serei feliz! E quanto a você, encontrará uma moça que o mereça.

— Podemos ser amigos?

— Jorge, você sempre será um amigo querido.

— Você não sabe como foi difícil dizer isso a você.

— Se você não iniciasse essa conversa, eu teria feito; afinal, estava decidida a resolver essa situação.

Os dois conversaram sobre outros assuntos, depois ambos decidiram voltar para casa. Jorge a deixou diante da sua casa e disse:

— É uma pena não ter dado certo.

— Como pode um namoro sem amor dar certo? Em nosso íntimo sabíamos que isso terminaria desta maneira.

Rosângela entrou rapidamente em sua casa a fim de contar para a mãe o que havia conversado com Jorge.

Jorge, ao entrar em seu quarto, pensou: "Graças a Deus que a conversa foi tranquila, teria sido pior se Rosângela tivesse feito cena...".

No dia seguinte, ele chegou à fábrica e encontrou Lucas trabalhando. Com expressão desanuviada disse:

— Lucas, Rosângela e eu terminamos o namoro.

Lucas sentiu o coração disparar e, fingindo não compreender, disse:

— Quando?

— Ontem à noite — respondeu Jorge.

— Mas quem terminou, você ou ela?

— Eu a chamei para uma conversa a fim de terminar o namoro, e ela estava decidida a fazer o mesmo; portanto fomos nós dois.

— Jorge, você é um homem digno e, por essa razão, tenho o prazer de chamá-lo de amigo.

Jorge, sorrindo, tratou de voltar a trabalhar. Foi com curiosidade que Lucas viu a moça entrar e percebeu que seu semblante era tranquilo e não denotava nenhum tipo de sofrimento.

Lucas a cumprimentou:

— Como está, Rosângela, tudo bem?

— Estou bem; mas por que a pergunta?

— Jorge me disse que acabou o namoro...

— Realmente, nosso namoro terminou, mas a amizade continua.

Lucas percebendo que havia sido indiscreto tentou se retratar dizendo:

— Desculpe, não deveria ter tocado em assunto tão íntimo.

A moça, percebendo seu constrangimento, sorriu e disse em seguida:

— Não vejo motivos para me pedir desculpas; afinal, o fim de nosso namoro já não é novidade para ninguém.

Lucas, por um momento percebeu que a moça fitou seus olhos de maneira diferente e com isso disse:

— Jorge e eu nunca nos amamos, não tínhamos motivos para continuar nosso namoro.

Lucas, ao ouvir as palavras da moça, sorriu aliviado e disse:

— Namoro sem amor é perda de tempo.

— Bem, agora vou trabalhar; afinal, tenho muito que fazer.

Lucas viu quando a moça rodopiou lentamente nos calcanhares e foi para sua mesa. Ela trabalhava na mesma sala que ele, o que o deixava imensamente feliz.

Vez por outra, Lucas olhava para Rosângela furtivamente e pensava: "Rosângela é uma moça bonita e esforçada, como gostaria de namorá-la...".

Rosângela, por sua vez, olhava o rapaz e pensava: "Lucas é diferente de todos os rapazes que conheci; mas é o filho do patrão e devo me colocar em meu lugar".

Dessa maneira, o tempo foi passando e a cada dia os dois jovens se sentiam ainda mais à vontade na presença um do outro.

6

Ideia infeliz

Naquela manhã, João Vitor estava irritado; na noite anterior soube que o pai estava melhorando e isso era o que ele não queria. O jovem sentado à sua mesa disse em voz alta:

— Não posso perder mais tempo, Lucas está agindo como se fosse o dono da fábrica e o velho está melhorando, as coisas não poderiam estar pior.

— Ainda dá tempo de fazer alguma coisa...

João Vitor não ouviu a entidade dizendo em seu ouvido, porém registrou as palavras em forma de pensamento próprio e afirmou:

— Nem tudo está perdido; ainda há tempo para fazer alguma coisa. — Assim, levantou-se e abrindo a porta disse à secretária: — Por favor, quero que encontre o número de telefone da loja de automóveis.

A moça, de modo autômato, abriu a gaveta de sua mesa e pegou a lista telefônica a fim de cumprir as ordens de João Vitor. Em poucos minutos, a moça bateu na porta e entregou o número a João Vitor, que ligou para a loja para se inteirar dos preços e das marcas dos veículos disponíveis. João Vitor disse:

— Depois do almoço vou à loja para comprar o automóvel de Lucas, mas antes passarei em um mecânico e mandarei afrouxar o freio.

Naquele mesmo dia, João Vitor saiu e comprou o automóvel último modelo; sorrindo, pensou:

— Sinto muito, meu irmão. Mas o seu fim está chegando...

Ao pensar em sua ideia, João Vitor soltou uma gargalhada sinistra, que se misturou à risada da entidade que tinha ao seu lado.

 Lucas estava perdidamente apaixonado por Rosângela e com o tempo passou a ir à casa de Jorge quase todas as noites com o pretexto de conversar com o amigo. Jorge não se arrependera de ter findado o namoro com Rosângela, e logo percebeu que se dava muito melhor com a moça como amiga do que como namorada.

Toda noite, Rosângela ficava em frente à sua casa a fim de ver Lucas. Não raro, juntava-se aos rapazes e todos ficavam conversando. Jorge logo percebeu que havia algo mais que amizade entre seu amigo e Rosângela. Assim, passou a convidar o rapaz para ir mais vezes à sua casa.

Naquela tarde, João Vitor chamou Lucas dizendo:

— Quero que vá à minha casa esta noite.

Ele, pensando em Rosângela disse:

— Não poderei ir à sua casa, tenho compromisso à noite.

João Vitor, dissimulando a contrariedade, respondeu:

— Por favor, mano, vá à minha casa; tenho certeza de que não vai se arrepender.

Lucas, que investigava sutilmente o desfalque na fábrica, aceitou o convite:

— Está bem! Mas não poderei demorar, não quero chegar atrasado ao meu compromisso.

— Seu compromisso tem nome de mulher?

— João Vitor, sou um homem solteiro, e pelo que sei não fiz nenhum voto para o sacerdócio...

— Vou esperá-lo às sete horas.

Lucas havia um tempo que estava desconfiado de João Vitor, por essa razão dissimulou sua desconfiança num sorriso.

O rapaz rodopiou rapidamente nos calcanhares e voltou à sua sala, porém seu semblante denotava certa preocupação.

Rosângela, que já conhecia Lucas, perguntou:

— Algum problema?

— Certamente que há, vou descobrir.

Rosângela percebeu que o rapaz não queria conversa e voltou ao seu trabalho sem dizer mais nenhuma palavra.

Lucas não viu, mas uma figura de mulher disse:

— Seja o que for que seu irmão lhe oferecer, não aceite! João Vitor não é homem de confiança.

Eram palavras do espírito de sua mãe e ele sentiu em seu íntimo que a amabilidade de João Vitor não era coisa boa. Assim, levantou-se rapidamente e foi ter com Jorge, que trabalhava em uma sala ao lado.

— Jorge, estou preocupado...

Jorge olhou seriamente para o amigo e perguntou:

— O que está havendo?

Lucas, percebendo que seria perigoso tocar no assunto que o incomodava ali na sala, disse:

— Vamos deixar esse assunto para a noite.

— Lucas, à noite conversaremos mais tranquilos.

O expediente terminou e Lucas estava ansioso para contar sobre suas desconfianças ao amigo Jorge. Resolveu lhe oferecer carona até sua casa.

— Jorge, se quiser poderei levá-lo para casa.

Apesar de Jorge não estar namorando Rosângela sentia por ela um carinho indefinido. Não era incomum pensar no bem-estar dela, por essa razão comentou:

— Lucas, posso chamar Rosângela para ir conosco? Afinal, ela mora em frente à minha casa.

— Certamente que sim!

Jorge foi ao encontro de Rosângela e perguntou:

— Rosângela, Lucas vai me dar uma carona, quer ir conosco?

— Sim! Para mim toda carona é bem-vinda.

— Então vamos, pois Lucas está nos esperando no carro.

No trajeto, Rosângela falou sobre vários assuntos, sem tocar em trabalho, o que fez com que Lucas esquecesse temporariamente a nuvem que pairava sobre sua cabeça.

Logo os três chegaram diante da casa de Jorge e a moça se despediu dos rapazes, indo diretamente para sua casa.

Lucas, ao se ver sozinho com Jorge, falou:

— Jorge, conheço João Vitor e sei que ele está aprontando alguma coisa; tem se mostrado muito amável ultimamente e isso não é do seu feitio.

— João Vitor sempre foi ambicioso, acredito que tenha coragem de fazer algum mal a você ou ao seu pai.

— É, um homem ambicioso não mede esforços para conseguir o que deseja.

Lucas procurou não pensar mais no assunto e mudou de assunto:

— Rosângela é uma boa funcionária, nunca chega atrasada e cumpre bem com suas obrigações. Graças à sua dedicação, recuperou cinco antigos clientes.

— Rosângela é esforçada, mas essa não foi a qualidade que o atraiu...

Lucas, não compreendendo aonde o amigo queria chegar, perguntou:

— Como assim?

— Por que não pergunta isso ao seu coração? Talvez ele tenha muito mais a dizer que eu.

— Jorge, deixe de ser maldoso. Rosângela é funcionária da fábrica e nada mais.

— Como diz minha mãe, o pior cego é aquele que não quer ver...

— Jorge, se eu estivesse interessado em Rosângela, o que você faria?

— Nada! Rosângela foi minha namorada, agora é apenas uma boa amiga.

— Jorge, preciso lhe confessar uma coisa...

— Não precisa me contar algo que já sei. Você está apaixonado por Rosângela e isso não é novidade para mim; para falar a verdade eu sempre soube.

Desconcertado, Lucas olhou surpreso para o amigo e, embaraçado, perguntou:

— Como pôde saber de algo tão íntimo?

— Você é um homem transparente e não foi difícil descobrir o que lhe ia no coração.

Naquele momento, Lucas sentiu-se aliviado; afinal, mascarar seus sentimentos já estava lhe causando certo desconforto.

— Rosângela é uma boa moça, mas estou longe de ser o que ela procura.

— Deixe de ser cego! Ela está apaixonada por você; mas o fato de se tratar do filho do dono da fábrica a impede de se aproximar.

— Como pode afirmar que ela está apaixonada por mim, se nunca deixou transparecer nada?

— Você é um rapaz rico, porém não sabe nada de mulheres. Rosângela tenta disfarçar seus sentimentos, mas já reparei que quando você está por perto ela fica agitada, e isso tem um nome: paixão!

— Não sei o que acontece, mas quando estou ao lado dela me sinto bobo e não sei o que falar.

— Chame-a para uma conversa e diga o que está sentindo.

— Nunca farei isso; tenho medo de que ela me rejeite.

— Compreendo, mas comece a observar seus modos e verá que tenho razão; vocês estão perdendo tempo em não se declararem um ao outro.

— Agora preciso ir para casa me arrumar, tenho de ir à casa de João Vitor ainda hoje.

— Lucas, não precisa ter medo de ser rejeitado por uma mulher; todas gostariam de se casar com um homem rico — meneando a cabeça, o rapaz abriu o portão de sua casa e decidiu: "Vou ajudar Lucas e Rosângela; afinal, gosto dessa moça como gosto de Berenice".

Lucas chegou em casa e a primeira coisa que fez foi entrar no quarto do pai. Para sua surpresa o encontrou sentado sem o apoio dos travesseiros.

— O senhor está fazendo grande progresso; está se sentando sozinho e logo poderá voltar a andar.

Osmar, lançando um sorriso de satisfação, disse:

— Logo poderei voltar à fábrica e cuidar dos negócios.

— Nunca duvidei disso, meu pai. Logo poderá voltar a comandar a fábrica.

— Lucas, não diga a seu irmão que estou me recuperando, quero pegá-lo de surpresa.

— Não se preocupe, papai. João Vitor só ficará sabendo de sua recuperação no momento certo.

Lucas e Osmar não viram a figura de uma mulher que estava no quarto, mas por um momento o jovem sentiu-se impelido a contar ao pai a mudança repentina de João Vitor.

— Papai, João Vitor pediu-me para ir à sua casa hoje à noite. E o senhor sabe que ele quase nunca nos convida para visitá-lo, estou achando essa atitude muito estranha.

— Seu irmão está aprontando alguma coisa.

— Estou desconfiado da mesma coisa.

— Tome cuidado, meu filho... — Osmar disse, olhando com carinho para o filho.

A entidade que ouvia a conversa começou a inspirar Osmar.

— João Vitor está tentando ganhar sua confiança, mas não acredite em suas palavras amáveis, certamente ele está tramando contra nós.

— Não se preocupe, meu pai, estou atento a cada gesto dele.

— Vou me arrumar para ir à casa de João Vitor.

— Berenice já foi embora?

— Acredito que não, papai! Ela não sai sem se despedir do senhor.

— Filho, diga a ela que quero tomar banho antes do jantar.

Lucas saiu do quarto do pai e encontrou a moça tomando um copo de suco na cozinha.

— Berenice, papai está querendo tomar banho.

— Com esse calor o dr. Osmar gosta de tomar banho de três em três horas...

Lucas sorriu para a irmã de Jorge e, pedindo licença, dirigiu-se ao seu quarto a fim de se arrumar para sair. Faltavam cinco minutos para às dezenove horas, quando finalmente ele chegou à casa do irmão.

João Vitor, ao saber que ele havia chegado, sorriu satisfeito e rapidamente se levantou para recebê-lo. Lucas foi introduzido pela empregada em uma grande e confortável sala de estar e em poucos minutos o irmão entrou na sala dizendo:

— Você, como sempre, pontual não é mesmo, meu irmão?

— Não gosto de fazer as pessoas me esperarem.

— Lucas, faço questão que jante conosco.

— Desculpe-me, mas não poderei ficar para o jantar, tenho compromisso.

— Não acredito que esse compromisso seja inadiável — disse, dissimulando sua contrariedade.

— O jantar terá de esperar. Esse compromisso está marcado há duas semanas — mentiu o rapaz.

— Lucas, como você é meu único irmão, resolvi lhe dar um presente.

Nesse instante, ele se lembrou das palavras do pai dizendo: "Tome cuidado, meu filho... João Vitor está tentando ganhar sua confiança...".

Lucas se calou e João Vitor disse eufórico:

— Venha, meu irmão! Venha ver o que comprei para você.

Lucas acompanhou o irmão até a garagem e assim que viu o veículo disse:

— Não acredito que tenha comprado um jipe Willys! Esse sempre foi meu sonho.

— Gostou do presente? — perguntou, percebendo o interesse do irmão.

— O carro é muito bonito, mas infelizmente não poderei aceitar um presente tão caro.

— Não acredito que vai recusar meu presente; sempre soube que esse sempre era seu sonho de consumo. Pensa que não sei dos desenhos de jipe que tem no seu quarto?

— É verdade, sempre sonhei em ter um jipe, mas nunca imaginei ganhar um de presente.

— Por que não vai dar uma volta?

— Por que esse jipe não será meu. Em alguns anos juntarei dinheiro e comprarei um como esse.

— Por que esperar juntar dinheiro para comprar um jipe sendo que poderá tê-lo agora? Você sempre foi um homem sem ambição! É por esse motivo que não sai do lugar — falou com agressividade.

Lucas, irritado com o comentário, aproveitou e perguntou:

— Com que dinheiro comprou este jipe?

— Sempre fui um homem meticuloso e economizei cada centavo; portanto, não foi difícil comprar este carro para você.

Lucas sempre soube que o irmão era avaro, mas achou impossível ele ter economizado a ponto de comprar um carro tão caro. Disfarçando o desdém, respondeu:

— Por esse motivo não posso ficar com ele; se fosse algo mais barato poderia aceitar, mas não um carro desse valor.

— Se o dinheiro gasto no carro fosse me fazer falta, pode ter certeza de que eu não iria presenteá-lo.

— Devolva o jipe e guarde seu dinheiro; quando eu puder, realizarei meu sonho.

João Vitor sabia que o irmão era homem de uma só palavra, assim desistiu de insistir. Lucas, olhando o relógio falou:

— Agora tenho de ir, o compromisso me espera.

João Vitor viu o irmão rodopiar rapidamente no calcanhar e, assim que o rapaz bateu a porta atrás de si, disse:

— Maldito! Não pense que está livre de mim!

Lucas saiu da casa do irmão pensando: "Papai tem razão... João Vitor está tramando alguma coisa; mas o que será?".

O rapaz decidiu ir à casa de Jorge para lhe contar o ocorrido. Ao chegar lá, encontrou-o conversando com Rosângela na calçada. Sorrindo, desceu do carro e disse:

— Que bom encontrá-los aqui; estou precisando de boas companhias para desabafar...

— Mas o que houve para estar tão desanimado? — questionou Rosângela, sorrindo.

— Especialmente hoje estou me sentindo desorientado. A incerteza tomou conta do meu coração.

Jorge, percebendo que o amigo não estava bem, tentou evitar que ele tecesse algum comentário ruim diante moça, e tentando aliviar a tensão da conversa que se iniciava, falou:

— Não se preocupe, tudo dará certo.

Rosângela como sempre fora uma moça discreta e educada, achou melhor se retirar:

— Desculpem, rapazes, mas por ora tenho de voltar para casa; afinal, amanhã o trabalho me espera.

Lucas, ao mesmo tempo em que sentiu a tristeza tomar conta de seu coração, ficou aliviado; não queria que ela ficasse sabendo sobre seus problemas familiares.

Sorrindo, ela se despediu de Lucas e depois de Jorge. Cheia de graça, atravessou a rua e se dirigiu para sua casa.

Lucas voltou sua atenção para Jorge e em poucas palavras lhe contou tudo o que havia ocorrido na casa do irmão. Ao ouvir o relato, o amigo se pronunciou:

— Tome cuidado! Com essa atitude de João Vitor ficou evidente que ele está tramando alguma coisa contra você.

— Mas o que João Vitor pode estar tramando?

— Lucas, sei que é difícil aceitar que seu próprio irmão está tramando alguma coisa, mas pense comigo: ele jamais se importou em presenteá-lo e quando o faz dá justamente o jipe com que você sempre sonhou? Concordo com o dr. Osmar, um homem ambicioso é capaz de qualquer coisa para tirar uma pedra de seu caminho.

— Tem razão! João Vitor sempre se mostrou um homem mesquinho e agora quer me presentear com um presente caro. Essa atitude é realmente suspeita, preciso tomar cuidado; afinal, ele é uma raposa.

Lucas, não querendo falar sobre a atitude suspeita de João Vitor, mudou de assunto e perguntou:

— Posso saber o que você e Rosângela conversavam quando cheguei?

— Estávamos falando sobre você e em como é diferente de João Vitor.

— E qual foi a reação de Rosângela?

— Ela disse que você é um rapaz especial e que merece ser feliz.

— Você acredita que tenho chances?

— Não tenho dúvidas; ela falou sobre você quase o tempo inteiro — respondeu Jorge, lançando um olhar maroto ao amigo, que sentiu seu coração enternecer.

— Jorge, penso em abrir meu coração para Rosângela, porém temo que ela me rejeite.

— Não seja derrotista, Lucas. Compreenda, ela só está esperando você dar o primeiro passo.

— Amanhã confessarei meus sentimentos a ela. Se me rejeitar, vou esquecê-la de uma vez por todas...

— Faça isso! Mas saiba que ela não vai rejeitá-lo, pois está apaixonada por você.

— Jorge, acaso não tem ciúmes por eu estar apaixonado por sua antiga namorada?

— Lucas, Rosângela é uma pessoa que aprendi a querer bem como amiga, além do mais, nós sabíamos que nunca fomos apaixonados um pelo outro.

— E como é a mãe dela?

Jorge, depois de pensar por alguns minutos, respondeu:

— A mãe de Rosângela é uma mulher boníssima; porém faz parte de uma religião estranha...

— Que religião?

— Ela diz que é espírita, porém não sei como funciona essa religião; talvez mexa com espíritos de outro mundo.

— Mas isso para mim é macumba.

— Não posso afirmar com precisão se é macumba, mas que essa religião mexe com coisas de outro mundo, disso não tenho dúvidas.

— Religiões... Esse tipo de coisa só serve para confundir ainda mais as pessoas...

— Nisso você tem razão! Quando nasci minha mãe me batizou na igreja católica, depois fiz catecismo e primeira comunhão, mas nunca mais voltei à igreja...

— Você não é católico, não é nada; talvez seja um ateu vestido de cristão...

— Isso não é verdade. Acredito em Deus, mas desacredito das religiões.

— Preciso voltar para casa; afinal, amanhã tenho muitas coisas para resolver na fábrica.

— Lucas, se quiser, poderei observar o comportamento de João Vitor e se descobrir alguma coisa lhe conto.

Lucas agradeceu a boa vontade de Jorge:

— Fique atento e, qualquer coisa, não deixe de me contar.

Lucas, já dentro do carro, olhou por alguns instantes a casa de Rosângela e disse em voz alta:

— Boa noite, minha princesa, espero que sonhe comigo.

7

Decepção

No dia seguinte, Jorge estava cuidando de alguns documentos quando a secretária de João Vitor desabafou:

— Jorge, se eu pudesse sairia deste trabalho hoje mesmo!

— Credo! Nunca a vi tão irritada, o que houve?

— Ontem o dr. João pediu o número de telefone da loja de automóveis e saiu dizendo que não voltaria mais à tarde. Hoje ele chegou com o capeta no corpo dizendo para ligar para o mecânico. E como se não bastasse, mandou que eu ligasse para o dono da loja de automóveis pedindo para aceitar o carro de volta.

Jorge, fazendo-se de desentendido, perguntou:

— Mas o carro que João comprou estava com defeito?

A moça falou tudo o que sabia e, irritada, completou:

— Como poderia um carro novo estar com problemas? Esse homem está louco; agora quer que eu resolva o assunto do carro.

— Mas se João comprou um carro novo, por que veio com o dele trabalhar?

— Rico tem cada mania... O que sei é que Rodrigo, o mecânico, está na sala conversando com ele.

Jorge ficou intrigado com o fato de João Vitor comprar um carro novo e mandar chamar um mecânico em seguida. Sem pensar, disse:

— Muito estranho alguém comprar um carro num dia, chamar o mecânico e devolver o carro no dia seguinte...

— Nada é coerente quando se trata de João Vitor...

— Por favor, pegue o contrato do sr. Jânio Vasconcelos — falou mudando de assunto.

— Nesta fábrica todos me exploram, a começar pelo dr. João e também por você, que sempre está me arrumando mais trabalho.

Jorge não estava querendo contrato algum, apenas queria ver o rosto do mecânico que estava com João Vitor.

— Depois do almoço poderei trazer o contrato do sr. Jânio.

Jorge, querendo acompanhá-la até a mesa, disse:

— Por favor, Verônica, peço que providencie esse contrato agora mesmo.

— Posso até lhe fazer esse favor, mas quero um sorvete como recompensa disse a jovem, que secretamente gostava dele.

Jorge, percebendo seu interesse, falou sorrindo:

— Se é assim, o que acha de tomarmos um sorvete amanhã à noite?

Sorrindo, ela concordou. Seu humor mudou rapidamente, e rodopiando rapidamente no calcanhar, completou:

— Vamos até a minha mesa, o dr. João poderá precisar de meus serviços e se não me encontrar poderá ficar zangado.

Jorge abriu um largo sorriso e a acompanhou até a mesa. Assim que Verônica sentou-se, a porta da sala de João Vitor se abriu e um rapaz sujo de graxa saiu. Jorge fixou o olhar no mecânico e, enquanto Verônica procurava o contrato, perguntou:

— Quem é esse mecânico?

— É o Rodrigo.

— Vá procurando o contrato, virei buscá-lo mais tarde. Sabe como é, se o João me vir aqui poderá chamar minha atenção, e você sabe que só abaixo a cabeça para o dr. Osmar.

— Está bem! Assim que encontrá-lo, peço a Joel para lhe entregar.

Jorge, satisfeito, dirigiu-se à sala de Lucas e sem se importar com a presença de Rosângela, contou-lhe tudo o que havia descoberto sobre a misteriosa compra do carro e a presença do mecânico.

Lucas, surpreso, perguntou:

— Você conhece o mecânico?

— Claro que não! Mas esse rapaz não me pareceu coisa que preste.

— Preciso saber onde fica a oficina desse tal Rodrigo.

— Isso é simples, diga a Verônica que seu carro apresentou problemas e você precisará de um mecânico...

— Boa ideia! Verônica não me negará o endereço.

Lucas saiu rapidamente e foi conversar com a secretária do irmão. Viu quando ela colocou um contrato à sua frente.

— Bom dia! Verônica, meu carro está com problemas e gostaria de saber se você conhece algum mecânico que possa me ajudar.

— Se o doutor tivesse vindo dez minutos atrás, um mecânico estava aqui conversando com seu irmão.

— Quem era? — perguntou Lucas.

— Rodrigo, a oficina fica na rua do Comércio, perto da farmácia Junqueira.

Lucas, puxando pela lembrança, lembrou-se de onde ficava a oficina a que Verônica se referia.

— Obrigado! Assim que der tempo vou até a oficina lhe pedir para dar uma olhada em meu carro.

Lucas saiu rapidamente e resolveu conversar com Jorge, que trabalhava tranquilamente.

— Jorge, vou agora mesmo conversar com esse mecânico e saber o que está acontecendo...

— Não seja precipitado. Você precisa ganhar a confiança do mecânico se quiser tirar alguma coisa dele.

— Se João Vitor me procurar, diga que fui conversar com o médico de papai.

— Não se preocupe, sei lidar com serpentes.

Lucas estava intrigado; afinal, por que motivos o irmão havia procurado um mecânico? Será que o carro estava com defeito? Assim, dirigiu-se ao estacionamento da fábrica a fim de ir até o endereço conseguido por meio de Verônica.

Ao chegar à oficina, Lucas se surpreendeu ao ver o mesmo jipe que seu irmão queria lhe dar. Aproximou-se do jipe e prestou atenção em todos os detalhes. Não tinha dúvidas, era o carro de João Vitor.

O mecânico estava sob o carro e Lucas disse:

— Você é o dono da oficina?

Rodrigo voltou sua cabeça para a direção de onde ouvira a voz e em tom grosseiro respondeu:

— O que você acha? Claro!

— Meu carro está apresentando problemas.

Rodrigo, pensando se tratar de mais um cliente, mudou sua postura rapidamente e disse:

— Está no lugar certo! Sou tido como o melhor mecânico da cidade.

Lucas sentindo verdadeira aversão por aquele homem grosseiro, dissimulou seu antagonismo:

— Tive ótimas referências suas, por essa razão estou aqui para lhe confiar meu carro.

Rodrigo percebeu que o rapaz era diferente da maioria que frequentava sua oficina; era um jovem bem apanhado e de esmerada educação. Saiu de baixo do carro, e limpando suas mãos sujas de graxa, disse:

— O que está acontecendo com o seu carro?

— Quando estou em alta velocidade, o freio falha — Lucas não mentiu.

— Não posso lhe dizer nada a respeito do problema sem antes ver o carro. Seu carro é aquele branco?

— Sim — respondeu Lucas.

— Carro de bacana...

Lucas não teceu comentário e esperou que Rodrigo averiguasse o problema do carro. Não demorou, Rodrigo falou:

— Seu carro está com problema no cabo do freio e também precisa trocar o óleo.

— Em quanto tempo você faz o serviço?

— Tenho de terminar de consertar o freio daquele jipe, mas se pagar bem poderei fazer agora mesmo.

Lucas, sem conter a curiosidade, perguntou:

— Aquele jipe está com problemas nos freios? Mas me parece ser um carro tão novo!

— O carro é novo, é de um bacana, filho do dono da fábrica de plástico.

— Mas carro novo apresenta esse tipo de problema?

Rodrigo, que era um falastrão por natureza, respondeu:

— O carro não tinha problema até ontem, mas o bacana mandou enfraquecer o sistema de freio e hoje pediu para consertar. Esses ricaços pensam que somos idiotas!

— Mas por que alguém mandaria enfraquecer o sistema de freios? Isso não me parece uma ideia sensata.

— O motivo pelo qual o bacana mandou fazer o serviço não sei; mas tenho certeza de que ele queria que alguém sofresse um acidente.

Lucas, chocado com as palavras do mecânico, comentou:

— Que desperdício! Pagar tão caro por um carro como esse e depois vê-lo destruído.

— A vida é injusta, enquanto alguns podem desperdiçar dinheiro, outros não têm nem mesmo o suficiente para viver. Pelo jeito você não tem do que reclamar... Nota-se que é um homem de posses e que a vida nunca lhe negou nada.

Lucas, ignorando o comentário, questionou:

— Em quanto tempo meu carro estará pronto?

— Posso fazer isso em meia hora ou um pouco mais.

— Por favor, faça o que tem de ser feito!

Rodrigo observou as lonas de freio e querendo ganhar um pouco mais disse:

— A lona de freio e as pastilhas estão ruins, terei de trocar. Isso encarecerá um pouco mais o trabalho.

— Faça o serviço completo e não se preocupe com preço.

Rodrigo começou a desmontar o sistema de freios e Lucas ficou pensando sobre o fato de o irmão querer lhe dar um jipe com problemas nos freios. Nesse momento, lembrou-se das palavras do pai: "Não há barreiras para um homem ambicioso".

Lucas então percebeu que o irmão era capaz de fazer qualquer coisa por dinheiro. Sentindo um arrepio percorrer-lhe a espinha pensou: "Preciso tomar cuidado com João Vitor, certamente ele está pretendendo me matar!".

O jovem já estava impaciente, já fazia mais de uma hora que estava na oficina.

— Você disse que eu teria de esperar por meia hora. Já faz exatamente uma hora e dez minutos que estou aqui.

— Calma! O mundo não foi feito em um só dia, houve um pequeno problema e estou tentando resolver.

Intrigado, Lucas perguntou:

— O que houve?

— O óleo que irriga o sistema de freio estava vazando e tive de consertar a mangueira.

"Isso só pode ser coisa de João Vitor; afinal, meu carro fica no estacionamento o dia inteiro..."

Lucas passou a mão na testa, como a afastar os maus pensamentos, e pensou: "Não posso pensar que isso seja coisa de João Vitor, todo carro apresenta problemas com o tempo, o meu não seria diferente".

Rodrigo saiu de baixo do carro e foi testar o sistema de freios enquanto Lucas esperou na oficina. Assim que voltou, disse:

— O serviço ficou muito bom! Mas aconselho a sempre procurar um bom mecânico quando sentir que as coisas não estão indo bem com o seu carro.

O preço do serviço de Rodrigo foi exorbitante, mas Lucas pagou sem reclamar. Depois, voltou à fábrica para contar para Jorge o que havia descoberto sobre o jipe que o irmão queria lhe dar de presente.

— Jorge, quando cheguei à oficina encontrei o jipe que meu irmão queria me dar de presente.

— Tem certeza de que se trata do mesmo jipe? Há vários na cidade.

— Sim! O mecânico me contou que João Vitor comprou o carro e mandou afrouxar o sistema de freios e hoje pediu para arrumar.

— Lucas, a intenção de João Vitor é clara. Ele está pretendendo dar um fim à sua vida.

O jovem sentiu novamente um arrepio percorrer sua espinha. Disse:

— Mas por que João Vitor me faria mal?

— Por um único motivo: dinheiro! Seu irmão é um homem ambicioso e quer de todas as maneiras ficar com tudo o que é do seu pai; a única coisa que lhe resta fazer é tomar cuidado.

— Certamente João Vitor não quer apenas acabar comigo, pois mesmo que eu morra ainda terá nosso pai.

— Será que você não entendeu que o alvo de João Vitor não é somente você, mas também seu pai? Com a morte de vocês, ele iria se tornar o único herdeiro.

Lucas sentiu-se triste e ao mesmo tempo preocupado com sua segurança e a de seu pai.

— E agora, o que tenho de fazer?

— O primeiro passo é contratar um segurança para cuidar de seu pai enquanto você não está em casa, e não se deixar levar pela falsidade de seu irmão.

— Preferia que meu pai fosse pobre, pois assim não estaria passando por isso.

— Seu pai trabalhou, economizou muito para construir esta fábrica. Jamais poderia imaginar que teria um inimigo no seio da família.

— Se João Vitor não dá valor à família, eu dou. Jamais permitirei que ele faça qualquer mal a meu pai ou a mim.

— Então se cuide, meu amigo! Sinto que seus problemas estão apenas começando.

Lucas decidiu voltar ao trabalho, embora soubesse que já estava quase na hora do almoço. Ao entrar na sua sala, encontrou Rosângela debruçada sobre alguns contratos. Sorrindo, disse:

— Rosângela, quer almoçar comigo?

A moça o olhou assustada. Não esperava que o filho do dono da fábrica a convidasse para almoçar. Com a voz surpresa, falou:

— Almoçar?

— Sim, estou convidando-a.

— Talvez hoje eu não possa almoçar com você, não avisei minha mãe, e se não aparecer em casa no horário, ela pode ficar preocupada.

O PASSADO ME CONDENA

— Bem, se você não quer ir comigo a um restaurante, o que acha de me convidar para almoçar em sua casa?

Rosângela sentiu-se embaraçada. Sua mãe não estava esperando ninguém para o almoço. Constrangida, disse:

— Não posso convidá-lo a ir à minha casa sem avisar minha mãe; afinal, nem sei o que ela tem para o almoço.

— Não aceitarei uma negativa. Se o problema é esse, podemos comprar um frango assado e levar.

Rosângela, percebendo que não tinha como se esquivar do almoço, respondeu:

— Está bem! Vamos almoçar em minha casa, mas não precisa comprar nada, somos pessoas simples.

— Não se preocupe; também sou um homem simples. A única coisa que quero é ficar perto de você.

Rosângela estranhou a maneira ousada de Lucas, porém em seu íntimo sentiu-se feliz. Nunca imaginara que o rapaz fosse tão impetuoso.

— Vamos! Como sabe, a hora do almoço é curta e hoje temos muito trabalho.

Rosângela levantou-se, pegou sua bolsa, que estava no encosto da cadeira, e ajeitando alguns papéis sobre a mesa, disse:

— Lucas, hoje você me parece diferente dos outros dias.

— Rosângela, de repente notei que a vida é muito curta e não devemos perder certas oportunidades que a vida nos oferece.

Rosângela concordou e ambos saíram rumo ao estacionamento. Ao chegar à casa de Rosângela, o rapaz foi bem recebido por Nair. A filha disse:

— Mamãe, este é Lucas, filho do dr. Osmar. Ele veio almoçar conosco.

— Seja bem-vindo! Se soubesse que viria almoçar, teria caprichado no almoço.

101

— Não se preocupe com isso. Para mim é um prazer almoçar com vocês, sou uma pessoa como qualquer outra.

Rosângela ficou conversando com Lucas na sala enquanto a mãe preparava a mesa para o almoço. De repente, o rapaz começou a lhe contar o dilema em que havia se transformado sua vida.

A jovem jamais poderia imaginar que o rapaz estava enfrentando problemas familiares daquela extensão, mas, antes de dizer qualquer coisa, Nair os chamou para sentarem-se à mesa.

Lucas sentiu-se totalmente à vontade naquela casa simples. Pareceu-lhe que conhecia Nair havia muito tempo. Sem perceber, contou-lhe sobre as diferenças que enfrentava com o irmão.

Nair ouviu com atenção cada palavra do rapaz e perguntou:

— O que pensa fazer?

— Sinto-me tão perdido... Não sei o que fazer nem mesmo o que dizer.

— Nós nunca estamos sozinhos, Deus está sempre ao nosso lado.

— Meu pai sempre foi um bom homem, e minha mãe era uma verdadeira santa. Por que meu irmão é assim? Por que se preocupa tanto com bens materiais sendo que a família é mais importante?

— Lucas, é imperioso saber que os problemas familiares residem no grau evolutivo de cada espírito. Todas as famílias têm espíritos em reajuste, e isso inclui os espíritos que no passado foram os desafetos. Por esse motivo, nem sempre a vida familiar é favorável. O objetivo da família é justamente aparar arestas do passado e unir os espíritos em amor fraternal. Isso explica por que muitas famílias são desunidas e por que existem aqueles que veem o irmão, a mãe e o pai como verdadeiros inimigos.

— Dona Nair, desculpe. Mas não estou compreendendo o que a senhora está dizendo.

— Lucas, é bom saber que a volta à vida no corpo físico é conhecida desde tempos remotos. Falarei sobre alguns povos. Entre eles, estão os hindus, os gregos e os egípcios. Eles acreditavam que a volta à vida corpórea se dava por meio de punição e que eles poderiam reencarnar como animais.

— Cruz credo! Voltar à Terra já seria um suplício, e num corpo de animal seria ainda pior.

— Essa era uma crença do passado. No tempo certo, a espiritualidade lançou luz sobre o assunto e deixou claro que a reencarnação é essencial para se apararem arestas do passado, o que seria impossível se voltássemos como animais.

Lucas prestava atenção a cada palavra que saía da boca da mãe de Rosângela e perguntou:

— Pelo que a senhora está dizendo, todos nós já vivemos na Terra mais de uma vez, porém o que isso tem a ver com as discrepâncias familiares que eventualmente temos?

— O passado, para nós que estamos encarnados, é coberto pela névoa do esquecimento. Como estamos em processo de evolução contínua, é natural errarmos muitas vezes. Assim, criamos laços com alguns de nossos desafetos, e Deus, em sua infinita bondade e misericórdia, muitas vezes permite que um desafeto nasça em nosso meio como irmão, pai, mãe para expiar um erro do passado e aparar as arestas que porventura tenham surgido em um passado distante.

— Muitas vezes nosso pior inimigo faz parte de nossa própria família...

— Não devemos ver um irmão encarnado como membro da família da qual fazemos parte como inimigos, mas antes vê-lo como filho de Deus, que vive em um estágio evolutivo diferente dos demais.

Rosângela, que ouvia a conversa calada, prestou atenção em Lucas e percebeu que seu interesse pelo assunto era sincero, por isso nem se importou com o fato de o rapaz lhe dar pouca atenção.

Lucas sentiu-se à vontade para relatar fatos de sua infância e juventude ao lado do irmão, e a boa mulher o ouviu atentamente. Assim que ele terminou de narrar alguns fatos, a senhora falou:

— O melhor que tem a fazer é orar por seu irmão e pedir aos bons espíritos para o protegerem.

Lucas permaneceu calado; de repente, olhou no relógio e disse:

— Dona Nair, a senhora é uma mulher adorável. Gostei muito do almoço, bem como da boa conversa.

— Venha mais vezes para conversarmos, compreendo que a hora do almoço é curta, porém poderá voltar à noite se desejar.

— Boa ideia! O que acha? — perguntou Rosângela gostando da ideia da mãe.

— Infelizmente hoje tenho de ficar em casa com o meu pai, pois Aristides disse que terá de resolver um assunto de cunho pessoal, mas prometo que voltarei outras vezes.

— Para mim será um prazer tê-lo em nossa companhia — afirmou Nair, sorrindo.

Rosângela se arrumou e disse ao rapaz:

— Estamos atrasados; se João Vitor souber que cheguei atrasada poderá ralhar comigo.

— Não tenha medo! Afinal, você está comigo, e ele nada poderá fazer contra você.

O casal se despediu de Nair e, sorrindo, entraram no carro do rapaz, enquanto a senhora ficou observando os dois sumirem na esquina.

Olhando para o alto, Nair disse:

— Meus amigos espirituais, cuidem desse rapaz, assim como de seu pai.

8

O acidente

João Vitor estava visivelmente irritado; tivera de devolver o jipe e pagar pela devolução. Ele olhava pela janela de sua sala quando Verônica entrou sorrateiramente.

— Doutor João, sua esposa ao telefone.

João Vitor transtornado disse com grosseria:

— O que Maria Alice quer desta vez?

— Ela não disse, doutor, apenas transpareceu estar desesperada.

— Maria Alice não tem jeito! A última vez que ligou transtornada, foi para eu aprovar a compra de uma joia, que o joalheiro não lhe quis vender.

— O que digo a ela, doutor?

— Vou atender ao telefone, mas da próxima vez que ela ligar diga que estou em reunião.

Verônica saiu e transferiu a ligação para a sala de João Vitor, que atendeu o telefone com a voz irritada.

— O que quer desta vez?

— João, Ademar saiu de bicicleta e foi atropelado por um carro.

— A que horas foi isso?

— Faz meia hora — respondeu Maria Alice chorando.

— Mas onde ele está?

Maria Alice, temendo que o marido a responsabilizasse pelo acidente, disse com a voz entrecortada:

— Ademar foi atendido pelo próprio motorista, que o levou ao hospital municipal.

— Estou indo para lá!

E, sem se despedir da esposa, pegou seu paletó, que estava no encosto da cadeira, e saiu rapidamente dizendo a Verônica:

— Vou sair e talvez não volte hoje! Se algum cliente ligar diga que ligarei amanhã.

— Se perguntarem o motivo de sua ausência o que digo?

— Diga que meu filho foi atropelado e estou no hospital!

Verônica, sem acreditar, viu quando o chefe saiu quase correndo da antessala e pensou: "Doutor João Vitor deve estar mentindo; afinal, ele mente tanto para os clientes que nunca sei quando está falando a verdade...".

João Vitor dirigiu-se ao hospital municipal onde Ademar estava. Assim que chegou à recepção, viu Maria Alice chorando, sentada no banco de espera, junto com o motorista que atropelara Ademar.

— Onde o nosso filho está? — perguntou à esposa.

— Está sendo examinado pelo médico e depois será encaminhado para a sala de raio X.

— Mas como isso aconteceu? — dirigiu-se ao homem que atropelara seu filho.

— Eu estava passando com o carro pela rua, quando de repente o menino surgiu andando de bicicleta. Só consegui parar depois que o havia atingido e o jogado num canto da rua.

— E por que estava correndo tanto em uma rua residencial?

— Eu não passava de quarenta por hora; aliás, a velocidade permitida por lei, mas o menino surgiu de repente diante do meu carro, e o freio não respondeu rapidamente.

— Se alguma coisa acontecer ao meu filho, vou processá-lo e deixar que mofe na cadeia! Irresponsável, miserável!

O homem se calou. O médico saiu para conversar com os pais do menino. João Vitor, ao vê-lo, perguntou:

— Você? Será que esta porcaria de hospital só tem um médico?

Maria Alice envergonhou-se da grosseria do marido e interrompeu sua fúria perguntando:

— E então, doutor? Como está meu filho?

Cassiano Medeiros, ignorando completamente o comentário de João Vitor, respondeu:

— Foi feito um raio X e não constatamos nenhuma fratura, porém teremos de operá-lo, pois acredito que ele está com uma hemorragia interna, então a intervenção cirúrgica se faz urgente no momento.

João Vitor, ao ouvir a palavra cirurgia, questionou:

— E quem vai operá-lo?

— O hospital conta com uma excelente equipe cirúrgica. Quanto a isso poderão ficar tranquilos — respondeu Cassiano Medeiros.

— Não entregarei meu filho às mãos dos açougueiros deste hospital, vou levá-lo a um hospital particular — disse João Vitor com sua habitual arrogância.

— Não acho prudente levá-lo para outro hospital no momento, pois quanto antes o menino for operado melhor será para sua recuperação.

— Sou o pai e sei o que é melhor para o meu filho.

— A responsabilidade é toda sua, mas saiba que o menino poderá morrer a caminho de outro hospital, pois a hemorragia é intensa e sua taxa de plaquetas sanguíneas está caindo rapidamente.

Maria Alice, tomada de pânico, pela primeira vez enfrentou o marido:

— Se o médico diz que é perigoso remover Ademar, então ele ficará neste hospital!

— Meu filho não ficará nesta espelunca! Prefiro levá-lo a um hospital decente onde receberá todos os cuidados que merece! Mesmo que o hospital seja na cidade vizinha.

— Doutor, o senhor acha que meu filho suportará uma transferência? — perguntou Maria Alice aflita.

Cassiano Medeiros, com pena da mulher, disse como profissional:

— O menino está com uma hemorragia interna e não acho viável transferi-lo para outro hospital. O senhor poderá fazer isso depois que for feita a cirurgia e seu quadro clínico estiver estabilizado.

— Quem você pensa que é para fazer sugestão? Meu filho é um menino forte e saudável, além do mais, você não o conhece!

— Faça como quiser; porém terá de assinar um termo de responsabilidade para transferir o menino. Saiba que se algo acontecer o senhor será o único responsável! — respondeu o médico quase sussurrando e abaixando o olhar.

— Sou o pai e tenho o direito de decidir onde meu filho será tratado; portanto, mande preparar o tal termo de responsabilidade para que eu assine.

Maria Alice, percebendo pela fisionomia do médico que o estado do menino era grave, observou:

— Você não vai tirar Ademar deste hospital até que se faça a cirurgia!

— Cale a boca! Se você tivesse sido boa mãe nosso filho não estaria nesta situação!

— É isso o que o senhor quer fazer?

— Sim! — respondeu João Vitor alterado.

— A queda nas plaquetas sanguíneas é acentuada e talvez ele não chegue a tempo em outro hospital.

— Por favor, peço somente que arranje uma ambulância para transferir meu filho.

Maria Alice chorava sem parar e acabou permitindo que o marido decidisse o futuro do filho. Passados dez minutos, o médico apareceu com um papel para João Vitor assinar e em pouco tempo o menino foi transferido para o hospital da cidade vizinha.

Cassiano Medeiros entregou uma carta onde diagnosticava a hemorragia e pedia que se fizesse a cirurgia em caráter de urgência. Logo a ambulância saiu a toda velocidade em direção à cidade vizinha. João Vitor e a esposa acompanhavam atrás. A cidade ficava a quarenta e cinco minutos da cidade e no trajeto o menino entrou em choque. Rubens, colega de profissão de Cassiano Medeiros, acompanhava o menino na ambulância.

— Venâncio! O menino está entrando em choque! — gritou Rubens ao enfermeiro.

— Por favor, vá mais rápido, o paciente está entrando em choque! — gritou o enfermeiro ao motorista, que pisou fundo no acelerador a fim de chegar o mais rápido possível.

— E agora, doutor? O que faremos? — questionou o enfermeiro.

— O menino precisará de sangue, mas antes teremos de saber onde está a hemorragia. Contudo, com a ambulância em movimento nada poderemos fazer a não ser rezar. Coloque a máscara de oxigênio nele.

João Vitor, que estava a toda velocidade chegou ao hospital ao mesmo tempo que a ambulância. Viu quando o médico desceu correndo demonstrando preocupação. Maria Alice, nervosa, gritou:

— Sinto que alguma coisa aconteceu a meu filho!

— Deixe de bobagem! Nosso filho chegou bem.

Ao chegarem à recepção viram quando o enfermeiro da ambulância e outras duas enfermeiras empurraram a maca rapidamente para dentro do hospital.

Maria Alice estava em desespero quando perguntou ao enfermeiro da ambulância:

— Como meu filho está?

— Espere um momento que o médico virá conversar com a senhora!

Assim, que chegou ao hospital, Ademar foi levado rapidamente ao centro cirúrgico. Enquanto isso, João Vitor disse:

— Pagarei o que for preciso para salvar o meu filho!

Maria Alice nada disse, apenas rezava baixinho pela melhora do filho. Passada meia hora, Rubens se dirigiu à recepção. Maria Alice, desesperada, perguntou:

— E então, doutor, como está meu filho?

— Infelizmente o menino entrou em choque no caminho e neste momento está no centro cirúrgico.

— Por favor, não use termos técnicos para conversar conosco, seja o mais simples possível.

— Seu filho está com uma hemorragia interna e infelizmente está perdendo muito sangue. No trajeto, ele perdeu os sentidos e isso não é um bom sinal.

— Por que não é bom sinal? — questionou Maria Alice aos prantos.

— Porque ele poderá não recobrar os sentidos e chegar a óbito.

— E agora, o que será feito? — perguntou João Vitor lívido.

— O menino — disse o médico — será operado para estancar a hemorragia e depois receberá sangue para que saia do estado de inércia.

— Quais as chances do meu filho?

— Ainda é prematuro afirmar alguma coisa, precisamos esperar o fim da cirurgia.

— Quanto tempo levará essa cirurgia? — João Vitor perguntou, pela primeira vez arrependido por ter tomado aquela atitude.

— Tudo depende da rapidez em se encontrar a hemorragia; portanto, o melhor que os senhores têm a fazer é rezar e aguardar.

Maria Alice estava desolada. E foi com desespero que ouviu o médico dizer a João Vitor:

— Agora tenho de voltar ao hospital onde trabalho. Desejo boa sorte a vocês.

João Vitor nada respondeu. Maria Alice disse:

— Obrigada por tudo, doutor. Não tenho palavras para lhe agradecer por tudo o que fez pelo meu filho!

O médico esboçou um sorriso e saiu do hospital, enquanto dizia ao enfermeiro que o acompanhou:

— Temo que o menino não resista à cirurgia; afinal, ele estava em choque quando deu entrada no centro cirúrgico.

O enfermeiro nada disse e ambos entraram na ambulância e voltaram ao hospital em que trabalhavam.

João Vitor e Maria Alice aguardavam ansiosamente o médico que não aparecia para falar sobre Ademar. A mãe do menino chorava sem parar, e João Vitor andava de um lugar a outro, demonstrando todo o seu nervosismo.

Os minutos se arrastavam e a hora demorava a passar. João Vitor olhou no relógio e falou:

— Essa demora está me matando! Por que o médico está demorando tanto para nos dar notícias?

Maria Alice nada disse; afinal, não concordara com a transferência; porém, em seu desespero, ponderou que o momento não era apropriado para trocar acusações.

Três horas se passaram quando um médico de meia-idade apareceu perguntando:

— Os senhores são os pais de Ademar Campos Dias?

— Sim! A cirurgia terminou? — João Vitor questionou.

— Sim!

— E como ele está, doutor? — perguntou Maria Alice.

— O menino entrou em choque a caminho do hospital. A hemorragia foi corrigida, porém ele terá de ficar setenta e duas horas em observação — avisou o médico sem rodeios.

— Por que esperar tantas horas, doutor? — Maria Alice perguntou preocupada.

— Embora a cirurgia tenha sido realizada, seu filho ainda corre risco de morte. O procedimento deveria ter sido feito no hospital em que ele foi atendido. O choque piorou significativamente seu estado.

Maria Alice, ao ouvir as palavras do médico, entrou em pânico e, olhando para o médico, falou:

— O dr. Cassiano Medeiros nos disse sobre o perigo que ele corria se fosse transferido.

— Desculpe, meu nome é Alberto e sou grande amigo de Cassiano Medeiros.

— Não me importa se o senhor conhece ou não o dr. Cassiano Medeiros, a única coisa que me importa no momento é saber se meu filho ficará bom! — falou João Vitor irritado.

O médico, que não tinha a mesma cordialidade que Cassiano Medeiros, respondeu à queima-roupa:

— O senhor deveria ter confiado em Cassiano Medeiros como médico de seu filho; afinal, ele tem mais de trinta e cinco anos de profissão e posso lhe garantir que é o melhor em sua área. Quando ele disse que era perigoso transferir o menino, o senhor deveria ter acatado seus conselhos, pois posso lhe garantir que se assim tivesse acontecido, o menino não estaria entre a vida e a morte!

O PASSADO ME CONDENA

João Vitor, tirando a gravata e afrouxando o colarinho, ficou paralisado diante das afirmações do médico. Com sofreguidão disse:

— O senhor me acusa por querer o melhor para meu filho?

O médico, achando que havia sido duro com o pai da criança, respondeu:

— Não o acuso de nada! Mas foi imprudência transferir o menino nesse estado. Saiba que tanto no hospital municipal quanto aqui os cuidados são os mesmos; e em caso como esse a cirurgia deve ser feita o quanto antes.

João Vitor olhou para a esposa e percebeu seu olhar inquisidor, o que o fez sentir-se mal.

— Onde ele está, doutor? — perguntou Maria Alice.

— Na UTI. Ficará lá até sair da crise. É imperioso observarmos seu quadro clínico por setenta e duas horas.

— Doutor, quando poderei vê-lo?

— Seu filho está na área isolada da UTI. Se o quadro melhorar, logo vocês poderão visitá-lo.

Como não tinha mais nada a dizer, o médico pediu licença e sumiu no grande corredor à esquerda da recepção.

João Vitor se aproximou de Maria Alice e comentou:

— Não se torture! Nosso filho ficará bom.

— Que assim seja!

Doutor Alberto, assim que se retirou, ligou para o amigo Cassiano Medeiros e falou:

— Cassiano Medeiros, a cirurgia do menino terminou há poucos minutos. Contudo, seu quadro inspira cuidados.

— O menino chegou consciente?

— Não, ele chegou em choque, e você sabe, quando isso acontece, dificilmente se consegue reverter o quadro clínico.

— Quantas bolsas de sangue lhe foram infundidas?

— Por enquanto apenas uma bolsa. Estamos fazendo os exames de hemograma de hora em hora para sabermos a contagem das plaquetas.

Cassiano Medeiros, médico experiente, permaneceu calado por alguns instantes, depois perguntou:

— Segundo o último exame quais foram os resultados?

— Estou com o resultado na mão. A contagem das plaquetas está por volta de sessenta mil quando deveria estar acima de duzentos e cinquenta mil.

A cada palavra do colega de profissão, Cassiano Medeiros ficava ainda mais preocupado com o estado de saúde de Ademar. Assim, ele disse:

— Estou percebendo que o menino está em choque hipovolêmico severo; é importante tentar reverter o quadro, pois o sistema renal poderá ficar seriamente comprometido.

Alberto sempre fora considerado um bom médico, mas não tinha a mesma experiência de Cassiano Medeiros, porém afirmou:

— Se o choque hipovolêmico persistir o menino entrará em coma rapidamente e o óbito será inevitável. A ruptura no baço causou imensa perda de sangue e o pai jamais deveria ter transferido o menino antes da realização da cirurgia.

— João Vitor, o pai da criança, deveria ter nos permitido o tratamento de emergência, porém sua arrogância impediu nosso trabalho. O melhor que tem a fazer é infundir mais uma bolsa de sangue e depois fazer outro exame para checar se as plaquetas aumentaram. Enquanto há vida há esperança!

Assim, Alberto seguiu os conselhos do amigo. Desligou o telefone e disse em voz alta:

— Deus, dai forças a esses pais aflitos! É como afirmou o rei Salomão: "O orgulho vem antes da derrocada...".

Enquanto isso, na recepção do hospital, João Vitor continuava andando de um lado para o outro esperando notícias do filho. Alberto apareceu novamente para falar com os pais do menino. Maria Alice, ao vê-lo, perguntou aflita:

— E então, doutor, como está nosso filho?

— Ademar está com as taxas de plaquetas baixas, fizemos uma transfusão de sangue, mas ainda não obtivemos resultados.

João Vitor já não estava com a mesma postura orgulhosa de antes e pela primeira vez cogitou a ideia de perder seu filho. Com a voz cansada, perguntou:

— Doutor Alberto, quais são as chances de meu filho sobreviver?

— Não tenho resposta, apenas posso lhes informar que tudo o que está ao nosso alcance está sendo feito. Agora, a melhora dependerá da reação do organismo dele.

Maria Alice, em seu íntimo, culpava o marido pelo filho estar naquele estado; afinal, quando saíra do hospital o menino ainda estava consciente.

— Em duas horas meu plantão terminará e o dr. Mário Siqueira assumirá a UTI. Recomendo que voltem para casa e descansem; não há nada a se fazer no momento — falou o médico.

— Tenho de pagar as despesas da cirurgia agora? — disse João Vitor desolado.

— Não se preocupe com isso, agora. Descansem para quando o pequeno Ademar acordar.

Nesse momento, Maria Alice sentiu como se um bálsamo refrescasse sua alma, e olhando para o marido, concordou com o médico:

— O dr. Alberto tem razão. Vamos para casa e voltamos amanhã.

João Vitor trocou o número de telefone com o médico e, cansado, voltou para casa. Ao chegarem, Maria Alice telefonou para a mãe e para a irmã Clarice, informando sobre o acidente.

Malvina, a mãe, combinou um horário para irem juntas ao hospital. Assim que desligou o telefone, Maria Alice perguntou ao marido:

— Acaso não vai telefonar para seu irmão para lhe contar o que houve com Ademar?

— Sim! Afinal Lucas tem de saber o motivo pelo qual não vou trabalhar amanhã.

Cansado, ele telefonou para a casa do pai. Ao ouvir a voz de Lucas, contou-lhe o que havia acontecido.

— E como Ademar está? — questionou o tio preocupado.

— O médico que o operou disse que ele está em observação.

— Amanhã vou ao hospital saber notícias dele; mas antes passarei na fábrica — avisou Lucas, que amava o sobrinho.

— Faça como quiser. Maria Alice e eu vamos logo pela manhã.

Depois de desligar o telefone, João Vitor comentou com a esposa:

— Não gosto de vê-la chorando. Fique tranquila; nosso filho ficará bom.

Ela, ignorando aquelas palavras, dirigiu-se ao quarto a fim de tomar um tranquilizante e dormir. João Vitor, ao perceber seu ressentimento, trancou-se no escritório e serviu-se de uma dose dupla de uísque; queria relaxar da tensão do dia. Jogando-se na poltrona, pensou nas palavras de Cassiano Medeiros quando lhes disse que deveria operar o menino e somente depois transferi-lo para outro hospital.

— Deveria ter aceitado a sugestão do dr. Cassiano Medeiros... Talvez, se tivesse permitido que Ademar fosse operado naquele hospital municipal, ele não estivesse nessa situação — falou João Vitor para si mesmo.

Ele era um homem ambicioso e isso não era novidade para ninguém, porém o seu amor pelo filho era algo sincero. Pela primeira vez, aquele homem orgulhoso se entregou às lágrimas.

Maria Alice tomou dois tranquilizantes e em seguida tomou um banho; assim que se deitou adormeceu.

João Vitor passou a noite no escritório bebendo. Somente às três horas, vencido pelo cansaço, adormeceu sentado em sua confortável poltrona.

No dia seguinte, Maria Alice acordou atordoada. A mãe e a irmã logo chegaram para irem com ela ao hospital.

— O que fazem aqui? — questionou João Vitor ao vê-las.

— Viemos buscar Maria Alice para irmos ao hospital — comentou Malvina, que não gostava do genro.

— Não precisam se preocupar, Maria Alice vai comigo — falou João Vitor, visivelmente irritado.

Nesse momento, Maria Alice entrou na sala e disse:

— Vou ao hospital com minha mãe e com Clarice!

Como sempre fora uma mulher cordata e submissa, sua atitude despertou a estranheza no marido, que afirmou:

— Você vai comigo e está decidido!

— Vou com minha mãe e com minha irmã! Você não é meu dono!

— Agora não é hora de discutir. Vamos ao hospital; afinal, preciso saber o estado do meu neto — disse Malvina, que gostou da postura da filha.

João Vitor, percebendo nas palavras carregadas da esposa o quanto ela estava ressentida com sua atitude do dia anterior, calou-se. Clarice pediu:

— Vamos logo!

As três mulheres saíram. João Vitor, olhando o relógio, percebeu que faltavam quinze minutos para as sete da manhã. Pegou o telefone e ligou para Alberto em sua residência.

O médico tomava seu desjejum quando sua esposa se aproximou e disse:

— Alberto, um homem chamado João Vitor o aguarda ao telefone.

Sem nada dizer, ele se levantou rapidamente e, pegando o fone, ouviu a voz desesperada do outro lado da linha:

— Dr. Alberto, aqui é João Vitor, pai de Ademar. Gostaria de saber se há alguma novidade no quadro clínico de meu filho.

— Liguei agora pela manhã para o médico plantonista e ele disse que o quadro continua estável.

— E o que isso quer dizer?

— Que ele não melhorou nem piorou. Seu estado continua o mesmo de ontem.

— Obrigado, dr. Alberto! Vou para o hospital.

Sem se despedir, ele desligou o telefone e rapidamente tomou uma ducha e se arrumou.

Enquanto isso, Maria Alice, que olhava desalentada a estrada, relatava tudo o que havia acontecido, inclusive a decisão estapafúrdia do marido. Malvina sentiu uma grande raiva do genro; e comentou:

— Se acontecer alguma coisa ao meu neto, a culpa será de João Vitor! Sempre fui contra esse casamento; sentia de longe o quanto seu marido é mau-caráter.

Clarice, tentando acalmar a situação, interveio:

— Calma, mamãe! Ademar não vai morrer!

— É bom que seja assim; pois se algo acontecer ao meu neto vou odiar João Vitor para o resto da vida.

— Mamãe, se soubesse que essa seria sua reação, não teria lhes contado — falou Maria Alice, chorando copiosamente.

A mulher, percebendo o quanto a filha sofria com toda aquela situação, decidiu se acalmar para não deixá-la ainda mais nervosa.

Logo, as três chegaram ao hospital. Na recepção, a mãe perguntou à atendente:

— Por favor, gostaria de saber sobre o estado de saúde de meu filho: Ademar de Campos Dias.

A moça ligou para a UTI e, após conversar com o médico de plantão, disse:

— Por favor, aguarde que o médico virá conversar com a senhora.

Dona Malvina chorava muito. Clarice então disse:

— Mamãe, acalme-se! Se continuar nesse desespero quem ficará internada será a senhora.

Maria Alice, que segurava um terço, ficou olhando atenta a porta à espera do médico. Passados alguns minutos, Mário Siqueira apareceu com a expressão cansada. Em tom sério disse:

— Quem é a mãe de Ademar de Campos Dias?

— Sou eu, doutor! Como ele está? — Maria Alice perguntou desesperada.

— O quadro clínico continua estável. Agora a única coisa que nos resta é aguardar.

— Mas o senhor acha que meu neto poderá falecer? — questionou Malvina desnorteada.

— Nada posso dizer antes das setenta e duas horas; portanto, peço que mantenham a calma.

— Compreendam, se Ademar não melhorou também não piorou; portanto, vamos manter a calma e emanar boas vibrações a ele — pediu Clarice, que era a mais serena das três.

— O horário de visita será das dez da manhã às onze. Apenas duas pessoas poderão entrar — informou o médico.

— Tenho certeza de que João Vitor moverá céus e terras para ver o filho.

— Não se preocupem, vou permitir a entrada de vocês agora na UTI, mas não poderão ficar mais do que cinco minutos.

— Deus o abençoe, doutor! — disse Malvina sorrindo entre lágrimas.

— Mas as três não poderão entrar juntas na UTI. Peço que entrem uma de cada vez.

As três concordaram. A primeira foi Maria Alice. Ao entrar na UTI, ela sentiu certo arrepio ao ouvir os toques dos monitoramentos dos aparelhos. O médico a encaminhou ao isolamento do setor e, entre lágrimas, ela viu a expressão serena do filho, que permanecia desacordado. A enfermeira que acompanhava a visita permaneceu calada. Maria Alice perguntou:

— Por que meu filho está tão pálido?

— Seu filho perdeu muito sangue. Assim que as plaquetas subirem, sua cor voltará ao normal.

— Mas por que ele está ligado a esses tubos?

— Os tubos o ajudam a respirar.

— Meu filho, queria estar em seu lugar — falou Maria Alice passando a mão no rosto do filho, que respirava com dificuldade.

A enfermeira, percebendo que a mulher estava demasiadamente emocionada, disse:

— Infelizmente o tempo acabou e a senhora terá de sair para que as outras entrem.

Maria Alice ficou inconformada de ver o filho inerte, preso ao leito. Com lágrimas nos olhos, falou:

— Ademar, agora terei de sair, mas saiba que meu coração estará sempre com você!

— Seu filho ficará bom com a graça de Deus; logo retornará ao seu lar — afirmou a enfermeira, que assistia a cena emocionada por ver o estado daquela mãe desesperada.

— Que os anjos possam ouvir suas palavras...

Malvina entrou em seguida. Ao ver o estado do neto, disse:

— Meu neto querido, você é um garoto forte e logo voltará para casa. Saiba que é o anjo bom de nossa família. Por favor, não nos deixe. Agora, vou sair, não aguento vê-lo nesse estado sem poder fazer nada.

Assim, ela se retirou rapidamente para poder dar vazão às lágrimas fora da UTI.

Clarice, ao ver o sobrinho, fechou os olhos e fez sentida prece pedindo a Deus que o ajudasse a sair daquela crise. Depois, ela se curvou sobre o sobrinho e beijou-o ternamente.

— Fique com Deus, meu sobrinho. Prometo que tão logo me permitam voltarei para visitá-lo.

Clarice ficou mais um tempo em silêncio, e olhando para a enfermeira disse:

— Agradeço-lhes por tudo o que estão fazendo ao meu sobrinho, que Deus os ajude sempre.

— Não há por que agradecer.

— O médico disse que poderíamos ficar por cinco minutos; não quero ultrapassar esse tempo.

— Ah, se todos pensassem como a senhora, não teríamos problemas.

Clarice, sorrindo, dirigiu-se à antessala. Sorrindo, aproximou-se da mãe e da irmã e disse:

— Ademar ficará bom! Tenho certeza de que ele sairá dessa crise e logo poderá voltar para casa.

— Como pode ter tanta certeza? — perguntou Maria Alice.

— Algo no fundo do meu coração me diz que ele ficará bom e voltará para casa.

— Clarice, você sempre me encorajando...

— Minha irmã, é penoso para mim vê-la nesse estado, mas não disse isso somente para lhe transmitir encorajamento, digo porque realmente acredito nisso.

Dona Malvina, desconfiada, exclamou:

— Não seja tão otimista! Ademar está pálido feito mármore, até parece que não tem sangue.

— Mamãe, por favor, não diga uma coisa dessas, se algo acontecer ao meu filho, tenho certeza de que morrerei um pouco a cada dia.

Clarice, irritada com as palavras da mãe, corrigiu-a:

— Mamãe, infelizmente a senhora nunca foi uma mulher de fé e é graças a ela que digo com veemência que meu sobrinho ficará curado!

Maria Alice, sem conter a emoção, aproximou-se da irmã e a abraçou com força, a fim de receber as boas vibrações dela.

Passou exatamente meia hora quando João Vitor chegou ao hospital, e em total desespero perguntou:

— E então, já obtiveram notícias de Ademar?

Tanto Maria Alice como sua mãe Malvina, permaneceram caladas. Foi Clarice quem respondeu:

— Sim! Seu quadro continua estável, mas o médico disse que só poderá dar mais notícias depois do período de observação.

— Onde o médico está?

— O dr. Mário Siqueira já deve ter ido embora, afinal é plantonista da UTI.

— Como ele pode ir embora sem nos dar notícias concretas?

— João Vitor, acalme-se! O médico nos disse tudo o que tinha a dizer. Agora, a única coisa que nos resta é esperar a recuperação de Ademar — avisou a cunhada.

— Quer saber? Não confio nos médicos deste hospital. Vou procurar um médico particular.

— Você não deixou que nosso filho ficasse no hospital municipal, afirmando que lá era uma espelunca! Agora quer que outro médico venha atender nosso filho aqui? João Vitor, compreenda, os médicos daqui estão fazendo tudo o que está ao alcance de suas mãos. Nenhum deles poderá fazer nada antes do período de setenta e duas horas. Agora chega de fazer besteiras e aceite os fatos! — aconselhou Maria Alice.

João Vitor, que se sentia culpado pelo estado de saúde do filho, decidiu se calar e se afastar. Foi atrás de mais informações sobre o estado do filho.

Depois de pouco mais de uma hora Lucas chegou ao hospital. Ao ver a cunhada sentada na recepção, acompanhada da mãe e da irmã, aproximou-se e disse:

— E então, como está Ademar?

— Segundo o dr. Mário Siqueira o quadro continua estável. O médico é bondoso e nos deixou vê-lo, mas ele está tão pálido... — Maria Alice abraçou o cunhado chorando. — Meu sogro já sabe do ocorrido?

— Não comentei nada com meu pai; você sabe o quanto ele gosta de Ademar! Precisamos preservar sua saúde.

— Fez bem em não contar nada a Osmar, seu estado de saúde é delicado e um choque como esse poderia prejudicá-lo — falou Malvina, intrometendo-se na conversa.

Lucas olhou para o lado e viu o irmão, que olhava em um canto. Ao notar o abatimento dele, sentiu pena. Assim, aproximou-se dele e falou:

— Logo Ademar voltará para casa...

— Sim! Não vejo a hora disso tudo acabar.

— Meu irmão, não acha que está na hora de despir-se dessa armadura de homem forte? Você é pai e seu filho está enfrentando um momento difícil. Chore se tiver vontade; afinal, não é vergonhoso um pai chorar por seu filho.

— Ademar está sendo bem assistido e não vejo motivos para você continuar aqui; se quiser pode voltar à fábrica.

— Como pode pensar em trabalho numa hora dessas? Meu sobrinho está em uma UTI e, sinceramente, pouco me importo com a fábrica neste momento.

— Deveria se preocupar; afinal é da empresa que tiramos nosso sustento; volte ao trabalho que do meu filho cuido eu!

— Como pode pensar na fábrica estando com seu filho às portas da morte em um hospital? Você não tem coração! Não voltarei a trabalhar enquanto meu sobrinho estiver nesse estado. Se quiser, volte você ao trabalho, não me importo em ficar em seu lugar.

— Isso é que eu chamo de desculpa para não trabalhar...

— João Vitor, você pensa que é o dono do mundo e que pode manipular situações, mas saiba que meu sobrinho é tão importante para mim quanto para você; se estiver lamentando o fato de não ir trabalhar, isso é com você; eu tenho um coração batendo no peito e esse coração está cheio de amor, diferente de você, que ama o dinheiro acima de qualquer outra coisa ou pessoa!

As mulheres, ao ouvirem os gritos de Lucas, perceberam que os irmãos estavam discutindo. Maria Alice se aproximou e, na tentativa de apaziguar a situação, perguntou:

— Por que estão discutindo?

Lucas, sem rodeios, respondeu:

— Esse homem que se diz meu irmão e seu marido, está dizendo que devo voltar à fábrica e que não tenho nada a fazer aqui. Ele esquece que Ademar é meu sobrinho e que o amo com se fosse um filho!

Maria Alice, que já estava demasiadamente irritada com João Vitor, falou:

— Como pode pensar em trabalho numa hora dessas? Seu irmão veio por amor ao nosso filho, e é assim que o trata? Acabo de chegar à triste conclusão de que não conheço o homem com quem me casei há treze anos!

João Vitor sentiu falta de ar e avisou não estar se sentindo bem. Maria Alice respondeu:

— Não pense que acredito nesse mal-estar súbito; se quiser ir trabalhar poderá fazê-lo, mas não impeça ninguém de me dar apoio neste momento difícil de minha vida!

João Vitor, sem nada dizer, afastou-se, preferiu ficar sozinho à espera de alguma informação do médico. Lucas levou a mão ao ombro da cunhada e disse:

— Maria Alice, vamos tomar um café, no momento não há nada a fazer.

Conduzida pelo cunhado e pela irmã ela se dirigiu à cantina do hospital, a fim de tomar um café antes da chegada do dr. Alberto.

Passados pouco mais de quinze minutos, os quatro voltaram à recepção do hospital e encontraram João Vitor conversando com o médico, que, sendo um homem cauteloso, voltou a afirmar o que já havia dito a João Vitor. Encerrou a conversa dizendo:

— A ruptura do baço é algo muito sério. Ele perdeu muito sangue, estamos tentando estabilizar suas plaquetas com a transfusão sanguínea. Agora, é aguardar, pois não podemos afirmar nada...

Maria Alice chorava. Clarice e Lucas a abraçavam, tentando lhe dar o apoio necessário.

O médico concluiu a conversa:

— Qualquer alteração no quadro clínico de Ademar, venho avisá-los.

Ademar era um menino de doze anos que estudava na parte da manhã e aproveitava a tarde para brincar e fazer suas tarefas escolares. Era meigo como a mãe e não concordava com o autoritarismo do pai. Naquela fatídica tarde, depois de terminar de fazer as tarefas escolares, disse a mãe:

— Mamãe, vou à padaria para comprar bombas de chocolate.

— Mas filho, deixe a bomba de chocolate para amanhã, daqui a quinze minutos vamos tomar o café da tarde — respondeu sem se preocupar.

— Por favor, mamãe, deixe-me ir. Quero que as pessoas vejam minha bicicleta nova.

— Está bem! Pode ir à padaria, mas tome cuidado, há motoristas que andam como loucos nas ruas... Compre somente uma para você.

O menino, beijando-a, correu até a garagem e pegou a bicicleta. Sorrindo, abriu o portão e saiu.

Embora andasse bem de bicicleta, não estava acostumado a andar na rua, sempre andava na calçada em frente à sua casa. Em poucos minutos, o menino chegou à padaria. Ao sair, empurrou a bicicleta até a praça e tranquilamente comeu a bomba de chocolate, olhando o movimento dos carros.

Depois, montou em sua bicicleta e, ao atravessar a rua, não olhou para os dois sentidos da rua. Foi nesse momento que um carro bateu na lateral da bicicleta.

O motorista do carro parou imediatamente e com presteza socorreu o menino, que sentia fortes dores na parte superior esquerda do abdômen.

O motorista, ao vê-lo caído, perguntou:

— Como está se sentindo, garoto?

— Estou bem! Mas sentindo uma dor insuportável.

— Onde você mora?

— Moro na rua Amadeu de Freitas.

O homem, percebendo que algo grave poderia ter acontecido, disse:

— Venha, vou levá-lo ao hospital!

Ademar, contrariado, respondeu:

— Não precisa se preocupar; estou bem!

— Isso é o mínimo que posso fazer por você neste momento — insistiu o homem.

Logo, uma pequena multidão se formou em volta do motorista e do menino, que se esforçava para se levantar. Um policial que estava nas imediações se aproximou e perguntou:

— O que houve?

— Eu estava dirigindo quando de repente o menino surgiu na frente do carro, não deu tempo de frear.

— O senhor tem carteira de motorista?

— Sim! — respondeu o homem sem se preocupar com as perguntas de praxe do policial.

— Sr. Raimundo, depois que socorrer o menino, terá de ir até à delegacia para prestar mais esclarecimentos sofre o fato.

— Não posso ir ao hospital sem avisar minha mãe — falou o menino chorando.

— Não se preocupe. Vou pessoalmente à sua casa e avisarei sua mãe sobre o acidente. Enquanto isso, é necessário que seja levado imediatamente ao hospital — tranquilizou o policial.

— Não preciso ir ao hospital estou me sentindo bem.

— Nunca se sabe...

Uma senhora, que vira o acidente, interferiu a favor do motorista:

— Vi quando o menino tentou atravessar a rua sem olhar para os lados. Se o motorista estivesse correndo, o teria matado.

Ademar, percebendo que não tinha como argumentar com os adultos, resolveu obedecer. Enquanto isso, o policial foi até a casa dele e, ao se aproximar do portão, pensou: "Deu para perceber que se tratava de um menino rico...".

Assim que tocou a campainha, uma senhora saiu do interior da casa e ele informou:

— Gostaria de falar com a mãe do Ademar.

A mulher, que trabalhava havia dois anos na casa de João Vitor, percebendo que algo grave havia acontecido, correu para chamar Maria Alice, que falava tranquilamente ao telefone.

Assim que entrou, avisou-a sobre o policial que a aguardava no portão. Maria Alice desligou o telefone e foi ter com o policial que, constrangido, relatou-lhe o ocorrido.

9

Entre a vida e a morte

Depois do atendimento no hospital, já na ambulância, Ademar sentiu as dores abdominais aumentarem e ouviu o médico dizer:

— O paciente está entrando em choque!

Ele insistiu em permanecer com os olhos abertos, porém sentiu que suas pálpebras estavam pesadas. De repente, não viu mais nada.

Ao despertar, de cima da sala, viu três médicos realizando uma cirurgia, porém não conseguia ver que o corpo que estava sendo operado era o dele. Havia um pano que o impedia de ver o rosto. Ao perceber que observava a cena do alto, estranhamente sentiu-se leve como uma pluma. Ao olhar para baixo, viu que os médicos estavam apreensivos quanto ao trabalho que estava sendo realizado.

Foi então que ouviu um médico dizer a outro:

— Alberto, vou usar o fio cromado para suturar a parte interna e deixarei você usar o fio de nylon para suturar a parte externa.

— Tudo bem! A parte externa é a mais fácil de suturar — afirmou Alberto.

Ademar, observando tudo com atenção, viu quando Marcos terminou de suturar e colocou a agulha sobre uma pequena mesa de instrumentos. O menino percebeu quando Alberto pegou outra agulha, com fio diferente, e fechou a incisão.

Ele não conseguia se lembrar do que lhe havia acontecido. De repente, viu uma luz forte e branca tomar conta de toda a sala. Quando já estava quase se encostando no teto da sala, sentiu um calor agradável vir da luz, que, por mais intensa que fosse, não lhe feria os olhos. Naquele momento, Ademar sentiu uma paz indescritível tomar conta de todo o seu ser. Em certo momento, ele sentiu uma figura à sua volta, que, com suavidade na voz, disse:

— Ademar, como se sente?

Viu que quem se dirigira a ele era uma senhora bonita e iluminada, que transmitia amor e paz.

— Estou me sentindo como nunca me senti antes; mas quem é a senhora?

— Sou Antônia, sua avó paterna. Infelizmente, você não me conheceu, pois parti muito antes de você nascer.

— A senhora é minha avó?

— Sim. Está gostando do que está sentindo?

— Muito! E estou feliz por conhecê-la, vovó. Papai sempre diz que a senhora foi uma pessoa boa...

Nesse momento, a figura desapareceu e Ademar se viu entrando em um túnel cujas paredes tinham cores diáfanas e belas. Ele já não via a sala de cirurgia nem ouvia mais a conversa dos médicos. Ao olhar para o fim do túnel, viu uma figura e, sorrindo, disse:

— Meu neto, sua hora ainda não chegou. Está na hora de voltar! Ainda não é chegado o tempo de você voltar para este lado da vida. Lembre-se de que seu pai e sua mãe o amam muito e sentirão imenso pesar se você se separar deles.

Nesse momento, Ademar ouviu a voz da mãe: "Meu filho, meu coração estará sempre com você..."

Como se fosse puxado por um grande sugador, o menino se viu deitado sobre o leito, ouvindo o ruído dos aparelhos. Embora quisesse abrir os olhos, suas pálpebras permaneciam fechadas, ignorando o comando de seu cérebro. Ele sentia dores na incisão, mas não conseguia esboçar nenhuma palavra ou emoção. Foi em uma tarde que ele ouviu uma enfermeira dizer para a outra:

— É uma pena ver um menino bonito nesse estado... Ouvi dizer que a mãe está inconsolável.

A partir daquele momento, ele passou a fazer um esforço sobre-humano para abrir os olhos e mostrar à mãe que ele estava melhorando. Certo dia, Ademar acordou e, pela primeira vez desde a cirurgia, sentiu-se livre. Foi com emoção que viu a mãe se aproximar do leito e dizer:

— Filho, hoje a mamãe comprou um filhote de cachorro que você sempre nos pediu e agora ele está esperando por você para lhe dar um nome.

Ademar observou a mãe e percebeu o quanto ela estava abatida. Sorrindo, disse:

— Mamãe, o papai concordou em me dar um filhote de cachorro?

Para sua surpresa, a mãe continuou olhando para o seu corpo, que permanecia inerte no leito. Foi então que Ademar percebeu que estava fora do corpo. Olhando para todos os lados, viu algumas pessoas ao redor do seu leito.

— Mamãe, o que está acontecendo comigo? Posso vê-la e ouvi-la, mas percebo que o mesmo não acontece com a senhora! — gritou em desespero.

Naquele momento, ele se lembrou da experiência que tivera na sala de cirurgia. Foi somente depois que a mãe saiu, que ele percebeu que a pessoa que os médicos operaram fora ele mesmo.

— Vovó, onde a senhora está? Será que tudo o que vi e ouvi não passou de um sonho? — perguntou desnorteado.

Uma figura se fez ao seu lado, deixando-o sentir a mesma emoção de antes. Ele exclamou:

— Vovó, é a senhora? O que vivenciei naquele dia não foi um sonho?

— Não, meu filho. Embora seu corpo continue vivo, você está fora da matéria, pois assim não sofre tanto — Antônia respondeu sorrindo.

— Vovó por que não consigo acordar? — questionou com inocência.

Antônia sentiu-se embaraçada, mas com simplicidade explicou:

— O seu espírito continua lúcido, porém sua matéria está combalida pelos ferimentos. Logo você voltará ao seu corpo e o animará novamente.

— Vovó, posso sair um pouco deste hospital? Sinceramente não gosto de ficar aqui sem fazer nada.

— Venha! Vou levá-lo para passear fora do hospital.

Antônia pegou na mão dele e logo ambos estavam fora do hospital, passeando por um jardim que ficava em frente à recepção.

— Vovó, que flor é essa? — questionou Ademar.

— É uma hortênsia. Veja como suas flores azuis são bonitas!

— Por que a senhora não me leva embora?

— Todos os que vivem na Terra têm uma missão. A sua ainda não terminou; portanto, até que seu organismo reaja ao tratamento, você continuará se libertando da matéria. Logo seu espírito voltará à matéria e não sairá mais.

— Vovó, sinto-me tão livre...

— Meu neto, enquanto o espírito anima a matéria, ele sente-se aprisionado a ela, mas a verdadeira libertação só ocorre na ocasião da morte do corpo físico.

Ademar não compreendeu, porém decidiu se calar e continuar a experimentar aquela liberdade nunca antes sentida.

Antônia, pegando na mão do garoto, avisou:

— Ademar, está na hora de voltar ao corpo. Em breve, você acordará e retomará o comando do seu corpo.

O menino deixou-se conduzir pelo bom espírito e logo se viu ao lado de seu corpo no leito hospitalar. Olhando para si e depois para a avó, disse:

— Vovó, deixe-me ficar ao seu lado, de que adianta voltar ao corpo se nada posso fazer?

— Tenha paciência, meu neto. Logo acordará e tudo o que viveu ao meu lado vai lhe parecer um sonho.

Antônia, aproximando-se do corpo do neto, espalmou a mão sobre sua cabeça e, de repente, ele sentiu como se fosse sugado para dentro do corpo. Viu quando uma enfermeira colocou uma espécie de alimento em uma sonda que estava introduzida em seu nariz. Sentiu-se incomodado e com sofreguidão disse:

— Por favor, tire isso de mim!

Ao ver que ele havia acordardo, a enfermeira saiu rapidamente e voltou com Alberto. O médico, satisfeito, comentou:

— Que susto você nos deu, Ademar!! Seus pais ficarão felizes em saber que recobrou a consciência.

Logo o médico solicitou que a enfermeira retirasse uma amostra de sangue para fazer um novo hemograma. O menino sentia-se cansado e seu corpo todo doía. Alberto esperou que o resultado do exame de sangue chegasse do laboratório para informar os pais que o menino havia recobrado a consciência. Quando recebeu o resultado, sentiu-se feliz: constatou que as plaquetas estavam acima de cento e cinquenta mil, o que afastava a morte.

O médico prescreveu medicamentos para aumentar o volume líquido do sangue e irrigar os rins. Depois disso, o menino sentiu substancial melhora. O doutor, sentindo-se satisfeito, ligou para o amigo Cassiano Medeiros para informá-lo sobre a melhora do garoto.

Cassiano Medeiros sentiu-se aliviado, sabia que a fase aguda do paciente havia passado. Depois, Alberto foi até a sala de espera do hospital e lá encontrou Maria Alice em um canto com Lucas e João Vitor em outro.

Maria Alice, ao ver o médico, levantou-se e perguntou:

— E então, doutor? O que tem a nos dizer?

— Trago-lhes boas notícias! Ademar acordou há pouco mais de uma hora e seu quadro está evoluindo satisfatoriamente.

Maria Alice, naquele momento, sentiu fraqueza nas pernas. Chorando, apoiou-se em Lucas, que a segurou, entre lágrimas e sorrisos. João Vitor sorriu satisfeito. Olhando para a esposa disse:

— Nunca duvidei de que nosso filho fosse sair da crise.

Apesar da felicidade, ela ainda estava ressentida com o marido. Por essa razão disse:

— Espero que não queira tirá-lo deste hospital e transferi-lo para outro...

João Vitor sentiu como se uma adaga lhe perfurasse o coração, mas ignorando o comentário da esposa, perguntou:

— E como ele está?

— Ademar permanecerá na UTI, mas assim que melhorar, poderá ser encaminhado para o quarto — explicou Alberto.

— Mas ele ficará com alguma sequela, doutor? — perguntou Lucas, preocupado.

— No caso de choque hipovolêmico, como foi o caso de Ademar, é comum os rins sofrerem algum tipo de lesão. Estamos administrando medicamentos para amenizar os danos. Foram dias difíceis para todos nós, mas agora creio que poderão respirar aliviados, o risco de morte está extinto.

O PASSADO ME CONDENA

João Vitor, pela primeira vez, sentiu-se cansado. Foram dezessete dias de angústia e remorso.

— Posso entrar e ver meu filho, doutor? — perguntou Maria Alice.

— Ainda não! Ademar precisa descansar. Creio que amanhã vocês poderão vê-lo. Ainda precisamos fazer alguns exames, peço-lhes que tenham paciência. Por hoje, aconselho-os a voltarem para a casa e descansarem, pois os próximos dias serão ainda mais cansativos. O menino precisará de carinho para se recuperar.

— Não será por falta de carinho que não vai se recuperar — afirmou Maria Alice sorrindo.

O médico, levando a mão ao ombro de Maria Alice, disse em tom cordial:

— Disso não tenho dúvida...

Alberto se despediu e voltou para o interior do hospital.

Lucas, sorrindo, disse para a cunhada:

— E agora, o que pretende fazer?

— A única coisa que quero é ir para casa, tomar um banho e relaxar a tensão desses dezessete dias.

— Alice, vamos para casa, precisamos descansar — redarguiu João Vitor constrangido.

Maria Alice olhou para o marido como se ele fosse um estranho. Sem pensar respondeu:

— Voltarei com Lucas; afinal, ele foi meu companheiro nesses dezessete dias.

Lucas, que já não estava conversando com o irmão, esperou a ordem da cunhada para voltarem à cidade. Não demorou, ela disse:

— Lucas, por favor, vamos?

— Certamente que sim, Maria Alice.

Foi com tristeza que João Vitor viu a esposa e o irmão saírem do hospital.

135

Maria Alice entrou no carro e sentiu o cansaço daqueles últimos dias.

— Há coisas que minam nossas forças! A doença de um filho é uma delas — comentou com Lucas.

— Há muitas coisas que acabam com nossas forças: doenças, crise no casamento, entre outras.

— Tem razão! Desde o acidente de Ademar meu casamento entrou em crise. Agora não tenho forças para reverter a situação.

— Vocês superarão o desgaste dos últimos dias; minha mãe sempre dizia que tudo nesta vida passa e que nada é eterno.

— Lucas, meu casamento foi um erro. É uma pena que eu tenha percebido isso tarde demais.

— João Vitor é um homem arrogante bem sabemos, mas seu amor pelo filho é algo incontestável. Pensa em se divorciar?

— O divórcio apenas põe um ponto final à união, pois quando se chega a ele é porque o casamento já acabou há muito tempo. Durante todos esses anos, calei-me diante das arbitrariedades de João Vitor. Mas seu autoritarismo quase matou meu filho.

— E agora, o que pretende fazer?

— Por enquanto não farei nada... É triste saber que o homem pelo qual me apaixonei nunca existiu a não ser na imaginação febril de uma jovem tola.

Lucas decidiu se calar, preferiu pensar que ela estava dizendo aquelas coisas pelo ressentimento que sentia pelo marido. Ao encostar o carro diante da casa de Maria Alice, disse com tristeza:

— Alice, se precisar de alguma coisa é só me ligar; antes de voltar para casa tenho de ir à fábrica.

— Mas já está quase na hora de o pessoal sair do trabalho...

— Mas ainda dá tempo de me inteirar de algumas coisas.

O que Maria Alice não sabia era que Lucas queria ver Rosângela, de quem sentira saudade nos últimos dias. Ao chegar à fabrica, ele contou a todos sobre a melhora do sobrinho. Jorge disse:

— Fico feliz por saber que seu sobrinho está melhorando. Quando você pretende voltar ao trabalho?

— Amanhã à tarde, pois pela manhã vou levar minha cunhada ao hospital.

Jorge, sem compreender o que estava acontecendo, perguntou de maneira indiscreta:

— Por que você tem de levá-la ao hospital? Acaso essa não é a obrigação de seu irmão?

— Jorge, depois lhe conto sobre a balbúrdia que está acontecendo.

Jorge se calou para não parecer intrometido em assuntos alheios. Lucas se dirigiu à sua sala e, vendo Rosângela concentrada em seu trabalho, perguntou:

— E então, Rosângela, como estão as coisas?

— As coisas estão bem. E seu sobrinho, como está?

— Graças a Deus melhorando. Hoje recobrou a consciência e os médicos estão otimistas quanto à sua melhora.

— Minha mãe colocou o nome de seu sobrinho no livro de oração do Centro Espírita.

— Agradeça à dona Nair; diga que logo voltarei à sua casa para continuarmos aquela conversa.

Lucas sentou-se em sua mesa e, sorrindo, perguntou:

— Rosângela o que acha de irmos a uma pizzaria?

Ela, surpresa com a proposta, pensou por alguns instantes e respondeu:

— Para mim será um imenso prazer.

— Passo em sua casa às vinte horas. Está bem?

A jovem concordou. Feliz com o convite, passou a pensar na roupa que usaria logo mais à noite.

10

Acertos e desacertos

Lucas foi pontual em seu encontro, chegou à casa de Rosângela no horário combinado.

O casal foi a uma pizzaria na Praça da Matriz. Ficaram conversando por duas longas horas. No trajeto de volta, Lucas falou sobre o sobrinho e perguntou:

— Rosângela, quer ser minha namorada?

— Você está me pedindo em namoro? — falou surpresa.

— Sim! Para falar a verdade, apaixonei-me por você desde o primeiro instante em que a vi. Contudo, não tive coragem de me declarar. Depois desse acidente do meu sobrinho, conscientizei-me da brevidade da vida e desse modo decidi que não perderia mais nenhum minuto da minha vida, pois se hoje estamos aqui, no dia seguinte poderemos não estar. Se você não sentir nada por mim, saiba que nossa relação profissional continuará sendo a mesma.

Rosângela fixou o olhar em Lucas, e sem deixar que ele prosseguisse com as palavras, beijou-lhe ternamente os lábios, depois disse:

— Isso responde à sua pergunta?

— Rosângela esse é um dos raros momentos de felicidade que tive em minha vida.

O casal ficou conversando diante da casa da jovem, e ambos decidiram que só assumiriam o namoro quando o sobrinho saísse do hospital.

João Vitor, ao chegar em casa, procurou por Maria Alice e a encontrou chorando no quarto do filho. Irritado, perguntou:

— Por que está chorando? O médico não disse que nosso filho está melhorando?

— Não estou chorando por nosso filho; sei que ele ficará bem.

— Se não é por causa dele, então me diga o motivo!

— Choro por você, choro por mim, choro por nosso casamento.

João Vitor percebeu que seu casamento estava em crise e sentiu seu coração oprimido. Com amabilidade, tentou dissimular o que já havia percebido:

— O que há conosco?

— João Vitor, durante os treze anos do nosso casamento procurei ser uma esposa submissa e talvez esse tenha sido meu erro. Quando fui dar à luz, onde você estava?

— Estava trabalhando para não deixar que nada faltasse nem a você, nem ao nosso filho.

— Alguma vez você me perguntou o que eu queria de você? João, eu não queria viagens nem presentes caros, sempre quis meu marido ao meu lado. E onde meu marido sempre esteve?

— Preocupado com aquela maldita fábrica.

— Quando me casei, achei que não seria mais uma pessoa sozinha, ledo engano! Desde que nos casamos tenho me sentido cada vez mais sozinha. Quando você está em casa, tranca-se naquele maldito escritório, mantendo-se afastado de nós. Sou uma mulher que não tem o direito de opinar sobre nada, nem mesmo sobre meu filho. Quando lhe falei que nosso filho deveria ficar no hospital municipal, o que fez você? Mandou-me calar a boca diante de estranhos... e ainda me pergunta por que estou chorando?

João Vitor estava lívido, sempre acreditara que a esposa era desprovida de inteligência, agora percebia que ela não era uma mulher sem inteligência, mas sim uma mulher submissa, que procurava satisfazer todas as suas vontades.

— Alice, sempre procurei ser bom marido e bom pai. Preocupei-me com as questões financeiras de nossa família e procurei satisfazer a todos os seus caprichos.

— Satisfazer aos meus caprichos? Nunca lhe cobrei nada, muito menos lhe pedi coisa alguma! Todas as vezes que você sugeriu que eu viajasse com minha família era para manter-me longe de sua companhia. Sempre soube de suas reais intenções, mas procurei me calar para não arrumar nenhum tipo de atrito entre nós. Hoje percebo que esse foi meu erro. Se no início eu implorava pela sua companhia, com o passar do tempo fui me acostumando à sua ausência. Se meu amor por você acabou, saiba que a culpa foi sua, que sempre preferiu o dinheiro à família!

Atordoado, João Vitor levou a mão à testa, como a conciliar os pensamentos, e em tom queixoso disse:

— Mas por que está me dizendo tudo isso agora?

— A verdade é que eu queria ter essa conversa com você há mais tempo, porém fui relevando para evitar discussões, mas depois do que houve com nosso filho e, principalmente por sua atitude egoísta e orgulhosa, percebi que estava sendo omissa diante de suas arbitrariedades.

— Atitude egoísta?

— Sim! — respondeu Maria Alice. — No momento em que a vida de nosso filho estava em jogo, você pensou somente em si mesmo e no quanto não apreciava aquele bom médico.

— Fiz o que julguei ser melhor para o nosso filho, desejei o melhor para ele.

— Não! Você fez o que julgou ser bom para você, não deixou o dr. Cassiano Medeiros desempenhar o seu trabalho e quis mostrar que era superior a ele.

— Será que nem o nosso filho estando fora de perigo você não me dá razão? Decidi transferi-lo e não me arrependo.

— Você! Sempre você! Se nosso filho não fosse transferido, não teria passado por tudo o que passou, e para completar você me mandou calar a boca na frente do médico, sem pensar o quanto isso me magoaria.

— Desculpe! Naquele momento estava tão nervoso quanto você — disse, acariciando o ombro da esposa com amabilidade.

— Não toque em mim! Você não pensa em ninguém a não ser em si mesmo; para mim nosso casamento terminou.

— Nosso casamento não acabou! E tem mais, já estou cansado de suas frescuras! — gritou irritado.

— Você não muda! Acreditei que me calando durante todos esses anos, pudesse envelhecer ao seu lado, mas isso apenas acentuou seu mau humor e sua maneira grosseira; assim que Ademar ficar bom, voltarei para a casa dos meus pais e pedirei a um advogado que cuide da separação.

João Vitor, achando que se tratava apenas de uma ameaça de mulher magoada, não deu o braço a torcer e respondeu:

— Quer saber, não vou perder meu tempo discutindo com você; faça como quiser. Aceitarei, mas lembre-se de que nenhum outro homem vai lhe dar uma boa vida, assim como lhe dou. E tem mais: lutarei com unhas e dentes pela guarda de nosso filho na justiça. Certamente o juiz vai me dar sua guarda; afinal, sou o dono do dinheiro e compro tudo e todos!

— Bom, até poucos minutos atrás estava decidida a permanecer ao seu lado enquanto nosso filho se recuperava, mas agora minha opinião mudou e vou embora hoje mesmo desta casa. Assim que Ademar receber alta hospitalar, vou levá-lo comigo.

João Vitor, percebendo que ela falava sério, mudou sua postura:

— Maria Alice, você não pode me deixar, temos uma família, e isso não se descarta dessa maneira.

— Você tinha uma família! Voltarei para a casa dos meus pais, arranjarei um trabalho e vou sustentar nosso filho de maneira honesta.

— Fiz o que achei melhor para a nossa família, mas agora vejo que estava errado... — afirmou desesperado, entregando-se às lágrimas e falando em tom queixoso.

— Você sempre fez o que julgou ser melhor para você. Ademar sempre quis um pouco de sua atenção, mas toda a noite era a mesma coisa, ou seja, você chegava do trabalho e se trancava no escritório.

— Mas ficava trabalhando!

— Você sabe que isso não é verdade, muitas vezes fui chamá-lo para deitar-se e o encontrei dormindo no sofá do escritório. Você não sabe quantas vezes me deitei chorando de tristeza por ver que meu casamento sobrevivia de aparência. Já decidi, não vou mais passar por essas humilhações novamente. João Vitor, talvez nosso casamento tenha terminado há muito tempo e somente agora eu tenha tido coragem para me decidir.

— Não permitirei que saia desta casa, muito menos que leve nosso filho.

— Não sou propriedade sua e farei o que deve ser feito para preservar a integridade emocional de nosso filho.

— Vou ao escritório, pois essa conversa não nos levará a lugar algum.

Ao se ver sozinha, ela pensou em Ademar e chorando disse:

— Meu filho, não permitirei que seu pai continue a nos tratar como criados desta casa. Farei tudo o que estiver a meu alcance para que você seja feliz.

João Vitor, percebendo que o acidente de Ademar desencadeara uma crise conjugal, entrou em seu escritório, e levando a mão à testa disse:

— Não posso permitir que essa desequilibrada saia de casa; isso será um vexame para a nossa família. Se ela pensa que vou deixar que me abandone, está muito enganada! E quer guerra, terá guerra!

João Vitor foi até a sala e serviu-se de uísque, voltando ao escritório com a garrafa. Começou a beber sem moderação e, cansado, finalmente se entregou ao sono, estirado no sofá.

Maria Alice chorou quase a noite inteira, só conseguiu conciliar o sono quando o dia já estava amanhecendo.

Ao abrir os olhos, ouviu os pardais cantando alegremente. Olhando no relógio viu que já passava das sete horas da manhã. Rapidamente, levantou-se e tomou um banho. Decidida a voltar ao hospital, desceu para tomar café e encontrou João Vitor tomando chá, sem nada comer.

De maneira amável, ele disse:

— Estamos atrasados.

Percebendo que ele ignorava a situação, o que lhe causou grande mal-estar, respondeu entredentes:

— Não estou atrasada. Apenas não dormi bem.

João Vitor, estendendo-lhe as torradas, completou:

— Alice, percebi que tem se alimentado muito mal. Acho prudente tomar seu café da manhã tranquilamente.

— Como pode agir dessa maneira?

— Que maneira?

— Em todos esses anos de casamento não havia me dado conta do quanto você e cínico! Como pode me tratar assim depois da conversa que tivemos ontem à noite?

— Alice, compreendo que esteja nervosa pela situação de nosso filho, mas assim que ele voltar, conversaremos com calma.

— Não temos nada mais para conversar! Tudo o que tínhamos para falar um ao outro foi dito ontem à noite. Decidi que voltarei para a casa dos meus pais e não vou voltar atrás.

— Hoje pela manhã conversei com o dr. Alberto e ele me deu uma boa notícia — disse, ignorando sua decisão.

— O que ele disse?

— Alberto me disse que Ademar passou bem a noite e hoje sairá da UTI.

— Graças a Deus, uma boa notícia! Assim que Ademar for encaminhado ao quarto não voltarei mais para casa. Levarei algumas roupas e vou lhe fazer companhia.

— Não permitirei que passe a morar no hospital. Vou arranjar uma enfermeira para lhe fazer companhia.

— Não permitirei que nosso filho fique com uma pessoa estranha! Sou mãe e quero ficar ao seu lado até ele receber alta definitiva do hospital!

— Eu só queria lhe poupar as energias, mas se quer ficar ao lado de nosso filho, não vejo motivos para impedi-la.

— Pare de encenar o marido zeloso, porque isso não combina com você! — Maria Alice disse, lançando um olhar irônico para o marido. — Ah! E não vou com você ao hospital, minha mãe e minha irmã virão me buscar.

— Você é minha esposa; portanto, tem como obrigação acompanhar-me ao hospital!

— Somente agora você lembrou que tem esposa? Não sou mais sua esposa, fui sua esposa. Nosso casamento terminou, está lembrado?

Maria Alice pegou a bolsa ao ouvir o ruído do carro da irmã. Sem dizer nada se retirou, deixando João Vitor observando-a. Ao vê-la bater a porta com força atrás de si, disse irritado:

— Essa situação já está insustentável! Preciso fazer alguma coisa, mas fazer o quê? Desanimado, pensou: "Por que me empenhar em ganhar mais dinheiro? Por que me esforçar tanto se minha esposa não me dá valor?". Resoluto, afirmou em voz alta:

— Se ela quer a separação, não sairá com nada. E ainda lutarei pela guarda de meu filho na justiça. Um dia ela vai se arrepender amargamente por ter feito essa opção.

João Vitor pegou o paletó que estava no encosto da cadeira e saiu. Ao chegar ao hospital, viu que Maria Alice e a irmã aguardavam na recepção para conversar com o médico. Pensou: "Ainda bem que a serpente velha não veio! Tenho certeza de que minha sogra tem algo a ver com essa transformação de Maria Alice; mas se ela quer medir forças comigo vai se arrepender!".

Não demorou e o dr. Alberto entrou sorridente na recepção, dizendo em tom polido:

— Ademar já foi encaminhado ao quarto e, como é paciente particular, vocês podem entrar para lhe fazer companhia.

— Meu filho está fora de perigo, doutor? — questionou Maria Alice com lágrimas nos olhos.

Alberto, esboçando um sorriso, respondeu:

— Graças a Deus, sim! Ele ainda está com algumas dores, que são absolutamente normais, mas que serão controladas com analgésicos e com o sono reparador.

— Em que quarto ele está, doutor?

— Ademar foi encaminhado a um quarto particular da pediatria e vocês terão livre acesso.

João Vitor, esquecendo suas dificuldades conjugais, juntou-se à esposa e à cunhada e, sorrindo, disse:

— Dr. Alberto, quero que meu filho fique no melhor quarto!

— Todos os quartos são bons; seu filho não terá do que se queixar.

Maria Alice lançou um olhar fulminante no marido, e ignorando completamente seu comentário perguntou:

— O senhor poderia nos levar até lá, doutor?

— Certamente! Por favor, acompanhem-me.

— Se eu não me esforçasse tanto para proporcionar uma boa vida à minha família, hoje meu filho não estaria tendo esses cuidados... — João Vitor falou sorrindo.

O médico virou-se para o homem arrogante, e sem pensar respondeu:

— Concordo que seu filho está tendo algumas mordomias; porém, saiba que todos os que chegam a esta instituição são bem tratados. A posição social é meramente um detalhe.

— Doutor Alberto, onde fica o quarto de meu filho? — perguntou Maria Alice depois de lançar um olhar rancoroso para o marido.

— O quarto de Ademar é o cinquenta e cinco. Embora ele esteja abatido, seu quadro clínico é bom e peço apenas que sejam o mais natural possível para com ele.

Não demorou e logo os quatros entraram no quarto. O menino estava sendo medicado por uma enfermeira, que continuou a fazer seu trabalho silenciosamente.

Maria Alice sorrindo disse:

— Bom dia, meu filho! Como se sente?

O menino estava pálido e seu desânimo tomava conta de seu corpinho combalido. Sem expressar nenhuma emoção, disse:

— Acho que estou bem...

— Pode ter certeza que sim. Embora ainda sinta algumas dores, você está melhorando, e isso é o que importa — falou o médico, tentando animá-lo.

— O seu cachorrinho o está esperando em casa; precisa de um nome — falou o pai.

Nesse momento, o rosto do menino se iluminou em um sorriso, e ele perguntou:

— Qual é a cor dele, papai?

— É caramelo, e sua raça é chow-chow. Ele tem a língua azul.

— Papai, não existem cachorros com língua azul.

João Vitor, que se aproximara do menino, alisou sua testa com suavidade e respondeu:

— Existem sim, meu filho! Trata-se de uma raça chinesa. Com o passar do tempo, fica felpudo parecendo um bicho de pelúcia.

— Papai, traga o cachorrinho para eu ver, preciso lhe dar um nome.

Maria Alice censurou o marido dizendo:

— Por que tinha de falar sobre o cão neste momento? No hospital não se pode trazer animais.

O dr. Alberto, percebendo que o animal poderia ajudar na recuperação do menino, intrometeu-se na conversa e falou:

— Autorizo-os a trazer o cãozinho, porém não recomendo que Ademar o pegue no colo; afinal, ele passou por uma cirurgia e embora não esteja mais com os pontos cirúrgicos, sua pele ainda está sensível.

O menino abriu um largo sorriso e disse:

— Está vendo? Papai poderá trazer o cão! Juro que não vou colocá-lo no colo, mas não deixarei de passar a mão em sua cabeça.

Maria Alice gostou de ver o entusiasmo do filho e, sorrindo, disse:

— O papai vai trazer o cão para você conhecer.

— Papai, o senhor poderia buscar o cãozinho agora?

— Farei melhor, pedirei ao seu tio Lucas que passe em casa, pegue o cão e o traga.

O menino moveu-se bruscamente no leito e sentiu uma fisgada na incisão. Preocupada, Maria Alice disse:

— Calma, meu filho! Fique quietinho para não sentir dor no corte da operação.

João Vitor, apesar de ser um homem arrogante e ambicioso, gostava imensamente do filho e perguntou ao médico:

— Doutor, posso usar o telefone de sua sala?

— Acompanhe-me!

Em poucos minutos, João Vitor discou o número da casa do pai. Não demorou e logo uma voz rouca atendeu o telefone. João Vitor percebeu se tratar da empregada da casa e, afoito, perguntou:

— Aparecida, meu irmão está em casa?

— Não, senhor! Lucas já foi à fábrica.

Sem se despedir, ele desligou o telefone e ligou para a fábrica para conversar com o irmão. Lucas atendeu o telefone e, preocupado com o sobrinho, foi logo perguntando:

— João Vitor, aconteceu alguma coisa com Ademar?

— Não. Ademar está bem. Diga-me, você pretende vir ao hospital hoje?

— Sim! Passei na fábrica para ver como estão as coisas e vou ao hospital logo depois do almoço.

— Faça-me um favor. Passe em casa e peça para a empregada lhe dar o filhote que a Alice comprou para Ademar.

Assustado, Lucas disse:

— Você quer que eu leve o filhote ao hospital? Que ideia estapafúrdia é essa?

— Faça o que estou pedindo. Fique tranquilo, o doutor autorizou a entrada do cãozinho no quarto de Ademar.

— Está bem! Pretendo chegar entre duas horas e duas e meia.

— Lucas, por favor, peço que venha agora na parte da manhã, pois Ademar está ansioso para ver o cão.

— Está bem! Em pouco mais de uma hora estarei aí.

João Vitor lhe agradeceu e logo que desligou o telefone, disse sorrindo:

— Meu irmão trará o cãozinho em pouco mais de uma hora.

— Ótimo! Deixarei uma autorização por escrito na portaria para que seu irmão não tenha problemas.

João Vitor se despediu do médico, que tinha outros pacientes para atender, e eufórico voltou ao quarto do filho.

— Ademar, seu tio trará o filhote daqui a pouco. Descanse para conhecer seu novo amigo.

— Mamãe, agora tenho um cão e o melhor é que ele tem a língua azul.

Maria Alice e a irmã sorriram ao ver o entusiasmo da criança. O menino, olhando para o pai, disse:

— Obrigado, papai, por ter me dado essa alegria.

— Filho, farei tudo o que estiver ao meu alcance para vê-lo feliz; afinal, você é e sempre será o meu chefinho.

Ademar, sentindo os efeitos do medicamento, entregou-se ao sono e acordou com o pai dizendo:

— Acorde, preguiçoso! Abra os olhos e conheça seu novo amigo.

Ademar, ainda sentindo sono, abriu os olhos e viu o filhote nas mãos do pai.

— Papai, ele é lindo!

Lucas, que presenciava a cena, perguntou:

— E como ele vai se chamar?

Ademar, sorrindo e passando a mão na cabeça do cachorro, pensou por alguns instantes e disse:

— Meu primeiro cachorro vai se chamar Spok.

Maria Alice se emocionou ao ver a alegria de seu único filho. Sorrindo, disse:

— É um lindo nome, meu filho.

Ao fixar sua atenção nos olhos do marido, percebeu que os olhos dele brilhavam de emoção. Então disse:

— Veja, João, como nosso filho está feliz!

— Alice, sou capaz de qualquer coisa para vê-los felizes...

Ela se emocionou com as palavras do marido e, pedindo licença, chamou a irmã para tomar um café na cantina do hospital. Todos estavam felizes, e Ademar mais feliz ainda... não cansava de olhar para o animalzinho, encantado com sua beleza. Olhando para o pai, disse:

— Papai, peça para o dr. Alberto deixar Spok comigo esta noite?

João Vitor, deixando-se levar pelo momento, respondeu:

— O dr. Alberto não permitirá que Spok permaneça no hospital. Portanto, se quiser ficar com o seu cão, faça sua parte, melhore, coma tudo o que trouxerem e fique bom logo para voltar para casa.

— Papai, o senhor deixará o Spok ficar comigo em meu quarto?

— Sim, meu filho! E tem mais: Spok poderá ficar sempre com você, pois ele nunca dormirá fora de casa.

— Papai, farei tudo o que o médico mandar, quero ficar logo com Spok.

Assim, ele fechou os olhos e com expressão tranquila adormeceu. Lucas percebeu que o irmão não era tão frio como parecia. Sorrindo, disse:

— Não conhecia esse seu lado paterno...

— Lucas, quando vemos um filho à beira da morte, percebemos o que realmente é importante... Confesso que nem eu mesmo conhecia esse meu lado, mas quando vi a vida de meu filho escorrer pelos vãos dos dedos, percebi o quanto ele e Alice são importantes para mim...

— A família é o bem mais precioso que um homem pode ter.

— Essa é a mais pura verdade.

Lucas, percebendo que não tinha muito que fazer ali, disse:

— Está na minha hora. Quer que eu leve o Spok?

— Não! Ficarei com o cão, pois sei que quando ele acordar, vai procurá-lo.

Lucas se despediu do irmão e disse que ia até a cantina para se despedir da cunhada. João Vitor ficou alisando o cãozinho, que já estava incomodado de ficar no colo.

Lucas se encontrou com a cunhada, que tomava uma xícara de café e conversava com a irmã. Sorrindo, disse:

— Pelo que percebi hoje se quebrou uma pedra que havia no coração de João Vitor.

— Tem razão! Nunca pensei que Ademar fosse tão importante para ele; confesso que sua atitude me surpreendeu — respondeu Maria Alice.

— O coração humano é insondável e não cabe a qualquer um de nós tecermos qualquer julgamento. João Vitor, no decorrer dos anos, mostrou ser um homem forte e completamente independente, porém, ao quase perder seu único filho, deixou cair a máscara e mostrou a bondade que há em seu coração.

— Por que João Vitor nunca nos deixou ver seu lado bom? Por que sempre fez questão de mostrar seu lado ambicioso, deixando-nos acreditar que o dinheiro era a coisa mais importante de sua vida? — disse a cunhada ressentida.

— João Vitor é demasiadamente orgulhoso; de certa forma, sempre quis mostrar à família que era um homem forte e capaz de comandar qualquer situação.

Maria Alice deixou que uma lágrima escorresse pela sua face e disse:

— Preferia saber que tenho um marido sensível a um homem ambicioso e cruel.

— Maria Alice, desde que João Vitor a levou pela primeira vez a nossa casa, sentimos que você não seria apenas a esposa de João Vitor, mas antes uma irmã e uma filha para o meu pai; portanto, não termine um casamento pelas intransigências de meu irmão, dê-lhe uma chance para ele ser o pai e o marido que nunca foi.

— Apesar de todos os defeitos de João Vitor, ainda o amo, e só não o deixarei em nome desse amor.

— Essa é uma decisão sensata! Logo Ademar voltará para casa e vocês terão a oportunidade de recomeçar uma nova vida em família.

Lucas se despediu da cunhada e de sua irmã. Precisava voltar à fábrica. Desde que Ademar fora atropelado, mal conversara com a namorada. Decidiu que naquele dia, iria levá-la para almoçar.

11

Boas notícias

João Vitor passou o tempo todo ao lado do filho. Quando pensava que Ademar poderia ter morrido, sentia seu corpo estremecer. Não demorou e Maria Alice voltou ao quarto para ficar um pouco com o filho. Ao chegar, encontrou João Vitor alisando os cabelos do menino enquanto dormia. O marido ficou calado, pensou que a esposa ainda estivesse ressentida com ele. Maria Alice disse:

— João, vá até a cantina fazer um lanche; já passa do meio-dia e você deve estar com fome.

— Não estou com fome! Quero ficar ao lado do meu filho; veja como ele dorme tranquilamente.

— Nosso filho é um homenzinho.

— Não é para menos, esse garoto tem a quem puxar!

Maria Alice esboçou um sorriso e nesse momento o menino acordou. Olhando para os dois lados, perguntou:

— Papai, onde está o Spok?

— Não se preocupe, filho. Seu cãozinho está bem; logo você poderá brincar com ele o quanto quiser.

Passava das três horas da tarde quando Alberto entrou no quarto sorridente e, fixando seu olhar na fisionomia cansada dos pais, disse:

— Ademar está respondendo bem ao tratamento; por esse motivo não vejo motivos para continuar no hospital.

João Vitor, abrindo um largo sorriso, perguntou:

— O senhor está dizendo que ele receberá alta hospitalar, doutor?

— Sim! Acredito que em três dias seu filho poderá voltar para casa.

Maria Alice, emocionada, aproximou-se de João Vitor e o abraçou, externando a felicidade que estava sentindo.

— Ademar voltará para casa, mas recomendo que contratem um enfermeiro para acompanhá-lo. Se tudo continuar evoluindo como está, em pouco mais de um mês o garoto poderá levar uma vida normal.

— Que ótimo. Agora estou com fome! Maria Alice, você me acompanha até a cantina, preciso lanchar; afinal, estou com o estômago vazio.

Naquele momento, Maria Alice percebeu que João Vitor voltara a ser o mesmo homem por quem ela havia se apaixonado treze anos antes. Assim, resolveu deixar de lado todo o seu ressentimento.

Os dias passaram e Lucas sentia-se feliz por notar a recuperação do pai, que, com o auxílio do fisioterapeuta, ia pouco a pouco recuperando a mobilidade do lado paralisado.

Osmar ainda caminhava com o auxílio de uma bengala. Certa manhã, quando Lucas se preparava para ir à fábrica, encontrou o pai vestindo terno e gravata. Surpreso perguntou:

— Por que está usando terno, meu pai?

— Não vejo motivos para ficar o dia inteiro sem fazer nada. Hoje vou à fábrica para saber o que está acontecendo por lá.

— Papai, desde que o senhor adoeceu, João Vitor está usando sua sala.

— Quem deu ordem para João Vitor se mudar para minha sala?

— Não se preocupe, meu pai. João Vitor está fazendo um bom trabalho.

— Ele ocupou a minha sala sem a minha permissão. Agora terá de voltar para sua pequena sala. Se não estiver satisfeito, poderá procurar outro trabalho.

Lucas admirou-se com a resolução do pai; tentou contornar a situação dizendo:

— Papai, João Vitor tem comandado os negócios com maestria, inclusive não há dívidas pendentes.

— Não tenho dúvidas disso, mas tenho certeza de que boa parte dos lucros da fábrica estão em sua conta particular.

Lucas, conhecendo o temperamento do pai, não pretendia arranjar nenhum tipo de atrito com ele, então mudou de assunto:

— Papai, o senhor ainda não está em condições de dirigir; portanto, peço que venha comigo.

— Lucas, estou me sentindo bem, mas não gostaria de dispensar Berenice. Ela sempre foi muito competente.

Lucas, sem compreender aonde o pai queria chegar, perguntou:

— Mas o que pretende fazer, meu pai?

— Vou contratá-la pela empresa; afinal, vez ou outra algum funcionário se machuca e Berenice poderá realizar os primeiros socorros.

— Esta é uma boa ideia! Não acho justo a moça ficar desempregada porque o senhor melhorou — disse Lucas, sentindo-se orgulhoso com a atitude do pai.

Osmar, apoiando-se na bengala, ordenou:

— Lucas, vá chamá-la!

O filho lhe obedeceu imediatamente. Logo estava de volta com Berenice, que arrumava suas coisas.

— Berenice, aprendi a gostar de você não somente como pessoa, mas principalmente pela excelente profissional que se mostrou ser.

— Mas o senhor já melhorou, acho que não tem mais necessidade de ter alguém para cuidar do senhor.

— Durante todo esse tempo, você devotou seu tempo a mim, por esse motivo estou lhe oferecendo um trabalho fixo na fábrica.

Berenice, sem compreender aonde o patrão queria chegar, perguntou:

— Doutor, sou uma enfermeira, como poderia ser útil em sua fábrica?

— Berenice, todos os dias acontecem acidentes de trabalho na fábrica; afinal, as injetoras não são máquinas seguras; penso que você poderia cuidar dos primeiros socorros.

Berenice ficou exultante; afinal, fazia vários meses que não trabalhava com carteira assinada.

— Você poderá cuidar da pequena farmácia que há na fábrica, e providenciar os principais medicamentos fazendo sempre um relatório — concluiu Lucas.

— Dr. Osmar, cuidar do senhor foi o melhor presente que Deus poderia ter me dado.

Osmar, levantando com dificuldade da poltrona onde estava sentado, finalmente perguntou:

— E então, o que me diz? Aceita o trabalho?

— Certamente que sim! Jorge ajuda em casa, mas seu dinheiro é pouco; além disso, minha mãe é doente e ganha pouco lavando roupas.

— Venha conosco! Você terá de organizar a farmácia e isso vai lhe custar muito tempo.

— Você terá sua carteira de trabalho assinada e todos os direitos trabalhistas garantidos.

— Vou pegar minhas coisas e acompanhá-los até a fábrica.

Lucas, ao se ver sozinho com o pai, perguntou:

— Papai, gostei de sua atitude, mas o senhor sabe que não acontecem acidentes na fábrica todos os dias.

— Meu filho, desde que sua mãe morreu, nunca pensei em outra mulher, mas com Berenice as coisas foram acontecendo e, por fim, descobri que nutro por ela um sentimento que nunca senti por ninguém.

— Papai, o senhor está apaixonado!

— Não posso afirmar se é paixão, mas posso dizer que ficar sem ver Berenice é como deixar de ver o sol todos os dias.

Lucas percebeu que o sentimento dera novo fôlego ao pai. Contudo, ao se lembrar do irmão, disse:

— Papai, esse será nosso segredo. Peço que não comente nada com João Vitor, que fará tudo o que estiver ao seu alcance para prejudicar a moça.

— Enquanto eu estiver vivo, ninguém vai se atrever a mexer com Berenice. Aos poucos, ela se tornou a menina dos meus olhos.

Lucas, sorrindo, percebeu que a paixão do pai não era coisa passageira. Sorrindo, respondeu:

— Se o senhor está dizendo, eu acredito!

Berenice estava eufórica, afinal pensara que à medida que Osmar melhorasse, ela novamente estaria desempregada. Contudo, não imaginou que o dono da fábrica de produtos plásticos estava apaixonado por ela.

Osmar, antes de sair, ordenou:

— Berenice, quero que vá à fábrica munida de todos os documentos, pois hoje mesmo darei uma ordem ao Departamento de Pessoal para que a contrate.

Berenice, sorrindo, despediu-se de Osmar e de Lucas. Rodopiando nos calcanhares, retirou-se e foi para sua casa.

Ao chegar à fábrica, Osmar cumprimentou todos os funcionários do escritório. João Vitor havia voltado a trabalhar havia uma semana. Ademar estava se recuperando rapidamente em casa.

Assim que Osmar entrou em sua sala, viu João Vitor falando ao telefone. Educadamente, sentou-se na poltrona e esperou o filho concluir a ligação.

João Vitor, ao ver o pai, disse dissimuladamente:

— Papai, o que faz aqui?

— O que posso fazer em minha fábrica a não ser trabalhar?

— Mas o senhor não está apto ao trabalho; seu problema foi sério e pelo que vejo ainda não recuperou plenamente seus movimentos.

Osmar, irritado, segurou-se para não gritar. Apoiando-se na bengala, respondeu:

— Para seu dissabor, saiba que estou me sentindo ótimo, e quanto aos meus movimentos, eles estão voltando. Pelo que me consta, ainda sou o dono da fábrica e tenho o direito de voltar quando bem entender! Por falar nisso, quem lhe deu permissão para usar minha sala?

— Em sua ausência, alguém tinha de tomar a frente dos negócios. Como filho mais velho senti-me na obrigação de continuar seu trabalho.

— Certamente você pensou que eu não voltaria ao trabalho, não é mesmo? Saiba que além das forças que ainda me restam, minha lucidez mental está cada vez melhor.

— Papai, o senhor trabalhou a vida inteira para nos manter; agora chegou a nossa vez de fazer pelo senhor.

— Trabalhei e continuarei a trabalhar enquanto Deus me der forças; portanto, peço que saia da minha sala.

João Vitor percebeu que não poderia contrariar o pai. Enquanto arrumava alguns documentos, ouviu Osmar dizer:

— De hoje em diante você cuidará das vendas. Seu cargo será ocupado por Lucas.

— O quê? O senhor está querendo que eu ocupe o cargo do incompetente do meu irmão? Isso jamais! Sou praticamente o vice- -diretor da fábrica! Não me rebaixarei a conferente de vendas! — João Vitor gritou com irritação.

Osmar, tranquilamente, respondeu:

— Se não quiser o cargo, poderá se demitir; garanto que terá todos os seus direitos pagos regiamente.

— Velho decrépito! Enquanto esteve doente fui eu quem cuidou para que tudo caminhasse bem.

— Talvez... Mas garanto que sua conta bancária está bem melhor.

— Não vou permitir que o senhor me humilhe! Continuarei a exercer as mesmas funções dentro da fábrica!

— Não quero que entre em minha sala sem minha autorização. Tudo ficará como está e a chave ficará comigo. Hoje mesmo mandarei que se faça uma auditoria para saber para onde estão indo os lucros da empresa.

— O quê? O senhor está insinuando que estou roubando a fábrica?

— Você é quem está dizendo isso!

João Vitor saiu da sala do pai visivelmente nervoso. E pensou: "Se um auditor verificar os faturamentos e o dinheiro que a fábrica tem, esse velho é bem capaz de me colocar na rua".

Ao ver Verônica, João Vitor ordenou:

— Dona Verônica, peça que se faça uma faxina em minha antiga sala. Meu pai voltou ao trabalho e vai ocupar a sala dele.

Verônica, prevendo que isso aconteceria, já havia mandado limpar a sala e tudo já estava em ordem. Assim, respondeu:

— Dr. João Vitor, sua antiga sala já está em ordem. Tomei a liberdade de madar limpá-la e também troquei a máquina de calcular.

João Vitor, sem responder, rodopiou nos calcanhares e rapidamente entrou na sala. Ao sentar-se, disse em voz alta:

— Preciso acabar com esse velho de uma vez! Se ele pensa que vai me desmoralizar está enganado!

Ele não viu, mas a entidade que o acompanhava, disse:

— Está vendo? Você teve várias chances para acabar com o velho e não o fez, agora terá de arcar com as consequências de sua fraqueza!

— Fui um fraco! Um covarde que achou que o velho jamais voltaria ao trabalho, mas deixe estar, antes do fim do mês ele estará fazendo companhia para minha mãe no cemitério... — falou João Vitor.

A entidade gargalhou alto, embora a risada fosse inaudível aos ouvidos de João. Naquele mesmo dia, Osmar pegou alguns documentos de meses anteriores e, lamentando-se, disse:

— Não posso negar que João Vitor é competente no que faz. Tanto a produção como as vendas aumentaram, porém ele não é um homem de confiança.

Osmar ligou para Fernando Custódio e pediu que ele fizesse uma auditoria nas contas da fábrica com urgência.

Fernando era um auditor competente e como devia muitos favores a Osmar, atendeu ao seu pedido naquele mesmo dia. Uma semana depois, a auditoria foi concluída, e os registros não estavam rasurados, ele não encontrou nenhuma irregularidade nas finanças.

Osmar chamou João Vitor à sua sala e disse:

— João, você continuará a exercer o mesmo cargo, porém exijo que todos os documentos sejam deixados na minha mesa.

— Por que a mudança? Eu sei que o auditor esteve aqui e nada constatou, a não ser o aumento tanto na produção como nas vendas; portanto, o senhor me deve desculpas por ter desconfiado de mim.

— Um pai nunca pede desculpas a um filho; fiz o que achava ser certo; afinal, precisava me inteirar dos assuntos financeiros da fábrica.

O que Osmar não sabia era que João Vitor havia subornado Fernando com uma alta soma para encobrir um desvio grande de dinheiro.

— Papai, o senhor não acha que devemos cortar alguns gastos da empresa?

— Que gastos?

— Não vejo motivos para contratar uma enfermeira, isso aumentará os gastos com a folha de pagamento.

— A enfermeira foi contratada por mim; afinal, ainda preciso dos seus serviços.

— O senhor me parece muito bem, papai! Essa enfermeira passa o dia arrumando sua sala sem nada fazer.

— Berenice continuará a trabalhar em minha fábrica, se houver necessidade de cortar gastos, começarei pelo seu salário, que está alto demais.

João Vitor ficou sem palavras; afinal o pai nunca ameaçara diminuir seu salário. Assim, contemporizou:

— Se quer gastar dinheiro à toa, isso é com o senhor, mas diminuir meu salário eu não permitirei.

Berenice estava gostando do novo trabalho. Às vezes aparecia algum funcionário para verificar a pressão, fazer pequenos curativos, mas geralmente a moça continuava a atender Osmar, que com frequência se queixava de pressão alta.

Cada dia que passava, Osmar sentia-se mais atraído pela moça, que se vestia com modéstia. Era uma moça alta, com longos cabelos negros, olhos grandes e castanhos, quase negros. Sua silhueta era benfeita e seus modos, gentis. Não demorou para que alguns funcionários começassem a ir até a pequena enfermaria só para vê-la.

Certa tarde, Osmar, sentindo seu coração oprimido, mandou que Verônica a chamasse em sua sala. Competente, cada vez que ele a chamava ela levava consigo o aparelho de pressão.

Naquela tarde, verificou a pressão de Osmar e, sorrindo, disse:

— Sua pressão está boa, doutor! Talvez seja um estresse pelo trabalho. Quando montei a enfermaria, pedi que comprasse um calmante natural, se o senhor quiser tomar um comprimido, posso buscar.

— Não há necessidade de tomar remédio. O que acha de jantar comigo amanhã à noite?

— Desculpe, doutor, mas não seria de bom-tom jantar com o senhor, o que as pessoas iriam dizer?

— Digam o que quiserem! Não estaremos fazendo nada de errado; você é livre e eu também.

Berenice que se sentira atraída por Osmar desde que começara a cuidar dele, ainda no hospital, pensou por alguns instantes e respondeu:

— Está bem! Aceito.

Osmar, sem pensar, pegou na mão dela e sem esforço disse:

— Berenice, devo confessar que estou apaixonado por você desde a primeira vez que a vi. Sua presença encheu minha vida, que sempre fora vazia e sem objetivos, de alegria.

— Dr. Osmar, o senhor é meu paciente...

— Fui seu paciente. Agora sou seu patrão; além do mais, o derrame não me deixou grandes sequelas, penso que ainda há tempo de ser feliz.

— Sinto-me atraída pelo senhor, mas entre nós existe uma grande distância, enquanto o senhor é rico, eu sou extremamente pobre...

— O que isso tem a ver? — perguntou Osmar. — Sou um homem e você uma bela mulher; a não ser que tenha preconceito quanto à idade.

— De maneira alguma! Sou uma mulher de trinta e sete anos e a diferença de idade não é tão grande assim.

— Berenice, desde que minha esposa faleceu, nunca mais me envolvi com mulher alguma. Pensei apenas em criar meus dois filhos e proporcionar uma boa vida a eles; mas agora penso que a vida está me dando a chance de ser feliz, e não quero desperdiçar isso. A vida sempre me foi generosa e hoje tenho mais do que realmente preciso, inclusive esse amor que se alojou em meu coração.

— Sinto a mesma coisa pelo senhor! — confessou a jovem, encantada com as palavras dele.

Osmar levantou-se com certa dificuldade e sem a bengala se aproximou dela, alisando-lhe os cabelos com carinho e com suavidade.

— Berenice, vou levá-la ao melhor restaurante da cidade. Passarei em sua casa às oito e meia. O que acha?

— Doutor, quando as pessoas descobrirem vão dizer que estou dando o golpe do baú no senhor, e isso não é verdade.

— Não me importa o que vão dizer; para mim basta saber que me ama. Você também me ama?

— Sim, o amo, com todas as fibras do meu coração.

Osmar sentiu a sinceridade nas palavras da moça e a abraçou.

— Por enquanto, guardaremos segredo, mas quando isso vier a público não quero que continue a trabalhar na fábrica.

— Doutor, por favor, não me tire o trabalho, em nossa casa somente Jorge e eu trabalhamos, além disso pagamos aluguel e minha mãe lava roupa para fora para ajudar no orçamento da casa.

— Quando assumirmos nosso relacionamento, você não mais precisará trabalhar, farei questão de ajudá-la no que for preciso.

— De maneira alguma! Certamente poderemos namorar, mas viver à sua custa, isso nunca! Sou pobre, mas sou honesta. Além disso, se o senhor pensa que me terá como amante, está muito enganado! — respondeu contrariada.

— Vamos deixar as coisas como estão, não falemos mais nisso.

Berenice resolveu sair da sala de Osmar, sentiu-se mal. Por um momento pensou que ele estivesse apaixonado por ela, mas depois achou que ele a queria apenas como amante.

Com esse pensamento, ela decidiu que não aceitaria o convite para o jantar.

Ao vê-la sair, ele pensou: "É essa a moça que quero para esposa! Moça digna e com moral impoluta. Talvez esteja desapontada com minhas palavras, mas com o tempo compreenderá que eu apenas a estava testando".

Sorrindo, ele sentou-se em sua poltrona. Sentia uma alegria que havia muito não sentia.

Ademar voltou para casa e se recuperou rapidamente do acidente que sofreu. Afinal, estava cercado de mimos da mãe e do pai, que quase todas as tardes levava um presente diferente para ele.

Maria Alice estava satisfeita por ver o apreço do marido pelo filho. A raiva que sentira após o acidente do filho, sumira quase por completo. João Vitor já não ficava tantas horas trancado em seu escritório particular e passou a dedicar mais tempo ao filho e à esposa.

De todos os presentes que Ademar ganhara, o que ele mais gostou foi o cãozinho Spok, que ficava longas horas em sua companhia.

Um mês havia se passado desde que sofrera o acidente, agora já caminhava pelo quarto com a ajuda de uma enfermeira que o pai havia contratado para ajudar na sua recuperação.

Não demorou para Ademar voltar a ser o mesmo menino alegre de antes. Para a alegria da mãe, ele fazia tudo o que lhe era ordenado pelos médicos e também pela enfermeira. Assim, logo se recuperou completamente.

Contudo, João Vitor o proibiu de voltar a andar de bicicleta na rua, o que na verdade não fez a menor diferença para o menino, que agora tinha o cão para brincar.

Certa tarde, Ademar brincava com o cão no jardim quando João Vitor chegou. Ao vê-lo, saiu do carro e falou:

— O que faz aqui fora a uma hora dessas, Ademar?

— Papai, Spok é um cão muito inteligente, veja o que ele faz. Spok, dê-me a pata!

O cão, balançando o rabo, estendeu a pata direita ao menino. João Vitor, ao ver o entusiasmo do filho, disse:

— Querido, o que acha de levarmos Spok a um adestrador? Esse cão é realmente muito inteligente e com o ensinamento adequado, fará tudo o que você ordenar.

— Papai, o senhor faria isso por Spok?

— Ele não é seu melhor amigo?

— Sim.

— Então, como seu melhor amigo, ele terá um treinamento especial!

— Papai, nunca pensei que o amaria tanto...

João Vitor, emocionado, correspondeu ao abraço do filho, e sorrindo respondeu:

— Eu também o amo muito, meu filho. Sou capaz de qualquer coisa para vê-lo feliz!

— Papai, antes o senhor ficava trancado em seu escritório sem dar muita atenção a mim ou a mamãe, mas depois do acidente tudo mudou, hoje posso dizer que tenho uma família feliz.

— Antes, meu filho, eu pensava que felicidade era trabalhar e não deixar faltar nada a você nem a sua mãe; porém, depois que quase o perdi, percebi que vocês são os bens mais preciosos que tenho.

— O médico disse que na semana que vem poderei voltar à escola.

— E o que o preocupa, Ademar?

— Quem cuidará do Spok? Sou eu quem lhe dá comida e água.

— Não se preocupe, pedirei ao Carlos, o jardineiro, que faça isso enquanto você estiver na escola.

— Spok, voltarei à escola, mas não se preocupe, Carlos cuidará de você enquanto eu estiver fora.

— Filho, vamos entrar, não é bom ficar aqui fora, o vento está gelado.

— Spok pode nos acompanhar? Mamãe já está começando a implicar com o fato de ele ficar muito tempo dentro de casa.

— Claro que pode! Vamos, Spok!

Pai e filho entraram em casa sorrindo e assim que Maria Alice viu o cão disse:

— Ademar, já não lhe disse que Spok só pode entrar em casa para comer?

O menino, olhando para o pai, como a pedir socorro, permaneceu calado. João Vitor respondeu:

— Alice, deixe de implicar com Spok; afinal, ele é um cão bem tratado e toma dois banhos por semana.

Maria Alice, irritada, resmungou:

— Esse cão é travesso, você acredita que ele pegou meu chinelo de quarto e o destruiu?

— Não se preocupe com isso, querida, amanhã mesmo vou lhe comprar outro.

Ademar sentia-se protegido ao lado do pai, e Maria Alice, percebendo o sorriso maroto do filho, disse:

— João, você está mimando muito Ademar e esse cão infernal!

— Querida, o que é um chinelo de quarto perto da felicidade de nosso filho?

Maria Alice, embora contrariada com a atitude do marido, sentiu-se feliz em perceber o quanto ele havia mudado nos últimos tempos.

Enquanto João Vitor se esforçava para se mostrar um marido e pai zeloso, em seu íntimo ainda nutria a ambição que o impulsionava a querer a morte do pai e do irmão.

Naquela noite, após o jantar, Ademar e Maria Alice decidiram dormir, e João Vitor, dissimulando o tormento que lhe ia no coração, disse:

— Alice, ficarei no escritório, pois tenho alguns trabalhos pendentes que não tive tempo de fazer na fábrica; portanto, não me espere para dormir.

— João, você fica preso no escritório da fábrica o dia inteiro, esse trabalho é realmente importante?

— Alice, meu pai voltou ao trabalho e pediu uma auditoria. Tenho de levantar alguns documentos para apresentar amanhã.

Embora a esposa não estivesse gostando da atitude dele, decidiu ser complacente.

— Está bem! Vou dormir, só lhe peço que não durma no sofá do escritório.

— Fique tranquila, não deixarei de aquecê-la logo mais.

Maria Alice, sorrindo, subiu as escadas, deixando o marido a observá-la.

Ele dirigiu-se até o bar, e servindo-se de uma dose de uísque, trancou-se no escritório.

Embora dissesse à esposa que tinha trabalho a fazer, ele apenas queria ficar sozinho. Depois de sentar-se em sua poltrona, sorveu uma dose do líquido amarelado e, depois de respirar fundo, disse:

— Papai não podia tirar-me da sala que é minha por direito. Deveria ter dado cabo de sua vida enquanto esteve no hospital. —

Depois de sorver mais um gole do uísque disse mais uma vez em voz alta: — Mas quem poderia imaginar que o velho voltaria ao trabalho? Papai é como os gatos, tem sete vidas... Todos dizem que os gatos têm sete vidas, mas se passar com o carro por cima de um gato, sua vida será reduzida a apenas uma...

Ele não percebia, mas a mesma entidade que o acompanhava sorrindo disse:

— Se pode reduzir seis vidas de um gato, por que não reduz a vida de seu pai também?

— Acabarei com as seis vidas daquele gato velho e voltarei a ocupar a melhor sala da fábrica. Essa malfadada ideia de auditoria, arrancou-me muito dinheiro, pois aquele safado do Fernando me cobrou os olhos da cara para apresentar contas falsas ao velho. Preocupei-me demasiadamente com Lucas e me esqueci da velha raposa; terei de mudar meus planos... Primeiro, vou ter de dar fim no velho, do Lucas cuido depois.

— Por que não toma outra dose de uísque? Com uma dose a mais você pensará melhor — disse a entidade que estava ao seu lado.

João Vitor captou a mensagem e decidiu voltar ao bar para pegar a garrafa de uísque. Naquela noite, depois de muitas doses de uísque, a entidade finalmente lhe intuiu:

— João, não se esqueça de que seu pai continua a tomar remédios.

— Sei como posso acabar com o velho sem levantar suspeitas...

João Vitor pensou por alguns minutos e se lembrou das palavras de um médico amigo da família: "Alta dose de cloreto de potássio pode matar uma pessoa sem deixar vestígio."

Nesse momento, João Vitor antegozou a vitória sobre seu pai decidindo dar fim à vida dele com uma alta dose de cloreto de potássio. Ele já estava quase bêbado quando decidiu que pensaria no assunto no dia seguinte. Assim, foi dormir e deixou o assunto para amadurecer depois.

Naquela noite, ao entrar em seu quarto, viu a esposa dormindo tranquilamente e sentiu desejo de acordá-la, porém, sabendo que ela não iria gostar, decidiu tomar um banho e dormir para se levantar cedo no dia seguinte.

1 2

Orquídeas vermelhas

Lucas chegou atrasado à fábrica e ao entrar encontrou Rosângela, que estava revendo alguns clientes antigos. O rapaz se aproximou da namorada e a saudou:

— Bom dia, querida!

— Bom dia! Como está seu sobrinho?

— Graças a Deus está tudo bem; sua recuperação está muito satisfatória.

— Mamãe pediu-me para convidá-lo para jantar conosco esta noite.

— Só vou jantar se ela fizer aquele frango que fez naquele almoço.

— Pedirei a ela.

— Rosângela, sei que não lhe dei muita atenção nos últimos dias, devido ao estado de saúde de Ademar, mas agora lhe prometo que darei.

— Lucas, não estou reclamando de nada; além do que, compreendo perfeitamente sua ausência.

— Você é adorável. Por esse motivo quero passar todos os dias da minha vida a seu lado.

Lucas não percebeu a entrada sorrateira de João Vitor em sua sala, porém Rosângela, que estava atenta a tudo que acontecia à sua volta, falou:

— Voltarei ao trabalho.

João Vitor, ao ver a intimidade do casal, disse com jeito brusco:

— Lucas, quero saber se aquela rede de supermercados fez algum pedido.

Lucas, que não soube responder à pergunta, olhou para Rosângela esperando uma resposta. Ela respondeu:

— O gerente financeiro ainda não retornou com a resposta.

— O que acha de namorar menos e trabalhar mais? Você, como responsável pelo setor, tem de saber tudo o que ocorre por aqui — João Vitor falou com irritação ao irmão.

Lucas, embaraçado diante da namorada, respondeu:

— Talvez se você me desse um pouco mais de tempo para me inteirar dos fatos, eu pudesse responder.

João Vitor dissimulou a irritação e decidiu sair da sala do irmão sem dizer nenhuma palavra.

Lucas, ao ver o irmão se afastar, disse em voz alta:

— João Vitor tem de compreender que não sou um moleque; sou um homem que cumpre muito bem com minhas obrigações.

Rosângela, percebendo o desapontamento no rosto de Lucas, nada disse e voltou sua atenção ao trabalho.

Ao sair da sala do irmão, João Vitor entrou irritado em sua sala e bateu com força a porta atrás de si. Jogou-se na poltrona disse:

— Só me faltava essa... Lucas namorando aquela moça. Meus problemas estão aumentando... Se ele decidir se casar com ela, de que valerá acabar com a vida dele? Afinal, essa moça terá direito à herança de Lucas!

Novamente a entidade companheira de João Vitor soprou em seu ouvido:

— Tome cuidado! Seu irmão está apaixonado por ela e não hesitará em se casar; portanto, faça o que tem de fazer o quanto antes.

— Se essa morta de fome pensa que levará a fatia do bolo está muito enganada, preciso arranjar uma maneira de afastá-los.

— A única maneira é acabando com o namoro dos dois.

— Lucas morrerá solteiro, isso eu juro! — exclamou João Vitor, sem saber da paixão secreta do pai.

Levando a mão à testa como a afastar seus pensamentos, voltou sua atenção em um contrato que estava sobre a mesa. O dia transcorreu sem nenhum sobressalto para os três proprietários da fábrica.

À noite, Lucas se vestiu com esmero e dirigiu-se à casa da namorada; afinal, para ele era uma tortura ficar ao seu lado o tempo todo sem poder tocá-la.

Desde que Ademar se acidentara, ele não mais voltara à casa da namorada. Lucas já não mais tinha tempo para longas conversas com Jorge, seu melhor e único amigo, porém o amigo compreendia sua ausência.

Passava das dezenove horas quando o jovem estacionou seu carro diante da casa de Rosângela. Ao descer, viu Jorge saindo de sua casa e gritou:

— Para onde pensa que vai, Jorge?

— Que eu saiba, você é meu patrão apenas na fábrica, fora dela sou um homem livre.

— Não acha que está tarde para criança estar na rua?

— Então, o que você faz aqui? Ainda não tomou sua última mamadeira...

Os dois desataram a rir e Lucas se aproximou do amigo, que lhe disse, sem rodeios:

— Como vão as coisas com o seu irmão, depois que seu pai pegou a sala de volta?

— Papai é um guerreiro, nem mesmo seu problema de saúde o fez se afastar do trabalho, mas pelo que notei quem não está nada satisfeito com o retorno do velho é João Vitor, que está se sentindo humilhado por ter de voltar à sua antiga sala.

Enquanto os dois rapazes conversavam, uma entidade de aspecto feminino se formou ao lado de Jorge e, emanando boas energias, disse:

— Tome cuidado! João Vitor poderá se voltar contra Rosângela.

Jorge, sem perceber, era sensível às boas emanações, e embora não tivesse ouvido o que o espírito da mãe de Lucas disse, registrou as palavras e, sem pensar, disse:

— Lucas, seu irmão poderá arranjar um jeito de prejudicar Rosângela; portanto, tome cuidado; se ele quer a fortuna toda para ele, certamente vai se voltar contra ela. Nunca se esqueça de que a corda sempre quebra do lado mais fraco.

Lucas, percebendo coerência nas palavras de Jorge, perguntou preocupado:

— Mas o que ele poderia fazer contra Rosângela?

— Ele poderá fazer qualquer coisa para impedir que a fortuna de seu pai caia em mãos alheias — Jorge completou, ainda envolvido nas boas vibrações de Antônia.

Lucas sentiu um calafrio percorrer-lhe a espinha e disse:

— Você tem razão, meu amigo! Sempre fui submisso às vontades de João Vitor; porém, se ele se fizer alguma coisa contra Rosângela, vai se haver comigo.

— Ele poderá fazer com que Rosângela seja despedida ou tentar acabar com o namoro de vocês.

— Se eu perder Rosângela, perderei o rumo; afinal, ela é a mulher que amo.

Antônia, satisfeita, espalmou as mãos sobre os dois rapazes e envolveu-os em luz. Jorge sentiu uma paz indescritível e falou:

— Acho bom você começar a rezar, pois só Deus poderá ajudá-lo.

Lucas logo pensou em dona Nair e se lembrou de que ela disse ser espiritualista. Jorge, sorrindo, disse:

— Não se preocupe com isso agora, seja feliz enquanto há tempo.

Lucas, olhando para o relógio, percebeu que já passava das dezenove e vinte. Disse:

— Você tem razão! Agora preciso ir, Rosângela e a mãe me esperam para o jantar.

Os dois se despediram, e Lucas voltou ao carro para pegar a garrafa de vinho e o vaso de orquídea que levara para a namorada. Depois de bater palmas, viu Rosângela sair toda arrumada e sorridente.

— Rosângela, perdoe-me pelo atraso, fiquei conversando com Jorge.

— Não se preocupe com isso, mamãe está terminando o jantar — disse de modo gentil.

— Trouxe esta flor para você e a garrafa de vinho para o jantar — falou sentindo-se à vontade.

Rosângela pegou o vaso e, olhando-o, comentou:

— Orquídeas vermelhas, nunca havia visto...

— Segundo o que foi me dito, orquídeas vermelhas são raras.

— Por que vermelha se existem outras cores?

— Porque o vermelho representa a paixão, mas no meu caso representa o amor que sinto por você.

Rosângela, sem pensar, aproximou-se de Lucas e lhe deu um beijo suave nos lábios. Logo convidou:

— Vamos entrar? Mamãe está preocupada em lhe agradar.

— Rosângela, sua mãe me agrada até sem fazer nada. É incrível, mas às vezes sinto que já a conheço de algum lugar, mas não sei precisar de onde nem quando.

Embora Rosângela acreditasse nos ensinamentos espirituais, não frequentava o Centro Espírita. Sorrindo, respondeu:

— Certamente vocês se conhecem de outras encarnações.

— Você acredita realmente nisso?

— Claro que sim! Como explicar o fato de você sentir que a conhece sem nunca tê-la visto?

— Querida, tal ensinamento me parece inverossímil.

— Tudo a seu tempo... Por que não conversa melhor com mamãe sobre o assunto? Ela é estudiosa do assunto.

Lucas, sorrindo, lembrou-se das palavras de Jorge e em tom sério disse:

— Rosângela, não sei o que será de mim se um dia eu perder você!

— Por que está dizendo isso?

— Depois lhe explico o motivo de minhas preocupações — falou, esboçando um triste sorriso.

Embora a jovem estivesse apreensiva com as palavras do namorado, decidiu agir com discrição a fim de esperar que ele dissesse o motivo de suas preocupações. Dona Nair, ao ver Lucas, redarguiu:

— Fiquei imensamente feliz em saber que viria jantar conosco.

— O prazer é todo meu em estar em companhia da senhora e de Rosângela.

Nair sorriu satisfeita ao observar a boa educação do rapaz e completou:

— Rosângela disse que você gostaria de comer frango... Por esse motivo, caprichei...

— E hoje, para acompanhar, eu trouxe um vinho da adega de meu pai. A safra é de doze anos...

Nair agradeceu e chamou os dois jovens para sentarem-se à mesa. O jantar transcorreu tranquilamente e Lucas, olhando carinhosamente para Rosângela, disse para a mãe da moça:

— Dona Nair, talvez a senhora saiba que Rosângela e eu estamos namorando, mas ainda não fiz o pedido formal à senhora.

Rosângela, constrangida, disse:

— Lucas, não precisa, minha mãe é minha melhor amiga e já sabe sobre nosso namoro.

— Rosângela, acredito que dona Nair já esteja sabendo sobre nosso namoro, mas talvez não saiba sobre minhas reais intenções para com você. — A atitude respeitosa do rapaz, fez Nair admirar ainda mais o caráter do rapaz, que continuou: — Dona Nair, como sabe, estamos namorando e quero que saiba que minhas intenções para com sua filha são sérias e respeitosas, pretendo me casar e formar uma família; afinal, amo-a e isso só não acontecerá se ela desistir na metade do caminho. Gosto da senhora como se fosse minha mãe. Depois de nos casarmos, gostaria muito que morasse conosco.

Rosângela, com ternura, intrometeu-se na conversa dizendo:

— Lucas, não acha que é cedo para falarmos sobre casamento? Começamos a namorar há algumas semanas.

— Quando amamos é comum pensarmos em casamento.

Nair, sorrindo, comentou:

— Lucas, fico feliz por saber que minha filha está namorando um bom rapaz; vocês têm a minha permissão para namorarem e se casarem.

Lucas, sorrindo, pegou na mão de Rosângela e falou:

— De hoje em diante, não vejo motivos para continuarmos namorando às escondidas; principalmente na fábrica. Oficialmente, você é minha namorada.

Nair, percebendo certa preocupação no rosto do rapaz, perguntou:

— Mas se vocês estavam namorando que mal há em assumirem o namoro?

— Dona Nair, nosso namoro permaneceu em segredo devido à minha preocupação com sua filha.

— Lucas, você tem alguma noiva ou coisa parecida?

— Não se trata disso, minha futura sogra. Infelizmente, tenho alguns problemas com meu irmão e temo que isso possa nos causar problemas.

Rosângela, que até então permanecera calada, perguntou:

— Por que seu irmão poderia nos causar problemas?

Lucas, lembrando-se da conversa com Jorge momentos antes, respondeu:

— Dona Nair, como a senhora será minha sogra, tem o direito de saber os problemas familiares que temos.

Rosângela empertigou-se ao lado do namorado e fixou o olhar em seus lábios, esperando que continuasse.

— Embora João Vitor seja meu irmão, ele é bem diferente de mim no tocante ao trabalho e ao dinheiro. Pensa demasiadamente nos bens materiais de papai. Já para mim, se tiver o necessário me adaptarei facilmente sem problemas.

Em poucas palavras, Lucas relatou o estranho presente do irmão, que ele se recusou a receber, e sobre o mecânico. Mãe e filha ouviram atentamente e Nair logo compreendeu o motivo das preocupações do rapaz. Remexendo-se na poltrona, ela disse:

— Compreendo suas preocupações, meu filho. Infelizmente, seu irmão é apegado demais aos bens materiais e isso poderá trazer sérios problemas tanto para Rosângela quanto para o namoro de vocês.

Lucas sentiu-se aliviado ao perceber a compreensão de dona Nair. Assim, perguntou:

— Por que João Vitor é assim? Talvez tenha saído como meu pai, que não é muito diferente.

O espírito de Antônia, que estava presente, envolveu Nair em luz e ela passou a explicar:

— Seu irmão, João Vitor, não saiu a ninguém, pois tantos os defeitos e virtudes são pertinentes a cada espírito. Muitas pessoas costumam dizer que o filho saiu ao pai ou à mãe, mas, se olharmos por outro ângulo, veremos que cada espírito é o que é.

— Nisso a senhora tem razão. Quando éramos crianças, João Vitor sempre demonstrou uma atitude egoísta e isso agradava ao meu pai, que dizia que um homem sem ambição não saía do lugar. Meu pai sempre preferiu meu irmão a mim, pois me achava sem ambição. Quando comecei a trabalhar, ele me passou um sermão dizendo que eu deveria ser como João Vitor. Concordo que devemos ser prudentes e econômicos, porém João Vitor chega a ser avaro, diz que temos de guardar para o futuro. Não concordo com essa maneira de pensar, e depois que meu pai ficou doente ele está mostrando do que é capaz para alcançar seus objetivos. Antes, eu pensava que meu irmão não amava ninguém, porém, depois do acidente de meu sobrinho, descobri que ele se preocupa demasiadamente com o filho e a esposa.

Nair falou:

— Talvez tudo o que faz é pensando no bem-estar da família, mas na verdade isso é um embuste, pois tudo visa à sua satisfação e ambição.

— Por que meu irmão é tão ambicioso? Se trabalharmos corretamente, teremos mais do que o suficiente para vivermos bem pelo resto da vida.

— A ambição e o orgulho andam de mãos dadas. A pessoa ambiciosa pensa somente no ter, ou seja, cada vez quer mais e mais, sem se preocupar com os demais. Isso alimenta seu orgulho. Seu pai não se orgulha de tudo o que conquistou no decorrer dos anos?

— Mais uma vez a senhora tem razão. Meu pai sempre fez questão de levar pessoas para conhecer a fábrica e de mostrar cada detalhe, tanto das máquinas quanto do depósito. Nessas ocasiões, ele se sente o verdadeiro herói.

— Seu pai trabalhou arduamente para conseguir o que possui, porém todo seu trabalho e esforço foram somente para alimentar seu orgulho e ambição.

— Nunca pensei dessa maneira; penso que todo homem tem de trabalhar, sem ser escravo do trabalho. Meu pai nunca teve tempo para a família, pois estava sempre envolvido em seus negócios. Lembro-me de que por diversas vezes minha mãe reclamava sua ausência.

Nair voltou a comentar:

— Todos nós, que vivemos neste planeta, precisamos trabalhar; afinal, o trabalho é uma lei imutável, que permite o progresso de todos; porém tudo tem de ter determinado equilíbrio: amor demasiado no trabalho é sintoma de ambição.

— O dinheiro é bom, pois com ele nutrimos nossas necessidades diárias e isso só se consegue por meio do trabalho.

— Todos nós precisamos de dinheiro para sobreviver, mas o que é prejudicial é o amor exagerado a ele. Para a pessoa ambiciosa, nada mais há de importante do que conseguir cada vez mais e mais. Porém, isso tudo não passa de ilusão, pois neste mundo nada realmente nos pertence, nem mesmo o corpo que abriga nosso espírito. Como disse um sábio do passado: nu chegamos ao mundo e dele não levamos nada. O ser humano tem de se preocupar com sua subsistência, isso implica trabalhar, porém não deve esquecer das palavras de Jesus.

Nesse momento, Nair levantou-se e dirigiu-se à estante para pegar o livro O *Evangelho Segundo o Espiritismo*. Depois de abrir em uma página, leu:

— "Então, no meio da turba, um homem lhe disse: Mestre, dize a meu irmão que divida comigo a herança que nos tocou. — Jesus lhe disse: Ó homens! Quem me designou para vos julgar, ou para fazer as vossas partilhas? — E acrescentou: Tende o cuidado de preservar-vos de toda a avareza, porquanto, seja qual for a abundância em que o homem se encontre, sua vida não depende dos bens que ele possua".

Nair interrompeu a leitura quando disse:

— Os bens materiais que talvez tenhamos não aumentará um só dia em nossa vida.

E voltando seu olhar ao livro aberto em suas mãos voltou a ler:

— "Disse-lhe a seguir esta parábola: Havia um rico homem cujas terras tinham produzido extraordinariamente e que se entretinha a pensar consigo mesmo, assim: Que hei de fazer, pois já não tenho lugar onde possa encerrar tudo o que vou colher? — Aqui está, disse, o que farei: Demolirei os meus celeiros e construirei outros maiores, onde porei toda a minha colheita e todos os meus bens. — Direi a minha alma: Minha alma tens de reserva muitos bens para longos anos; repousa, come, bebe e goza. — Mas Deus ao mesmo tempo disse ao homem: Que insensato és! Esta noite mesmo tomar-te-ão a alma; para que servirá o que acumulaste? É o que acontece àquele que acumula tesouros para si próprio e que não é rico diante de Deus". As palavras de Jesus foram claras, pois antes de nos preocuparmos em juntar tesouros na Terra, devemos nos preocupar em juntar tesouros no céu.

— Jesus foi um homem sábio, suas palavras são coerentes. Realmente, de que vale tanto esforço para guardar, se sabemos que um dia vamos morrer?

— Isso é que eu chamo de sabedoria prática! Essa foi a mensagem que Jesus deixou registrada: de nada vale juntar sabendo que um dia partiremos deste mundo e dele nada levaremos.

— O ambicioso não tem medida, para ele o céu é o limite. A senhora compreende o porquê de minhas preocupações? Como evitar que João Vitor chegue ao desatino de nos fazer alguma coisa?

— Seu irmão sabe quem tem direito à herança de seu pai. Desse modo, poderá lhe causar algum prejuízo físico ou emocional, ou seja, tentar acabar com o namoro de vocês.

Rosângela, que até o momento estava calada, intrometeu-se na conversa:

— Quanto ao nosso namoro ele não poderá fazer nada, pois o que sentimos um pelo outro é puro e verdadeiro. Ele tentará me prejudicar em meu trabalho. Por enquanto, não acho prudente assumirmos nosso namoro.

Revoltado, Lucas contradisse Rosângela:

— Não acho justo continuarmos a namorar às escondidas; afinal, somos pessoas livres e desimpedidas, e meu irmão já formou a família dele! Que mal há em eu querer constituir uma família?

— Concordo com você, porém Rosângela tem razão. Seu irmão poderá persegui-la no trabalho — Nair interveio.

— Isso não pode estar acontecendo... Deixar de namorar livremente por causa da ambição desmedida de meu irmão... Desta vez discordo da senhora, dona Nair; acho que não adianta ficarmos agindo como dois fugitivos da justiça; talvez esteja na hora de enfrentar o problema e colocar meu irmão em seu lugar!

— Talvez você tenha razão! Está na hora de vocês se apegarem à prece e pedirem ajuda aos amigos espirituais para que iluminem seu irmão e o façam enxergar que a ambição não leva a lugar algum.

— Não vamos esconder de ninguém nosso namoro, Rosângela! Se João Vitor não gostar, é problema dele, terá de se acostumar à ideia.

Dona Nair voltando a atenção aos jovens, comentou:

— O amor de vocês terá de ser suficientemente forte para enfrentar as dificuldades que porventura aconteçam; portanto, nunca se esqueçam de que a base para um bom relacionamento é a confiança. João Vitor poderá arranjar uma maneira de fazê-los acreditar em coisas que não são verdadeiras; porém vocês devem confiar um no outro.

— Sua mãe tem razão! João Vitor poderá lançar dúvidas entre nós, por esse motivo quero que saiba que eu jamais faria qualquer coisa para magoá-la — Lucas falou, pegando na mão de Rosângela.

— Quanto a mim tampouco! Jamais faria qualquer coisa para magoá-lo.

Nair, ao ouvir a troca de promessas, disse:

— Confiem em Deus e em vocês e saibam que se houver qualquer problema contem comigo!

— Fique tranquila, não esconderemos nada da senhora.

— O que acha de tomarmos uma xícara de café? — perguntou a futura sogra.

Lucas, que se sentia completamente à vontade, aceitou:

— Um cafezinho seria ótimo!

— Vou à cozinha fazer o café e trago em seguida.

O casal ficou observando Nair rodopiar lentamente no calcanhar e, sorrindo, o jovem falou:

— Sua mãe é uma pessoa maravilhosa!

— Agradeço a Deus por tê-la como mãe.

O casal ficou conversando tranquilamente até Nair aparecer com a bandeja e três xícaras. Lucas, ao sorver o café, comentou:

— Este café é muito parecido com o que minha mãe fazia... Que saudades!

Nair sorriu embevecida e, com a desculpa de deixá-los mais uma vez sozinhos, voltou à cozinha a fim de lavar a louça.

Lucas teve uma noite agradável e já passava das dez horas quando finalmente se despediu, voltando para casa com o coração em paz.

13

Tempo de mudar

Lucas, ao chegar em casa encontrou o pai fazendo alguns exercícios que o fisioterapeuta havia lhe passado. Ao vê-lo, o pai disse:

— Em casa tão cedo, meu filho?

— Papai, nunca fui de chegar tarde, o senhor bem sabe.

— Lucas, você está com uma cara... Até parece que viu um passarinho verde.

— Estou feliz, meu pai!

— Posso saber o motivo de tanta felicidade?

— Minha felicidade se chama Rosângela...

— Já devia saber que essa felicidade tinha nome. Quem é ela, meu filho?

— É a funcionária da fábrica.

Osmar riu divertido; afinal, ele também estava apaixonado e sabia que no dia seguinte iria jantar com Berenice. Lucas resolveu dividir com o pai suas inquietações. Ao ouvir seu relato, Osmar disse energicamente:

— João Vitor que não se atreva a mexer com a moça! Se fizer alguma coisa contra ela, terei de tomar medidas drásticas contra ele; já estou cansado da ambição desmedida de seu irmão.

Lucas achou que o irmão nada poderia fazer contra Rosângela e sentiu-se aliviado. Pai e filho conversaram por mais algum tempo e logo decidiram dormir. Teriam de levantar cedo no dia seguinte.

Embora a saúde de Osmar estivesse estabilizada, seus movimentos eram limitados e ele caminhava lentamente.

Lucas, andando vagarosamente com o pai, disse:

— Papai, João Vitor terá trabalho dobrado se quiser ficar com a sua fortuna.

— Se seu irmão pensa que vai ficar com toda a minha fortuna, é melhor tirar o cavalinho da chuva, pois ainda não morri e viverei por muito tempo, se Deus assim permitir.

Os dois sorriram e foram dormir.

No dia seguinte, pai e filho foram juntos à fábrica. Osmar ainda não se sentia seguro para dirigir seu próprio automóvel.

Ao chegar, Osmar disse sorrindo:

— Apresente-me a Rosângela, meu filho.

— Venha meu pai. Vou apresentar-lhe a moça mais bonita da fábrica.

— Há uma correção a fazer, meu filho, talvez seja a segunda mais bonita da fábrica, pois a primeira se chama Berenice.

Não demorou e os dois entraram na sala de Lucas. Rosângela chegava sempre quinze minutos mais cedo, e como de costume já estava trabalhando.

Osmar, ao vê-la, disse sorrindo:

— Então você é a moça que fisgou o coração de meu filho?

Rosângela, que até então nunca havia conversado com o dono da fábrica, sentiu-se envergonhada com tais palavras e esboçou apenas um leve sorriso e levantou-se.

— Rosângela, este é meu pai; fique tranquila, ele já está sabendo sobre nosso namoro.

Constrangida, a moça ofereceu a mão a Osmar e sorrindo falou:

— É um prazer conhecê-lo, doutor.

— Meu filho tem razão ao dizer que você é muito bonita...

Rosângela passou do rubor à palidez com o comentário, e apenas sorriu desconcertada. Osmar completou:

— Não tenha medo de João Vitor, não permitirei que ele faça algo contra você; temos de aprender a separar as coisas, principalmente a vida profissional da pessoal.

Rosângela emocionou-se ao ouvir o comentário do pai de Lucas e timidamente agradeceu. Osmar, sorrindo, continuou:

— Preciso trabalhar, tenho muitas coisas para resolver; o fornecedor de polietileno está com dois dias de atraso na entrega, preciso ligar para saber o motivo.

— Mas, papai, o estoque de polietileno está baixo e eles não podem demorar para entregar, pois se demorarem, algumas injetoras terão de parar, e isso seria um prejuízo imensurável.

Osmar preocupou-se por alguns minutos e decidiu se despedir de Rosângela e ir à sua sala para resolver o assunto.

A moça, ao se ver sozinha com Lucas, disse:

— Doutor Osmar é um homem muito agradável!

— Papai mudou muito depois que ficou doente, antes era mais enérgico, agora parece mais flexível.

— Ainda bem que o conheci depois disso...

— Papai, apesar de ambicioso, sempre foi diferente de João Vitor, sempre soube valorizar os funcionários e tratar a todos com cortesia. Pelo que fiquei sabendo, todos gostaram do retorno de papai à fábrica.

— Lucas, se seu irmão perguntar sobre a rede de supermercados, diga-lhe que tem um pedido de doze mil peças para o próximo mês.

Lucas, orgulhoso, respondeu:

— Esse pedido grande se deve a seu bom desempenho, seria injusto João Vitor persegui-la em seu trabalho.

— Quanto a isso não me preocupo, seu irmão não se atreveria a fazer qualquer coisa contra mim.

— Papai já havia me dito que a protegeria e confesso que isso me deixou mais aliviado. Agora, precisamos tomar cuidado com nosso namoro, prepare-se, meu irmão tentará de tudo para nos separar.

— Ele poderá tentar o que quiser, mas nada conseguirá terminar nosso namoro, a não ser que um dia você diga que não me quer mais.

— Sabe quando direi que não a quero mais? Nunca! — falou, refreando-se de beijar a namorada.

Assim, o casal voltou ao trabalho e já não se sentia ameaçado com o dissabor de João Vitor; ambos sabiam que agora tinham um forte aliado e isso acalmou o coração aflito daqueles dois jovens.

Osmar, preocupado, entrou em sua sala. Ao sentar-se, ligou para o fornecedor de matéria-prima e, ao ser atendido, pediu:

— Bom dia! Preciso falar com Orlando.

— Quem gostaria de falar?

— Diga que é Osmar, o dono da fábrica Plastiform.

— Um momento.

Não demorou e a secretária transferiu a ligação para a sala de Orlando, que gentilmente cumprimentou Osmar.

— Orlando, gostaria de saber sobre o pedido de matéria-prima que fizemos há duas semanas.

— Mas o material não foi entregue?

— Ainda não! Estamos esperando; nosso estoque está baixo...

— Osmar, aguarde um minuto, vou ver o que aconteceu.

Osmar aguardou na linha por quase dez minutos e quando Orlando voltou, informou:

— Osmar, segundo o que temos anotado aqui o pedido foi cancelado.

— Como foi cancelado? Deve estar havendo algum engano.

— Não há engano algum. Estou com o pedido em minhas mãos e está anotado que o pedido foi cancelado por João Vitor.

— Por favor, Orlando, tem como me mandar esse material ainda hoje?

— Só poderei entregar amanhã de manhã, pois para hoje há muitas entregas, principalmente nas principais cidades da região.

Osmar agradeceu a boa vontade de Orlando e, depois de desligar, chamou Verônica, a secretária, dizendo:

— Por favor, chame João Vitor!

Em poucos minutos, o filho entrou na sala do pai com seu habitual mau humor.

Osmar, sabendo que a raiva poderia prejudicar sua saúde, tentou se controlar:

— João Vitor, você sabia que nosso estoque de polietileno está baixo?

— Não! Pedido de matéria-prima não é mais meu departamento.

— Se esse não é mais o seu departamento, então por que cancelou o pedido que fiz?

— Papai, eu não cancelei pedido algum!

— Como assim? Orlando me disse que o pedido foi cancelado por você!

— Papai, deve ter havido algum engano, não me lembro de ter cancelado pedido algum!

Nesse momento, Berenice bateu à porta suavemente com seu aparelho de pressão. Osmar ordenou:

— Entre! Por favor, Berenice, estou resolvendo um problema com meu filho e peço que veja minha pressão depois que ele sair. Se quiser, pode esperar na antessala com Verônica.

João Vitor percebeu uma amabilidade diferenciada com a moça, mas decidiu nada dizer. Osmar voltou ao tom anterior:

— João Vitor, quero que me diga por que cancelou o pedido, sabendo que nosso material estava quase acabando.

— Escute aqui, papai! Não vou permitir que continue a me ofender dessa maneira. Enquanto esteve doente, cuidei da fábrica melhor que o senhor e nunca faltou matéria-prima; portanto, peço que se retrate!

— Não me venha com fingimento! Conheço bem seu jogo e de hoje em diante darei ordem aos fornecedores para não mais ouvi-lo!

João Vitor, embora estivesse trêmulo de raiva, fingiu indignação com as acusações do pai e esbravejou:

— Não vou ficar ouvindo suas sandices, seria melhor para todos se o senhor se aposentasse e não voltasse mais à fábrica!

— Escute aqui, seu ingrato! Não se esqueça de que graças ao meu trabalho e esforço, você usufrui uma boa vida; mas não se esqueça também de que se continuar atrapalhando o bom andamento da fábrica, não sou eu apenas que sofrerei as consequências, todos sofrerão pela sua inconsequente ambição. Estou lhe avisando, me dê motivos mais uma vez e verá o que farei! Vou despedi-lo como se despede qualquer funcionário! Dentro desta fábrica você não é meu filho, é meu empregado!

— Você não é meu pai fora, muito menos dentro da fábrica! Para mim você é um estranho com o qual minha mãe se casou! Não gosto do senhor e nunca gostei de sua prepotência! Se quiser me despedir, faça! Mas saiba que arranjarei uma maneira de acabar com tudo isso que o senhor se orgulha de ter conquistado.

Osmar, percebendo suas vistas escurecerem, gritou:

— Saia já da minha sala! Não vou ficar ouvindo desaforos de um ingrato como você!

— Vou sair, não porque o senhor mandou! Mas porque não suporto ficar olhando para a sua cara!

Nesse instante, João Vitor rodopiou nos calcanhares, batendo a porta com força atrás de si. Ao sair, viu Berenice ainda com o aparelho de pressão sentada diante de Verônica e gritou:

— Pelo jeito você não tem o que fazer a não ser ficar paparicando um velho decrépito como meu pai!

Berenice sentiu a face ruborizar e baixando os olhos nada respondeu. Ao descontar sua raiva na enfermeira, o jovem saiu a passos firmes, não escondendo a contrariedade. Verônica olhou para Berenice e disse:

— Quando ele briga com o pai, desconta no primeiro que vê na frente!

— Mas isso não vai ficar assim! Vou conversar com o dr. Osmar agora mesmo!

Em todos os anos que Verônica trabalhara como secretária de Osmar, nunca levara nenhum tipo de problema ao patrão, por essa razão disse:

— Não faça isso! O dr. Osmar briga com João Vitor, mas não vive sem ele.

— Vou conversar com o dr. Osmar, e se ele se zangar, peço demissão.

— Não faça isso! Você precisa trabalhar, assim como qualquer um, fique o mais longe possível de João Vitor que tudo se resolve.

— Dona Verônica, sei que preciso trabalhar, mas isso não me faz capacho desse homem grosso e arrogante!

Berenice levantou-se e bateu suavemente na porta de Osmar, que disse:

— Entre!

Ao ver Berenice, ele abriu um largo sorriso e amavelmente falou:

— Que bom que veio verificar minha pressão; para falar a verdade, tenho certeza de que está alta.

— Doutor, o seu filho acaba de me chamar a atenção na frente de dona Verônica.

— Por que ele fez isso?

— Não sei, mas quero que saiba que não estou acostumada a ouvir gritos de homem mal-educado! Estou lhe contando, pois quero que o senhor seja o primeiro a saber: a partir de amanhã não voltarei ao trabalho, estou pedindo demissão.

— Berenice, não vou permitir que peça demissão por causa de João Vitor! Ele é meu filho, bem sei; mas agora ele passou dos limites! Você continuará a trabalhar, pois quem vai sair será ele!

— Não faça isso, doutor! João Vitor é seu filho, quem deve sair sou eu!

— Por favor, chame dona Verônica.

Berenice, não compreendendo as intenções do patrão, fez o que ele lhe havia ordenado. Em poucos minutos, a secretária entrou na sala e Osmar pediu:

— Dona Verônica, por favor, chame João Vitor!

A secretária rodopiou silenciosamente nos calcanhares e logo chegou na sala de João Vitor, que bradou:

— Entre!

— Dr. João, o dr. Osmar espera-o em sua sala!

— Mas o que aquele velho decrépito quer?

Verônica, com discrição, pediu licença e se retirou.

— Se esse velho pensa que só porque me chamou, vou lhe obedecer, feito um cão, está muito enganado! Vou quando quiser e no momento não quero vê-lo — resmungou João Vitor.

Enquanto isso, Osmar tentava acalmar Berenice, que continuava chorando em silêncio. Resoluto, voltou a dizer:

— Berenice, você acompanhou meu calvário enquanto estive no hospital e auxiliou em minha recuperação; portanto, não vou permitir que se demita do trabalho por causa de um imbecil.

Quanto mais Osmar tentava acalmá-la, mais suas lágrimas insistiam em deslizar. O homem, percebendo que João Vitor estava agindo com descaso para seu chamamento, levantou-se e perguntou:

— Dona Verônica, onde está o verme do meu filho?

— Eu já o chamei, senhor.

— Se o chamou, onde ele está?

— Está em sua sala, doutor!

— Por favor, torne a chamá-lo. Diga que se ele não vier aqui, a partir de amanhã não precisa voltar à fábrica.

A secretária levantou-se rapidamente e, ao bater na porta, ouviu:

— O que quer, Verônica?

— O dr. Osmar o espera em sua sala — disse com tom discreto e sóbrio.

— Diga a ele que não vou!

— Dr. Osmar disse que se o senhor não comparecer à sua sala, amanhã não precisa retornar à fábrica.

— O quê? Meu pai está me ameaçando?

— Sim! Por favor, vá ter com seu pai; ele me parece estar falando sério.

João Vitor levantou-se e dirigiu-se à sala do pai. Ao entrar, viu a enfermeira sentada em uma das cadeiras. Osmar, sem se preocupar em não ser grosseiro, disse:

— O que disse à dona Berenice?

Nesse momento, João Vitor lançou um olhar fulminante à enfermeira e em poucas palavras respondeu:

— Não disse nada de mais a ela, papai, apenas o que todos pensam e não têm coragem de dizer.

Berenice sentia seu coração disparado, porém continuava a aparentar calma. Osmar, aos berros, vociferou:

— Nem você, nem ninguém, tem o direito de desrespeitar um funcionário; portanto, exijo que se desculpe.

— O quê? Não vou pedir desculpas à sua mais nova bajuladora! Não vou fazer isso; se você é o dono desta fábrica, eu sou o filho do dono.

— Mas você não disse que não sou seu pai nem fora, muito menos dentro da fábrica? João Vitor, se não pedir desculpas, não precisa retornar ao trabalho a partir de amanhã. Você está incluído na folha de pagamento como meu funcionário; portanto, porte-se como tal.

Naquele momento, João Vitor sentiu ódio do pai, porém sabia que ele estava falando sério e que o dispensaria do trabalho caso não lhe obedecesse. Humilhado, disse com ironia:

— Está bem! Desculpe, Berenice, isso não vai mais acontecer.

Berenice sem levantar o olhar respondeu:

— Está desculpado, dr. João Vitor.

Osmar esboçou um leve sorriso ao ver o filho sentir-se humilhado, e voltando à sua postura anterior, continuou:

— João Vitor, sou o proprietário da fábrica e não permito que meus funcionários sejam humilhados. Pode ir.

João Vitor saiu da sala com grande ódio. Verônica, que ouviu os gritos das duas partes, mal pôde acreditar que o filho do dono da fábrica havia pedido desculpas à mais nova funcionária. Discretamente, fingiu continuar seu trabalho, porém em seu íntimo se regozijava ao ver que Osmar continuava o mesmo homem enérgico de outros tempos.

Berenice, ao ver João Vitor se retirar, disse:

— Dr. Osmar, depois de tudo o que aconteceu, acho que devo me demitir do trabalho; não quero sofrer perseguição por parte de João Vitor.

— Não se preocupe; estou aqui para protegê-la de meu filho, mas para isso será necessário que me conte tudo o que ele fizer contra você.

— O senhor é um homem justo e bom, dr. Osmar; agradeço-lhe por me defender.

— A melhor maneira de me agradecer, será jantando comigo esta noite.

— Já havíamos combinado o jantar, doutor.

— Passarei em sua casa às oito e meia.

— Doutor, se seu filho souber que jantamos juntos, poderá fazer mal juízo de nós.

— Não se preocupe com o que ele vai pensar, ademais jantar não é pecado.

Berenice esboçou um leve sorriso e decidiu verificar a pressão arterial de Osmar.

João Vitor entrou em sua sala sentindo ódio do pai e, lembrando-se de que fora obrigado a pedir desculpas para Berenice, falou para si mesmo:

— Isso não vai ficar assim! Aquela idiota vai se arrepender por ter mexido comigo!

Sentindo o ódio crescer, ele teve um acesso de ira violento e passou a jogar tudo o que estava sobre a mesa: ora no chão, ora na parede. Depois, decidiu sair, pois a última pessoa que queria ver naquele dia era o pai.

A entidade que estava ao seu lado, dizia:

— Seu pai não merece morrer! Ele tem de ficar na miséria.

— Preciso fazer alguma coisa!

João Vitor tentava descobrir uma maneira de se vingar do pai, porém, naquele momento, não conseguia pensar em nada, a não ser na raiva que estava sentindo. Assim, saiu de sua sala e, ao passar pela mesa de Verônica disse:

— Dona Verônica, vou sair e não volto mais. Se alguém ou algum cliente me ligar, diga para ligar amanhã!

Verônica, com sua habitual discrição, nada disse, apenas observou o jovem, que saiu a passos firmes. Precisando conversar com alguém, antes de ir embora, decidiu falar com Lucas. Na sala de Lucas, aguardou até o irmão terminar uma ligação.

— João, aconteceu alguma coisa? Você quase nunca vem à minha sala.

— Lucas, estou a ponto de explodir! — falou irritado.

Lucas, percebendo que o irmão estava extremamente nervoso, olhou para Rosângela, que se mantinha de cabeça baixa executando seu trabalho, depois olhou para o irmão e disse:

— João, vamos tomar um café.

— Sim, preciso conversar com alguém...

— Rosângela, por favor, se algum cliente ligar, diga que ligo assim que eu voltar — instruiu Lucas.

Ao chegarem à copa, Lucas pegou uma xícara de café e serviu o irmão, que se sentara. Percebendo o estado de João Vitor, perguntou:

— O que houve para deixá-lo nesse estado?

João Vitor, sorvendo seu café, colocou a xícara sobre o pires e respondeu:

— Hoje me segurei para não esmurrar nosso pai!

— O que papai lhe fez?

Em poucas palavras, João Vitor relatou o que havia ocorrido, sem tirar nem esconder qualquer detalhe. Lucas ouviu o relato em silêncio, e assim que o irmão terminou, opinou:

— João, concordo que papai foi extremamente severo ao ameaçar tirá-lo da fábrica, mas você não acha que foi longe demais humilhando Berenice? A moça nada tem a ver com o impasse entre vocês.

— Não acredito que você vai me passar sermão... Acho que cada um tem de se colocar em seu lugar. Berenice é apenas uma funcionária, quanto a mim sou o filho do dono!

Lucas olhou intrigado para o irmão e disse:

— Berenice pode ser apenas uma funcionária, mas é um ser humano, que tem sentimentos assim como nós.

Sermos filhos do dono da fábrica não nos dá direito de humilharmos a todos, como se fossem criaturas sem emoção. Você humilhou Berenice e em seguida foi humilhado por papai. Veja a sua reação, gostou?

— Tudo bem! Concordo que não deveria ter humilhado a moça, mas papai devia pensar duas vezes antes de me humilhar; afinal, sou seu filho.

— Acalme-se, João. Perceba que tudo responde a uma ação, você primeiro humilhou e em seguida foi humilhado por papai; o melhor que tem a fazer é pensar que sua família depende do bom andamento da fábrica, pois uma má ação poderá fazê-los sofrer.

João Vitor pensou por alguns instantes e pela primeira vez sentiu o quanto o irmão era diferente, ponderado e bondoso. Por alguns instantes, arrependeu-se por ter tramado contra ele. Olhando-o, como se o estivesse vendo pela primeira vez, refletiu:

— Tem razão! Se não fosse pela minha família, não me importaria em deixar de ser funcionário de papai, como ele mesmo sugeriu.

Lucas, que agora sempre estava às voltas com os ensinamentos de Nair, mãe de Rosângela, disse:

— Meu irmão, seu orgulho não vai levá-lo a lugar nenhum! Portanto, acalme-se e perdoe nosso pai. Se você não se sentiu bem ao ouvir suas ameaças, pode ter certeza de que ele se sentiu pior ao ser obrigado a dizê-las.

Os dois irmãos não viram, mas o espírito de Antônia estava entre eles e naquele momento, sorrindo, intuiu Lucas:

— O perdão é capaz de transportar grandes obstáculos.

Lucas não ouviu, porém as palavras da mãe lhe surgiram como uma boa intuição, e o rapaz disse:

— O perdão é capaz de unir pessoas, apagar mágoas e fazer com que sejamos pessoas melhores.

— Vou tentar... Mas se conseguirei, somente o tempo será capaz de dizer.

Enquanto João Vitor conversava com o irmão, sentiu-se melhor; afinal, o espírito de Antônia, que mantinha as mãos espalmadas sobre os dois, emanava luzes que mudavam de cor.

— Lucas, conversar com você me fez muito bem! Aquela raiva surda que eu estava sentindo de papai quase desapareceu. Você é um bom moço.

— João, você é um bom homem, porém está preso às ilusões do mundo. Nunca se esqueça de que o ser humano só pode ser feliz quando se despe das ilusões grosseiras e coloca para fora o que há de melhor em seu coração.

Naquele momento, Lucas sentiu um carinho pelo irmão que nunca havia sentido antes.

— Não sou um bom homem, há um lado obscuro em mim que me transforma em um monstro quando vem à tona — afirmou João.

— Não deixe esse lado dominá-lo; procure colocar para fora o que você tem de melhor e verá que a vida vai lhe responder à altura.

— Lucas, você é feliz?

— Nosso pai sempre foi um bom provedor e nunca nos deixou faltar nada, tivemos infância e adolescência abastadas, mas sempre achei que faltava algo. Passei anos de minha vida trancado em meu quarto, construindo castelos no ar, ora imaginando que seria médico, ora imaginando que seria piloto de avião. Mas o tempo passou e a vida me obrigou a parar de sonhar. Descobri que precisava conhecer o caminho da felicidade, pois até então não era feliz.

— Mas e agora, você é feliz?

— Na medida do possível sou feliz. Graças ao papai temos uma boa condição financeira e hoje sinto que tenho uma família. Estou namorando a Rosângela e sinto que não me falta nada.

— Meu irmão, essa moça não é de nossa classe social — falou indignado.

— E classe social não é apenas aparência? João, consegui me despir das aparências e trazer o que há de melhor em mim. Essa moça realmente não é rica, não tem projeção social, mas ela e a mãe são as melhores pessoas que já conheci. Quase todas as noites converso com dona Nair e ela sempre me ensina uma nova lição de vida.

— E qual foi a maior lição de vida que essa mulher lhe ensinou? — perguntou com ironia.

— Foi que precisamos de muito pouco para sermos felizes! Se tivermos comida para manter nosso corpo, um teto para nos abrigar, uma muda de roupa para cobrir nossas vergonhas e uma companheira do nosso lado, devemos estar felizes, pois como ela sempre diz: "Nada trouxemos ao mundo e nada levaremos, a não ser as boas ações que praticarmos enquanto estivermos neste planeta maravilhoso chamado Terra".

— Isso é muito romântico, mas nada prático. Você sabe que o mundo é movido pelo dinheiro e pela ambição. O homem que não é ambicioso certamente não será rico. Para mim a felicidade está nas notas que carrego no bolso e na conta bancária que faço questão de engordar todos os meses.

— João, para que tanta ambição? Sabe que um dia morreremos e nada levaremos deste mundo? Dona Nair me ensinou que não importa o que temos, mas sim o que somos.

— Ninguém pode ser feliz vivendo na miséria.

— Viver modestamente não é viver na miséria. Saiba que uma pessoa modesta pode ser feliz, pois a felicidade não depende dos bens que possuímos.

— Se papai perdesse tudo o que tem e você fosse obrigado a vender seu carro, os terrenos que estão em seu nome, o que faria?

— Pode ter certeza de que não entraria em desespero. Procuraria arranjar um trabalho e viver, assim como tenho vivido. Se riqueza significasse felicidade, papai seria um homem feliz, e isso nós sabemos que ele não é.

— Lucas, a conversa está boa, mas tenho de ir.

— João, o dinheiro de papai sempre nos separou; você sempre esteve envolvido com os negócios e pouco se importou com nossa relação de irmão; mas quero que saiba que fiquei feliz em ter essa conversa com você, e quero que saiba que antes de ser seu irmão, sou seu amigo. Pode me procurar sempre que desejar.

— Nisso você tem razão. Nunca fomos próximos, talvez esteja na hora de estreitarmos nossa amizade.

— Conte comigo sempre que precisar — disse Lucas sorrindo e abrançando-o.

João Vitor se emocionou, mas, para não demonstrar, retirou-se rapidamente. Enquanto se afastava, Lucas pensou: "Pobre irmão... Se ele tivesse a chance de conhecer dona Nair, tenho certeza de que mudaria de ideia com relação à projeção social e aos bens materiais".

Lucas voltou ao trabalho enquanto João Vitor entrou em seu carro e pensou com carinho: "Lucas é romântico demais; isso é bom, pois não serei obrigado a fazer nada contra ele. Coitado, tão sem ambição... Ainda bem que meu plano de fazer com que ele sofresse um acidente não deu certo. A vida é estranha... Convivemos a vida inteira com uma pessoa e não a conhecemos. Lucas é um bom rapaz, além disso é meu único parente vivo, pois papai para mim é um estranho".

João Vitor, antes de retornar para sua casa, decidiu ir a um bar. Enquanto dirigia disse para si mesmo:

— Ir a um bar a uma hora dessas é coisa de alcoólatra.

Sorrindo, estacionou o carro e sem pensar entrou no bar e pediu uma dose de uísque. Sorvia tranquilamente sua bebida quando viu uma moça, que estava sentada a um canto, olhar para ele insistentemente.

Era um homem ambicioso, porém não era infiel, por essa razão ignorou os olhares da moça. Abrindo sua pasta, pegou um contrato e começou a lê-lo. Nesse momento, a moça se aproximou e perguntou:

— Posso me sentar?

João a olhou e percebeu que se tratava de uma pessoa bonita; porém, ao se lembrar de Maria Alice, que estava em casa, mostrou a aliança que trazia no dedo anelar e avisou:

— Sinto muito! Sou casado e fiel.

— Estou apenas querendo conversar; afinal, você está sozinho e eu também.

— Desculpe, talvez eu tenha me precipitado.

— Você não é o filho do dono da fábrica de plástico?

— Essa cidade é pequena e todos nos conhecem.

— Meu nome é Valéria e sou filha de Moacir, o operador de injetoras.

— Desculpe, mas não me lembro de seu pai. Não tenho o hábito de entrar em contato com funcionários que trabalham na linha de produção.

O PASSADO ME CONDENA

— Compreendo.

— Mas o que deseja de mim? — perguntou João Vitor.

— Nada! Apenas gostaria de usufruir uma boa companhia.

— Valéria, desculpe, mas creio que hoje eu não seja boa companhia para ninguém; tive um dia péssimo, e para falar a verdade estou de mau humor.

A moça estranhou a sinceridade de João Vitor e resolveu ir logo ao assunto:

— Para falar a verdade, o motivo que me trouxe até a sua mesa é puramente profissional. Estou há um tempo sem trabalhar e preciso arranjar um trabalho; portanto, quero saber se há alguma vaga em sua fábrica.

João Vitor pensou por alguns instantes e se lembrou do pai. Naquele momento, uma ideia lhe surgiu na cabeça e ele perguntou:

— Em que trabalhou em seu último emprego?

— Trabalhei por cinco anos em um escritório de contabilidade — respondeu a moça friamente.

João Vitor percebeu que ela era não somente bonita, mas desenvolta em sua maneira de falar.

— Por que saiu de seu último trabalho?

— Ganhava pouco, e como sempre fui uma moça ambiciosa, cheguei à conclusão de que aquele lugar não era para pessoas como eu.

João Vitor estava gostando da entrevista informal. Continuou:

— Creio que vou precisar de uma secretária; vá à fábrica amanhã de manhã para testarmos suas habilidades.

Valéria, sorrindo, levantou-se e estendendo a mão se retirou, prometendo ir no dia seguinte conversar com João Vitor no escritório da fábrica. A moça voltou à sua mesa, pagou a conta e saiu rapidamente.

João Vitor, sorrindo, disse:

— Talvez ela me seja útil na vingança que planejarei contra meu pai. Vou contratá-la e papai não poderá me contradizer.

João Vitor voltou sua atenção ao garçom e pediu a conta, decidido a ir para casa. Ao chegar, viu Maria Alice folheando tranquilamente uma revista, que, sorridente, perguntou:

— O que aconteceu para estar em casa a essa hora?

— Nada! Não posso querer passar mais tempo com minha família? — mentiu.

Maria Alice estranhou, porém decidiu nada dizer. Nesse momento, Ademar entrou na sala com Spok. Olhando para o pai disse:

— Papai, veja o que Spok pode fazer.

João Vitor, fingindo uma alegria que estava longe de sentir, disse:

— Mostre-me, filho; afinal, ele é um cão muito inteligente.

Ademar, olhando para o cachorro, ordenou:

— Spok, sente!

No mesmo instante, o animal se sentou olhando para o menino. Maria Alice, que implicava com Spok, falou:

— Não gosto desse cão dentro de casa.

Ademar, olhando para o pai na esperança de que ele dissesse algo, passou a mão na cabeça do animal. João Vitor, compreendendo o que o menino queria, disse à esposa:

— Não seja tão implicante! O cão é limpinho e muito inteligente.

— Papai, o senhor vai me levar para lanchar? Veja lá o que me prometeu...

— O que acha de em vez de comermos um lanche, irmos a um bom restaurante? Assim sua mãe vai conosco.

Maria Alice, sem acreditar no que estava ouvindo, respondeu:

— Não acredito que meu marido vai nos levar para jantar.

— Papai, não quero jantar! Prefiro ir a uma lanchonete.

Maria Alice, irritada com os mimos do menino, retrucou:

— Ademar, faremos o que acharmos melhor. Aliás, nada supera um bom jantar.

— Mas eu quero comer um lanche! Papai e eu já havíamos combinado!

— Não iremos comer lanche! Vamos a um bom restaurante — replicou Maria Alice.

O menino começou a fazer birra, e, João Vitor, percebendo o capricho dele, gritou:

— Vamos ao restaurante, se não quiser ir, poderá ficar em casa!

— Então, eu fico! Mas não se esqueça, papai, de que o senhor me prometeu.

— Tem razão! Eu havia lhe prometido que iríamos a uma lanchonete, mas não estaríamos sendo justos com sua mãe, deixando-a sozinha em casa. Você não acha? Espero que seja compreensivo e pense um pouco em como sua mãe se sentirá ao ficar sozinha em casa.

Ademar olhou para a mãe e sorrindo disse:

— O senhor tem razão, papai; não quero que mamãe fique sozinha.

— Que bom que entendeu! Mas agora vá brincar com o Spok lá fora, senão sua mãe baterá em nós...

Ademar se retirou sorrindo e chamando pelo cão. Assim que João Vitor ficou sozinho com a esposa, disse:

— Não vejo necessidade de brigar a todo o momento com Ademar, ele é um menino inteligente e compreensível.

Maria Alice, embora tenha gostado da postura do pai da criança, respondeu:

— Ademar está ficando muito mimado, e a culpa é sua.

— Meu filho está mimado, minha esposa está mimada, creio que deverei mudar de postura com os dois...

— João, realmente não tenho do que me queixar; se antes você era um marido ausente, agora se tornou muito presente...

— Quase perdi minha esposa e meu filho, isso me fez acordar para a vida e ter certeza de que não sou nada sem vocês.

Maria Alice levantou-se sorrindo e carinhosamente envolveu o marido em um longo beijo.

— Vou ao escritório terminar um trabalho, mas prometo que me arrumarei no horário — avisou João Vitor.

— João, em qual restaurante iremos?

— Pode decidir! Vamos sair para jantar às oito horas?

— Perfeito! — concordou sorrindo.

O marido rodopiou lentamente nos calcanhares e entrou no escritório. Maria Alice o observou, e assim que o marido fechou a porta atrás de si, pensou: "Quem te viu, quem te vê! Deus que me perdoe, mas acho que o acidente de Ademar foi bom para João Vitor, pois somente assim ele pôde ver a fragilidade da vida".

Maria Alice, deixando esses pensamentos para trás, dirigiu-se até a cozinha, para avisar a cozinheira que não iriam jantar em casa naquela noite e que ela poderia ir embora mais cedo.

14

O jantar

Osmar estava sentado e Aristides lhe mostrava vários ternos, na esperança de que o patrão se decidisse. Sobre a cama vários ternos, de todas as cores: cinza, preto, azul-marinho... Osmar, ao ver um terno cinza-escuro, disse:

— Vou com esse terno! Colocarei uma camisa branca e os sapatos que comprei na Itália em minha última viagem.

Aristides pensou: "Esse capricho todo tem nome... Mulher!".

O empregado pegou os sapatos e depois de lustrá-los perguntou:

— O senhor quer que eu faça mais alguma coisa?

— Não! Obrigado!

Depois que o homem saiu, Osmar pensou: "Hoje será a grande noite! Jantarei com Berenice e vou pedi-la em namoro".

Nesse instante, Osmar ouviu leves batidas na porta. Pensando se tratar da empregada disse:

— Por favor, no momento não estou precisando de nada!

A porta se abriu e Lucas entrou sorrindo.

— Credo, papai! Como pôde dispensar-me dessa maneira?

— Desculpe, meu filho, pensei que fosse Maria querendo alguma coisa.

Lucas, ao ver o terno sobre a cama e os sapatos lustrados, perguntou:

— O senhor vai sair, meu pai?

— Sim — respondeu Osmar. — Vou jantar com Berenice.

— Essa moça está fazendo verdadeiro milagre com o senhor...

— Meu filho, confesso-lhe que ela me motivou a lutar pela vida! Sinto que rejuvenesci nesses últimos tempos e ela está me fazendo muito bem — falou Osmar entusiasmado.

Lucas temendo que o pai se desiludisse aconselhou:

— Papai, não vá com muita sede ao pote! Compreendo que Berenice é uma boa moça, porém ela tem muitos anos a menos que o senhor e isso pode fazer a diferença no futuro...

— Meu filho, a vida me ensinou uma coisa: para o amor não há diferença de idade...

— Papai, já pensou em que restaurante vai com Berenice?

— Vou levá-la a um restaurante simples, pois assim ela se sentirá à vontade.

— Então lhe desejo boa sorte. Hoje João Vitor foi me procurar.

— O que aquele patife queria?

— Ele está muito aborrecido com sua atitude, papai; contou-me tudo o que aconteceu.

— Lucas, seu irmão precisava de uma lição; ele não tem o direito de humilhar quem quer que seja em nossa fábrica, pois todos trabalham muito.

Lucas, olhando para o pai com seriedade, respondeu:

— Papai, concordo que ele precisa de umas lições de vez em quando, porém nunca se esqueça de que ele é seu filho.

Osmar, irritado com as palavras do filho, redarguiu:

— O mesmo filho que foi responsável por eu ir parar numa cama de hospital, não é mesmo?

— Papai, não podemos acusá-lo sem provas.

— O que está havendo com você? Agora vai ficar defendendo seu irmão, mesmo sabendo que ele não passa de um calhorda? Ele me deu motivos para agir da maneira que agi, e pode ter certeza de que eu não me arrependi. Não fiz isso somente por Berenice, fiz por ele, pois um homem que julga ser mais do que verdadeiramente é, não passa de um idiota, pois neste mundo ninguém é melhor do que ninguém. Nossos funcionários são pessoas humildes, porém são pessoas como nós, que sentem dor e choram quando algo os machuca.

— Concordo plenamente com o senhor.

— Meu filho, se eu comprasse João pelo que é e o vendesse pelo que ele se julga valer, pode ter certeza de que eu seria o homem mais rico da Terra.

— O que o senhor está querendo dizer com isso, meu pai?

— Estou dizendo que o homem tem por obrigação olhar sobriamente para si mesmo e aprender a agir com humildade. O dinheiro ou a projeção social que usufruímos não nos faz melhor que ninguém; antes, temos de nos valorizar pelo que somos e não pelo que temos.

— Esse é o Osmar de quem eu me orgulho.

— Meu filho, não nasci rico, fui crescendo no decorrer da vida, porém sua mãe sempre foi um bom exemplo de humildade; mesmo podendo comprar roupas caras, ela fazia questão de costurar seus próprios vestidos, dizendo que nunca devíamos perder de vista a lei do trabalho.

Nesse momento, Lucas se lembrou de Nair, mãe da namorada, que lhe disse que o universo é regido por leis imutáveis e que o trabalho era uma dessas leis.

— Papai, o senhor está coberto de razão, confesso que senti pena de João Vitor, porém está na hora de meu irmão aprender um pouco sobre humildade.

— Meu filho, depois que adoeci aprendi uma dura lição. O dinheiro pode comprar tudo: roupas caras, viagens para qualquer lugar do mundo, carros novos, enfim uma infinidade de coisas, mas não pode comprar a vida, pois quando chega a nossa vez vamos mesmo, com ou sem dinheiro, com projeção social ou não.

Lucas olhou para o pai como se o estivesse vendo pela primeira vez e disse:

— Mais uma vez o senhor tem razão. A morte leva todos, sem fazer distinção de cor, religião, posição social ou conta bancária.

— Que bom que pensa assim, meu filho. Não tinha dúvidas, você é um homem de bem.

— Papai, termine de se arrumar. Não é de bom-tom que um homem chegue atrasado ao seu primeiro encontro — Lucas sorriu e abraçou o pai.

— Filho, você acha bom eu levar Berenice a um restaurante italiano?

— Tenho certeza de que ela vai gostar, meu pai.

Ao dizer essas palavras, ele pediu licença e se retirou, deixando o pai sozinho com seus pensamentos.

"Como pude ter dois filhos tão diferentes? Antônia tinha razão quando dizia que nem mesmo os dedos das mãos são iguais..."

Osmar levou a mão à testa e rapidamente terminou de se arrumar para o tão esperado encontro com Berenice.

Berenice chegou em casa eufórica; sorrindo, disse ao irmão:

— Jorge, o dr. Osmar me levará para jantar esta noite.

Ele, boquiaberto com a notícia, olhou sério para a irmã e perguntou:

— O quê? Estou ouvindo bem? Berenice, não acho uma boa ideia você ficar passeando com o patrão, já pensou o que os outros vão falar?

— Não se preocupe, meu irmão, tenho idade suficiente para cuidar de mim. Quanto às pessoas, não me preocupam, o importante é a minha consciência.

— Berenice, se você continuar saindo com dr. Osmar vão dizer que você tem um romance com ele.

— Ah! Se isso fosse verdade...

— Berenice, você está interessada no dr. Osmar?

— E se estiver, que mal há? Ele é homem e eu sou mulher, e para completar somos duas pessoas livres.

— Isso não vai acabar bem...

— Não se preocupe! Não vamos passar desse encontro.

— Isso é o que você pensa...

Berenice foi para o seu quarto para escolher a roupa que usaria naquela noite.

Passadas exatamente duas horas, finalmente Berenice saiu do quarto. O irmão, ao vê-la, não conseguiu esconder sua contrariedade.

— Deixe João Vitor saber de uma coisa dessas! Aí sim, ele vai persegui-la no trabalho.

Berenice, que não havia dito sobre o ocorrido do dia, relatou tudo, e a cada palavra, Jorge ficava ainda mais preocupado com a segurança dela. No horário marcado, o carro de Osmar chegou, guiado por Aristides.

Desde que Osmar adoecera, Aristides passou a ser seu motorista particular. Berenice, que já estava à sua espera, não demorou para sair. Osmar estava elegantemente vestido e perfumado, e foi com enlevo que viu Berenice toda sorridente. A roupa dela era simples, porém, como se tratava de uma bela mulher, tudo o que vestia lhe caía perfeitamente bem. Osmar pediu que Aristides abrisse a porta do carro para a moça.

— Boa noite, Berenice você está muito bonita — disse Osmar sorrindo.

— Obrigada; o senhor também está muito bem.

Osmar sentiu-se incomodado com as palavras da moça e por esse motivo pediu:

— Berenice, por favor, peço que não me chame de senhor; isso me faz sentir um velho decrépito — brincou ele.

— Mas o senhor não é velho, chamo-o dessa maneira pelo simples fato de ser o meu patrão.

— Vamos estabelecer uma coisa, você só me chama de senhor quando houver alguém por perto; caso contrário, pode me chamar de você.

— Está bem! Assim o farei.

— Aonde quer ir?

— Você decide.

Osmar bem-humorado continuou:

— Não é de bom-tom que o homem escolha o lugar aonde levará uma dama; portanto, deixo essa responsabilidade para você.

Berenice, temendo irem a um restaurante fino, disse:

— O que acha de irmos a uma pizzaria?

— É uma boa escolha; havia pensado em levá-la a um restaurante italiano.

— Sei de um lugar onde a pizza é ótima.

— Então é para lá que vamos — continuou Osmar, não querendo contrariá-la.

O carro andou por alguns minutos e finalmente eles chegaram diante da pizzaria. Berenice, que às vezes ia àquele lugar, percebeu que o lugar estava mais bonito que de costume.

Ao entrarem na pizzaria, Osmar escolheu uma mesa num canto para ficarem um pouco mais à vontade. Sorrindo, perguntou:

— O que acha de tomarmos um vinho?

Berenice, que conhecia as condições de saúde de Osmar, disse:

— Osmar, é melhor que não tome vinho; ontem sua pressão arterial estava um pouco alterada e o vinho pode agravar o problema.

— Aqui você é minha amiga, não minha enfermeira.

— Mas sendo sua amiga ou enfermeira, digo que não é bom que tome bebida alcoólica; portanto, pediremos um refrigerante.

A noite estava agradável e Osmar conversava tranquilamente com Berenice falando sobre família e trabalho.

João Vitor aguardava ansioso a esposa que demorava a se arrumar. Queria voltar logo para casa para trancar-se em seu escritório e planejar uma maneira de se vingar do pai. Naquela noite, ele estava mal-humorado, porém dissimulava sua contrariedade para Maria Alice e Ademar, que se juntou ao pai para esperar a mãe.

— Papai, em vez de irmos a um restaurante por que não nos leva a uma pizzaria? — perguntou Ademar sorrindo.

— Ademar, havíamos combinado de irmos a um restaurante, se sua mãe souber que quer ir à pizzaria ficará zangada.

— Mas, papai... iríamos a uma lanchonete e mamãe logo sugeriu que fôssemos a um restaurante. Não acha que tenho o direito de escolher o que quero comer?

— Podemos conversar com sua mãe, quem sabe ela concorda.

Ademar sabia que a mãe era irredutível quando o assunto era sair de casa, por essa razão falou:

— Papai, ela não vai concordar.

— Ademar, prometo que vamos aonde você quiser da próxima vez, mas esta noite é melhor irmos a um bom restaurante.

Maria Alice ouviu a conversa entre pai e filho e falou:

— Ademar está ficando muito mimado. O que acham de irmos a uma cantina italiana?

— É uma ótima ideia! Ademar e eu adoramos massas.

— Massa engorda! Mas se é visando ao bem comum, vamos a uma cantina.

Os três saíram de casa e Ademar não parava de falar. Ao chegarem à cantina, Maria Alice disse:

— Ademar, não se esqueça dos bons modos que lhe ensinamos.

— Alice, nosso filho ainda é uma criança; qualquer deslize que venha a cometer, ninguém vai se importar, pois para criança e idoso há sempre uma desculpa — João Vitor disse sorrindo.

— João, seu filho estuda em uma das melhores escolas da cidade; deve se comportar como um lorde.

Ademar, irritado, respondeu:

— Mamãe, você quer que me comporte feito um adulto, mas lembre-se de que só tenho doze anos.

João Vitor, percebendo que a discussão entre mãe e filho iria se iniciar, se intrometeu:

— Chega de conversa. Vamos jantar em paz!

Alice lançou um olhar de censura para o marido, porém decidiu se calar a fim evitar uma discussão desnecessária. Os três entraram na cantina e João Vitor escolheu uma mesa que ficava a um canto do restaurante. Ao se sentarem, João Vitor perguntou:

— E então, o que vamos comer?

— Papai, preferia comer uma boa pizza.

João Vitor, ignorando o comentário do filho, olhou para a esposa e perguntou:

— O que vamos pedir?

— Quero comer ravióli.

Ademar, que ficara demasiadamente mimado depois do acidente, disse:

— Eu não quero comer nada! Estou sem fome.

Maria Alice, indignada com a postura do filho, censurou-o:

O PASSADO ME CONDENA

— A ideia de sairmos esta noite foi sua. Agora me diz que não vai comer nada?

— Filho, o que vai comer?

— Já disse que gostaria de comer uma pizza.

Maria Alice fuzilava o filho com o olhar, porém aguardou a decisão do marido, que ouvia atentamente o filho. João Vitor, depois de pensar, disse:

— Está bem! Estou vendo que não se pode agradar a gregos e troianos, Ademar. Quando sairmos da cantina passaremos em uma pizzaria e compraremos uma pizza quatro queijos para você comer em casa.

— Está bem! Então vou tomar apenas um refrigerante.

— João Vitor, você está mimando demais esse menino desde que ele ficou internado.

— Alice, querida, entenda, só temos este filho. Se eu não puder satisfazer suas vontades que espécie de pai serei?

— Você está sendo conivente com os caprichos dele. Não acho que isso seja prudente; afinal, a vida não vai lhe dar tudo no momento em que ele quiser.

João Vitor olhando com carinho para o filho, disse:

— Querida, se a vida não satisfizer os caprichos de nosso filho, fique tranquila que mandarei comprar; não é para isso que trabalho feito um louco?

— E se um dia você não puder satisfazer os caprichos dele?

— Nesse dia, deixarei de ser seu pai.

O garçom trouxe o ravióli, uma garrafa de vinho e o refrigerante de Ademar. Logo, um grupo musical começou a cantar velhas canções italianas e os pais de Ademar jantaram tranquilamente.

Como haviam combinado, ao sair os três foram à pizzaria, a fim de comprar a pizza para Ademar, que insistira em não comer nada na cantina. Ao chegarem, João Vitor reconheceu o carro do pai, estacionado quase em frente ao estabelecimento. Pedindo licença para a esposa, ele se dirigiu até o carro e viu Aristides, que cochilava. Surpreso, perguntou:

— Aristides, o que faz aqui?

O homem se assustou com a voz de João Vitor e logo se recompôs, respondendo:

— Estou esperando o dr. Osmar.

— Onde ele está?

— O doutor está na pizzaria.

— Estranho... Meu pai em uma pizzaria no centro da cidade?

Aristides, sorrindo, nada disse. João Vitor apressou-se para entrar na pizzaria a fim de saber o que seu pai fazia em um lugar do qual sempre falara mal.

Ademar e Maria Alice permaneceram no carro enquanto João Vitor entrou no estabelecimento. Logo, João Vitor encontrou com o pai e Berenice, que já estavam de saída. Naquele momento, sentiu verdadeiro ódio do pai, mas fez questão de se fazer notar.

Berenice, ao vê-lo, disse a Osmar:

— Definitivamente hoje não é o meu dia! Veja, seu filho acabou de entrar.

— Não se preocupe, não estamos fazendo nada de errado. Além disso, sou um homem livre e desimpedido.

Berenice sentiu-se segura ao lado de Osmar, sorriu e permaneceu calada. João Vitor se aproximou dizendo:

— O senhor em uma pizzaria...

— Que mal há nisso? Sou um ser humano como outro qualquer.

— Não era o senhor que sempre falava mal das pizzarias da cidade?

— Falava mal porque julgava que não era um bom lugar, mas hoje pude notar o quanto estava enganado.

João Vitor, olhando para Berenice, disse:

— Você fez um verdadeiro milagre! Papai sempre falou mal das pizzarias, dizendo que não era lugar para se frequentar.

— Não dê atenção a João Vitor. Se está querendo me constranger, está muito enganado, não sou homem que se deixa levar por constrangimentos de pessoas maldosas.

— Agora estou entendendo o motivo pelo qual me humilhou na fábrica, o senhor está interessado nessa moça — falou João Vitor, não se dando por vencido.

— Se estiver interessado em Berenice, que mal há? Sou um homem livre, com dois filhos criados e tenho todo o direito de refazer minha vida — Osmar respondeu, passando do rubor à palidez.

— Não lhe dou o direito de me questionar. Vamos, Berenice. A noite está agradável e quero aproveitar um pouco mais.

João Vitor ficou olhando o pai, que saía em companhia de Berenice e trincando os dentes disse em voz alta:

— Velho idiota! Será que não vê que essa moça está apenas interessada em seu dinheiro?

Depois, tratou de pedir a pizza, afinal queria ficar sozinho. Ao voltar ao carro, entrou calado e entregou a pizza para a mulher segurar. Maria Alice perguntou:

— João, era seu pai quem saiu da pizzaria em companhia daquela moça?

— Sim! — respondeu mal-humorado.

— Logo seu pai que sempre falou mal das pizzarias da cidade...

— Papai sempre foi um homem de requinte e bom gosto, mas pelo jeito está se engraçando com aquela moça pobre e sem cultura! Não duvido que logo passe a frequentar os bares da cidade.

— João, pelo jeito você não gostou de encontrar seu pai por aqui!

— Como iria gostar, vendo meu pai fazendo papel de bobo? Será que ele não vê que essa moça só está querendo o seu dinheiro?

— Talvez você esteja enganado. Concordo que seu pai adoeceu, mas ele ainda é um homem forte e de boa aparência, não vejo motivos para uma moça não gostar dele — completou Maria Alice sorrindo.

— Todo homem é bonito quando tem dinheiro! Será que se ele fosse pobre essa moça estaria lhe fazendo companhia? — destilou seu veneno, não conseguindo dissimular sua irritação.

— Quero chegar a casa e tirar esses sapatos que estão me matando... — falou Maria Alice, tentando mudar de assunto.

João Vitor ignorou seu comentário e permaneceu calado até entrar em seu escritório. Ao entrar, jogou-se no sofá do escritório e pensou: "Se essa moça pensa que vai dar o golpe naquele velho idiota está muito enganada! Vou arranjar um jeito de afastá-la de papai, custe o que custar!"

Ele não percebeu as horas passarem, e somente de madrugada se dirigiu ao quarto para descansar.

15

Coração apaixonado

Berenice entrou no carro e seus pensamentos fervilhavam. Osmar, percebendo uma ruga de preocupação na testa da moça, perguntou:

— Berenice, por que está tão calada?

A jovem, não conseguindo esconder o motivo de sua preocupação, disse:

— Osmar, percebi que João Vitor não é homem de esquecer uma ofensa, temo que ele possa me perseguir no trabalho.

— Não se preocupe com João Vitor. Ele nada poderá fazer contra você, pois se fizer alguma coisa terá de se haver comigo.

— Mas ele está pensando mal de nós, e quanto a isso nada poderemos fazer.

— Mal de nós? O que estávamos fazendo de errado? — falou, soltando uma sonora gargalhada.

— Sabemos que não estávamos fazendo nada de errado, mas ele poderá fazer alguma coisa contra mim. Minha mãe tem razão: a corda sempre arrebenta do lado mais fraco.

Osmar pensou por alguns instantes e disse para Aristides:

— Aristides, por favor, pare o carro em frente àquele jardim e deixe-me sozinho com Berenice.

Aristides obedeceu às ordens de Osmar e saiu do carro, sentando-se em um banco da pequena praça. Assim que o senhor se viu sozinho com Berenice disse:

— Berenice, deixe meu filho pensar o que quiser; seja o que for, ele não está totalmente errado.

— Não? O que o senhor está querendo dizer com isso? — Berenice perguntou assombrada.

— Berenice, desde que pus os olhos em você pela primeira vez, senti algo que havia muito tempo não sentia por mulher alguma — disse remexendo-se no banco do carro. — O que estou dizendo é que estou apaixonado por você e essa é toda a verdade.

— Osmar, devo lhe confessar uma coisa, eu também nutro um sentimento especial por você, porém isso não passa de um sonho.

— Por que pensa se tratar de um sonho? Somos livres e desimpedidos e suficientemente adultos para traçarmos nosso próprio caminho.

— Não podemos namorar; as pessoas dirão que estou com você por interesse.

— Deixe que as pessoas falem o que quiserem; o importante é sabermos que isso não é verdade.

— Osmar, seus filhos jamais concordarão com isso; afinal, você é um homem bem-sucedido e eu sou apenas uma atendente de enfermagem que trabalha para ajudar nas despesas domésticas. Compreenda, vivemos em mundos diferentes, e essa é a realidade.

— Berenice, por favor, não use de subterfúgio para comigo. Seja sincera, você nutre algum sentimento por mim?

Berenice respirou fundo e, deixando-se ser conduzida por seus sentimentos, respondeu:

— Sim! Para falar a verdade comecei a vê-lo com outros olhos quando ainda estava doente; mas sou uma moça de princípios e devo deixar a razão comandar minhas ações; portanto, não posso me envolver com você, pois isso iria nos trazer muitos problemas.

— Desde que Antônia morreu, nunca mais me envolvi com mulher alguma. Fui muito feliz enquanto estive casado e sempre acreditei que jamais poderia sê-lo novamente — confidenciou aliviado, pegando na mão de Berenice. — Quando a conheci, senti algo que havia muito tempo não sentia e vi em você a esperança de refazer minha vida. Não permitirei que ninguém tire isso de mim, nem mesmo meus filhos. Berenice, eu a amo e quero ser feliz a seu lado, por favor, não me negue isso.

A jovem, sentindo que as palavras de Osmar eram sinceras, pensou por alguns instantes e respondeu:

— Compartilhar minha vida com você é tudo o que mais quero...

Ele se aproximou ainda mais da moça e levemente beijou-a nos lábios. Olhou no relógio e disse:

— Querida, preciso levá-la para casa, o tempo passou rapidamente e não nos demos conta disso.

— Osmar, diga que não estou sonhando... — disse Berenice, acariciando seu rosto.

— Felizmente, não! Essa é uma doce realidade e nós devemos aproveitá-la para sermos felizes.

Novamente, ele a beijou e, em seguida, chamou Aristides, que viu quando o patrão beijou a moça pensou: "Berenice se deu bem! Pelo jeito está namorando o homem mais rico da cidade".

Aristides entrou no carro e conduziu o veículo até a casa de Berenice. Assim que a moça desceu, Osmar, sorrindo, disse:

— Aristides, sempre gostei de Berenice, porém ela não queria aceitar meu amor, justamente por eu ser quem sou...

— Berenice é uma boa moça, o doutor fez uma ótima escolha.

Osmar sentia-se feliz como havia muito tempo não se sentia. Pensando em Berenice, nem percebeu o carro se aproximando de sua bela casa. Depois de descer do automóvel e entrar em sua casa, ele ouviu as badaladas do relógio e pensou: "Meia-noite. O tempo passou rápido na companhia de Berenice".

Osmar dirigiu-se rapidamente ao quarto de Lucas para lhe contar a novidade. Ele já estava dormindo, porém acordou com as batidas incessantes do pai. Assustado, levantou-se para abrir a porta e deparou com o pai parado, sorrindo.

— Aconteceu alguma coisa, papai? — perguntou intrigado.

— Sim! Desculpe por tê-lo acordado, mas a notícia que trago não podia esperar até amanhã.

— O que aconteceu, papai?

— Meu filho, a partir de hoje não sou mais um homem sozinho.

— Como?

— Meu filho, Berenice e eu estamos namorando.

— Que susto, papai!

— É só isso que tem a me dizer?

Lucas o abraçou e lhe deu os parabéns.

— Filho, volte a dormir, amanhã conversaremos sobre o assunto. Antes, diga-me, você tem algo contra meu namoro com Berenice?

— Claro que não, papai! O senhor ainda é jovem e tem o direito de recomeçar sua vida ao lado de uma boa mulher.

Por um momento Osmar fechou o cenho e, em tom sério, disse:

— Meu filho, infelizmente nem tudo são flores, encontramos com seu irmão na pizzaria e ele começou a fazer provocações, confesso que ele me preocupa.

— Não se preocupe com João Vitor. Logo ele vai se acostumar com a ideia e vai deixá-los em paz.

Osmar levou a mão à testa como a afastar maus pensamentos e continuou:

— Não sei não... Seu irmão é ambicioso e poderá me causar problemas...

Lucas abraçou o pai e, sorrindo, disse:

— Papai, não pense em João Vitor. Pense em sua felicidade, sabemos que desde que mamãe morreu o senhor nunca mais se envolveu com ninguém. E um homem não deve ficar sozinho.

Osmar também o abraçou e voltou a sorrir, dizendo:

— Tem razão, meu filho! Sou livre e tenho o direito de recomeçar minha vida ao lado de uma boa moça. Berenice e eu teremos muitos obstáculos a enfrentar, a começar pela diferença de idade.

— Que bobagem! Berenice é uma mulher com trinta e sete anos, e o senhor tem apenas sessenta e dois, vinte e cinco anos não é tanto assim!

— Filho, com essa idade eu já namorava sua mãe.

— Papai, não é a idade que faz um casamento, mas antes uma boa convivência. Portanto, aproveite a oportunidade que a vida está lhe ofertando e seja feliz com a mulher que ama.

— Enquanto você me encoraja a aproveitar esse momento em minha vida, seu irmão me causará problemas. Como pude ter dois filhos tão diferentes?

— Papai, saiba que essa pergunta somente a Doutrina Espírita pode explicar com coerência; agora vamos dormir que amanhã temos de acordar cedo.

Osmar despediu-se do filho e dirigiu-se ao seu quarto. Após se assear, deitou-se e se lembrou das palavras de Lucas, que o deixaram intrigado. Preocupado disse:

— O que Lucas quis dizer que para certas perguntas, somente a Doutrina Espírita tem a resposta? Será que meu filho está metido com essas religiões que se deixam levar pela crendice popular? Preciso deixar um pouco minha felicidade de lado e prestar mais atenção a ele; não posso permitir que se envolva em coisa que não conhece.

Osmar procurou não pensar no filho e voltou a pensar no rosto sóbrio de Berenice. Sorrindo, adormeceu e seu sono foi tranquilo e sem sonhos.

Berenice entrou em casa sorrindo e logo percebeu que todos estavam dormindo. Sem fazer barulho, dirigiu-se ao seu quarto e lentamente foi se despindo. De repente, ouviu a voz da mãe:

— Isso são horas de chegar em casa?

— Mamãe, que susto! Não poderia ser um pouco mais sutil?

Rosa, mãe da Berenice, disse:

— Minha filha, o que estava fazendo? Por que chegou tão tarde?

— Fique despreocupada, mamãe. Não fiz nada que possa envergonhá-la. Fui a pizzaria e depois fiquei conversando com o dr. Osmar.

Rosa sentou-se na cama da filha e ficou observando-a. Preocupada, disse:

— Minha filha, não vejo com bons olhos essas suas saídas com esse homem.

— Não se preocupe, mamãe. O dr. Osmar é um homem educado e respeitador; portanto, não vejo motivos para tantos medos.

— É justamente isso o que me preocupa; homens assim são verdadeiros lobos em pele de cordeiro.

— Mamãe, Osmar me pediu em namoro na noite de hoje.

— E você aceitou?

— Sim! Eu amo Osmar e não vejo motivos para preocupação.

— Minha filha, não acho uma boa ideia você namorar esse homem. Primeiro, porque ele é muito velho para você; segundo, porque tem dinheiro demais.

— Mamãe, nunca tive preconceito com idade. Além disse, ele é um homem bom.

O PASSADO ME CONDENA

— Minha filha, já pensou na maledicência das pessoas? Ninguém acreditará que está apaixonada por ele — falou preocupada coçando a cabeça. E, sem conter a curiosidade, perguntou: — Você está apaixonada por esse homem, minha filha?

— Sim, mamãe! Osmar é o homem por quem eu estava esperando esses anos todos.

— Filha, esse homem é muito velho para você.

— Mamãe, a senhora está sendo preconceituosa! Não me saí bem quando namorei Maurício, que tinha a minha idade. Hoje sou uma mulher madura, que sabe bem o que quer. E não é a senhora que vive dizendo que já passou da hora de eu arranjar um namorado?

— Minha filha, sempre quis que você arranjasse um namorado e constituísse uma família, mas o que espera desse homem? Além de velho, é doente.

— Osmar teve alguns problemas de saúde, porém já se recuperou e hoje leva uma vida normal — respondeu respirando fundo e controlando-se para não tratar mal a mãe.

— Minha filha, acha que os filhos dele vão aceitar o namoro de vocês?

Fingindo tranquilidade, a moça respondeu:

— Eles são filhos e não donos do pai. Terão de se acostumar à ideia de que o pai vai refazer a vida com outra mulher.

— Minha filha, esse homem é diferente de você, é rico! Você é uma moça pobre e, por enquanto, pode achar que isso não é problema, mas com o tempo sentirá essa diferença na pele.

— Mamãe, Osmar se apaixonou por mim pelo que sou e não pelo que tenho. Saberemos lidar com essa diferença.

— Tomara, minha filha... Tomara.

Berenice viu a mãe sair do quarto e jogou-se na cama. Compreendia perfeitamente o medo da mãe, o que era absolutamente natural. A jovem pensou em cada palavra de Osmar e, sorrindo, adormeceu. Seu sono foi tranquilo.

No dia seguinte, Osmar acordou e, olhando para o relógio que ficava sobre o criado-mudo, ao lado de sua cama, percebeu que estava atrasado. Rapidamente se vestiu e desceu para tomar seu desjejum, acreditando que o filho já havia ido à fábrica. Ao chegar à sala de jantar, encontrou com Lucas, que tomava seu café da manhã tranquilamente.

— Lucas, o que faz em casa a uma hora dessas? Acaso não deveria estar na fábrica?

— Papai, ainda são seis e meia da manhã! Costumo estar na fábrica às sete e meia.

Osmar voltou a olhar o relógio e viu que o filho tinha razão.

— Lucas, pensei que estivesse atrasado.

— O amor tem dessas coisas, meu pai...

— Como pude me enganar tanto?

Papai, isso acontece com quase todo mundo; acalme-se, hoje ficará ao lado de sua namorada, não se preocupe. Osmar sorriu com a brincadeira do filho e respondeu:

— Com Berenice ao meu lado o trabalho não será mais enfadonho, pois ela me trará alegria, algo que há muito tempo não sinto.

— Papai, o senhor deixou-se dominar por esse amor e agora o que lhe resta a fazer é aproveitar essa oportunidade que a vida está lhe ofertando. Viva esse amor, papai, e procure ser feliz. Da vida, só levamos duas coisas: as boas ações, que fazemos nesse planeta Terra; e as lembranças de tempos felizes.

— Meu filho, ontem você me disse que a Doutrina Espírita pode explicar muitas coisas. Acaso está metido com coisas que não deve?

— Papai, não estou metido em nada errado, apenas estou obtendo respostas a muitas questões. A mãe de Rosângela, minha namorada, é espírita e está me explicando muitas coisas. Saiba que suas explicações são coerentes e lógicas.

— Lucas, você nunca me deu motivos para preocupação, espero que não me dê agora, depois de adulto — disse irritado.

— Papai, que mal tem se estou à procura de respostas para minhas perguntas?

— Deixe de bobagens! Já ouvi as pessoas falarem mal dessa religião e dizer que eles mexem com espíritos; não quero vê-lo metido com pessoas que procuram alívio para suas dores nesse tipo de coisa — gritou o pai.

Lucas sentiu irromper em seu íntimo uma explosão de sentimentos, porém decidiu se conter para não discutir com o pai logo pela manhã. Respirando fundo, respondeu:

— Papai, o espiritismo é fundamentado em três pilastras principais: religião, filosofia e ciência. Infelizmente, as pessoas falam mal do que não conhecem; isso é lamentável.

— Você está indo ao terreiro, meu filho?

— O quê? Terreiro? Não sei do que está falando, mas saiba que estou indo com Rosângela e sua mãe às reuniões espíritas e tenho aprendido os conceitos de Jesus e a seguir seu bom exemplo moral.

— Isso é balela, meu filho! Não posso acreditar que um rapaz que já terminou a faculdade esteja metido com essas coisas.

— Sabe quem encontrei na reunião da última terça-feira?

— Quem? Certamente deve ser algum lunático, que se deixa levar pelas mentiras que contam.

— Um dos trabalhadores da casa é o dr. Cassiano Medeiros, seu médico.

— Não posso acreditar que o dr. Cassiano Medeiros, homem equilibrado e bom, esteja envolvido com esse tipo de gente — falou boquiaberto.

— Papai, seu preconceito não o deixa ver a verdade. Portanto, não ficarei aqui discutindo com o senhor, a única coisa que lhe peço é que respeite minha decisão e saiba que continuarei indo às reuniões.

— Está bem, se quer ir às reuniões, como chama, o problema é seu, mas saiba que não permitirei em minha casa nenhum livro que trate desse assunto, pois sou o dono; portanto, decido o que entra em minha casa.

— Não posso acreditar no que estou ouvindo, o senhor não quer que eu traga livros para esta casa? A casa pode ser sua, mas o quarto é meu e eu decido o que levarei para lá — respondeu Lucas revoltado.

— Tudo nesta casa me pertence, inclusive o quarto que você julga ser seu. Não quero livros e nada relacionado ao espiritismo dentro da minha casa.

— A Doutrina Espírita nos mostra o caminho do aprimoramento espiritual, intelectual e moral, mas o senhor não quer, não é mesmo? A sua religião continua sendo a sua conta bancária. Isso já lhe trouxe muitos aborrecimentos e vai trazer ainda mais. João Vitor é como o senhor; está perdido na areia movediça da ambição. Por essa razão não mede consequências para atingir o que quer, nem que para isso tenha de matar, se for preciso!

— Seu irmão é ambicioso, bem sabemos, porém jamais será capaz de fazer mal a quem quer que seja para satisfazer suas ambições!

— Papai, a ambição é venenosa e corrosiva.

Irritado, Lucas aproveitou a oportunidade para contar ao pai sobre o jipe que João Vitor queria lhe presentear e também sobre o carro estar na oficina no dia seguinte após a compra.

— Não posso acreditar em uma coisa dessas...

— Cuide de Berenice, pois seu filho preferido não medirá esforços para persegui-la, ainda mais agora que sabe que o senhor a está namorando. Se João Vitor procurasse ajuda espiritual, o ensinamento de Jesus iria ajudá-lo a ver que ele está vivendo de ilusão, pois muita coisa deste mundo não passa de ilusão.

— Acaso é por ilusão que você estudou nas melhores escolas? Que veste as melhores roupas? A ilusão também o faz andar em um carro último tipo? Sem contar as viagens que já fez, principalmente para fora do país. Deixe de utopia, meu filho! O dinheiro nos dá segurança e conforto, e seu irmão sabe muito bem disso.

Lucas se lembrou da primeira conversa que tivera com Nair e, voltando a respirar fundo, passou a dizer com voz controlada:

— Papai, quando o senhor ficou doente achou que ia morrer. Qual era a sua única certeza?

Osmar, não compreendendo aonde o filho queria chegar, ficou calado observando a expressão séria do rapaz. Lucas, percebendo que o pai não o compreendera, continuou:

— Papai, sua única certeza era que se algo lhe acontecesse, tudo o que o senhor lutou para conseguir durante a vida inteira ficaria aqui e seria dividido entre João Vitor e mim. Por que essa certeza? Porque o senhor sabe muito bem que deste mundo nada levaremos embora, muito menos o dinheiro conseguido a duras penas. Papai, quando disse que tudo neste mundo é ilusão, eu quis dizer que nada levaremos, a não ser o trabalho árduo das boas ações e também das lembranças felizes que tivemos enquanto vivemos neste planeta. O senhor continua achando que a Doutrina Espírita é ruim, mas pense um pouco e verá que os espíritas é que têm razão, pois só temos uma certeza: um dia morreremos e nada levaremos conosco.

Osmar nunca vira o filho tão lúcido! Assim, continuou calado, e Lucas prosseguiu:

— Papai, não deixe o preconceito cegá-lo, veja as verdades da vida com clareza e certamente será mais feliz. Viva o amor que a vida está lhe ofertando, mas também procure compreender a vida para tirar o melhor dela.

— Meu filho, não sei como funciona essa reunião, mas saiba que sempre ouvi dizer que as religiões costumam extorquir dinheiro das pessoas; portanto, se insistirem em lhe pedir dinheiro, não dê para não fazer papel de bobo.

— Papai, fui a algumas reuniões na Casa Espírita e lá nunca ouvi ninguém falar em dinheiro; pelo contrário, os espíritas estão sempre envolvidos em obras assistenciais e nada tiram das pessoas, apenas praticam a caridade. Não sou ingênuo; se isso acontecesse eu já teria percebido. Não é sábio alguém julgar algo sem conhecer. E infelizmente é isso o que as pessoas fazem: julgam a doutrina sem nem mesmo conhecê-la e sem saber o que fazem em prol do próximo.

— Lucas, fique tomando seu café, antes de ir à fábrica preciso abastecer o carro; além disso tenho motivos para chegar mais cedo ao trabalho... — falou Osmar, querendo encerrar a conversa.

Lucas ficou observando-o sair com o paletó nas costas, e sorrindo pensou: "Papai é um bom sujeito, porém ainda está preso às ilusões do mundo; mas, como diz dona Nair, para tudo há um tempo e certamente haverá um tempo em que papai conhecerá essa doutrina bendita que tanto bem me faz... Com esse namoro, papai rejuvenescerá anos, pois o amor faz bem e fará ainda mais se ele conhecer os ensinamentos de Jesus e procurar colocá-los em prática".

Lucas terminou de tomar o café e voltou ao seu quarto a fim de pegar sua pasta. Sem demora, saiu de casa rumo ao trabalho.

16

Tumultos

João Vitor acordou irritado, não conseguia esquecer a cena na pizzaria e o brilho do olhar do pai. Levantou-se, arrumou-se, e ao descer viu Maria Alice conversando com a empregada. Ela, de modo solícito, perguntou-lhe:

— Dormiu bem?

— Como posso dormir bem se há uma golpista entre nós? Como posso ficar calmo se há uma mulher que quer levar a maior fatia do bolo, que por direito pertence a nós?

Maria Alice observou melhor o marido e, sentindo o que lhe ia na alma, disse:

— Não acha que está julgando a moça sem conhecê-la? Já pensou que talvez ela realmente esteja apaixonada por seu pai, que é um homem bem apessoado e inteligente? Você sabe que isso cativa qualquer mulher!

— O que a cativou não foi o charme de papai, mas antes sua conta bancária; conheço golpistas de longe... Papai é um idiota por achar que aquela moça, que tem idade para ser sua filha, esteja apaixonada.

Maria Alice, não querendo se indispor com o marido desnecessariamente, decidiu se calar. João Vitor mal tomou café. Saiu com pressa a fim de chegar cedo ao trabalho.

No trajeto, lembrou-se de Alemão, um homem de caráter duvidoso que fazia qualquer coisa para ganhar dinheiro. Era um homem de coração duro, que fazia pequenos trabalhos para ganhar dinheiro, sem se importar se causaria sofrimento com sua atitude ou não.

João Vitor não gostava de Alemão, que tinha por nome de batismo José Antônio, porém parou seu carro, pensou por alguns instantes, depois decidiu chamar aquele mau elemento.

Ao se lembrar do pai, decidiu que pediria para Alemão vigiar a namorada dele. Ao bater palmas, uma mulher apareceu. Ela era magra e tinha uma expressão sofrida.

— Bom dia!

— O Alemão está em casa? — João Vitor perguntou, sem se importar com os cumprimentos da mulher.

— O que o senhor quer com o meu marido?

— Tenho um serviço para lhe oferecer.

— Alemão está, um momento, vou chamá-lo.

João Vitor ouviu o choro pungido de uma criança enquanto aguardava que o homem fosse atendê-lo. De repente, a porta se abriu e o homem malvestido apareceu e disse com ar de deboche:

— Tô ficando importante... Tem granfinagem me procurando logo cedo.

João Vitor sentiu aversão por aquele homem debochado, mas, ignorando seu comentário, disse:

— Estou precisando de seu serviço e quero saber se você quer fazê-lo.

— E qual é o serviço? Quer que mate quem?

— Não quero que mate ninguém! Quero que siga uma moça e conte-me todos os seus passos.

O PASSADO ME CONDENA

— Quer que siga uma moça? Esse serviço vai sair caro, doutor.

— Não se preocupe com dinheiro, pagarei o que me pedir.

— Gosto de trabalhar com gente assim, que paga o que peço...

— Quero que siga uma moça chamada Berenice de Souza e que trabalha em minha fábrica.

— O doutor está mantendo um caso com uma moça pobre?

— Não é nada disso — respondeu João Vitor irritado com a inconveniência do homem. — Bem, voltaremos a conversar, mas não quero que vá me procurar nem me telefone. Eu virei até você.

— E quando começo?

— Logo, pois ainda tenho de averiguar algumas coisas.

João Vitor entrou em seu carro sem nem mesmo se despedir de José Antônio, que ficou observando-o. Escancarando um sorriso, Alemão disse:

— Vou arrancar muito dinheiro desse almofadinha.

José Antônio era um homem violento por natureza. Ao entrar em seu casebre, irritou-se com o choro da criança e não demorou para começar a surrar a esposa.

João Vitor, apesar de sentir asco pelo homem, sabia que iria precisar dos serviços dele. Ao chegar à fábrica, encontrou com a secretária do pai, que preenchia alguns formulários. Finalmente, perguntou:

— Dona Verônica, meu pai chegou?

— Sim! Está em sua sala.

João Vitor nada disse e se dirigiu à sua sala. Ao sentar-se em sua poltrona, passou a lembrar do encontro casual que tivera com o pai na noite anterior. Nesse momento, sentiu raiva tanto do pai como de Berenice e disse a si mesmo:

— Vou descobrir algo errado sobre essa namoradinha de papai. Depois, vou acabar com a festa.

Uma entidade se aproximou dele e disse:

— Essa moça vai ficar com o que lhe pertence, trate de dar um jeito nisso antes que seja tarde demais. Não acha que tem muita gente em seu caminho? Tudo isso lhe pertence, e, se não tomar cuidado, vão lhe tomar tudo e você ficará sem nada!

—Se essa golpista pensa que ficará com o que é meu está muito enganada. Vou acabar com ela e consequentemente acabarei com a alegria desse velho idiota! — Uma ideia diabólica se apossou dele, que disse: — Se aquele velho desgraçado insistir nessa história, terei de dar cabo de sua namoradinha.

A entidade que o intuía não viu que o espírito de Antônia também estava ao lado do filho emanando bons pensamentos, mas sem sucesso. A mãe, aflita com os pensamentos de João Vitor, disse:

— Meu filho, não pense em fazer o mal, pois tudo o que fizer se voltará contra você. Deixe seu pai ser feliz ao lado da moça que seu coração escolheu.

— Não posso sujar minhas mãos de sangue, porém não permitirei que uma golpista qualquer tome de mim tudo o que me pertence.

João Vitor, que ainda não começara a trabalhar, teve seus pensamentos interrompidos pelo toque do telefone. Contrariado, atendeu com seu tom mal-humorado e depois se levantou e voltou a interpelar a secretária, dizendo:

— Dona Verônica, por favor, avise Lucas que preciso que venha à minha sala.

Verônica levantou-se e rapidamente cumpriu as ordens dele. Logo, João Vitor, que conversava com um cliente ao telefone, ouviu as batidas na porta e tapando o fone, disse:

— Entre!

Lucas entrou e observou que o irmão estava ocupado. Permaneceu em silêncio até João Vitor desligar o telefone.

— Mandou me chamar, João?

— Sim! — respondeu.

— O que houve? Algum problema com cliente?

— Não, o problema é o nosso pai.

Lucas sentiu ímpetos de rir, porém manteve a seriedade, esperando que o irmão falasse sua versão sobre os fatos. João Vitor começou a falar sobre a humilhação que seu pai o fizera passar no dia anterior, e como se estivesse contando alguma novidade disse:

— Papai me humilhou. Está de namoro com essa enfermeira da sala de curativo.

Lucas sorriu ao ouvir o comentário e depois que o irmão terminou de falar, perguntou:

— Você tem algo contra Berenice?

— Pessoalmente não tenho nada contra a moça, porém a vejo como uma golpista, acho que está querendo uma boa vida.

— João, já lhe ocorreu que a moça pode realmente estar apaixonada por nosso pai? Embora papai tenha tido problemas de saúde, ele ainda é um homem forte e viril.

— Não posso acreditar que você não se importe, afinal é nossa herança que está em jogo.

— Nunca se esqueça de que papai conseguiu tudo isso com muita luta; portanto, ele decide o que é melhor para ele. Quanto a nós só nos resta acatarmos suas decisões — respondeu, sabendo bem os motivos da preocupação do irmão.

João Vitor irritou-se, e sem dissimular sua contrariedade, respondeu:

— Concordo que papai é homem para tomar suas próprias decisões, porém deixar que uma mulher usurpe o que é nosso por direito é uma afronta!

Lucas, não levando em consideração o comentário do irmão, respondeu:

— Compreenda, uma namorada em nada vai usurpar o que nos é devido; portanto, deixe papai cuidar da própria vida, pois o que é nosso ninguém vai tomar.

— Você é um homem sem ambição e se papai não tivesse o que tem, você não seria nada! Como pode concordar em nosso pai arranjar uma nova mulher? Não se esqueça de que papai é muito velho para ela. Sabe o que acontecerá com ele depois que ela tiver direitos legais sobre os bens dele... ela encontrará um homem mais jovem e nos deixará na miséria.

— João, talvez você não entenda nada de leis. Papai jamais poderá mexer em nossa herança. Você esqueceu que a parte da mamãe ninguém pode nos tomar? Se papai se casar com essa moça, dividirá o que é dele.

— Lucas, quem não está entendendo a gravidade do problema é você. A parte que deveria ser nossa vai parar nas mãos de uma golpista. Você acha justo?

— João, não vou ficar discutindo esse assunto com você. Papai trabalhou muito para chegar aonde chegou e isso lhe dá o direito de ser feliz. Desde que mamãe morreu, nunca soube que papai flertou com outra mulher; porém, só eu sei o quanto ele se sentiu solitário nesses anos todos. Esse amor está trazendo alegria para ele; portanto, a única coisa que lhe peço é que deixe papai ser feliz, pois todo mundo tem direito de lutar pela sua felicidade, não acha?

— E desde quando mulher é sinônimo de felicidade? Você nunca conviveu com uma mulher e não sabe o quanto é duro ter de aturá-las. Papai é um homem de idade e como tal precisa de paz, nada mais que isso.

— Se é tão difícil conviver com uma mulher, por que motivo você convive com uma há tantos anos?

João, não conseguindo disfarçar sua contrariedade, respondeu entredentes:

— Porque tenho um filho e preciso dela para criá-lo.

— Não seja covarde a ponto de negar que ama Maria Alice... somente o amor une duas pessoas. Se você tem o direito de dividir a vida com a mulher que ama, por que papai não teria? Saiba que ele é um homem como você e tem suas necessidades afetivas; portanto, não pense somente em dinheiro, sobretudo pense no bem-estar dele, que há muito tempo vive na solidão.

— A diferença entre você e mim é que eu jamais me permitirei viver na miséria, enquanto você...

— Meu irmão, ambição é bom até certo ponto, pois motiva o homem a cumprir a lei do trabalho, mas se deixar se levar por ela é carregar um fardo desnecessário, que causa exaustão e sofrimento; o que me difere de você é o sofrimento, pois sua ambição não permite que viva tranquilamente usufruindo o que tem.

— Quando você tiver um filho compreenderá minhas razões. Agora, deixe-me trabalhar.

Lucas, sorrindo, retirou-se satisfeito da presença do irmão; afinal, João Vitor nunca lhe dera abertura para ter uma conversa franca.

Ao se ver sozinho, João levantou-se e começou a andar pela sala irritado e falando sozinho:

— Não posso contar com esse paspalho para afastar essa oportunista do meu caminho, então terei de fazer as coisas do meu jeito!

De repente, o telefone tocou e ele atendeu. Do outro lado da linha uma voz disse:

— Dr. João, aqui é Pedro da portaria. Tem uma moça chamada Valéria dizendo que marcou uma reunião com o senhor.

João Vitor lembrou-se da moça que encontrara no bar e, sorrindo satisfeito, disse:

— Por favor, encaminhe-a para minha sala. — E, desligando o telefone satisfeito e sorrindo, disse: — Essa moça me será muito útil!

A entidade que o acompanhava objetou:

— Essa moça foi providencial. Tenha-a como aliada, você não vai se arrepender.

— Se essa moça quer trabalhar, vou lhe dar muito trabalho; mas agora preciso lhe arranjar uma ocupação; afinal, dona Verônica é muito competente...

Passados alguns minutos, Verônica bateu suavemente na porta e entrou dizendo:

— Dr. João Vitor, tem uma moça dizendo que marcou uma reunião com o senhor.

— Mande-a entrar! O que está esperando? — disse com sua habitual impaciência.

Verônica saiu e rapidamente voltou com a moça. Ele, olhando para Valéria, não deixou de perceber que se tratava de uma moça muito bonita. Sorrindo, pediu:

— Por favor, sente-se. Na verdade estou precisando de uma secretária, pois dona Verônica é secretária de meu pai e é muito ocupada.

Valéria permaneceu calada enquanto João Vitor continuou:

— Preciso de alguém que saiba manejar perfeitamente a máquina de escrever, de calcular, pois costumo fechar contrato com fornecedores e isso envolve muitos cálculos e redação de contratos.

— Sou datilógrafa e sempre trabalhei com números; como já lhe disse, trabalhei por alguns anos num escritório de Contabilidade.

— Isso é bom. Terá um salário e todos os direitos trabalhistas. A senhora quer trabalhar como minha secretária?

— Se minha experiência lhe agradar...

João Vitor logo percebeu que se tratava de uma moça inteligente, e sorrindo concluiu a entrevista dizendo:

— Ligarei agora mesmo para o Departamento de Pessoal e a encaminharei para lá. Por favor, reúna os documentos que lhe pedirem.

Valéria se levantou. Sorrindo, estendeu a mão para João, que correspondeu ao cumprimento. Saindo da sala, ele pediu à Verônica que encaminhasse a jovem ao Departamento de Pessoal.

Na sua sala, disse em voz alta:

— Que mulher linda! Para mim será um prazer trabalhar ao lado de uma moça tão bonita.

Como sabia que se a contratasse sem a permissão do pai, a confusão estaria armada, decidiu ir conversar com Osmar. Ao entrar, disse com ironia:

— Vejo que o trabalho flui tranquilamente...

— O que está querendo dizer com isso, João?

Sentando-se confortavelmente diante do pai, ele pegou um lápis e tranquilamente começou a rabiscar uma folha em branco, que estava à sua frente. Abrindo um largo sorriso, respondeu:

— O trabalho fica mais alegre quando estamos perto de nossa amada...

— Quando trabalhamos ao lado da mulher que amamos, o mundo fica cor-de-rosa e até os dissabores do trabalho se tornam suaves...

— Papai, o senhor está namorando aquela moça?

— Sim! E saiba que você muito me ajudou.

No mesmo instante, o jovem parou de sorrir, e remexendo-se na cadeira, perguntou:

— O que o senhor está dizendo, papai?

— Ontem eu apenas havia decidido sair para comer uma pizza com Berenice; afinal, ela é uma boa moça. Contudo, quando você fez suas insinuações maldosas, finalmente ela percebeu que eu estava interessado em sua companhia e aproveitando o empurrãozinho que você me deu, pedi-a em namoro, o que ela prontamente aceitou.

Sentindo o ódio pelo pai e por Berenice aumentar, João decidiu mudar de assunto.

— O que me traz aqui é para avisá-lo que estou contratando uma secretária para me ajudar; tenho muitos contratos para redigir e muitas cálculos para fazer.

Osmar, esquecendo-se do assunto de momentos antes, perguntou:

— Por que outra secretária? Temos dona Verônica, que sempre se mostrou competente e solícita!

— Papai, compreenda, Verônica é sua secretária e muitas vezes está cheia de serviço. Não estou aqui lhe pedindo para contratar uma secretária para me atender, antes estou apenas lhe comunicando que contratarei uma secretária, quer goste quer não.

— Nossa folha de pagamento está muito alta. Não acha que devemos economizar?

— Por que economizar, papai? Logo tudo o que é seu passará para a mão de uma golpista! Não vou ficar me matando de trabalhar para mais tarde ver tudo o que é seu passar para a mão de um homem mais jovem!

Osmar, naquele momento, sentiu ímpeto de esbofetear o filho, porém se lembrou das palavras de Berenice que lhe disse: "Não se deixe levar pelas provocações de João Vitor, ele fará de tudo para que perca a paciência, mas nunca se esqueça de que deve se preocupar com a sua saúde!". E, fingindo uma gargalhada, respondeu:

— Bem, o que Berenice fará depois que eu morrer é com ela, por enquanto só posso lhe dizer que ela me faz o homem mais feliz da Terra.

João Vitor, indignado com a resposta do pai, levantou-se abruptamente e sem dissimular o ódio disse:

— Isso é o que veremos!

Osmar, percebendo o tom de ameaça do filho, sentiu a raiva explodir em seu peito e gritou:

— Não ouse ameaçar-me. Saiba que sou eu quem paga o seu gordo salário e se alguma coisa acontecer à Berenice tanto dentro como fora da fábrica, vou culpá-lo e obrigá-lo a deixar a fábrica e todas as suas mordomias. E não pense que terei pena de seu filho, pois pena é algo que não sinto por ninguém!

— Você se tornou um homem patético! Um velho decrépito!

E, sem esperar resposta, o filho saiu da presença de Osmar, que não suportando a ofensa do filho, ligou para o Departamento de Pessoal e mandou que se fizesse um comunicado de suspensão para ele. Era norma da empresa informar ao porteiro sobre a suspensão de algum funcionário infrator, e pela primeira vez Osmar estava punindo o filho. Sem saber o que o pai havia feito, ele voltou à sua sala e entregou-se ao trabalho. Ao receber o aviso que estava suspenso do trabalho ficou possesso de raiva e decidiu ter uma conversa definitiva com o pai. Voltou à sua sala colérico.

— Quem você pensa que é para me suspender do trabalho? Saiba que esta droga também me pertence!

— Esqueceu que sou um velho decrépito? Como tal, não sei o que estou fazendo... Você se esqueceu de um detalhe importante, João, ainda sou o dono da empresa e ela só vai parar em sua mão no dia em que eu morrer, e mesmo assim você será o dono ao lado de seu irmão. Agora vá para a casa e esfrie a cabeça, pois em meu trabalho quero paz!

— Não vou sair da minha fábrica!

Osmar calou-se, pegou o telefone, e olhando para João disse:

— Você vai sair por bem ou por mal! De que maneira escolhe? Se optar por ser expulso, sua humilhação será ainda maior.

João percebeu que o pai falava sério e disse:

— Está bem! Saiba que sua idade já chegou e farei a mesma coisa quando for colocá-lo num asilo!

— Não me preocupo com isso, vou me casar com Berenice e você não terá direito algum sobre mim!

João saiu a passos firmes, e olhando para Verônica disse:

— Verônica, ligue para o Departamento de Pessoal e mande a moça que contratei começar a trabalhar na segunda-feira.

A secretária, embora soubesse sobre a desavença entre João e Osmar, esforçava-se por ficar neutra, pois sabia que problemas familiares eram todos resolvidos. Assim, fez o que João mandou e logo o problema estava resolvido.

João saiu da fábrica aturdido e quando já estava dentro do seu carro disse:

— Esse velho maldito me paga! Duas humilhações em menos de vinte e quatro horas. Isso é demais!

Ele não estava disposto a voltar para casa e decidiu se instalar em um hotel, para não ter de contar à esposa que estava suspenso do trabalho. Passou o dia trancado no quarto, pensando somente em se vingar do pai, que o humilhara por duas vezes.

— A única maneira de me livrar daquele velho desgraçado, será encomendar um trabalho extra a Alemão...

João logo se lembrou do homem, mas não deixou de sentir verdadeiro asco por aquele ser infame. Não via, mas o espírito de Antônia estava ao seu lado dizendo:

— Meu filho, não faça isso. Seu pai é um homem influente e a polícia logo chegará ao assassino. Esse homem vai entregá-lo facilmente como mandante do crime e acabará rapidamente com a sua vida.

— Talvez não seja prudente envolver Alemão em meus problemas familiares...

O espírito de Antônia sorriu aliviado. Contudo, percebeu uma entidade malfazeja se formando ao lado do filho e dizendo:

— João Vitor, você vai deixar que uma mulher qualquer usurpe o que lhe pertence por direito? O que está havendo com você? Nunca soube que era um homem fraco; enfrente seus medos e acabe de vez com o problema.

João, agora ligado à entidade inferior, não demorou para assimilar seus pensamentos e disse:

— Não posso desistir agora! Afinal, é o futuro de minha família que está em jogo. Não vou retroceder!

Antônia sentiu-se impotente diante da determinação do filho e se afastou. Fez uma prece em silêncio e pediu ao alto a ajuda para o filho.

17

Reflexões espíritas

João Vitor saiu rapidamente para procurar Alemão. Contudo, o espírito incansável de Antônia continuava a seu lado. Enquanto ele dirigia, ela dizia:

— Meu filho, não faça isso. Não se esqueça de que Osmar é seu pai, e se você usufrui uma vida confortável é graças ao seu trabalho.

— Não posso desistir agora! Tenho de garantir o meu futuro, assim como da minha família.

Antônia, sentindo-se impotente diante da situação, chamou por amigos espirituais para ajudá-la naquela empreitada. Em poucos minutos, dois seres espirituais se juntaram a ela, que se esforçava para manter a serenidade diante da difícil situação. Um dos seres espirituais, chamado Irineu, disse:

— Viemos assim que nos chamou.

Antônia, olhando com tristeza para o filho, disse:

— João Vitor está decidido a assassinar o pai, e estou preocupada com o futuro de meu filho.

O PASSADO ME CONDENA

— Antônia, o universo é regido pela imutável Lei da Ação e Reação; qualquer ato cometido por ele, atrairá para ele mesmo a calamidade de seus atos.

— Mas não entendo a ligação de João com essa entidade sofredora.

— Esses dois nunca se conheceram antes, porém o que os liga é o pensamento, que os define como sendo afins. Enquanto João Vitor não mudar sua linha de pensamento, esse irmão continuará a assediá-lo frequentemente.

Antônia fez nova prece em pensamento, na esperança de que o filho se demovesse de tal ideia. E foi com tristeza que viu João Vitor procurar Alemão em sua casa.

— O que o senhor deseja? — perguntou a senhora com uma criança no colo.

— Preciso falar com Alemão, ele se encontra?

— Meu marido saiu no sábado e não voltou.

— Mas hoje é terça-feira! A senhora não está preocupada?

— Não! Meu marido está acostumado a sair e passar vários dias fora de casa.

— Seu marido é tão inconsequente assim?

— José Antônio só pensa em ganhar dinheiro fácil e quando ganha algum gasta com mulheres e bebidas. Não me preocupo com ele!

Por um momento João Vitor sentiu pena da mulher que, apesar de jovem, aparentava ser mais velha. Nesse momento, um moleque, que atendia pelo apelido de Bobó, chegou gritando:

— Dona Rita, encontraram o Alemão morto lá no matagal do Jacaré!

A mulher, ao ouvir aquelas palavras, começou a tremer. Gaguejando, perguntou:

— O que você está dizendo, Bobó?

243

— Encontraram o Alemão morto no matagal do Jacaré — repetiu o menino de quinze anos.

João Vitor, sem saber o que fazer, intrometeu-se na conversa perguntando:

— Mas a que horas foi isso?

— Foi agora, doutor! O Alemão está morto com uma bala na cabeça.

A esposa de Alemão, desesperada, entrou na casa, abandonou a criança e saiu disposta a conferir a história. João Vitor, sentindo-se perdido, disse:

— Venha, eu a levo até lá.

Rita, sem se fazer de rogada, entrou no carro e ambos se dirigiram ao matagal. Havia várias viaturas ali. Rita disse:

— É verdade! Ele está morto!

João Vitor saiu do carro e ao se aproximar de um policial perguntou:

— O que aconteceu?

— Um bandido a menos na face da Terra! Esse elemento já estava sendo procurado havia dois anos por latrocínio, assassinato e estupro.

— Mas quando ele foi morto?

— Talvez esteja morto há três dias, pois o corpo está em adiantado estado de putrefação. Sabemos que foi morto com três tiros, um na cabeça e dois no tórax; trata-se de execução, parece que o autor dos disparos estava com muita raiva. Estamos aguardando o carro funerário para pegar o corpo.

João Vitor, curioso, perguntou:

— Posso ver o corpo?

— Leve um lenço, pois o cheiro está insuportável.

João Vitor, que estava a certa distância do corpo, sentiu o forte cheiro que vinha do matagal. Pegando um lenço, foi andando calmamente em direção ao corpo, que estava rodeado de policiais e curiosos.

Ao se aproximar, colocou o lenço no nariz e viu Alemão caído. Não foi difícil ver as perfurações de bala no peito e outra na cabeça do infeliz.

João Vitor sentiu náusea diante do mau cheiro e se retirou rapidamente a fim de respirar melhor. Enquanto isso, a esposa de Alemão conversava com um policial informando o horário que o marido saíra de casa no sábado.

João Vitor se aproximou de Rita e questionou:

— O que a senhora vai fazer?

Trêmula diante dos fatos, ela falou:

— O que me resta fazer, doutor? Sinceramente não sei; não tenho dinheiro para o funeral, pois o que recebi comprei leite para os meus filhos.

O policial, ouvindo o desabafo da mulher, disse:

— A senhora poderá pedir ajuda à prefeitura, pois ele não poderá ser enterrado como indigente uma vez que o corpo foi reconhecido.

João Vitor, sentindo pena da mulher, disse:

— Não se preocupe, pagarei as despesas do funeral. Claro que não será um funeral luxuoso, mas pelo menos seu marido será enterrado com dignidade.

— Não tenho palavras para agradecer-lhe — Rita ficou olhando para o corpo do marido e com lágrimas nos olhos disse: — Eu sabia que esse seria o fim de José Antônio; ele tinha de pagar pelo que fez, e o preço foi alto, pois custou sua vida.

Antônia, por um momento, sentindo-se feliz com a atitude do filho, disse para Irineu:

— Ninguém é totalmente mau ou bom; veja meu filho, veio para praticar uma maldade e, no entanto, acabou praticando a caridade.

— É por essa razão que precisamos confiar no Alto, pois Deus não erra nunca. João Vitor é um espírito em evolução.

Nesse momento, João Vitor perguntou ao policial:

— Quando o infeliz poderá ser enterrado?

— O corpo está danificado, mas será necessária uma autópsia. Em seguida, o enterro poderá ser realizado.

Rita, perplexa diante da situação, perguntou:

— Essa autópsia demora quantos dias?

— Acredito que o corpo será liberado ainda hoje.

João Vitor, sorrindo para o policial, disse:

— Vou tomar as providências.

Nesse momento, Rita se afastou a fim de prantear a morte do marido, e João Vitor disse:

— Pobre mulher! Está sofrendo com a morte do marido.

— Ela deveria estar feliz! Alemão era um homem que não sentia pena de ninguém e certamente devia espancá-la também — falou o policial sorrindo.

— Como você mesmo disse, é um bandido a menos na face da Terra.

— Bandido é como erva daninha, morre um e no seu lugar nascem três.

João Vitor chamou Rita a fim de lhe entregar os documentos de Alemão para que ela levasse à funerária e levou-a para sua casa.

— Doutor, não tenho como pagar essa despesa agora; mas, se quiser, poderei trabalhar um ano na casa do senhor.

Naquele momento, João Vitor foi tocado por imensa compaixão pela mulher, e com sinceridade respondeu:

— Não se preocupe com a dívida do funeral. Quanto ao trabalho, teremos oportunidade de conversarmos com calma. A senhora tem certidão de casamento?

— Não éramos casados oficialmente! Moro com José Antônio, há cinco anos.

— Quantos filhos têm?

— Nasceram quatro filhos, mas um nasceu morto e o outro morreu com cinco meses. Agora tenho somente dois.

O menino José Maria, sem compreender o que estava acontecendo, aproximou-se da mãe e reclamou:

— Mãe, estou com fome!

— Entre, moleque! Não vê que estou conversando com o doutor?

João Vitor percebeu pelo constrangimento da mulher, que não havia comida. Assim, disse:

— Dona Rita, venha, vou levá-la ao mercado; talvez esteja precisando de alguma coisa.

— Não precisa, doutor! O senhor já está fazendo muito por nós.

— Não existe coisa pior que pobre orgulhoso! Vamos ao mercado!

João Vitor a levou ao mercado próximo e com altivez disse:

— Pegue mantimentos para um mês. Não se preocupe com dinheiro! Enquanto isso, ficarei esperando no carro; só me chame para pagar a conta.

Rita saiu do carro com lágrimas nos olhos e em poucos minutos voltou chamando por João Vitor, que ouvia as notícias no rádio. Ao vê-la, ele exclamou:

— Não posso acreditar que terminou de fazer as compras, não demorou nada!

— Peguei somente o que estava faltando em minha casa, doutor.

João Vitor saiu do carro e, ao ver que a mulher só havia pegado um pacote de arroz e duas latas de óleo, disse:

— Não trouxe você aqui para comprar apenas isso! — E, olhando para a mulher disse: — Compreendo que está envergonhada, mas saiba que esse dinheiro para mim não fará falta, volte e compre mantimentos para um mês.

Percebendo que a mulher estava com vergonha, ele pegou um carrinho, entrou no mercado e se pôs a enchê-lo com toda sorte de mantimentos e guloseimas para as crianças. Rita o seguia, enquanto ele andava a passos rápidos pelos corredores do mercado.

Assim que terminou, perguntou:

— Tem algo mais que queira levar?

— Não, doutor! O senhor pegou tudo de que eu precisava.

João Vitor pagou a conta e voltou para a casa de Rita. Ao vê-lo se afastar, ela olhou para o céu e agradeceu:

— Obrigada, meu Deus, por colocar esse santo homem em meu caminho.

João Vitor sentiu pena dela, porém ainda não havia se dado conta do bem que havia praticado. Ele foi à funerária e em seguida voltou à casa de Rita para informar que tudo já estava certo e que o velório seria no necrotério da funerária, uma vez que o cemitério ficava próximo ao local.

Naquele dia, ele voltou para casa, e preocupado com a situação daquela mulher, pensou: "Preciso arranjar um trabalho para ela; afinal, como sustentará seus dois filhos?"

Contudo, decidiu não contar para a esposa o que havia acontecido. Como explicaria sua ligação com Alemão? Pensou em arranjar um trabalho para a mulher em sua casa, porém sabia que a esposa não concordaria. Decidiu conversar com o pai para arranjar-lhe um trabalho na fábrica.

João Vitor não percebeu, mas a mãe continuava ao seu lado, sentindo-se feliz com sua atitude. Antes do jantar, ele comentou com Maria Alice:

— Alice, vou à casa de meu pai para resolver alguns problemas da fábrica.

— Hoje vai chover gotas de ouro. Você, procurando seu pai?

— Não me espere para o jantar.

João Vitor saiu pensando na situação da pobre mulher e disse para si:

— Não posso deixá-la com duas bocas famintas sem apoio.

Sem perceber, chegou à casa do pai. Ao entrar, foi recebido com deferência pelo criado e, com grosseria, perguntou:

— Aristides, onde está o velho?

— O patrão está em seu quarto.

— Vá chamá-lo e diga que preciso lhe falar com urgência.

O criado saiu rapidamente e não demorou para Osmar aparecer na sala com o cenho fechado.

— O que o traz a esta casa, João Vitor?

— Preciso conversar com o senhor, papai.

— João Vitor, você deve saber que não costumo trazer problemas de trabalho para casa.

— Não estou aqui para falar de problemas da empresa, papai! Vim até aqui para lhe pedir um favor.

— Você, pedindo-me um favor? O que está acontecendo?

— Papai, tenho ajudado uma família carente há dois meses e o marido da mulher morreu assassinado em um assalto. Estou aqui para que me autorize a contratá-la na fábrica.

— Você, ajudando uma família carente? Desculpe, João, mas não acredito nisso.

— Papai, há muitas coisas a meu respeito que o senhor desconhece; portanto, quero saber se posso contratá-la na fábrica ou não?

— Mas quem é ela?

— Chama-se Rita e tem dois filhos. Agora que o marido morreu, ela está desesperada, pois não tem meios de sustentar os filhos.

— E o que ela sabe fazer? Tem datilografia?

— Não, papai. Creio que Rita não saiba nem mesmo escrever; talvez possamos colocá-la na limpeza.

— Por que veio pedir minha permissão? Desde que fiquei doente você tem admitido e demitido funcionários sem a minha permissão!

— Fiz isso enquanto esteve ausente, mas agora que o senhor está de volta não posso passar por cima de uma ordem sua. Concorda, papai?

— Faça como quiser, se ela está precisando trabalhar, por que lhe negaríamos um trabalho digno?

— Obrigado, papai!

Osmar, intrigado com o interesse do filho na mulher, sem rodeios perguntou:

— João Vitor, qual é seu interesse nessa mulher?

— Por que só acha que eu faria alguma coisa a alguém por interesse? Para falar a verdade, meu interesse é apenas ajudar, nada mais.

Osmar, lançando um olhar maroto para o filho, disse:

— Diga-lhe para ir à fábrica amanhã.

— Amanhã ela não poderá ir, papai. Será o enterro do marido.

Naquele momento, Osmar percebeu que o filho estava falando a verdade, e para confirmar perguntou:

— Como se chama o marido dela?

— Se chamava José Antônio e morreu assassinado no domingo; porém o corpo só foi encontrado hoje.

— Onde está sendo o velório?

— No necrotério da funerária Machado.

Osmar, querendo pôr um fim na conversa, disse:

— Diga-lhe que assim que o corpo do marido for enterrado, vá até a fábrica.

João Vitor resolveu mudar de assunto e disse:

— Papai, o fornecedor de polietileno disse que fará a entrega na quinta-feira.

O PASSADO ME CONDENA

— Conversei com o responsável hoje e ele me confirmou a entrega.

— Por que ele foi confirmar a entrega com você? Pelo que eu sei esse é o meu departamento.

Osmar, com expressão séria, respondeu:

— Quero me manter informado de tudo o que acontece na fábrica, pois como diz o ditado: "a engorda do boi muito dependerá do olho do dono".

João Vitor, controlando a raiva, pediu licença e se retirou, a fim de voltar para a sua casa. Lucas entrou e ao ver o irmão questionou:

— João, você por aqui? Que novidade é essa?

— Vim conversar com papai, mas já estou de saída.

Lucas, satisfeito em ver o irmão em sua casa, disse:

— De maneira alguma! Fique para o jantar, assim poderemos conversar um pouco.

— Não posso, Lucas. Alice está me esperando para o jantar.

— Ligue para sua esposa e diga que você vai jantar conosco esta noite.

João Vitor, sentindo-se bem recebido, concordou em ficar. O jantar transcorreu tranquilamente e os dois irmãos ficaram se lembrando das peripécias de quando eram crianças, fazendo com que Osmar se divertisse com as lembranças. Depois, os três sentaram-se nas confortáveis poltronas da sala e passaram a falar sobre trabalho.

Osmar olhava intrigado para o filho, pois em sua fisionomia não havia sinal de preocupação. Pela primeira vez percebeu que ele estava se sentindo à vontade em sua casa.

Faltavam poucos minutos para as onze horas da noite, quando o telefone tocou e Osmar atendeu. Era Maria Alice. Osmar perguntou sobre o neto e em seguida entregou o telefone ao filho, que disse:

— Fique tranquila, Alice, em poucos minutos estarei em casa.

251

Osmar ficou observando o filho se afastar e somente depois que João Vitor ligou o carro, decidiu tecer um comentário.

— João Vitor estava diferente hoje...

— Diferente como, papai? — perguntou Lucas intrigado.

— Seu irmão estava menos hostil e pela primeira vez em anos senti prazer em ter sua companhia.

Lucas, sorrindo, levou a mão no ombro do pai e disse:

— Papai, o ser humano muda todos os dias.

— Você acredita que seu irmão veio me pedir para contratar uma mulher que perdeu o marido assassinado?

— O quê? João Vitor pensando no bem-estar de alguém? Papai, o senhor sabe como ninguém que ele não é homem de fazer caridade... Se ele pediu trabalho para a mulher, certamente há um interesse por trás disso.

— Concordo com você, meu filho. Seu irmão não se preocupa com ninguém além dele mesmo.

— Meu filho, como vai o seu namoro com Rosângela? — perguntou, mudando o rumo da conversa.

Lucas, levando a mão no ombro do pai, respondeu feliz:

— Estamos bem, papai. Rosângela é uma moça surpreendente.

— Mas e os pais da moça, receberam-no bem?

Lucas, que até então não havia feito maiores comentários sobre Rosângela, finalmente passou a dizer:

— Papai, Rosângela ficou órfã de pai quando tinha catorze anos. Desde essa época vive apenas com a mãe, dona Nair. Sendo filha única, sempre se preocupou com o bem-estar da mãe. Agora, enquanto a mãe cuida da casa e dos afazeres na Casa Espírita, ela se esforça para ajudar nas despesas domésticas.

— Como uma mulher que acredita em espíritos pôde criar tão bem uma filha?

Lucas, sabendo que o pai se opunha ferozmente à Doutrina Espírita, defendeu a sogra:

— Papai, por que o senhor é tão contra a Doutrina Espírita?

— Meu filho, não sou opositor de nada, para mim essas pessoas se iludem e não conseguem ver que a vida de cada ser humano está no presente e que depois da morte nada mais existe — falou olhando para um ponto indefinido. — Meu filho, eu queria tomar uma taça de vinho... Ainda mais em uma noite agradável como esta.

— Vou resolver o seu problema.

— Meu filho, não posso tomar bebida alcoólica; tenho problemas com pressão alta e o vinho é um verdadeiro veneno para mim.

— Não se preocupe, vou lhe servir um suco de uva que fará a vez do vinho...

Osmar, sorrindo, sentou-se em uma poltrona enquanto o filho foi buscar o suco de uva. Logo, Lucas se aproximou do pai segurando duas taças, em uma o suco de uva e na outra, vinho. Depois de servir o pai, o rapaz finalmente se sentou e voltou ao assunto:

— Papai, o senhor disse que a única coisa que cada um de nós tem é o presente. O que o leva a pensar dessa maneira?

— Sou um homem que já viveu bastante e posso lhe garantir que nada temos a não ser o presente e a certeza da morte. Um dia, chegamos a este mundo e no outro vamos embora, não levando nada do que conseguimos...

— Papai, por que acha que as pessoas que frequentam a religião espírita são iludidas?

— Acreditar no extraordinário não é ilusão? Essas pessoas acreditam que podem contatar espíritos, mas isso para mim não passa de uma ideia insana, pois ninguém que partiu desta vida voltou para falar como é do outro lado.

Nesse momento, Osmar soltou uma risada debochada, porém Lucas permaneceu calado, esperando o pai serenar. Assim que ele voltou à sua seriedade habitual, o rapaz continuou:

— Papai, por acaso não acha que está sendo preconceituoso?

— Não! Apenas estou sendo realista. Uma pessoa com mente sã não vai acreditar nessas bobagens! — replicou.

— Tenho conversado muito com dona Nair e ela não me parece uma mulher iludida, pelo contrário, é uma mulher com pensamentos lúcidos e suas palavras são sempre sensatas.

Osmar franziu o cenho, não gostava daquela conversa, e, em tom quase áspero, concluiu:

— Você está entusiasmado porque se trata da mãe de sua amada; por essa razão a acha lúcida.

— Papai, o senhor se lembra quando nos levou a Campos do Jordão naquela manhã fria de inverno?

— Como poderia me esquecer? Sua mãe ficou encantada com o nascer do sol.

Lucas, olhando para um ponto indefinido, passou a reviver as emoções sentidas naquela manhã.

— O senhor se lembra quando subimos a montanha e ficamos olhando o sol nascer?

— Sim, mas o que tem essa viagem em família com o que estamos conversando?

— O senhor se lembra que me afastei dos demais por mais de uma hora?

— Como poderia me esquecer? Sua mãe e eu ficamos loucos e saímos à sua procura. Fomos encontrá-lo sentado em uma pedra olhando para o horizonte.

Osmar, lembrando-se do susto que Lucas lhes deu e do mau humor de João Vitor, que dizia estar com fome, riu das doces lembranças.

— Lembro-me que naquela manhã de inverno, estando longe dos demais, me fiz perguntas que até então não tinha respostas.

— Que perguntas?

— Foram perguntas existenciais, para as quais até pouco tempo eu não tinha respostas.

O PASSADO ME CONDENA

Osmar, intrigado com as palavras do filho, questionou:

— Mas quais eram essas perguntas?

Lucas passou a falar como se fosse arremessado para o passado, do qual tinha prazer em se recordar.

— Naquela manhã eu disse em voz alta que estava ali, respirando, pensando e existindo, e mais uma vez o sol estava nascendo naquele cenário paradisíaco e que mais uma noite havia findado.

Osmar por um momento achou que a taça de vinho o havia deixado bêbado. Sorrindo, retrucou:

— Filho, somente agora, depois que falou que naquela manhã estava filosofando sentado em uma pedra é que percebi que o vinho está fazendo efeito.

— Naquela manhã fiz uma pergunta de que jamais me esquecerei.

— E que pergunta foi essa?

— Olhando para aquela paisagem bonita, pela primeira vez perguntei o que era a vida? O que era a morte? E, principalmente, por que estávamos neste planeta tão bonito e cheio de dores e sofrimentos.

Osmar inquietou-se mais uma vez na poltrona e com a fisionomia séria ficou observando o filho falar como se estivesse falando sozinho.

— Será que cada um pode escolher a data de sua partida ou a data do seu retorno?

— E você encontrou respostas a essas indagações naquela manhã, meu filho?

Voltando sua atenção para o pai, Lucas esboçou um leve sorriso e respondeu:

— Não naquele momento, meu pai. Foi preciso que se passassem alguns anos para finalmente eu ter uma resposta satisfatória às minhas perguntas.

— Você teve outros questionamentos além desses?

— Sim, tive vários, todos sem respostas. Será que tudo o que vemos ao nosso redor é fruto da criação ou apenas de uma explosão cósmica que deu origem ao universo? Se tudo é origem de uma explosão, como o universo ficou plenamente em ordem? O que sou na verdade? Será que sou simplesmente um corpo de carne que deixará de existir com a morte? Ou sou algo além disso? E, finalmente, naquela fria manhã de inverno perguntei-me qual era a finalidade da vida. Por que estamos aqui?

Osmar, que antes nunca havia levantado nenhum questionamento existencial, percebeu que o filho pensava no sentido da vida.

— Meu filho, essas são questões inteligentes e não creio que haja respostas a essas perguntas, pois ainda há muitos mistérios entre o céu e a Terra.

Lucas, olhando para o pai, continuou com suas reflexões:

— Papai, se olharmos em volta para tudo o que ocorre dentro e fora de nós, chegaremos à conclusão de que viemos a este mundo para sofrer. Mas para que tanto sofrimento?

— Por que o sofrimento? Não sei explicar, mas posso dizer que ele faz parte da vida e devemos nos acostumar com isso, pois o sofrimento atinge a todos, sem distinção.

— Sua explicação é simplória demais. Como homem inteligente e pensador, eu não poderia aceitar isso sem levantar alguns questionamentos adicionais.

— Você disse que só encontrou respostas anos depois; será que poderia respondê-las para mim?

— Tenho ido à Casa Espírita com dona Nair e Rosângela e confesso que aprendo muito em um dos cursos que faço.

Osmar franziu o cenho, não gostava que o filho frequentasse uma Casa Espírita; porém, não querendo encerrar o assunto, preferiu não tecer comentário.

— Aprendi que neste mundo nada acontece por acaso e que tudo faz parte da criação de um Ser Inteligente. Portanto, dizer que a vida surgiu de uma explosão cósmica é uma teoria científica, que nega a existência desse Ser Magnânimo. Acredito que nada surgiu ao acaso e tenho aprendido que o fato de estarmos neste planeta tem uma finalidade.

— Mas qual finalidade?

— Temos de aceitar o fato de que esta vida da qual desfrutamos, não é tudo o que existe. Deus, ao nos criar, teve como propósito nos ensinar o máximo por meio de cada experiência vivida. É necessário que saiba que Deus nos deu um corpo carnal, mas antes nos deu um espírito, permitindo que viéssemos a este planeta para aprendermos e evoluirmos como espíritos. Isso só ocorre por meio das múltiplas encarnações.

— Lucas, já ouvi algumas pessoas falarem sobre reencarnação, mas como pode acreditar numa sandice dessas?

— A reencarnação é um fato e não podemos negá-la. Sempre quando mamãe nos levava à igreja o padre falava que Deus é amor. Sendo Ele amor, permite aos espíritos que retornem à vida corporal para adquirirem novas experiências quantas vezes se fizerem necessárias. Nunca lhe ocorreu estar em um lugar pela primeira vez e ter a nítida impressão de que já esteve lá anteriormente?

— Isso me ocorreu quando comprei a fazenda. Nunca havia estado lá, mas depois que entrei na casa tive a absurda sensação de já ter entrado ali.

— Certamente esteve na casa-grande daquela fazenda, porém isso foi em outros tempos, ou melhor dizendo, em outra vida.

— Quando visitei a fazenda pela primeira vez sabia que entre o terreiro de café e a casa-grande havia um tronco onde os negros eram castigados, mas ao olhar nada vi; somente depois de um tempo é que fiquei sabendo que o tronco estivera naquele local e confesso que fiquei intrigado quando um negro me contou sobre as barbáries que ocorriam ali.

— Como o senhor poderia saber sobre o tronco? A única explicação plausível seria o fato de o senhor ter vivido naquela época, e mais precisamente naquela fazenda.

Osmar remexeu-se intrigado. Havia lógica nas palavras do filho. Assim, continuou:

— Quando comprei a fazenda de algum modo sentia que aquele lugar havia sido especial para mim.

— Certamente o senhor já havia vivido lá.

— Meu filho, há coerência em suas palavras.

— Aquelas perguntas existenciais que fiz quando fomos a Campos do Jordão tiveram respostas satisfatórias quando conheci a Doutrina Espírita. Viemos de um mundo espiritual e somos constituídos de espírito e matéria. Para onde vamos ao partirmos deste planeta? Para o mundo espiritual, que é nossa verdadeira morada. Evoluímos como espíritos, por meio das múltiplas reencarnações, e a finalidade da vida é aprendermos e crescermos, moral e espiritualmente. Essa doutrina não é coisa de pessoas iludidas, pois seu codificador foi um intelectual de sua época. Hoje não é diferente, há muitas pessoas cultas que encontraram respostas às suas perguntas por meio dos conhecimentos espíritas.

— Se a reencarnação é um fato, como você mesmo diz, por que não nos lembramos das reencarnações passadas? — questionou perplexo por tantas informações.

— O esquecimento do passado é um ato de misericórdia da parte de Deus. Se tivéssemos lembranças de todas as nossas vidas, certamente viveríamos num eterno tormento. A reencarnação serve para apararmos arestas do passado. Certa vez dona Nair me disse que os espíritos estão onde precisam estar, não há encontros, mas reencontros. É permitido que nasçamos ao lado de pessoas as quais prejudicamos ou talvez tenham nos prejudicado, mas graças ao esquecimento do passado as arestas são sanadas; em cada reencarnação existe um novo recomeço.

— Faz sentido o que está dizendo. Já imaginou se em outra encarnação eu tivesse lhe tirado a vida e hoje me recordasse disso? Como viveria com minha consciência?

— Se porventura, em outra vida, o senhor tivesse me matado e nós soubéssemos disso, seria difícil para mim perdoá-lo. Portanto, o esquecimento do passado é vital para que possamos viver em paz a cada nova encarnação.

Lucas ouviu quando o relógio marcou meia-noite, assim disse ao pai:

— Papai, já é muito tarde. Vamos dormir, pois amanhã temos de acordar cedo.

— Tem razão, meu filho. Vá dormir, vou apagar as luzes e me recolherei em seguida.

Lucas, sorrindo, levantou e beijou a fronte do pai dizendo:

— Está na hora desse velho teimoso se despir do preconceito e procurar compreender um pouco mais sobre as verdades espirituais.

— Nunca aprendeu que cipó se torce enquanto é verde? Pois bem, para mim já é tarde demais...

— Nunca é demasiadamente tarde para aprender...

— Boa noite, Lucas!

O rapaz, satisfeito com a conversa que tivera, dirigiu-se ao seu quarto enquanto Osmar levava as taças para a cozinha.

Naquela noite, Osmar não conseguiu conciliar o sono; afinal, foram muitas informações!

18

Caminhar

João Vitor dirigia lentamente seu automóvel quando finalmente chegou a casa. Ao entrar, encontrou Maria Alice sentada confortavelmente folheando uma revista.

— Alice, o que faz sentada no sofá a uma hora dessas?

— Estava sem sono — respondeu mal-humorada.

O marido sentou-se em uma poltrona ao lado da esposa e perguntou:

— Poderia me dizer o motivo do mau humor?

— Você ainda me pergunta? Passa o dia trabalhando, e ao chegar a casa fica trancado naquele maldito escritório ou sai para jantar na casa do seu pai!

— Não seja injusta, Alice. Há muito tempo não ia à casa de meu pai.

— O que está havendo com você? Não gosta de seu pai nem de seu irmão... E nos troca para jantar com eles?

— Não me lembro de ter dito que não gostava de meu pai nem de meu irmão! Você está indo longe demais!

— Tem razão! Mas você sempre se referiu a seu pai como um velho desgraçado. Estou enganada? Se isso não é ódio, o que poderia ser?

— Não há como conversar com você! Agora você entende por que fico a maior parte do tempo longe de você? O motivo é óbvio: para evitar discussões desnecessárias. Vou dormir no escritório! Não quero prorrogar essa discussão — disse levantando-se rapidamente.

João entrou no escritório e levou com ele a garrafa de uísque. Maria Alice viu quando o marido entrou e fechou a porta atrás de si, deixando-a sozinha na sala. Dando vazão às suas desconfianças, ela resolveu entrar bruscamente no escritório e gritou:

— Quem é ela? Diga-me quem é a mulher com quem está me traindo?

— O que está dizendo?

— É isso mesmo o que ouviu. Pensa que não desconfio disso há muito tempo? Somente um caso extraconjugal poderá explicar esse seu comportamento frio comigo e com Ademar.

— Não há mulher alguma! Nunca a traí, nem mesmo em pensamento. Se tenho me mantido afastado da minha família a culpa é sua, que só me dirige a palavra quando quer algo ou quando reclama de Ademar por qualquer peraltice que ele fez! Não venha me incutir uma culpa que é única e exclusivamente sua!

João Vitor, esbravejando, jogou o copo com uísque no chão e, a passos largos, saiu do escritório, refugiando-se em seu quarto.

Alice, assustada com a atitude destemperada do marido, ficou olhando-o subir as escadas e disse:

— Tenho certeza de que há uma mulher por trás disso tudo! João Vitor, você me paga, não deixarei isso passar em branco.

A entidade que sempre esteve ao lado de João Vitor agora estava acompanhando Maria Alice. Assim, disse:

— Vigie seu marido e descobrirá o que quer saber.

— Amanhã mesmo vou contratar alguém para vigiá-lo.

— João Vitor, você vai se arrepender por não ter me obedecido! — gargalhou a entidade.

Maria Alice, não querendo se deitar com o marido, resolveu dormir no quarto de hóspedes. João Vitor jogou-se na cama e trincando os dentes pensou: "Como Maria Alice pode pensar uma coisa dessas de mim? Tenho muitos defeitos, mas não sou infiel, sempre estive voltado aos interesses da família e preocupado em manter seus luxos. Ia contar para Alice o motivo de minha visita a meu pai, mas certamente ela não iria entender. Foi bom que essa discussão tenha surgido antes de eu lhe contar sobre meu desejo de ajudar Rita".

Procurando não pensar mais no assunto, o homem decidiu tomar um banho e se deitar. Mas somente depois de duas horas conseguiu finalmente conciliar o sono.

No dia seguinte, João Vitor se levantou cedo e saiu sem tomar café. Maria Alice, que estava acordada, ficou, em silêncio, observando o marido sair. Não querendo encontrar com ele, só saiu do quarto de hóspedes depois que ele foi trabalhar.

Enquanto dirigia, João Vitor pensou: "Preciso ir ao velório daquele infeliz, pois tenho de conversar com Rita sobre o trabalho na fábrica".

Ao chegar ao velório constatou, para sua surpresa, só havia cinco pessoas. E nenhuma delas estava pranteando o falecido. João se dirigiu a Rita e disse:

— Dona Rita, acaso já decidiu o horário do enterro?

— Decidimos que o enterro será às nove horas da manhã.

João Vitor, sem querer se demorar naquele lugar, perguntou:

— O que pretende fazer depois desse triste incidente?

— Ainda não sei o que será da minha vida. Estou preocupada com o futuro de meus filhos.

— Gostaria de trabalhar em minha fábrica?

Um brilho de esperança surgiu nos olhos de Rita, que, olhando surpresa para João, perguntou:

— Trabalhar na fábrica?

— Penso que se preocupa com o bem-estar de seus filhos, não é? Pense em minha proposta e se interessar me procure.

Rita, que não sabia nada sobre João Vitor, perguntou:

— Mas onde é a fábrica?

— A fábrica de plásticos fica perto do engenho velho. Ao chegar, peça que o porteiro me avise.

— Eu preciso trabalhar, doutor, e não quero que meus filhos se enveredem pelos caminhos do pai.

— Muito bem, então me procure na fábrica.

— Vou ainda hoje ter com o senhor na fábrica.

— Vou esperá-la às quinze horas. Por favor, faça o possível para chegar no horário, tenho muitas coisas a resolver.

— Sim, senhor.

João Vitor não respondeu, virou as costas e saiu rapidamente, a fim de ir ao trabalho enquanto Rita ficava observando-o sem nada dizer.

No velório estavam somente a mãe de José Antônio, três irmãos e Rita. E assim se deu até a hora do enterro.

Como José Antônio era um meliante, as pessoas não lhe queriam bem, de modo que para a maioria sua morte foi um grande bem à comunidade.

João Vitor entrou em sua sala dizendo para a secretária:

— Dona Valéria, traga-me as contas dos fornecedores de matéria-prima.

Valéria abriu uma das gavetas de sua mesa e pegando uma pasta passou a separar as faturas que o chefe havia lhe pedido, enquanto ele entrou em sua sala e começou a fazer algumas ligações. De repente, a porta se abriu e João, levantando o olhar, viu seu pai. Depois de tratar de alguns assuntos com a pessoa do outro lado da linha, ele pousou o fone no gancho, e em tom seco perguntou:

— O que o traz à minha sala?

— Que mal há nisso?

— Mal nenhum! Apenas não é do seu feitio vir à minha sala.

— E a mulher de quem me falou ontem?

— Sim, o que tem ela? — perguntou João Vitor, remexendo-se levemente na poltrona.

— Meu filho, compreendo que queira ajudá-la. Ela aceitou o trabalho?

— Papai, conversei com ela rapidamente antes de vir ao trabalho e ela me garantiu que virá hoje às quinze horas para conversar comigo.

— Ótimo! Por favor, assim que entrevistá-la, leve-a à minha sala para conhecê-la.

— O senhor quer conhecer dona Rita? Qual seu interesse?

Osmar, que desconfiou que o filho estava interessado na pobre mulher, mudou de assunto:

— Qual é o trabalho que oferecerá a ela?

— Estive pensando que ela poderia trabalhar no setor de limpeza.

— Mas, filho, não há outra função que essa mulher possa exercer? Por que não lhe oferece um trabalho na linha de produção? Você sabe que nesse setor ela ganhará um pouco mais, além disso há uma moça que se demitiu ontem.

— Está bem, papai. Vou lhe oferecer um trabalho na linha de produção.

— João, desde ontem percebi que você está mudado. Aconteceu alguma coisa?

— Acho que estou cansado.

— Cansado? Se for isso, por que não tira férias?

— Estou me cansando de correr sem conseguir chegar a lugar algum; de pensar tanto em minha família e minha esposa não me valorizar; para falar a verdade, estou cansado da vida que tenho levado.

Osmar, percebendo certa melancolia nas palavras do filho, disse:

— Já me senti assim antes, meu filho, mas lembre-se de que tudo neste mundo não passa de uma bonita ilusão. Devemos nos contentar com tudo o que a vida nos dá, mas não podemos deixar que ela nos embriague a tal ponto de acharmos que seremos felizes somente se tivermos mais do que o suficiente para viver. Você trabalha e pensa que somente isso para a sua família é suficiente, mas esse é um triste engano. Dá roupas caras para a sua esposa, joias caríssimas, mas será que isso substitui a sua ausência como pai e marido? Quando você e seu irmão eram crianças, eu pensava que somente lhes dar presentes caros e à sua mãe bastava; porém estava enganado, costumava ficar fora de casa por muitas horas e voltava somente para tomar banho e dormir. Na ânsia de enriquecer, trabalhava como louco e deixava minha família de lado. Sua mãe nunca reclamou, porém suas atitudes mostravam que eu não estava sendo o marido com o qual ela sonhara.

João Vitor, lembrando momentaneamente do passado, desabafou:

— Papai, lembro-me de que o senhor ficava trabalhando e não se importava com as notas que tirávamos na escola. Eu fazia de tudo para tirar notas altas somente para lhe chamar a atenção.

— Como me arrependo disso, meu filho. Enquanto me preo-cupava em ser um bom provedor, esquecia que minha família contava com minha presença. A verdade é que não acompanhei o crescimento de vocês, e quando me dei conta já eram adultos.

João Vitor sentiu pena do pai e manejando a caneta encarou-o e disse:

— Quando eu estava na quinta série era comum os alunos contarem o que haviam feito no fim de semana e sempre acontecia a mesma coisa: falavam sobre as façanhas dos pais e eu ficava calado, pois aos domingos o senhor ficava no escritório lendo contratos.

— Desperdicei tempo demais. Não convivi com minha família como deveria. Portanto, meu filho, não cometa os mesmos erros de seu pai; existem muitos momentos felizes, por essa razão usufrua deles com sua família, que é o bem mais precioso que alguém pode ter. Não perca tempo, pois Ademar nunca mais terá a idade que tem hoje, e o tempo passa rapidamente. Não devemos desperdiçá-lo.

João Vitor, observando o pai sair de sua sala, pensou: "É, papai, o senhor não sabe quantas noites dormi chorando querendo um minuto de sua atenção".

De repente, ele olhou para um ponto indefinido e se lembrou da discussão que tivera com Maria Alice na noite anterior. Levan-tou-se rapidamente e avisou a secretária:

— Dona Valéria, vou sair e só volto depois do almoço. Por favor, avise quem vier me procurar.

A secretária nada disse e voltou a escrever alguns contratos. João Vitor saiu rapidamente da fábrica, foi até uma joalheria e com-prou um lindo colar de pérolas. Satisfeito, pegou a caixinha de ve-ludo e entrou em casa abruptamente. Encontrou a esposa passando informações à empregada.

João, sorrindo, disse:

— Alice, precisamos conversar.

— O que faz em casa uma hora dessas?

João Vitor pegou na mão da esposa, levou-a ao escritório e disse:

— Alice, estive pensando e sei que estou falhando com você e com o nosso filho. Tenho ficado muitas horas fora de casa e quando volto fico trancado no escritório sem dar a atenção que vocês precisam. Talvez pense que estou com alguma mulher, mas saiba que isso não é verdade, sempre lhe fui fiel e pretendo continuar a sê-lo até o fim dos meus dias.

Maria Alice, sem compreender o que o marido estava tentando dizer, apressou-se em dizer:

— O que aconteceu para vir me dizer tudo isso?

— Estive conversando com meu pai e ele cometeu o mesmo erro conosco; hoje diz que se arrependeu por não compartilhar momentos felizes com a família. Não quero cometer os mesmos erros, pois compreendo que o conforto material não é tudo de que precisam.

Maria Alice, não se dando por vencida, alfinetou o marido:

— Quando Ademar saiu do hospital você jurou que seria um homem diferente, porém o seu entusiasmo durou apenas uma semana e você voltou a ser como sempre foi: um homem distante, que não se preocupa com ninguém além de si próprio.

João, tomado de profunda emoção, disse:

— Posso ter permanecido distante, mas não distante de meu coração.

Maria Alice lançou um olhar curioso para o marido, e com um sorriso sarcástico deixou sua língua ferina entrar em ação:

— Que coração? Acaso tem um? Se tiver, ele está voltado somente aos bens de seu pai; aliás, isso é a coisa mais importante para você.

— Tenho errado muito com vocês, mas estou disposto a reverter essa situação.

Maria Alice percebeu que o marido estava sendo sincero e desabafou:

— João, você fica fora de casa o dia todo e não sabe o que é criar um filho praticamente sozinha.

— Você não está sozinha, somos uma família.

— Só agora você se deu conta disso? Tenho cuidado da casa e de Ademar sozinha; afinal, você está sempre trabalhando e quando não está no trabalho está trancado no escritório, dispensando nossa companhia.

— Alice, compreendo o seu ressentimento, mas estou disposto a reverter essa situação, pretendo agir de maneira diferente. Trouxe pérolas para a mais linda pérola — disse lhe dando o presente.

Alice estendeu a mão e, curiosa, abriu a caixinha. Para sua surpresa fora a mesma pérola que ela havia visto dias antes ao sair às compras com o marido. Mas depois de sorrir, fechou o cenho dizendo:

— João, não preciso de joias, preciso do homem que escolhi para ser meu companheiro e pai do meu filho.

— Esse homem a quem escolheu não vai mais deixá-la sozinha.

— João, essa é sua casa e nós somos sua família — afirmou Alice, entregando-se à emoção e abraçando-o.

João apertou fortemente a esposa contra seu corpo e, sorrindo, disse:

— Talvez vocês não tenham ideia do quanto são importantes para mim.

— Mas esse foi o motivo pelo qual saiu do trabalho a essa hora?

— Vocês são minha família e não vejo motivo mais importante para estar em casa a uma hora dessas.

Assim que os dois serenaram as emoções, Alice perguntou:

— Você já voltará para a fábrica?

— Não! Hoje quero almoçar com a minha família e só voltarei ao escritório depois do almoço.

Apesar das divergências frequentes que aconteciam entre os dois, Maria Alice amava João. Naquele fim de manhã João ficou ao lado dela o tempo todo, porém não ficou com o filho, porque ele estudava na parte da manhã e só chegava na hora do almoço.

A esposa sentiu-se feliz e ajudou a preparar um almoço especial para o marido. João almoçou tranquilamente e foi com alegria que viu o filho chegar da escola dizendo que fora escolhido para fazer parte do time de futebol.

— Meu filho, quero que seja o melhor do time de futebol, por esse motivo vou lhe dar uma bola de futebol — João disse sorrindo.

Ademar, sorrindo, respondeu:

— Papai, não precisa comprar outra bola, a última que me deu ainda nem usei.

— A bola que eu lhe dei de presente de Natal há dois anos ainda não foi usada?

— Ainda não, mas prometo que vou usá-la em breve.

— Mas por que ainda não a usou?

Ademar, sem pensar no efeito de suas palavras, respondeu:

— Papai, a bola é bonita e cara. Eu a guardei para jogar bola com o senhor.

As palavras de Ademar foram aterradoras para João Vitor, pois o fizeram enxergar o erro que estava cometendo com o filho.

— Ademar, o que acha de irmos ao campo de futebol no sábado? Certamente formaremos um time e poderemos usar sua bola.

— Está vendo, mamãe, como eu estava com razão quando guardei a bola para jogar com papai? Vamos formar um time de futebol no campo recreativo da cidade — gritou Ademar, sorrindo para a mãe.

Maria Alice mal podia acreditar no que estava acontecendo. João Vitor sempre fora um homem ocupado demais para jogar futebol com o filho.

— Agora vou voltar ao trabalho. Quanto a você, faça suas tarefas escolares e depois dê banho no Spok, pois ele está meio sujinho.

— Está bem, papai. Vou pedir para a Alzira me ajudar. Quando voltar, o Spok estará bem limpinho.

João Vitor sorriu ao ver o entusiasmo do filho. Beijando a testa da esposa ele se despediu dizendo que precisaria voltar à fábrica antes das três horas da tarde.

Maria Alice, ao ver o marido entrar no carro, disse:

— Será que João Vitor conseguirá vencer seu egoísmo? Uma coisa não posso negar, ele está tentando fazer o melhor, por esse motivo terei paciência com ele.

João Vitor estava se dirigindo à fábrica quando, de repente, uma entidade ao seu lado, disse:

— Você é um frouxo! Tantas coisas para resolver e você está preocupado com sua mulher e seu filho? Deixe de bobagem! Enquanto brincar de família feliz, ficará sem um centavo, pois seu irmão fará tudo o que estiver ao seu alcance para lhe passar a perna.

— Embora eu esteja me esforçando para ser um bom pai e um excelente marido, não posso perder o foco das coisas principais em minha vida; tenho de cuidar do que é meu.

João Vitor ligou o rádio do carro e ouviu uma notícia que o deixou estarrecido:

"Morreu na noite de sábado o meliante José Antônio, assassinado com três tiros. Segundo consta, Alemão, como era conhecido, havia matado na mesma noite um chefe de família em uma tentativa frustrada de assalto."

Irritado com a notícia, ele trocou a estação e passou a ouvir uma música. Enquanto dirigia disse:

— Ainda bem que esse infeliz morreu! Se permanecesse vivo teria me arranjado muitos problemas.

Levando a mão à cabeça, como a afastar maus pensamentos, João Vitor chegou à fábrica. Assim que entrou em sua sala, reviu os pedidos, e quando estava fazendo algumas contas, o telefone tocou:

— Alô, tem uma senhora chamada Rita aqui na portaria dizendo que o senhor a mandou vir neste horário.

— Por favor, mande-a entrar.

O porteiro, sabendo que a moça não saberia onde encontrar João Vitor, pediu a outro rapaz que passava para levá-la até o escritório dele.

Rita, andando rapidamente, logo chegou diante da sala de João Vitor. De cabeça baixa, disse para Valéria:

— O dr. João Vitor mandou que eu viesse conversar com ele.

Valéria, sem nada dizer, levantou-se e, batendo na porta levemente, disse a João Vitor:

— Doutor, Rita o está esperando na sala de espera.

— Mande-a entrar! — disse João Vitor bruscamente.

— Obrigada, por me receber — falou Rita ao entrar.

Apesar de ser uma mulher simples ela era diferente de José Antônio, tinha educação. Isso chamou a atenção de João.

— Dona Rita, sei que está temendo o futuro sem seu marido, por esse motivo estou disposto a lhe dar um trabalho.

— Doutor, com a morte de meu marido, realmente preciso trabalhar para não deixar faltar nada a meus filhos. Tenho de aprender a tomar minhas próprias decisões.

— O que sabe fazer?

Rita, esfregando a mão uma na outra, nervosamente, disse com sinceridade:

— Doutor, não estudei, pois desde criança tive de trabalhar para ajudar nas despesas de casa; portanto, sou capaz de fazer o que o senhor quiser, desde limpar banheiro até preparar café.

João Vitor, lembrando-se da conversa que tivera com o pai, disse:

— Dona Rita, tenho uma vaga na produção. O salário é um pouco melhor e você terá folgas nos fins de semana. — Depois de explicar o seviço, João perguntou: — E então, está disposta a ingressar no quadro de funcionários da fábrica?

— Sim, senhor! Precisou José Antônio morrer para eu passar a comandar a minha vida.

João escreveu num papel e instruiu-a:

— Leve este bilhete ao Departamento de Pessoal e siga as instruções que eles lhe passarem.

— Obrigada por tudo o que o senhor tem feito por mim.

Nos olhos de Rita havia muita gratidão. Aquilo incomodou João Vitor, que, meneando a cabeça, disse:

— Por favor, dona Rita, não conte a ninguém sobre seu marido, muito menos que eu a ajudei.

— Pode ficar despreocupado, ninguém ficará sabendo o bem que o senhor tem feito por mim e meus filhos.

João Vitor abaixou o olhar para os papéis espalhados em sua mesa e não viu quando a mulher saiu de seu escritório. Embora Rita tivesse perdido o marido, ela sentia uma ponta de esperança de que tudo iria mudar. Ao sair do escritório, ela se dirigiu ao Departamento de Pessoal, depois das instruções foi embora pensando: "Enquanto estive amasiada com José Antônio, sempre vivi todo tipo de miséria e privação, mas agora Deus está me dando a oportunidade de recomeçar minha vida. José Antônio, seus dias de tirania passaram e agora vou criar decentemente meus filhos nem que para isso tenha de derramar lágrimas de sangue; homem em minha vida nunca mais!".

Tomada de emoção, Rita voltou ao seu casebre e ao chegar encontrou a mãe de José Antônio dizendo:

— Meu filho sempre foi um bom provedor, nunca deixou faltar o pão a seus filhos.

— Dona Iraci, seu filho nunca foi um bom provedor, pelo contrário, sempre deixou os filhos passarem fome.

— Você só está dizendo isso porque meu filho não está mais aqui para se defender.

— Digo isso porque é a verdade. José Antônio, quando conseguia algum dinheiro, gastava em bebida e não se preocupava com os filhos.

— Isso não é verdade, todo dinheiro que conseguia trazia para a sua casa.

— Se seu filho conseguia dinheiro, ele pegava a maior parte para gastar com bebidas, dando o mínimo. Sofri todo tipo de privação e humilhação.

— Por que você não se separou dele e voltou para a casa de seus pais?

— Como poderia voltar para casa levando dois filhos se meu pai não tem o suficiente nem para ele? — falou chorando.

— Que meu filho nunca foi coisa que prestasse disso eu sempre soube, mas deixar os filhos passar fome isso é intolerável. Por não ter sabido criá-lo, eu o perdi tão cedo! Saiba que uma mãe nunca está preparada para perder um filho, ainda mais jovem e sadio.

Rita sentiu pena daquela mulher cansada e em tom de lamento disse:

— Dona Iraci, a senhora perdeu um filho, mas não se esqueça de que tem outros três que ainda precisam da senhora.

A mulher enxugou uma lágrima que escorria pelo canto dos olhos e perguntou:

— E você, o que pretende fazer da vida? Vai arranjar um padrasto para os meus netos?

— Dona Iraci, não quero homem na minha vida nunca mais! Tive José Antônio e ele se foi. Agora não terei mais ninguém. Vou trabalhar e cuidar dos meus filhos para que eles não sigam o mau exemplo do pai.

— Meu filho nunca deu valor à mulher que tinha.

— Dona Iraci, jante conosco hoje.

— Rita, se você quiser eu cuido das crianças para que você possa trabalhar.

— Obrigada. Depois vou resolver isso.

Rita, embora tivesse perdido José Antônio, intimamente sentia-se feliz; afinal, depois de muitos anos voltaria a viver.

19.

Nova realidade

José Antônio acordou sentindo fortes dores no peito. Não demorou para lembrar que havia sido atingido por três tiros. Levando a mão ao peito, percebeu que estava sangrando e disse:

— O Faísca vai me pagar por ter feito isso comigo! O maldito pensou que havia me matado, mas se enganou, estou mais vivo do que nunca!

Alemão levantou-se e sentiu fortes tonturas, que o impediram de voltar para casa. Assim pensou: "Devo ter perdido muito sangue, por essa razão me sinto tão fraco! Vou ficar por aqui, amanhã caminho até a estrada de terra para pedir ajuda.

Faísca havia assassinado várias pessoas e nunca fora pego pela polícia. Era uma pessoa que não sentia nenhum remorso por tirar a vida de alguém. Ele era amigo de José Antônio desde a infância, viviam bebendo no boteco do bairro.

José Antônio fora convidado para participar de um assalto a um banco no centro da cidade. O plano foi executado com sucesso e na hora da divisão do dinheiro ele tentou ficar com a maior parte.

Faísca, sentindo-se lesado, convidou-o para passear. José Antônio não desconfiou de nada, acompanhou-o até a mata e foi lá que o amigo o executou.

José Antônio, por mais que pensasse, não conseguia acreditar que seu amigo havia feito aquilo, por essa razão, decidiu se vingar. Vendo seu peito sangrando, disse com ódio:

— Se continuar sangrando dessa maneira, vou morrer aqui sozinho!

Ele tentou gritar, porém sua voz estava demasiadamente fraca. Vencido pelo cansaço, deitou-se e adormeceu. Quando o dia estava quase amanhecendo, José Antônio sentiu alguém chutar seu pé e com raiva disse:

— Por que está me chutando? Não o conheço para agir dessa maneira comigo. — José Antônio percebeu que se tratava de um homem alto, e com sua habitual animosidade retrucou: — Escute aqui, não sou homem de aguentar desaforos e ficar quieto, por que não me ajuda em vez de me chutar?

A figura masculina soltou uma gargalhada sinistra dizendo:

— Deixe de ser idiota! Você já era... — Ao dizer essas palavras, a entidade gargalhou ainda mais e voltou a dizer: — Pretendo cuidar de você.

Desconfiado, José Antônio perguntou:

— Por que quer me ajudar? Não o conheço.

— Você precisa ficar bom para começar a trabalhar para nós.

— Eu não trabalho para ninguém; portanto, se quiser contratar meus serviços terá de pagar.

Quanto mais ele falava, mais a entidade gargalhava. Somente depois de se acalmar disse:

— Vejo que não há como você deixar de ser idiota; nasceu assim e não vai mudar nunca.

— Olha aqui, seu palerma, não vou suportar desaforos e ficar quieto. Acho bom se calar antes que as coisas piorem.

A entidade, chutando o pé de José Antônio com força, gritou:

— Acho bom se comportar, pois já não é mais o mesmo de antes; saiba que de hoje em diante você me deverá obediência.

Com muito esforço, José Antônio sentou-se e com raiva disse:

— Voltarei para minha casa, não quero ficar aqui ouvindo as bobagens que saem de sua boca.

José Antônio esforçou-se para se levantar, porém sentiu fortes dores que o obrigaram a permanecer no mesmo lugar.

A entidade sentou-se ao lado dele e o informou:

— Olhe aqui, seu idiota, quando você foi alvejado pelas balas você não resistiu...

— Então você está dizendo que morri?

— O que esperava? Acha que tinha um corpo de aço à prova de balas? Você morreu e se não quiser acreditar espere até amanhã de manhã.

José Antônio, não acreditando nas palavras daquele desconhecido, sorriu e pensou: "Esse homem é um biruta qualquer, insiste em dizer que estou morto, isso é um insulto à minha inteligência".

Ficando em silêncio por alguns instantes, ouviu quando o desconhecido disse:

— Não sou biruta! Pelo contrário, sou lúcido até demais! Quanto a você, não é tão inteligente como pensa, pois se assim o fosse não teria acompanhado Faísca a este matagal.

José Antônio ficou intrigado e perguntou:

— Como pode saber o que eu estou pensando? Acaso é um bruxo?

— Não, apenas um morto como você.

José Antônio sentiu um arrepio percorrer-lhe a espinha e perguntou:

— Como pode dizer que estou morto? Estou me sentindo mais vivo do que nunca. Apenas sinto uma dor terrível no peito, mas sei que não estou morto.

— Alemão, compreenda, estamos mortos para as pessoas que vivem na Terra. Sou Chico Bravo e tenho um chefe que o estava esperando morrer para ter um dedo de prosa com você.

Sentindo medo de Chico, Alemão perguntou:

— Mas e se eu não quiser conhecê-lo?

— Acho bom você ir, pois ele poderá fazer você chorar sangue, se for preciso.

— E se não for o que poderá me acontecer?

— Por que você não experimenta para ver?

Nesse momento, Chico Bravo soltou uma gargalhada sinistra intimidando completamente Alemão.

— Se o seu chefe quer me ver, por que não me leva até ele?

— Se quiser, pode fechar os olhos — avisou Chico Bravo, encurvando-se e pegando na mão de Alemão.

— Não sou homem de ter medo.

O recém-chegado, logo percebeu que não estava caminhando e que rapidamente entrava em um lugar escuro e fétido. Atento, observava a tétrica paisagem que se formava à sua frente; curioso, perguntou:

— Que lugar horrível é este?

— Fique quieto!

Alemão ouviu pessoas gemendo enquanto deslizava por aquele lugar tenebroso. Por um momento, arrependeu-se por ter sucumbido diante das ameaças de Chico Bravo. A luz lúgubre do lugar o fazia se lembrar dos filmes de terror a que assistira no cinema. Olhava tudo com atenção e, de repente, olhou para baixo e viu uma lama viscosa em toda a extensão do lugar.

Chico Bravo, satisfeito por ver terror nos olhos de Alemão, disse:

— Compreendo o que está sentindo neste lugar, mas logo você vai se acostumar e gostar daqui.

— Que lugar é este?

— É o que podemos chamar de inferno, pois aqui estão todas as almas que cometeram algum mal na Terra. Os espíritos iluminados chamam-no de Vale das Sombras, pois todos os que aqui residem não passam de espectros humanos.

— E quem são os espíritos iluminados?

— São espíritos metidos a ser bonzinhos, mas na verdade são piores que todos nós juntos.

Alemão olhou para cima e percebeu que tudo era escuro, a luz do sol não penetrava ali.

— Vou soltar sua mão, pois chegou a hora de andarmos um pouco.

— Não quero andar neste lugar lamacento e fétido, prefiro continuar segurando sua mão.

— Deixe de bobagem! Acaso acha que sempre estarei segurando sua mão? Você terá de aprender a caminhar aqui.

— Chico, não aguento mais andar, estou sentindo fortes dores no peito.

— Não se preocupe, vamos cuidar de você, mas quando melhorar terá de trabalhar.

Alemão, achando que tudo dependia de sua escolha, pensou: "Isso se eu aceitar o trabalho".

Chico, que caminhava na frente de Alemão, virou-se e respondeu:

— Você não tem escolha, ou faz o que o chefe quer ou ficará preso.

Por um momento, Alemão percebeu que estava em uma grande enrascada. Temeroso, decidiu se calar a fim de não zangar Chico, que lançava um olhar perscrutador a ele.

Não demorou e os dois entraram em uma clareira, onde havia várias árvores retorcidas. O local tinha uma luz bruxuleante que mal o iluminava. Alemão andava em silêncio e observou muitas ruínas, que se assemelhavam a casas.

Chico parou diante de uma dessas casas e gritou:

— Tem alguém aí?

Logo apareceu um homem velho, cheio de colares coloridos no pescoço.

— Mulato, prepare uma esteira, trago mais um escravo do chefe para você cuidar — avisou Chico em tom austero.

O homem fixou seu olhar em Alemão e perguntou:

— Ele já conversou com o chefe?

— Ainda não! Resolvi avisá-lo, pois assim que ele conversar com Zé Dragão, vou trazê-lo para sua choupana.

O velho voltou ao interior do casebre e deixou a porta semiaberta. Fazia quinze anos que Chico estava naquele lugar, mas desde que aprendera a voltar para a crosta evitava ficar muito tempo ali. Com sua habitual brutalidade, disse quase gritando:

— Venha, vou levá-lo até o chefe, pois ele não gosta de esperar.

Alemão, sentindo forte emoção, viu os buracos de bala sangrarem e com a voz rouca disse:

— Veja, o sangue não para de jorrar. Estou me sentindo fraco.

— Deixe de ser frouxo! Você não está sangrando, essa é uma impressão que você guardou do corpo físico.

— Se isso não é sangue, o que é?

— Odeio novatos! Sempre acham que ainda estão no corpo de carne, só porque sentem determinadas coisas que o corpo sente.

Alemão, não compreendendo o que Chico estava querendo dizer, decidiu mais uma vez se calar a fim de não arranjar confusão com aquele sujeito mal-encarado e fedorento.

Chico começou a andar a passos rápidos, queria se livrar logo de Alemão. Não demorou, chegaram diante de uma casa velha, que mais parecia um mausoléu.

O PASSADO ME CONDENA

— Alemão, seu sofrimento está apenas começando. Aqui é um lugar de choro e de ranger de dentes. Se quiser um conselho, não contrarie o chefe, pois ele costuma ser violento com todos os que o insultam.

Alemão estava sentindo verdadeira aversão por Chico. Sem dizer uma só palavra, voltou sua atenção ao mausoléu.

— Se você achou o lugar feio, não imagina como é nosso chefe — falou Chico, abrindo o portão e dando uma gargalhada.

Os dois entraram na casa e Alemão ficou observando cada detalhe daquele imenso espaço, que parecia uma grande sala.

— Espere aqui! Vou conversar com o chefe e depois virei chamá-lo; tire essa expressão de coitado do rosto, pois isso é uma coisa que o irrita profundamente.

Chico saiu, deixando Alemão sozinho. Ao olhar para as paredes, ele viu que em cada uma delas havia um archote que iluminava o local. No canto esquerdo, uma escultura de madeira, que mais se assemelhava a uma caveira, no pescoço havia muitos colares coloridos.

Alemão não deixou de notar que quase não havia mobília, a não ser um grande banco de madeira. Sentindo a fraqueza tomar conta de seu corpo, ele se sentou e ficou observando o local, que exalava mau cheiro. Pensou: "Isso aqui é o quinto dos infernos! Nunca imaginei que pudesse existir um local horrível como esse. As pessoas que encontrei no caminho mais parecem demônios, preciso arranjar uma maneira de sair daqui".

De repente, Chico apareceu na porta, e em tom sarcástico disse:

— A donzela está encantada com o lugar?

Alemão, sentindo verdadeiro ódio esqueceu da dor e do sangramento e se levantou:

— Se pensa que tenho medo de você está muito enganado. Se tivesse uma peixeira já teria calado sua boca.

— Então você quer uma peixeira? Ouça o que vou lhe dizer, seu energúmeno, sua peixeira aqui não faz a mínima diferença, pois eu já estou morto há muito tempo... — Chico começou a rir desmedidamente, deixando Alemão furioso. Assim que parou de rir gritou: — Deixe de conversa e venha, o chefe o está esperando.

Alemão levantou-se e com sofreguidão acompanhou Chico, que caminhava a passos rápidos. Depois de andar por um longo corredor, ele sentia o odor cada vez pior. Ao fundo, havia uma porta imensamente grossa, que estava semiaberta. Chico, deixando seus dentes à mostra, disse:

— Você não é valente? Prove sua valentia entrando na sala do chefe.

Endireitando a postura, ele lançou um olhar desafiador a Chico, e sem nada dizer, entrou lentamente. Percebeu que a sala estava totalmente na penumbra, e sem enxergar a sombra à sua frente, perguntou:

— Acaso é o chefe do Chico?

— Quem faz as perguntas aqui sou eu, assim como quem dá as ordens também! Só responda o que lhe for perguntado.

— Não sou homem de aguentar desaforos; portanto, peço que me respeite.

De repente, uma gargalhada diabólica ecoou na sala quase vazia, fazendo com que o recém-desencarnado ficasse hirto de medo. Ali havia dois archotes que iluminavam o local, mas como a sala era imensamente grande, os archotes se tornavam quase inexistentes. Sem enxergar a figura à sua frente, Alemão balbuciou:

— O que é você?

— Sou o que você quer que eu seja, um diabo ou um demônio; deixarei isso a seu critério.

— Não sou homem de ter medo de nada; nem do que voa, nem do que se rasteja. Se há alguém com medo aqui esse alguém é você, pois você tem medo de se mostrar.

— Tem certeza de que quer me ver? Estava tentando poupá-lo, mas vejo que não é necessário.

Lentamente, a figura saiu da penumbra e mostrou seu rosto. Alemão, boquiaberto com o que estava diante dele, não conteve um grito.

— E agora, continua sendo o mesmo valentão que entrou aqui?

Alemão sentiu suas pernas enfraquecerem, e levando a mão ao peito percebeu que estava sangrando ainda mais. A figura sorriu, deixando à mostra duas presas, que mais pareciam as de uma serpente. Na cabeça, havia algo que se assemelhava a chifres. Seus olhos pareciam os de um felino, cujas pulilas se contraíam com a claridade; suas mãos eram peludas e as unhas pareciam garras. Em suas costas havia algo saliente que parecia o cupim de um touro. A figura disse:

— Alemão, você não é coisa que preste e por esse motivo está aqui. Mandei que Chico o trouxesse para que ficasse sabendo que de agora em diante você passará a ser meu escravo.

Alemão, indignado com a prepotência daquele ser, perguntou:

— E se eu não quiser ser seu escravo?

— Você não tem escolha, de hoje em diante será meu escravo e não há como fugir disso.

Alemão sentiu uma vertigem e um torpor incontrolável e desmaiou. Ao acordar, olhou para o lado e não vendo a figura diabólica pensou: "Que pesadelo horrível!".

De repente, uma voz respondeu:

— Você não está sonhando, realmente você esteve diante de Zé Dragão, o chefe do bando dos justiceiros. Foi ele quem mandou você para tratamento.

— Então estou mesmo morto?

— Você está morto há mais de dois meses.

— O quê? Há quanto tempo estou aqui?

— Não lhe disse que está morto há dois meses? Você ficou na mata e depois foi trazido por Chico para se apresentar ao chefe.

— Vou me vingar do sujeito que atirou em mim e me lançou neste inferno.

— Deixe de pensar em vingança, agora está na hora de pensar em se recuperar para se apresentar ao trabalho.

Alemão levou a mão ao peito e percebeu que já não sangrava mais, e disse:

— O senhor é um bom homem! Cuidou de mim sem nem mesmo saber quem sou.

O homem, escarrando no chão e levando um cachimbo à boca, respondeu:

— Não se entusiasme! Neste lugar não há ninguém bom, se estamos aqui é porque merecemos.

Alemão, prestando atenção à fisionomia cansada daquele velho homem, questionou:

— Mas por o senhor não vai embora?

— Não há como sair; sou tão prisioneiro quanto você — respondeu, voltando a dar mais uma baforada.

— O senhor poderia me servir uma água?

O homem levantou-se calmamente e voltou em seguida com uma caneca de barro. Alemão sentou-se com dificuldade, e ao pegar a caneca da mão do velho homem, olhou para o líquido turvo e perguntou:

— O que é isso? Eu lhe pedi água, não barro.

— Você pediu água e eu lhe trouxe.

— Esta é a água que as pessoas daqui tomam?

— É a única água que temos para beber; se não quiser não precisa fazê-lo.

Alemão cheirou a caneca e percebeu que o odor do líquido se assemelhava a lama podre. Assim, colocou a caneca de lado e falou:

— Não vou tomar uma água suja como essa.

— Pode tomar sem medo, isso não lhe fará mal.

Alemão sentiu um mal-estar, e deixando seu corpo repousar sobre a esteira concluiu:

— Se estou morto por que sinto como se ainda estivesse vivo?

— A morte não existe, o que existe é a morte do corpo físico, que não aguenta o peso dos anos nem as doenças que aparecem. Embora o corpo físico acabe, o espírito continua a viver, e este sente as mesmas sensações de quando estava vivendo na Terra, em carne e osso. Enquanto estiver aqui, vai continuar sentindo fome, frio e sede.

— E como faço para sair daqui?

— Não há nada a fazer. Todos os que vivem aqui estão condenados a viver eternamente nesse tormento.

Alemão olhou para Mulato desanimado e, com descaso, perguntou:

— Há quanto tempo você vive nesse lugar?

— Não sei ao certo, mas acho que faz trinta ou quarenta anos. Quando estamos nesse estado, perdemos a noção do tempo — respondeu Mulato, coçando a cabeça.

— Você se lembra da época em que estava vivo?

— Ara! Como poderia me esquecer? Vivi na época em que os negros ainda eram escravos. Quando a escravidão foi abolida, eu tinha apenas vinte e nove anos.

— Você viveu na época da escravidão?

— Ara! O que tem isso?

— A escravidão deixou de existir há mais de oitenta anos.

— Meu avô era feiticeiro, aprendeu a mexer com espíritos quando ainda vivia na África. Desde jovem, passei a seguir os passos dele.

— Seu avô era macumbeiro? Mulato, nunca acreditei nessas coisas.

Nhô Mulato, como era chamado por todos, respondeu:

— Você nunca acreditou, mas agora terá tempo suficiente para aprender a acreditar.

— Mas o que você fazia de mal a outros?

— Não fazia nada de mal a ninguém, apenas o que as pessoas me pediam.

— E o que as pessoas lhe pediam?

— Pediam muitas coisas, e eu fazia de tudo para ajudá-las.

— Mas que tipo de coisas as pessoas lhe pediam?

— Pediam para eu fazer chá para provocar aborto; mandavam-me fazer trabalho para vingar algum sinhô ruim; outras pediam para trazer o homem de volta; enfim, havia todo tipo de trabalho... até para fazer o homem deixar de ser homem.

— Mulato, você, com esse jeito de bom homem, já cometeu muitas maldades, não?

— Cometi sim, mas você não é muito diferente de mim, pois se assim o fosse, não estaria neste lugar tenebroso.

Alemão, magoado com as palavras do velho, respondeu:

— Fiz tudo de errado, matei, roubei e sempre tive sorte em fugir da polícia, até que um dia foi a minha vez.

— Minha mãe dizia que quem faz o mal recebe o mal; eu fazia maldades para ajudar todos aqueles que me procuravam, mas você matava sem compaixão; enfim, você e eu somos iguais e por esse motivo estamos condenados a viver neste tormento sem fim.

— E sua família? Encontra-se aqui?

— Não sei por onde anda minha família; minha mãe morreu quando eu tinha nove anos; meu pai depois de alguns anos, no tronco; meus irmãos foram vendidos e eu nunca mais tive notícias. Fiquei sozinho no mundo.

— Mas você não teve mulher e filhos?

— Minha mulher Sebastiana morreu no parto de nosso primeiro filho e eu nunca mais quis saber de mulher nenhuma.

— Mulato, estou sentindo dores no peito, acaso não tem um remédio para amenizar minha dor?

O homem levantou-se, e sem demora voltou com uma caneca:

— Tome isso e logo vai se sentir melhor.

— O que é? — perguntou Alemão desconfiado.

— É um chá para tirar a dor; você sentirá sono e quando acordar estará sem dor alguma.

— Você é escravo do chefe?

— Hoje não sou escravo de ninguém, apenas faço o que ele me pede.

— Mulato, por que não para de mentir? Sei que é escravo do chefe, assim como todos os que vivem aqui.

— Nem todos os que vivem aqui são escravos do Zé Dragão; há muitos outros chefes e cada qual tem o seu grupo.

Alemão sentiu um arrepio percorrer-lhe a espinha e questionou:

— Mas todos são tão feios quanto Zé Dragão?

— Há aqueles que são mais feios; porém, não se preocupe, enquanto você estiver sob sua proteção nada de mal vai lhe acontecer.

De repente, Alemão sentiu um torpor incontrolável e adormeceu.

20

Conhecendo a Casa Espírita

Lucas saiu da fábrica apressado. Havia marcado de pegar Nair e Rosângela às dezenove horas, e justo naquele dia ficou até um pouco mais tarde. Ao chegar a casa, entrou correndo e em poucos minutos já estava arrumado e saindo rumo à casa da namorada. Iriam ao Centro Espírita. Enquanto arrumava a gola da camisa deparou com o pai, que estava sentado na sala.

— O que está fazendo parado aí, feito uma estátua de bronze, meu pai?

— Meu filho, estou esperando dar o horário para buscar Berenice, combinamos de sair esta noite.

— Vai levá-la a algum lugar romântico?

— Meu filho, para ser sincero não sei aonde levá-la. Já fomos aos melhores restaurantes da cidade, e como você sabe não gosto de dirigir à noite. Acaso me sugere alguma coisa?

A campainha tocou e Aristides foi atender enquanto pai e filho continuavam a conversar na sala de visita. Berenice foi conduzida até eles. Ao olhar para a moça, Osmar disse:

— Berenice? Eu ia passar em sua casa.

— Osmar, não quero que fique me buscando em minha casa, a vizinhança está falando que estou dando o golpe do baú, e isso tem me magoado muito, tanto a mim quanto a minha mãe.

Osmar, indignado com a maldade das pessoas, respondeu:

— Diga-me quem falou uma infâmia dessa. Tenho advogados bons na fábrica e poderei processar o fofoqueiro que não para com a língua dentro da boca!

— Não se importe com isso. Somos adultos e sabemos muito bem o que queremos da vida — contemporizou a moça.

— Há pessoas cuja estrela já está apagada há muito tempo, e quando veem o brilho da estrela alheia se incomodam — redarguiu Lucas sorrindo. — Seja feliz enquanto pode e não dê ouvidos a falatórios, pois pessoas maledicentes sempre existirão.

— Você há de convir que é desagradável saber que há pessoas que falam mal da gente — falou e riu timidamente.

Osmar, percebendo que ela estava triste, interveio dizendo:

— Diga-me o nome da pessoa; vou lhe dar uma lição e ela nunca mais prestará atenção na vida alheia!

— Deixe isso para lá!

Lucas então teve uma ideia que mudaria para sempre a vida do pai. Com naturalidade, perguntou:

— Papai, por que vocês não nos acompanham à Casa Espírita?

Osmar olhou perplexo para o filho, quando ia responder, Berenice falou:

— É uma ótima ideia! Tempos atrás fui à Casa Espírita com dona Nair e confesso que saí de lá me sentindo muito bem.

— Esperem, vou pegar meu paletó e já volto.

Lucas sentiu imensa alegria ao ver que o pai iria à Casa Espírita. Olhando para Berenice, comentou:

— Você não imagina o bem que está fazendo ao meu pai.

— Lucas, eu o amo, embora as pessoas não acreditem.

Logo Osmar voltou com o paletó no braço e comunicou:

— Estou pronto.

— Papai, vá com seu carro, pois comigo vão dona Nair e Rosângela.

Os dois carros ganharam a rua e seguiram em direção à casa de Nair. Lucas estacionou o carro e não demorou para que mãe e filha saíssem de casa. O carro de Osmar estava logo atrás. Vendo Rosângela, o senhor disse:

— Lucas e Rosângela formam um belo casal, você não acha?

Berenice, sorrindo, apenas anuiu com a cabeça. Ao chegarem à Casa Espírita, Nair, com alegria, apresentou Osmar a algumas pessoas que vieram cumprimentá-los.

Receoso, logo percebeu que se tratava de uma casa comum, com cadeiras e uma mesa comprida à frente, com um vaso de flor em cima.

Um homem sorridente, depois de se apresentar, convidou-os a acompanhá-lo em sentida prece. Assim que a oração terminou, o homem falou:

— O tema de nossa palestra consiste nas palavras de Jesus: "Amai uns aos outros como eu vos amei". Como cristãos, devemos ter em mente que para amarmos a Deus é imprescindível que amemos ao próximo. Esse amor é demonstrado de diversas maneiras. Uma delas é não falando mal de nosso irmão quando ele não estiver presente. Por conta da inferioridade humana, é natural pessoas falarem mal e criticarem outras que não estejam presentes.

Com o livro *O Evangelho Segundo o Espiritismo* aberto em uma determinada página, ele respirou fundo e continuou:

— Em tempos passados, essa tendência era natural e isso exortou Tiago a escrever: "Irmãos, não faleis mal uns dos outros, quem fala mal de um irmão fala mal da lei; e, se vos julgueis a lei, já não sois observadores da lei, mas juízes".

Berenice, que ouvia atentamente as palavras daquele homem simples, ficou impressionada e se remexeu na cadeira, prestando mais atenção àquelas sábias palavras.

— Mas o que significa falar mal de alguém? — continuou o palestrante. — Significa render homenagem aos instintos inferiores de outrem. Quem o faz, está se colocando na posição de juiz, julgando seus defeitos. Muitas pessoas perdem um tempo precioso falando mal das pessoas e esquecem de corrigir seus próprios defeitos e vícios. O maledicente está explicitamente deixando de lado os ensinamentos de Jesus sobre o amor e a caridade, pois não se preocupa que está denegrindo a imagem de alguém nem tampouco se importa com os seus sentimentos, tornando-se impiedosamente implacável. As palavras de São Mateus, em 7:3-5, afirmam: "Então, por que olhas para o argueiro no olho do teu irmão, mas não toma em consideração a trave no teu próprio olho?, ou, como podes dizer a teu irmão: Permite-me tirar o argueiro do teu olho, quando, eis que há uma trave no teu próprio olho? Hipócrita! Tira primeiro a trave do teu próprio olho e depois verás claramente como tirar o argueiro do olho do teu irmão".

O senhor, com expressão serena, respirou mais uma vez e voltou a falar:

— O homem insensato insiste em ver o mal dos outros, mas se esquece do mal que há em seu próprio coração. Antes de fazermos julgamentos, na maioria das vezes injustos, é necessário que vejamos o nosso próprio interior. Se fizermos uma análise sincera, certamente não teremos tempo para nos preocuparmos com os defeitos do próximo, pois teremos de corrigir os nossos, o que demanda tempo e esforço. Muitas pessoas gostam de se agrupar para falar mal de alguém, e isso denota falta de inteligência e de ocupação. Falta ao maledicente amor fraternal no coração, ele acha que as palavras de

Jesus são apenas bonitas e encantam os ouvidos. Há provérbio que diz: "A língua maledicente destila veneno, corroendo a alma; enquanto a língua pura proclama louvores". Antes de qualquer outra coisa, todo maledicente é covarde, pois fala pelas costas o que não tem coragem de dizer na frente da pessoa. Mas o que devemos fazer quando somos alvos de comentários maldosos?

Respirando fundo mais uma vez, o senhor continuou:

— O próprio Jesus disse nas palavras de São Mateus 5:23-24: "Se tu, pois, trouxeres a tua dádiva ao altar e ali te lembrares de que o teu irmão tem algo contra ti, deixa a tua dádiva ali na frente do altar e vai; faze primeiro as pazes com o teu irmão, e então, tendo voltado, oferece a tua dádiva". Essas palavras deixam claro que não devemos falar mal em revide, mas ir ter com o irmão e procurar sanar o problema sem atritos nem discussões. Usemos de sinceridade ao conversar com o ofensor, expondo-lhe nossos sentimentos. Segundo um provérbio bíblico, "Uma palavra calma faz abrandar a ira, enquanto uma palavra ultrajante faz acender a ira". Portanto, não é sábio discutir para defender um ponto de vista; antes, é necessário usar de cautela e da sinceridade, pois, somente assim, faremos com que o ofensor sinta-se envergonhado pela sua má ação.

Todos prestavam atenção àquelas sábias palavras. E o senhor continuou sua explanação:

— "Grandes mentes falam de ideias, mentes medianas falam de coisas e mentes pequenas falam de pessoas".

Fechando *O Evangelho Segundo o Espiritismo*, ele disse com sua habitual calma:

— Nunca devemos nos ocupar em falar mal dos outros, mas antes amparar nossos irmãos, pois somos companheiros de jornada, não adversários.

Sorrindo, ele fechou os olhos e convidou a todos a acompanhá-lo na prece de encerramento. Depois, todos foram convidados a seguir para a câmara de passes, onde entravam apenas duas pessoas. Ali, também tomavam a água fluidificada.

Osmar, olhando para Nair, perguntou:

— E o que acontece agora?

— Mais nada, a reunião terminou.

— Estou me sentindo como havia muito tempo não me sentia. Sinto-me leve...

— Isso se chama paz.

Rosângela pediu licença e se dirigiu à pequena sala que ficava nos fundos do salão principal. Osmar, intrigado, perguntou:

— Aonde ela foi?

Lucas, sorrindo, respondeu:

— Foi à biblioteca.

— Biblioteca? Nunca soube que havia biblioteca em igrejas! — exclamou Osmar.

— Doutor Osmar, a Doutrina Espírita é formada por três pilares: religião, ciência e filosofia; portanto, para todos os que querem conhecê-la se faz necessário estudar com afinco.

Osmar, surpreso com as palavras de Nair, disse sorridente:

— Pensei que conhecesse tudo do mundo, mas vejo que não conheço nada.

— Não acha que está na hora de se despir dos velhos conceitos e se entregar aos estudos? — questionou Lucas.

Osmar sorriu envergonhado, e Berenice, intrometendo-se na conversa, disse:

— Osmar, quero conhecer a biblioteca.

Ele pedia licença à Nair e ao filho dele, quando um homem disse alegremente:

— Osmar, que surpresa agradável vê-lo por aqui!

Virando-se, ele reconheceu Cassiano Medeiros, o médico que o atendera quando estivera internado.

293

— Cassiano Medeiros, você por aqui? Não sabia que era espírita — disse boquiaberto.

Lucas, intrometendo-se, comentou:

— Papai, eu já havia lhe falado que o dr. Cassiano Medeiros é espírita. Não se lembra?

— Filho, perdoe-me, mas pensei que fosse mentira.

— Sou espírita há mais de trinta anos.

— Querida, vá a biblioteca enquanto converso um pouco com Cassiano Medeiros — pediu Osmar à Berenice.

Nair, percebendo que os dois tinham muito o que conversar, pediu licença e se retirou, indo tratar do bazar beneficente que seria realizado no sábado seguinte. Enquanto isso Lucas acompanhou Berenice à biblioteca.

Cassiano Medeiros, ao ver o tratamento carinhoso de Osmar para com sua antiga enfermeira, perguntou:

— Você e Berenice estão namorando?

— Sim! Precisou que eu ficasse doente para que encontrasse a felicidade.

— Fico feliz em saber que seu derrame não lhe deixou sequelas.

— Só fiquei com um pouco de dificuldade para dirigir, às vezes sinto que minhas pernas falham.

— É assim mesmo, mas não se preocupe, com o tempo isso vai desaparecer.

— E então, gostou da palestra?

— Achei interessantíssima, e este lugar muito agradável.

— A Doutrina Espírita serve como bússola para pessoas que queiram se melhorar.

— Sua esposa também é espírita?

— Sim! Ruth é uma das trabalhadoras da casa. Ela está ali... — Cassiano Medeiros levantou o braço e fez sinal para a esposa se aproximar.

Não demorou e uma mulher branca, aparentando ter mais de cinquenta anos, de cabelos grisalhos, aproximou-se sorrindo.

— Ruth, este é Osmar.

— Muito prazer — disse Osmar, estendendo-lhe a mão.

— Seja bem-vindo!

Osmar simpatizou com a esposa do médico e anuiu com a cabeça em afirmativa.

— Com licença, preciso ver alguns donativos que chegaram para o bazar beneficente do próximo sábado — disse Ruth.

— Bazar beneficente? Para onde vai o dinheiro arrecadado? — questionou Osmar.

— Sim. O Espiritismo é a mais pura filantropia, todos os trabalhadores da casa são voltados a obras assistenciais. Nossa casa ajuda hospitais, famílias carentes da cidade etc.

— Isso é louvável.

— O apóstolo Paulo disse em sua carta aos Coríntios: "Ainda que eu falasse todas as línguas dos homens e a língua dos próprios anjos, se eu não tiver caridade, serei como um bronze que soa e um címbalo que retine; ainda que quando tivesse o dom da profecia, que penetrasse todos os mistérios e tivesse perfeita ciência de todas as coisas; ainda quando tivesse toda a fé possível, até o ponto de transportar montanhas, se não tiver caridade, nada sou. E quando houvesse distribuído os meus bens para alimentar os pobres e houvesse entregado meu corpo para ser queimado, se não tivesse caridade, tudo isso de nada serviria. A caridade é paciente; é branda e benfazeja; não é invejosa; não é temerária, nem precipitada; não se enche de orgulho; não é desdenhosa; não cuida de interesses egoístas; não se gasta nem se azeda com coisa alguma; não suspeita o mal; não se rejubila com a injustiça mas sim com a verdade; ela tudo suporta, tudo crê, tudo espera e tudo sofre. Agora, estas três virtudes: fé, esperança e caridade permanecem; mas dentre todas elas a mais excelente é a caridade".

Osmar ouviu a citação de Cassiano Medeiros intrigado, por diversas vezes ele havia ouvido o padre ler aquele texto bíblico, porém nunca havia ouvido com tamanha ênfase. Por essa razão, comentou:

— Cassiano Medeiros, conheço esse trecho bíblico, porém em todas as vezes que o ouvi, no lugar de caridade foi dito amor.

— Caridade e amor são sinônimos; ambas querem dizer a mesma coisa. Venha, vamos à biblioteca, vou lhe mostrar no dicionário.

Osmar o acompanhou. Ao entrar, o médico disse com deferência:

— Lígia, por gentileza, poderia me emprestar um dicionário?

— Cassiano Medeiros, não precisa nem pedir, a casa é sua.

— Engano seu, Lígia. A casa é nossa.

Os dois desataram a rir e logo a boa mulher dirigiu-se a uma estante e pegou o dicionário. Cassiano Medeiros lhe agradeceu e rapidamente encontrou a palavra que estava procurando, passando a ler:

— Caridade, amor de Deus e do próximo, benevolência, bondade, beneficência, esmola. Amor, benevolência, caridade, entre outras dissertações — explicou Cassiano Medeiros.

Osmar, intrigado, falou:

— Cassiano Medeiros, confesso que sentia certa aversão ao Espiritismo, mas depois de hoje posso dizer que já sou simpatizante.

— Muitas pessoas têm um conceito errôneo da doutrina. Mas quando a conhecem ficam admiradas, pois o espiritismo nada mais é que a prática dos ensinamentos do Mestre.

Rosângela, Berenice e Lucas estavam escolhendo alguns livros quando os dois homens chegaram. Osmar estava tão entusiasmado com a conversa que nem se preocupou com eles, deixando-os à vontade enquanto conversava com o médico.

— Cassiano Medeiros, o que acha de tomarmos um refrigerante naquela lanchonete da esquina?

— Infelizmente, não vai dar. Amanhã tenho de chegar ao plantão logo cedo. Depois, devo ir ao consultório... mas podemos fazer o seguinte: o que acha de ir com Berenice almoçar em minha casa no domingo?

— Por favor, Cassiano Medeiros, não quero incomodá-los.

— Não será incômodo algum. Minha esposa e eu teremos o maior prazer em recebê-los em nossa casa.

Osmar tirou uma caneta do bolso e um bloquinho de notas, que costumava levar para todos os lugares, e depois de anotar o número de seu telefone entregou para Cassiano Medeiros, anotando em seguida o número do telefone da residência do médico.

Ruth, sorrindo, aproximou-se e falou:

— Sr. Osmar, no sábado faremos o bazar beneficente para arrecadar fundos para a compra de alimentos para famílias carentes, se quiser poderá ver como funciona.

— E onde será o bazar?

— No barracão ao lado da Casa Espírita.

— Posso trazer alguma coisa para ajudar?

— Sim! Se o senhor tiver roupas usadas em bom estado, que não usa mais, poderá trazê-las. Venderemos aqui.

Osmar, pela primeira vez, sentiu que estava fazendo algo de útil e respondeu:

— Tenho algumas roupas que estão na garagem de casa. Vou pedir aos criados que lavem e passem para que eu possa trazê-las.

— Ruth, minha querida, convidei Osmar e sua namorada para almoçarem em casa no domingo. Está bem para você?

Ruth, que gostara de Berenice e de Osmar, respondeu com entusiasmo:

— Como não estaria? Para mim será um prazer recebê-los em nossa casa.

— Está bem, se é assim aceitamos o convite.

— Vou lhe confessar uma coisa, gosto de receber visitas. Quando se é velho com filhos adultos que moram fora de casa, só nos resta nos apegarmos às lembranças. Quando recebemos visitas, não sobra tempo para lembranças — a mulher concluiu.

— Já reparou que quando jovens pensamos demasiadamente no futuro? E quando nos tornamos velhos prendemo-nos demasiadamente ao passado? Assim, o presente fica de lado — filosofou Osmar. — Mas a melhor fase do casamento é justamente esta, quando podemos usufruir a companhia um do outro sem preocupações.

— Concordo quando diz que essa é a melhor fase de nossa vida. Quando nossos filhos moravam conosco sempre havia uma preocupação exagerada com eles. Depois, eles foram embora para cursar universidade, casaram, e hoje, quando vêm nos visitar trazem os filhos, que enchem nossa casa de alegria. Além disso, tenho como companheira uma mulher incrível, que cuida muito bem de todos os nossos interesses — falou Cassiano Medeiros.

— Cassiano Medeiros, não faço nada mais que minha obrigação como esposa e dona de casa.

Osmar viu quando Cassiano Medeiros levou a mão no ombro da esposa e disse:

— Querida, você faz muito mais que sua obrigação.

— Cassiano Medeiros, vamos para casa, amanhã ainda tenho de arrecadar roupas para o bazar e terei de sair logo pela manhã.

— Quanto a minha doação trarei no sábado pela manhã.

— Assim que chegar poderá me procurar que eu mesma vou recebê-las.

Lucas e os demais saíram da biblioteca, pois a Casa Espírita já estava fechando. Foi com alegria que Osmar notou Berenice com alguns livros e perguntou:

— Que livros são esses?

— Peguei-os emprestado. São algumas obras básicas de Allan Kardec, o codificador da Doutrina Espírita: *O Livro dos Médiuns*, *O Livro dos Espíritos* e *A Gênese*.

Osmar se interessou e perguntou:

— Qual o valor do empréstimo de livros?

— Osmar, esses livros da biblioteca são apenas emprestados, sem ônus algum.

— Mas por que a Casa Espírita não cobra um aluguel? Daria para levantar algum dinheiro e ajudar nas obras assistências.

Ruth tomou a palavra:

— Osmar, nunca ouviu dizer que a caridade começa com a própria família? Cada frequentador faz parte dessa grande família e juntos trabalhamos para um fim maior, que é a prática do bem.

Osmar, sorrindo, despediu-se dos novos amigos e prometeu voltar no sábado. Nair cuidou dos últimos assuntos da Casa Espírita e ficou do lado de fora esperando Osmar e Berenice, pois Lucas e Rosângela já aguardavam a saída de Osmar antes mesmo que Nair saísse.

Ao sair, Osmar disse satisfeito:

— Está calor. O que acham de tomarmos um sorvete antes de voltarmos para casa?

Nair, sorrindo, concordou. Lucas ficou feliz em ver o bom ânimo do pai. Não demorou e logo os dois carros saíram em direção a uma sorveteria simples, que ficava próxima da Casa Espírita.

Osmar não se importou com a simplicidade do local e Lucas juntou duas mesas a fim de ficarem mais à vontade. Depois de fazerem os pedidos, Berenice disse:

— Amanhã vou conversar com dona Cotinha, pois sei que ela tece comentários desagradáveis sobre o meu namoro com Osmar.

— Pelo que vejo a palestra veio bem a calhar, pois o assunto foi justamente a maledicência — disse Nair sorrindo.

Rosângela, ao saber sobre o comentário de dona Cotinha, disse:

— Não se importe com isso, ela fala de todo mundo.

— Se tivesse me contado antes quem havia feito comentários maldosos sobre o nosso namoro, eu não hesitaria em processar a pessoa, porém confesso que depois da palestra, algo mudou em mim, e esse assunto já não me incomoda como antes — falou Osmar.

Lucas, percebendo que o pai estava com a fisionomia despreocupada, perguntou:

— E então, papai, continua achando que Espiritismo é coisa de gente iludida?

Osmar, envergonhado, respondeu:

— Meu filho, vi que estava enganado a respeito dessa doutrina, e não é pelo fato de o dr. Cassiano Medeiros ser frequentador da casa, mas sim pela maneira como tudo foi colocado na palestra. Para ser sincero, há muito tempo eu não me sentia tão bem!

Nair sorriu satisfeita ao ouvir as palavras de Osmar e disse:

— O Espiritismo não é apenas mais uma religião; é uma filosofia que deve fazer com que cada um de nós nos conscientizemos de que a melhora é um esforço pessoal; hoje, devemos nos esforçar para ser melhores que ontem, e amanhã melhores que hoje. Todos os temas são práticos para a nossa vida diária.

— Sábado haverá o bazar beneficente no barracão da Casa Espírita e amanhã mandarei lavar as roupas que estão na garagem e que vou doar para serem convertidas em fundos para as obras assistenciais.

Lucas olhou surpreso para o pai e, envergonhado, confessou:

— Papai, aquelas roupas que estavam na garagem eu já trouxe para a dona Ruth na semana passada.

— E por que não me disse antes, meu filho?

— Papai, as roupas estavam se avolumando em nossa garagem; todos os meses me desfaço das que não uso mais e percebi que o senhor nunca se importou, pensei que não fosse se zangar.

— Não se preocupe com isso, meu filho. Quando chegar em casa vou separar outras roupas que não uso mais. Você me ajuda?

— Certamente, aliás, tenho algumas roupas que também não estou usando e darei ao senhor para entregar para a dona Ruth no sábado.

— Não se preocupe com a quantidade, pois se cada um der um pouquinho, esse pouco vai se transformar em muito — disse dona Nair sorrindo.

Todos ficaram por lá conversando durante algum tempo, quando Osmar brincou com Berenice.

— Berenice, se quiser, poderá voltar com Lucas e os demais, não me importo.

— De maneira alguma! Quero voltar com você, pois todos sabem que você é meu namorado, não vou me importar com o que os outros falam.

— Isso mesmo, minha filha! Você é uma mulher adulta e ninguém tem o direito de se intrometer em sua vida; ademais vocês não estão fazendo nada de errado, não tem por que se esconderem.

Rosângela, sorrindo, intrometeu-se na conversa:

— Berenice, quando for conversar com dona Cotinha, use de muito tato, pois ela é uma mulher idosa e tem tempo suficiente para cuidar da vida alheia.

— Farei isso. Não foi Jesus quem disse que se tivermos alguma coisa contra o nosso irmão devemos deixar a oferta e fazer as pazes? Levarei em conta sua idade e seu estado de saúde.

Osmar, despedindo-se de todos, retirou-se, pagando a conta. Não demorou para Lucas sair da sorveteria com a namorada e a futura sogra. Ele dirigia tranquilamente pelas ruas da pequena cidade quando disse:

— Nunca imaginei que meu pai fosse à Casa Espírita. Vocês viram como ele se sentiu bem-disposto?

— Lucas, nada acontece por acaso, chegou a hora de seu pai conhecer as verdades espirituais e ser feliz — falou Nair sorridente.

— Tudo isso porque a senhora me mostrou o caminho.

— Não diga isso, meu filho. Quem lhe mostrou o caminho foi Deus.

Não demorou muito, o jovem estacionou em frente à casa de Rosângela. Dona Nair, ao descer, redarguiu:

— Pelo calor que fez hoje, não podíamos esperar outra coisa a não ser chuva. Vejam como está relampejando!

Lucas, olhando para o céu, disse:

— Rosângela, sua mãe tem razão, vai chover. Espere-me amanhã cedo que virei buscá-la.

— Está bem, mas não se atrase, pois não gosto de chegar atrasada.

Nair se despediu de Lucas e entrou em casa, deixando o casal sozinho conversando no carro.

Lucas estava feliz, finalmente o pai estava aceitando a Doutrina Espírita, e seu namoro com Rosângela não poderia estar melhor.

— Rosângela, estou pensando seriamente em me casar com você; o que acha?

— Lucas, casar-me com você é tudo o que mais quero, mas não acha que é cedo para falarmos nisso?

— Rosângela, eu nunca amei ninguém como a amo. O que mais quero é envelhecer ao seu lado. Por que perdermos tempo?

— Lucas, prometo pensar no assunto — respondeu a jovem, dando-lhe um beijo. — Por favor, entenda; quero me casar com você, porém tenho de pensar em minha mãe, como deixá-la sozinha?

— Sua mãe poderá morar conosco.

— Não podemos decidir por ela; precisamos conversar e deixar que ela decida.

— Está bem, converse com ela e se você for favorável ao casamento, virei conversar com sua mãe.

Rosângela, beijando-o novamente, disse:

— Agora preciso entrar, amanhã o dia será longo.

Lucas dirigia tranquilamente pelas ruas desertas da cidade. Embora estivesse feliz pelo fato de seu pai ter ido à Casa Espírita, uma dúvida pairava em sua cabeça. Ao parar em um semáforo pensou: "Será que Rosângela realmente me ama? Acho que se me amasse aceitaria o convite prontamente, mas ela está relutando...".

Ao chegar a sua casa, encontrou o pai preparando um lanche na cozinha e, surpreso, perguntou:

— Papai, o senhor por aqui?

— Meu filho, senti fome e vim fazer um lanche. Quer que eu lhe faça um?

— Deixe que eu mesmo faço.

— E então, papai, gostou da Casa Espírita?

— Gostei muito, meu filho. Antes de você chegar, estava pensando por que não fui antes.

— O preconceito o impediu, mas saiba que nunca é tarde para começar.

— Filho, quando Berenice chegou deu para perceber o quanto estava contrariada, mas depois da reunião parece que todo seu dissabor sumiu como que por encanto... — percebendo que o filho estava preocupado, perguntou: — Meu filho, está tudo bem?

— Sim, está tudo certo.

— Lucas, quero que saiba que antes de ser seu pai sou seu amigo; e um amigo sempre confia no outro.

— Papai, nunca tive dúvidas dos meus sentimentos por Rosângela nem dos dela por mim, mas hoje já não estou tão certo se ela me ama mesmo.

— Por que diz isso? Seu namoro não vai bem?

— O namoro está indo muito bem.

— Então por que a dúvida?

— Papai, o sonho de toda moça é se casar, não é?

— Certamente, pois as mulheres só pensam no dia do casamento, nunca no que vem depois, nas dificuldades da vida a dois, nos problemas que surgem, na diferença de personalidade; enfim, para elas o mais importante é o dia do casamento e a viagem de lua de mel. É o dia em que elas se sentem verdadeiras princesas.

— Hoje pedi Rosângela em casamento, porém ela se esquivou dizendo que não poderia tomar decisão nenhuma, pois não queria deixar a mãe sozinha. Disse-lhe que dona Nair poderia ir morar conosco. Contudo, ela respondeu que não poderia decidir pela mãe e que isso não cabia a ela.

— Meu filho, há quanto tempo namora essa moça?

— Há exatamente onze meses.

— Não acha muito cedo para pensar em casamento? Não se conhece uma pessoa em tão pouco tempo de convivência. Além disso, concordo com ela quando pensa na mãe; afinal, dona Nair tem o direito de decidir se quer ou não morar com vocês. Ela tem muito em que pensar antes de tomar uma decisão tão séria, pois casamento não é para durar um mês ou um ano, mas sim para se dividir uma vida. Ela não ter lhe respondido não significa que não o ame, mas mostra que ela tem bom senso.

— Papai, o senhor usou quase as mesmas palavras de Rosângela.

— Não se esqueça de que para tudo há seu tempo; antes de pensar em casamento, pense que há muitos preparativos a providenciar.

— O senhor tem razão, papai. Fui infantil ao duvidar dos sentimentos dela.

— Não tenho dúvida de que ela o ama, mas está querendo fazer tudo da maneira correta e sem pressa.

— E quanto ao senhor, pensa em se casar com Berenice?

— Sim, mas farei isso no momento certo.

— Papai, quantos anos o senhor é mais velho que Berenice?

— Se não estou enganado, vinte e cinco anos.

— E essa diferença de idade não o assusta?

Osmar, sorrindo, respondeu tranquilamente:

— De maneira alguma, estou certo dos sentimentos dela.

— O senhor é melhor pai agora que no passado.

— Quando sua mãe era viva, eu pensava somente em juntar fortuna para assegurar o futuro da minha família. Não sobrava tempo para os meus filhos, mas hoje as coisas são diferentes. Quero somente ser feliz, pelo tempo que me resta.

Lucas sorrindo, levantou-se e abraçou o pai, que permaneceu sentado.

— Filho, tenho de separar as roupas para levar à Casa Espírita no sábado.

— Dr. Osmar, quem te viu e quem te vê não iria reconhecer sua rápida mudança.

Osmar, sorrindo, levantou-se e colocou a mão no ombro do filho, assim, ambos se dirigiram ao quarto do pai.

21

Para cada ação uma reação

Choveu durante toda a noite. Lucas saiu de casa apressado para buscar Rosângela, conforme havia combinado. Ao encontrá-la, não tocou no assunto do dia anterior. Foi ela quem falou:

— Lucas, pensei muito durante toda a noite e hoje tive uma conversa com mamãe. Cheguei à conclusão de que poderíamos ficar noivos e pensar em casamento futuramente.

— Boa ideia! Então, precisamos marcar a data do noivado, mas deixo para você escolher.

Rosângela, satisfeita com o entusiasmo de Lucas, respondeu:

— Fico feliz por ter compreendido.

— Tudo a seu tempo...

Rosângela, satisfeita, apertou a mão do rapaz, e logo chegaram à fábrica. O dia começou como todos os outros. Em certo momento, Jorge entrou no escritório do rapaz e disse:

— Lucas, vamos tomar um café?

O jovem, ao se levantar, disse para Rosângela:

— Vou tomar um café. Por favor, se o telefone tocar, atenda e anote o número e o nome da pessoa.

Rosângela apenas anuiu com a cabeça e ficou observando o rapaz sair na companhia de Jorge. Pensou: "Nunca imaginei amar alguém como amo Lucas, às vezes sinto até que já o conheço...".

Achando graça de seus pensamentos, ela voltou ao trabalho e procurou encontrar um número de telefone.

Lucas, ao entrar na copa, perguntou para Jorge:

— O que está havendo com você para me tirar da sala no meio do trabalho?

— Nada, apenas percebi que desde que começou a namorar, mal nos falamos.

— Jorge... há quanto tempo nos conhecemos?

— Desde que comecei a trabalhar na fábrica, ou seja, há exatamente seis anos.

— Jorge, esse é um tempo suficiente para saber que você está com problemas.

Jorge, percebendo que não dava para esconder nada de Lucas, resolveu se abrir.

— Você venceu. Realmente estou em uma grande enrascada e não sei como sair dela.

— Aposto que tem mulher no meio.

— E como... Comecei a namorar uma moça há três meses. E você sabe como sou, para mim tudo não passa de diversão.

— Diversão? Jorge, quantas vezes já lhe falei que com sentimentos alheios não se brinca?

— Essa foi a pior de muitas irresponsabilidades com mulher.

— Jorge, o que você está tentando me dizer?

— Alguns meses atrás, conheci uma moça chamada Regina e fiquei encantado com sua beleza. A princípio, ela se mostrou desinteressada, mas eu passei a frequentar as missas somente para vê-la.

Lucas, soltando uma gargalhada, disse:

— Você indo à missa de domingo? Jorge, você é um canastrão.

— Pois bem... Primeiro, conquistei os pais dela: seu Maurício e dona Fátima, fazendo-me passar por católico praticante. Nas missas, percebia que Regina olhava para mim. Assim conquistei a confiança de todos. Não demorou para que começássemos a namorar. Contudo, percebi que Regina era uma moça com dupla personalidade. Diante dos pais ela se fazia de boa moça, séria e comportada, mas quando estávamos sozinhos, ela fazia de tudo para me provocar...

— Provocar?

— Quando estávamos sozinhos, ela usava de sua beleza e artimanha para fazer com que eu... Você sabe, não é?

Lucas, percebendo aonde o amigo queria chegar, disse:

— Ah! Compreendo! Ela não era tão inocente assim...

— Certo dia, ela mandou-me um bilhete aqui na fábrica dizendo que era para eu ir à sua casa naquele dia, pois seu Maurício queria falar comigo. Não desconfiei de nada. No horário combinado, lá estava eu, acreditando que o pai dela estava à minha espera.

— E não estava? — perguntou Lucas curioso.

— Não! Naquela manhã, os pais dela haviam ido visitar uma senhora doente em Campos do Jordão. Ela estava sozinha.

— E ela não tem irmãos? — perguntou Lucas intrigado.

— Não! É filha única — respondeu Jorge timidamente. — Quando cheguei à casa dela e descobri que ela estava sozinha, senti vontade de ir embora, porém não resisti aos seus encantos e aconteceu o que jamais deveria ter acontecido.

— E ela ainda era pura?

— Sim! Regina nunca havia se deitado com ninguém até aquele momento.

— E agora, o que pretende fazer?

— Confesso que desde aquela noite, meu fascínio por Regina acabou e ontem ela veio me dizer que está grávida.

— O quê? A moça está grávida?

Jorge, com lágrimas nos olhos, anuiu com a cabeça, confirmando o que o amigo ouvira e continuou:

— Não sei o que fazer, por favor, ajude-me a encontrar uma solução para o meu problema.

— Não há o que fazer a não ser se casar com ela. Não pode deixar que seu filho nasça sem pai.

— Mas como me casarei sabendo que não a amo?

— Se você não a amava, por que iniciou o namoro? Como dizia minha mãe, quem tem rabo de palha não brinca com fogo. Você brincou com os sentimentos da moça, e quem acabou se machucando foi você. Jorge, seja digno e assuma essa moça e esse filho, pois a criança tem o direito de crescer do lado do pai.

— Como poderei confiar em Regina? Ela foi demasiadamente fácil para mim. Quem garante que não será assim com outro homem qualquer depois de nos casarmos?

— No momento você não tem garantia de nada, apenas sabe que terá um filho.

— Vou me casar com Regina, mas não serei fiel a ela.

Lucas, irritado com a postura do amigo, repreendeu-o:

— Jorge, não seja canalha! Concordo que a moça provocou uma situação, mas tudo isso só aconteceu porque você permitiu. Vocês dois são culpados e agora terão de tentar reparar esse erro com o casamento.

Jorge sentiu-se diminuído com as palavras do amigo e concordou:

— Você tem razão, vou me casar com ela e tentar ser feliz.

Lucas, sorrindo, respondeu:

— Não esperava outra atitude sua. Você é um homem de bem e vai saber arcar com as consequências de seus atos.

Jorge esboçou um triste sorriso e comentou:

— Preciso voltar ao trabalho, pois se o seu irmão nos pegar conversando na copa vai arranjar problemas.

— Não se preocupe, João Vitor está diferente.

Ao ver o amigo se retirar, Lucas pensou: "Dona Nair tem razão... Para cada ação uma reação correspondente". Meneando a cabeça, voltou ao seu escritório.

No sábado, como havia combinado, Osmar compareceu ao Centro Espírita levando as roupas para dona Ruth, esposa de Cassiano Medeiros.

Ruth, ao vê-lo, disse sorridente:

— Como vai, dr. Osmar?

Pela primeira vez, Osmar sentiu-se desconfortável com o título que durante anos sentiu orgulho de ostentar. Por essa razão respondeu:

— Estou bem, mas posso lhe pedir um favor?

— Do que se trata?

— Por favor, não me chame de doutor, aqui sou somente Osmar.

— Mas o senhor não é advogado?

— Sim, bacharelei-me em Direito, mas nunca exerci a profissão.

— Está bem, de hoje em diante o senhor será apenas Osmar.

— Trouxe as roupas, todas em bom estado.

Ruth pegou-as e colocou-as na prateleira para vender. Osmar sentiu-se útil, pois logo ela lhe deu a responsabilidade de cuidar do caixa. E ele, que havia ido com a intenção de entregar as roupas e ir embora, ficou até o horário previsto para o encerramento do bazar. Assim que as portas foram fechadas, ele contou o dinheiro e, entregando a Ruth, disse:

— Sobraram muitas roupas, o que farão agora?

— Continuaremos com o bazar no próximo sábado. Se quiser nos ajudar sinta-se à vontade.

— Dona Ruth, será que eu poderia trazer Berenice para ajudar a organizar o bazar?

— Claro! Para nós será um prazer poder contar com mais trabalhadores, afinal, como disse Jesus, o campo é grande, mas os trabalhadores são poucos.

Osmar sorrindo, levantou-se e vendo o adiantado das horas, decidiu voltar para casa, pois naquela noite havia combinado de levar Berenice para jantar.

A namorada já estava arrumada e o esperava no portão quando viu Cotinha olhar pela janela. Por um momento, sentiu ímpeto de dizer algumas verdades para a mulher, mas, ao se lembrar da palestra, controlou-se e com suavidade disse:

— Como vai, dona Cotinha, tudo bem?

A mulher, esboçando um sorriso apenas anuiu com a cabeça em afirmação. Nesse momento Berenice pediu:

— Dona Cotinha, por favor, venha até, preciso ter uma conversa com a senhora.

A mulher, mal-humorada, respondeu:

— Por que não vem até aqui? Pelo que eu sei a distância é a mesma, sou velha e estou com dificuldade para andar.

Berenice sentiu ímpetos de xingá-la, porém mais uma vez resolveu ter paciência. Lembrando-se das palavras de Rosângela, respondeu educadamente:

— Está bem, vou avisar minha mãe que estou em sua casa, pois daqui a pouco Osmar virá me buscar para jantarmos fora.

— Por que insiste em namorar um homem que tem idade para ser seu pai? Com tantos homens da sua idade, você foi escolher um velho! — comentou com o cenho fechado.

Berenice não se importou com a hostilidade da mulher e rapidamente entrou em casa e avisou a mãe que estaria na casa de

Cotinha, caso Osmar chegasse. Ao chegar à casa da vizinha, esta abriu a porta e, sorrindo, mandou-a entrar.

— Como vai, dona Cotinha?

— Estou bem, mas minhas pernas já não me ajudam, tenho sentido muita fraqueza, e passo várias horas do dia deitada; só me distraio quando fico na janela.

De repente, Berenice sentiu pena da velha senhora, e com cautela começou a falar o motivo da visita.

— Dona Cotinha, é por conta do meu namoro com Osmar, aquele do carro branco, que vim até aqui.

— Aquele velho?

Berenice pensou: "Dona Cotinha envelheceu, mas sua língua continua afiada...". Com brandura, falou:

— Sim, namoro um homem mais velho, mas quero que saiba que o amo, ele é um homem muito bondoso e gentil.

— Berenice, já tive sua idade e sei que você está encantada com tudo o que esse homem possa lhe oferecer; afinal, é rico e bem posicionado na vida; mas saiba que dinheiro não é tudo; se quiser desfrutar por muitos anos a companhia de alguém, é bom que ele seja de sua idade. Você é jovem demais para ele. Poderá ser facilmente confundida como filha e não esposa.

— Quantos anos a senhora acha que tenho?

— Quando vim morar no bairro você era uma criança, tinha cerca de cinco ou seis anos, mas isso já faz algum tempo... Mas não sei quantos anos tem.

— Dona Cotinha, não sou tão jovem assim, já tenho trinta e sete anos e Osmar tem sessenta e dois, são apenas vinte e cinco anos de diferença.

— Minha filha, podia jurar que você era bem mais jovem.

— Além disso, por Osmar ser um homem bem cuidado, parece que tem menos. Em todos os lugares a que já fui com ele ninguém chegou a pensar que eu fosse sua filha. Não estou com ele pelo seu dinheiro ou pela sua posição social, mas sim porque o amo. Vou lhe confessar uma coisa, nunca amei alguém da mesma forma.

— Mas, minha filha, você só tem trinta e sete anos e poderia arrumar um homem com trinta e poucos anos. Talvez Osmar não possa nem mesmo lhe dar filhos...

— Se não puder me dar um filho, não ficarei ressentida; pois para mim o mais importante é estar ao seu lado.

Cotinha, apesar da idade, era uma mulher lúcida. Ao perceber a sinceridade nas palavras da moça disse:

— Se for assim, que seja, mas lembre-se de que um dia ficará viúva e terá de se acostumar sem ele.

— Para mim não importa o tempo, muito menos o que me reserva o futuro, amo Osmar e quero compartilhar minha vida com ele hoje. Portanto, dona Cotinha, peço que por gentileza não fale para outras pessoas que estou interessada no dinheiro de Osmar, porque isso não é verdade, estou com ele por amor. Espero que compreenda, pois chegaram aos meus ouvidos alguns comentários infelizes, julgando meus sentimentos por Osmar.

Cotinha se lembrou da conversa que tivera com Cleuza, a outra vizinha, e envergonhada perguntou:

— Acaso foi a dona Cleuza que lhe contou?

— Isso não importa, estou aqui justamente para lhe pedir que não diga a outras pessoas coisas que não são verdadeiras. Compreendo que se sente sozinha e prometo lhe fazer companhia sempre que puder. Quando a conheci, eu era apenas uma menina, hoje sou uma mulher, porém a vejo como uma segunda mãe.

— Berenice, errei quando passei adiante meu ponto de vista, mas prometo que isso não vai mais acontecer. Se você está feliz ao lado desse homem, é isso o que importa.

— Osmar me faz muito feliz: é gentil, compreensivo, bondoso; enfim, se eu fosse enumerar suas qualidades ficaria a noite toda falando sobre elas.

— Ele não é homem de tantas qualidades assim, pois o único homem com inúmeras qualidades foi Jesus Cristo e por esse motivo o mataram.

— Agora preciso ir, pois acho que Osmar já chegou.

— Vá, minha filha! Quando o amor bate em nossa porta dessa maneira, não devemos perder tempo.

Berenice surpreendeu-se com a atitude da idosa, pois jamais imaginara que fosse tão fácil resolver um problema com alguém. Não demorou e logo ouviu o ronco do carro de Osmar. Despedindo-se disse:

— Dona Cotinha, agora tenho de ir, mas prometo que voltarei aqui sempre que puder para lhe fazer um pouco de companhia.

— Vá, minha filha. Não deixe seu namorado esperando. Volte sempre que desejar, pois para mim é um prazer tê-la em minha companhia.

Berenice beijou a anciã ternamente no rosto e, sorrindo, saiu para encontrar-se com Osmar, que estava no carro.

— Osmar, vou avisar minha mãe que já estou saindo.

Osmar olhou para a casa de onde Berenice saíra e avistou uma senhora olhando pela janela. Cotinha, ao vê-lo, acenou com a mão, ao que ele correspondeu. Berenice voltou sorrindo e, ao entrar no carro, Osmar lhe disse:

— Aquela senhora da casa ao lado me cumprimentou. Estranho, pois ela nunca fez isso antes...

— Aquela senhora é a dona Cotinha; aquela que espalhou calúnias a meu respeito.

— Ah... Então é a fofoqueira do bairro?

Berenice achou graça do tom jocoso de Osmar e disse:

— Dona Cotinha é uma mulher solitária. Como seu corpo já não tem forças para cumprir determinadas tarefas, ela fica cuidando da vida alheia.

— Mas se ela é a fofoqueira do bairro, o que você estava fazendo em sua casa?

— Lembrei-me da palestra na Casa Espírita e fiz como Jesus ensinou: "Se tiveres algo contra teu irmão, chama-o em secreto e resolve teu problema com ele antes de fazer a oferta". Confesso que quando fiquei sabendo dos comentários que ela havia feito a meu respeito, fiquei com vontade de lhe dizer alguns desaforos, mas depois da palestra pensei melhor e resolvi seguir os conselhos dados por Jesus.

— E como se saiu?

— Ter conversado, exposto meus sentimentos por você e dito o quanto os comentários dela haviam me magoado, fizeram-me muito bem. De que adiantaria discutir com uma senhora de mais de oitenta anos? Se eu tivesse lhe dito alguns desaforos talvez ela não tivesse compreendido e continuasse a tecer comentários desagradáveis. Em vez disso, usei de paciência e ela compreendeu perfeitamente o que sinto por você.

Osmar abriu um largo sorriso; afinal, indiretamente Berenice havia feito uma declaração de amor. Mas, desacreditando que a idosa pararia com o comentário, falou:

— Berenice, uma pessoa fofoqueira será sempre assim; portanto, não se entusiasme, pois ela poderá aprontar novamente.

— Não acredito nisso. Ela me disse que quando o amor bate à nossa porta não devemos perder tempo.

— Estou começando a gostar dela.

— Pra falar a verdade, eu sempre gostei de dona Cotinha, pois ela sempre foi uma pessoa muito boa, apesar de ter o mau hábito de

falar da vida alheia, mas depois de hoje estou gostando ainda mais
— falou sorrindo.

— Por diversas vezes a vi na janela e ela nunca me cumprimentou, hoje acenou com a mão.

— Coitada!

— Berenice, já que ela é uma mulher solitária, por que não gasta alguns minutos do dia para lhe fazer companhia? Quando ela falar alguma coisa de alguém você pode sutilmente chamar-lhe a atenção. Quem sabe não a ajuda?

— Osmar, você é um homem maravilhoso! Ontem à noite estava pensando em você e sabe qual foi a conclusão que cheguei?

— Qual?

— Pensei que valeu a pena tê-lo esperado durante todos esses anos...

Osmar enterneceu-se com as palavras da namorada e pegando em sua mão disse emocionado:

— Berenice, quando achei que tudo estava perdido, você surgiu em minha vida trazendo luz e felicidade.

— Você amava sua primeira esposa?

Osmar procurou respostas no recôndito de sua alma e, em seguida, respondeu:

— Sim! Antônia foi minha companheira durante muitos anos. Era uma boa mãe e esposa. Quando ela morreu me senti sozinho, perdido. Dizia que jamais me casaria novamente, pois achava que não seria capaz de amar novamente; mas, em dado momento, quando julgava que tudo estava perdido, você apareceu em minha vida, enchendo-a de alegria. Amei Antônia, mas de maneira diferente do que a amo. Antônia foi minha companheira e mãe de meus filhos; já você se tornou a alegria do meu viver.

Berenice, sorrindo, beijou ternamente os lábios do namorado, e sorrindo perguntou:

— Osmar, a reencarnação é um fato; portanto, quando voltarmos para esta vida, você vai escolher Antônia ou eu?

— Berenice, compreenda que meu compromisso com ela acabou quando ela morreu. Quanto a você, sinto que já a conheço há muito tempo, e se mil vidas eu tiver, mil vidas quero ficar ao seu lado.

Berenice, emocionada, deixou uma lágrima brilhar em seus olhos e sorrindo confessou:

— O que seria da minha vida sem você?

— Se talvez o destino não tivesse nos aproximado, sua vida continuaria a ser como sempre foi: ficaria com sua mãe e trabalharia para se manter.

— E desconheceria esse sentimento tão bonito que é amar...

Nesse momento, Osmar, não contendo a emoção, envolveu-a em um forte abraço, demonstrando todo seu afeto. O casal não percebeu, mas no carro havia uma entidade com luzes diáfanas sorrindo para eles. Com brandura disse:

— Osmar e Berenice são espíritos conhecidos de outras encarnações; portanto, o amor que os une é genuinamente verdadeiro.

Antônia, sorrindo, espalmou a mão sobre o casal que continuava a beijar-se e emanou uma luz, fazendo com que eles sentissem enorme bem-estar. Assim que o casal se separou, Berenice disse:

— Para onde estamos indo?

— Para um restaurante italiano, você concorda?

Berenice aceitou a escolha e ambos seguiram rumo ao jantar.

Rita estava feliz. Seria seu primeiro dia de trabalho na fábrica. Ao chegar, o rapaz do Departamento de Pessoal a informou sobre o número de seu cartão de ponto. Assim que a moça bateu o cartão, dirigiu-se ao setor de produção, onde começaria a trabalhar. O encarregado, assim que a viu, disse:

— Você é a moça que vai começar a trabalhar conosco?

— Sim — respondeu timidamente.

Armando, o encarregado, era solteirão e morava com a mãe. Rita era uma mulher de vinte e nove anos, que aparentava ter mais devido aos sofrimentos. O homem, com profissionalismo, avisou:

— Você trabalhará no lugar de uma funcionária que foi embora. Venha! Vou lhe mostrar a injetora que vai operar.

Rita o acompanhou à área das máquinas e o encarregado resolveu lhe ensinar o serviço, alertando-a:

— Tenha cuidado, muitas pessoas perderam parte de seus dedos nesta máquina. Só abra a porta da injetora quando o molde estiver aberto, e fique atenta, pois o molde fecha automaticamente. Depois, pegue esta faquinha e retire todas as sobras de plástico.

Armando tinha paciência e não foi difícil para Rita aprender. Ele ficou ao seu lado por meia hora, só saindo quando se certificou de que ela realmente havia aprendido. Rita estava feliz naquele dia, já imaginava que com o seu trabalho não faltaria mais o pão para alimentar os filhos.

A parte da manhã transcorreu tranquilamente. Depois do almoço João Vitor decidiu saber como Rita estava se saindo. Aproximando-se de Armando, e com sua habitual aspereza, perguntou:

— Como está indo a moça que começou a trabalhar hoje?

— Mostrou-se interessada e está fazendo tudo certo, inclusive, pelo que percebi, trata-se de uma moça caprichosa. Enquanto o molde está fechado, ela limpa as rebarbas dos outros e as coloca tudo no saco para moer novamente, coisa que ficamos chamando a atenção para outros fazerem.

— Fico feliz em saber. Qualquer coisa fora do normal envolvendo essa moça peço que me avise.

Armando anuiu afirmativamente com a cabeça. Ele não sabia explicar, mas Rita chamou sua atenção de maneira diferente. Contudo, no início, pensou que era apenas pela sua dedicação ao trabalho. Mas os dias passavam e cada vez mais Armando percebia que sentia algo maior por ela. Não demorou para ver que estava apaixonado!

Rita, por sua vez, mantinha o foco no trabalho e, embora o encarregado, vez por outra, conversasse com ela sobre assuntos diversos, ela ouvia mais do que falava. Ela era uma mulher séria e não dava abertura para nenhum homem se aproximar, assim, não demorou para que os mais atrevidos passassem a respeitá-la. Todas as vezes que João Vitor perguntava a Armando sobre o desempenho de Rita, ouvia apenas elogios. A cada comentário, sentia-se mais feliz.

2 2
Do outro lado da vida

 Nhô Mulato, com aspereza, chamou por Alemão:
— Alemão, Chico Bravo veio me dizer que está na hora de você se apresentar ao trabalho.
— Ainda não estou me sentindo bem.
Nhô Mulato, sabendo que era mentira, respondeu:
— Deixe de conversa! Você está muito bem.
Alemão, recostando a cabeça naquele travesseiro sujo, pensou: "Terei de ficar frente a frente com a fera..."
— Você não achou que ficaria aqui todo o tempo, não é mesmo?
Alemão não respondeu e vagarosamente levantou-se da esteira e pensou: "Quando eles me mandarem de volta à Terra, fugirei deles. Assim, não será necessário trabalhar como escravo para aquela besta do Zé Dragão".
Nhô Mulato, ao ouvir os pensamentos de Alemão, disse:
— Não faça uma besteira dessas! Não há como se esconder de Zé Dragão e de seu cão de guarda, Chico Bravo; portanto, vou lhe dar um conselho: "faça tudo o que eles mandarem, caso contrário, vai se arrepender profundamente".

— Por que está me dizendo isso?

— Você tem muito para aprender. Quando estamos sem o corpo de carne, podemos ouvir os pensamentos uns dos outros.

— Mulato, não quero ser escravo de ninguém, sempre fui livre e pretendo continuar assim.

— Quem não quer ser escravo deve aproveitar para fazer o bem enquanto está na Terra; e foi justamente isso que você não fez.

— Eu posso não ter feito o bem; mas você também não o fez; portanto, não cabe a você me dar lição de moral.

— Zé Dragão vai quebrar sua crista, é só uma questão de tempo — disse gargalhando.

— A que horas vou encontrá-lo?

— Aqui ninguém usa relógio, aliás, esse é um instrumento para se medir o tempo daqueles que ainda estão no corpo de carne. Aqui ninguém sabe quando é dia ou noite, quando faz frio ou calor, pois é sempre a mesma coisa; uma escuridão sem fim e um frio que faz doer a alma.

Alemão estremeceu com essas palavras e decidiu se calar. Já não sentia mais as dores provocadas pelos tiros, embora sentisse um frio incontido e uma fome desesperadora. E aquele espírito atormentado, que o acompanhava, sabia que ele não aguentaria a situação por muito tempo.

Alemão deu alguns passos e avistou Chico Bravo à sua espera, que perguntou:

— E então, a bela adormecida acordou?

Alemão sentiu ódio por Chico Bravo, porém logo se lembrou das palavras de Nhô Mulato para ter cuidado. Calado, esperou Chico Bravo se manifestar.

— Vamos, seu molenga! Está na hora de receber sua primeira missão.

Alemão o acompanhou em direção àquele lugar horrível onde estava Zé Dragão. Ao chegarem, Chico ordenou:

— Pode entrar, não há por que ficar esperando aqui fora.

Ambos entraram. Havia um vulto naquela penumbra tenebrosa. Zé Dragão, não se importando com o bem-estar de Alemão, apenas disse:

— Está na hora de começar seu trabalho.

— O que ganharei em troca?

— Ganhará minha proteção; aqui no vale das sombras há muitos chefes que querem tomar meu espaço e meus escravos, mas como sou forte e tenho muitos escravos, sou invencível.

Alemão procurou não pensar em nada para não ser desmascarado por Zé Dragão. Permaneceu o tempo todo de cabeça baixa, depois perguntou:

— O que tenho de fazer?

Zé Dragão, saindo da penumbra, apenas disse:

— Somos o que se chama de justiceiros, vingamo-nos dos que se encontram aqui ou dos que ainda estão na Terra.

— Como se vingar daqueles que ainda estão na Terra? Pelo que Nhô Mulato me disse, quem está na carne não pode nos ver nem nos ouvir — afirmou Alemão.

— Pelo jeito você não foi um bom aluno. O fato de estarmos invisíveis àqueles que ainda estão no mundo dos vivos é uma arma poderosa que temos a nosso favor.

Alemão, sem compreender, perguntou:

— Mas como a invisibilidade se torna uma arma?

— Você é burro mesmo! Raciocine comigo, as pessoas que não acreditam em nossa existência se tornam presas fáceis, assim podemos fazer o que quisermos com elas, pois nem vão suspeitar de que somos responsáveis por suas misérias.

Alemão nunca fora homem de levar desaforos para casa, porém sabia que naquele momento estava na casa do inimigo. Por essa razão decidiu permanecer em silêncio e não pensar em nada.

Zé Dragão, então, passou a falar de maneira calma:

— Antes de começar o trabalho propriamente dito, você gostaria de se vingar de alguém?

Alemão pensou no homem que tirara sua vida e respondeu:

— Sim! Preciso me vingar do infeliz que me lançou neste lugar de tormento.

— Você se lembra do homem que atirou em você?

— Foi o infeliz do Faísca! Ele tirou-me a vida somente para ficar com a minha parte do dinheiro.

Zé Dragão, que conhecia a história de Alemão, ressaltou o incidente:

— Chico Bravo esteve observando a vida de Faísca e as notícias que temos é que ele ficou com o dinheiro. Comprou uma casa no outro lado da cidade e está trabalhando como vigia noturno. Afirma que nunca mais vai se envolver com o mundo do crime. Sua esposa começou a trabalhar e seus filhos estão passando fome, pois ela não ganha o suficiente para mantê-los.

Alemão sentindo o ódio aumentar disse entredentes:

— Desgraçado! Chefe, peço que me ajude a me vingar daquele infeliz. Depois, faço tudo o que mandar.

Zé Dragão, gostando da proposta, respondeu:

— O que pretende fazer com Faísca?

— Ainda não sei, mas até amanhã terei uma ideia de como me vingar dele.

Faísca era um homem de estatura mediana. Por ser muito magro, tinha facilidade para fugir da polícia, daí o apelido Faísca dado a Jeremias da Silva Cruz.

— Agora que saí da casa do Mulato, vou ficar onde? — questionou curioso.

O chefe do bando abriu um largo sorriso deixando suas presas à mostra e gritou:

— Onde você vai ficar é com você, quero você amanhã aqui para me contar suas ideias; já estou cansado de incompetentes idiotas!

Alemão, retirando-se, começou a vagar por aquele vale tenebroso. Logo pensou em Mulato e resolveu ter uma conversa com ele. Assim que chegou à ruína onde o espírito morava, pensou: "E se ele não me receber?". Mesmo assim, bateu na porta.

Assim que Mulato saiu, Alemão contou sobre a conversa que tivera com o chefe do bando. Enquanto ouvia, vez por outra soltava uma baforada de seu cachimbo. Sorrindo, perguntou:

— E agora, o que quer de mim?

Alemão encerrou a conversa:

— Quero ficar aqui até ir conversar com Zé Dragão novamente.

— Já pensou se eu recolhesse todos os que o chefe me manda cuidar? Minha casa estaria cheia de espíritos malfeitores.

— Mulato, ajude-me só mais uma vez.

— Muitos voltam à minha casa, mas as ordens de Zé Dragão é que eu não recolha ninguém. Portanto, onde você vai ficar, sinceramente não sei, mas não pode se alojar aqui.

Alemão compreendeu que ninguém ousava desobedecer a uma ordem de Zé Dragão. Assim, saiu sem dizer uma palavra e passou a andar por aquele vale. Ora via espíritos gemendo, ora espíritos gritando impropérios e, às vezes, apenas ouvia alguns gemidos. Pensou: "Morri e vim parar no inferno! Certamente há uma maneira de sair deste lugar e do jugo de Zé Dragão". Enquanto vagava, sentiu fome, frio e sede. Desesperado, pensou: "Quem poderá me ajudar? Todos aqui estão na mesma situação". De repente, viu duas pessoas com luzes radiantes se aproximarem de um espírito que gritava:

O PASSADO ME CONDENA

— Me ajudem, por piedade.

Os dois seres iluminados, depois de conversarem com o espírito, levantaram as mãos e em uma fração de segundos sumiram diante dos olhos de Alemão, que pensou: "Será que aqueles seres iluminados são anjos de Deus? Quem sabe eles podem me ajudar!". Assim, começou a gritar a plenos pulmões:

— Por favor, ajudem-me! Não estou aguentando mais essa fome, esse frio e essa sede!

Ao parar de gritar, continuou olhando para os lados para ver se via os seres iluminados, porém nada viu a não ser Chico Bravo, destilando ódio em seu olhar.

— O que está fazendo? — bradou Chico.

— Acabei de ver dois anjos de Deus ajudando um espírito.

— Deixe de ser molenga! O que viu foi apenas dois seres que se dizem iluminados sumindo com mais um aqui do vale!

— Mas eles me pareceram bons.

— Nunca os acompanhe; pois eles têm o poder de matar definitivamente os espíritos que residem aqui. Fingem ser bons, mas na verdade são piores que nós, pois convencem os espíritos que devem deixar de existir! É isso que você quer? Se quiser, continue gritando feito um louco, pois certamente eles virão para acabar com você. Você é um idiota! Trate de arrumar um lugar para descansar sem esquecer do compromisso com o chefe amanhã.

Alemão sentiu-se entristecido, por um momento tivera a impressão de que aqueles seres iluminados poderiam tirá-lo de tão triste situação.

Chico Bravo lançou um olhar de deboche para ele e completou:

— Alemão, vou lhe dar um conselho: obedeça, será melhor para você.

— Não se preocupe, vou obedecer — disse, convencido de que estar ali era melhor do que a inexistência total.

325

Chico Bravo andou a passos lentos até desaparecer por completo. Alemão intrigado pensou: "Como ele faz isso? Chico tem razão, ainda não sei nada sobre este mundo, mas seja como for, vou aprender".

Enquanto caminhava sentia um desânimo indefinível. De repente, avistou uma pedra grande e encostou-se nela. Sem pensar em mais nada, adormeceu. Depois de certo tempo, acordou sobressaltado; olhando para cima percebeu que já estava na hora de conversar com Zé Dragão. Levantou-se e começou a caminhar, encontrando com Chico Bravo.

— Chico, o que faz aqui? — perguntou.

— Vim buscá-lo; pois o chefe não gosta de esperar. E então, já decidiu o que fará com Faísca?

— Quero que Faísca perca tudo o que conquistou com o dinheiro do assalto. E quero vê-lo preso por meu assassinato.

— Só isso? Não seja infantil, você poderá castigá-lo de outra forma.

— O que poderei fazer?

— Você poderá fazer tudo isso; mas a diversão será melhor se você deixá-lo quase louco.

— É isso que farei; quero deixá-lo louco.

— Não gosto de andar por este lugar; venha! Tenho uma maneira de chegarmos rápido à casa do chefe — falou Chico Bravo.

Alemão viu que Chico estava lhe oferecendo a mão e sem receio segurou-a. Rapidamente estavam diante da casa de Zé Dragão. Ao entrar na casa, Alemão viu um espírito mal-encarado sair da sala do chefe. Sentiu-se mal por ver tão tétrica figura, mas, sem nada dizer, foi ao encontro de Zé Dragão.

Desta vez, Chico entrou com ele, e sorrindo disse a Zé Dragão:

— Chefe, trouxe Alemão conforme me pediu.

Zé Dragão saiu da penumbra e se aproximando de Alemão perguntou:

O PASSADO ME CONDENA

— E então, já pensou em uma maneira de se vingar de Faísca?

— Sim! Faísca se deu bem roubando a minha parte no assalto. Quero que perca tudo, que seja pego pela polícia e quero perturbá-lo ao extremo.

— Está bem. Em sua primeira missão, Chico vai acompanhá-lo. Aproveite para aprender, pois nas próximas vai sozinho.

— Sim! Aprenderei tudo.

Zé Dragão, com seu habitual mau humor, continuou:

— Você será incumbido de sua primeira tarefa. Cuidado, pois agora não terá como voltar atrás!

— Não sou homem de voltar atrás em minhas palavras — respondeu com a voz trêmula.

— Você verá os iluminados, mas não lhes dê ouvido, pois eles poderão confundi-lo e sumir com você, assim como fizeram com muitos do nosso bando.

— Chico já me avisou sobre o perigo de conversar com esses seres.

— Ótimo! Mas antes de ir, Chico vai ensinar-lhe alguns truques que você precisa aprender; em seguida, poderão ir, mas só volte quando a missão estiver plenamente cumprida.

Alemão, que vez por outra prendia a respiração para não sentir o mau cheiro que vinha de Zé Dragão, anuiu afirmativamente com a cabeça.

— Agora vá. Não volte aqui sem resultados, pois odeio quando alguém fraqueja em sua primeira missão — rosnou Zé Dragão.

Ao sair, Chico pediu:

— Venha! Vamos até a gruta para que eu possa lhe ensinar algumas coisas.

Alemão pensou que Chico iria caminhando, porém se enganou; seu preceptor lhe estendeu a mão e ele percebeu que iriam rapidamente. Em poucos segundos, Alemão viu um grande buraco na encosta de uma parede lamacenta. Chico andava na sua frente e comunicou:

— Temos muito para aprender em pouco tempo...

Alemão o acompanhou e ambos entraram na gruta. O recém--chegado viu se tratar de um lugar frio, porém já não ouvia os lamentos dos espíritos sofredores. Assim, perguntou:

— Aqui é silencioso, diferente de onde estávamos.

— É por essa razão que o treinamento é feito aqui. Uma vez que tudo começa com a força do pensamento, o iniciante precisa de concentração, e para isso é necessário silêncio absoluto — respondeu Chico mal-humorado; depois continuou: — Aqui neste lugar tudo é volitivo, portanto, antes de qualquer prática é necessário querer.

— O que é volitivo?

— Tudo aqui só é realizado de acordo com a vontade da pessoa; portanto, antes de realizar qualquer coisa é necessário querer e acreditar. Sou capaz de ir a muitos lugares sem usar as pernas, apenas com a força do pensamento. Não vou ensinar-lhe tudo o que sei, apenas algumas coisas. As demais, você aprenderá com o tempo.

Chico, que estava na frente de Alemão, por uma fração de segundos se mostrou em vários lugares da gruta. Alemão ficou estarrecido com tal demonstração e questionou:

— Como faz isso?

— Esses movimentos rápidos só dependem da minha mente, pois é ela que determina minha vontade. Se quiser, poderá vir até mim.

Alemão fechou os olhos e esforçou-se para estar ao lado de Chico, porém quando abriu estava no mesmo lugar.

— Não é necessário fechar os olhos; basta querer e acreditar — explicou Chico.

O PASSADO ME CONDENA

Alemão, agora com os olhos abertos, imaginou que estava ao lado de Chico, porém para sua surpresa não saiu do lugar.

— Você é burro! Já não lhe disse que é necessário querer? Você permaneceu no lugar porque não desejou com a sua alma, tampouco acreditou que isso era possível — Chico disse aos gritos.

Alemão, usando toda sua concentração, desejou estar ao lado de Chico e novamente nada aconteceu. Chico rapidamente ficou na frente dele e lhe dando um tapinha no rosto xingou-o:

— Você é um estúpido! Primeiro, pense que quer estar ao lado daquela pedra e depois queira estar lá. Para isso não é necessário fechar os olhos ou dizer a si mesmo que quer, achando que isso é uma mágica, antes é necessário querer e isso deve surgir no âmago de sua alma.

Alemão fixou seu olhar na pedra e desejou ardentemente estar a seu lado. Em um piscar de olhos, percebeu que estava onde queria e sorrindo afirmou:

— Consegui!

— Sim, você conseguiu. É necessário querer ardentemente!

Alemão, entusiasmado, passou a olhar para todos os lados da gruta e rapidamente estava no lugar que havia visto. Sorria alegremente, mas Chico, irritado, gritou:

— Tudo começa na mente! Se acreditar em seu desejo nada lhe será impossível.

— Que bom! Agora posso ir aonde quiser sem usar as pernas!

— Não vou ficar perdendo tempo com você, já aprendeu o suficiente por hoje. Vamos voltar à casa do chefe. Por que usar as pernas se você pode usar a mente? Vou esperá-lo em frente à casa do chefe.

Rapidamente, Chico desapareceu diante dos olhos de Alemão, deixando-o sozinho. Ele passou a pensar na casa do chefe e percebeu que não estava funcionando. Só conseguiu na terceira tentativa. Assim que chegou viu que Chico já estava à sua espera.

— Por que demorou tanto? — Questionou Chico, continuando:

— Você é burro mesmo! Haverá certos momentos em que vai precisar se retirar rapidamente. Uma falha como essa poderá sair caro! Vamos entrar! Temos de começar sua missão.

Ambos entraram no interior da casa e Chico informou Zé Dragão:

— Ensinei o truque da locomoção a Alemão, pois é o mais importante.

— Por que não ensinou o truque de ouvir pensamentos? — questionou Zé Dragão.

— Alemão é muito burro! Vou ensiná-lo depois que ele controlar sua vontade e seu desejo.

Incrédulo, o chefe perguntou:

— Não acredito que ele esteja apto ao trabalho.

— Acho que ele não poderá ficar sem fazer nada, prometo que logo vou lhe ensinar outros truques.

— Seja como for, fique o tempo necessário com Alemão. Não o deixe fazer besteiras — recomendou Zé Dragão.

— Não se preocupe, cuidarei desse idiota!

Zé Dragão, não querendo perder tempo, disse:

— Podem ir. Mas não voltem sem resultados, pois tenho um trabalho para você.

Chico se retirou e Alemão o acompanhou, sentindo-se terrivelmente humilhado. Ao chegarem à sala de espera, Chico disse:

— Dê-me sua mão. Voltaremos à crosta.

Alemão obedeceu e rapidamente sentiu uma brisa fétida em seu rosto. Não demorou, estavam no mesmo lugar onde ele vira Chico pela primeira vez.

— Estamos no lugar em que o conheci.

— Nunca imaginei que ficaria tão feliz por sentir o sol e o ar refrescante da mata.

Chico, interrompendo o momento de reflexão de Alemão, disse em tom sarcástico:

— Até seus chinelos continuam no mesmo lugar.

Alemão olhou entristecido para os chinelos e sentindo verdadeiro ódio de Faísca tomou uma resolução:

— Quero acabar com Faísca o quanto antes!

— Muito bem! Não se esqueça de que para ter sucesso em sua missão, terá de querer.

— Eu quero!

Chico, percebendo o ódio nas palavras de Alemão, convenceu-se de que ele logo estaria trabalhando sozinho. Alemão, sentindo-se em casa, disse com raiva:

— Não quero perder tempo! Vamos à casa daquele safado!

— Basta você querer...

Alemão desejou do fundo de sua alma ver Faísca. Rapidamente estava diante da casa dele.

Chico chegou em seguida e disse:

— Poxa! Você nem me esperou.

— É aqui que Faísca está morando?

— Não foi o que desejou?

— Faísca ficou com o dinheiro que era da minha família, por esse motivo vou esmagá-lo como a um inseto!

— É assim que se fala...

Alemão entrou e encontrou Faísca ao telefone. Ao vê-lo, gritou:

— Esse cretino tem até telefone!

Chico, apimentando o ódio de Alemão, disse:

— E o preço disso foi seu sangue.

Alemão, não contendo a raiva, falou:

— Miserável! Você perderá tudo o que conquistou com minha morte!

Aproximando-se de Faísca com ódio, ouviu-o dizer:

— Quero o caminhão na garagem ainda hoje! E assim que chegar pode dispensá-lo!

Faísca desligou o telefone visivelmente contrariado. Logo uma menina lhe disse:

— Papai, o senhor vai me levar à escola?

— Diga para sua mãe que não precisa se preocupar que eu a levo, mas antes terei de resolver alguns assuntos. Estarei aqui no horário.

Alemão ficou observando a casa e percebeu que as mobílias eram todas novas e que o padrão de vida dele havia se transformado para melhor.

Chico, ouvindo os pensamentos de Alemão, disse:

— Tudo o que Faísca tem é resultado do dinheiro que roubou de você. Enquanto isso, seus filhos passam fome.

Alemão sentiu seu ódio aumentar, a tal ponto que envolveu Faísca em uma onda de ódio. O encarnado jamais poderia supor que Alemão pudesse estar ao seu lado. Sentindo sua cabeça girar e suas vistas escurecerem, sentou-se no sofá e pensou: "Estranho! Comecei a me sentir mal de repente...".

Alemão sentia que seu ódio aumentava e com isso foi fazendo com que o outro se sentisse ainda pior.

Chico, sorrindo, disse:

— Venha! Vamos sair daqui. Você não conseguirá cumprir sua missão em apenas um dia.

Alemão sentiu prazer em ver que estava atacando Faísca de algum modo, e com raiva disse:

— Não vou sair daqui até ver Faísca atrás das grades!

O PASSADO ME CONDENA

— Deixe de bobagem! Esqueceu que me deve obediência?

Alemão voltou sua atenção a Chico e perguntou:

— Para onde vamos?

— Vamos até a garagem de Faísca e lá poderá ter uma vaga ideia de onde ele empregou o dinheiro que roubou de você.

Alemão desejou ardentemente ir à garagem e rapidamente estava em um grande galpão. Lá viu cinco caminhões estacionados.

— Com o seu dinheiro, Faísca comprou uma casa, um carro de luxo e cinco caminhões usados para fazer frete — comunicou Chico Bravo.

— Esse miserável deve estar ganhando uma pequena fortuna mensal.

— Faísca tem cinco funcionários e ganha o suficiente para manter a casa, seu carro e os caminhões.

— Faísca vai se arrepender por ter me tirado a vida, pois para ele seria melhor que eu não tivesse morrido.

Chico, sorrindo, passou a traçar um plano estratégico de como executariam o trabalho. Assim, começou a falar:

— Você não chegará a lugar algum se não usar a inteligência.

Alemão, olhando surpreso para ele, perguntou:

— Como assim?

— Primeiro, temos de nos inteirar de todos os movimentos de Faísca, tanto no trabalho como em sua casa; assim que tivermos uma oportunidade, começamos a agir.

— Mas isso vai levar muito tempo e o cretino está trabalhando honestamente.

— Um bandido como Faísca continuará arrumando uma maneira de ganhar dinheiro fácil.

— O chefe disse que agora ele está levando uma vida honesta.

— E você acreditou?

— E por que ele mentiria?

— A primeira coisa que tem de aprender é que não se deve acreditar na primeira coisa que lhe cai nos ouvidos, pois o chefe tem o péssimo habito de mentir.

— Ele não podia ter mentido para mim!

— Não só podia, como mentiu... Vamos nos aproximar de um funcionário e ver o que descobrimos. Você reconhece alguém?

— Claro! Aquele de camisa azul é o Pedrão.

— Quem é?

— Pedrão e eu fizemos vários trabalhos juntos, mas agora ele está diferente.

— Faísca, assim que o matou, confidenciou o fato a Pedrão, que o orientou a se mudar do bairro onde morava e a mudar aparentemente de vida.

— Pedrão era meu amigo e mesmo assim ajudou Faísca a acobertar o crime?

— Entenda uma coisa, no mundo dos bandidos não existe amizade, há apenas um jogo de interesses. É comum o bandido trair seu companheiro quando vê a chance de ganhar algum. Nesse mundo, o que impera é a lei do dinheiro.

— Quero me vingar também de Pedrão!

— Tenha calma! Você vai se vingar de todos eles.

— Quem mais sabe do crime de Faísca?

— Logo você descobrirá.

Nesse momento, Pedrão disse a um motorista:

— Marcão, vocês levaram a mercadoria ao barracão?

— Sim! E o que fizeram com o motorista?

Marcão era um homem alto, aparentava trinta e cinco anos. Com frieza, disse:

— Não fizemos nada, apenas roubamos a mercadoria e o deixamos amarrado no mato. Logo alguém vai libertá-lo.

— Espero que tenha usado capuz — Pedrão falou preocupado.

Marcão sorriu e respondeu:

— Claro que usei! Não posso correr o risco de ser reconhecido.

Faísca tinha uma empresa de transportes somente para manter as aparências. Na verdade, havia formado uma quadrilha para roubar cargas de caminhoneiros desavisados. A carga era vendida a outro homem chamado Ananias, a custos mais baixos que os de mercado. Faísca faturava alto e podia ostentar uma vida de riqueza.

Alemão sentiu-se enojado daqueles homens e disse:

— Facilitarei a ação da polícia e colocarei todo esse bando atrás das grades.

— Está começando a usar a cabeça...

— Preciso saber para quem é vendida a carga roubada.

Logo, Alemão e Chico estavam em outro barracão. Surpreso, o homem perguntou para Chico:

— Onde estamos?

— Estamos no barracão de Ananias, o homem que compra as cargas roubadas de Faísca.

— Mas como a polícia até agora não prendeu ninguém?

— Tudo faz parte de um grande esquema. A polícia está longe de chegar aos mandantes.

— Vamos facilitar a ação da polícia.

— Isso levará algum tempo...

— Não tenho tempo! Quero ver Faísca pagar o quanto antes.

— Não se preocupe com tempo, para falar a verdade tempo não lhe faltará, esqueceu que está morto?

Alemão, indignado com a aparente calma de Chico, perguntou:

— O que vamos esperar? Que Faísca fique ainda mais rico?

— Tenha calma... Nunca ouviu que quando mais alto, maior a queda? Vamos ajudar Faísca a ganhar ainda mais dinheiro. Depois, desmoronaremos seu império. Preciso que me prometa que não fará nada sem a minha autorização.

Alemão, embora discordasse de Chico, anuiu com a cabeça em sinal de obediência. Assim, os dias foram passando. Faísca, a cada transação com Ananias, ganhava ainda mais dinheiro, enquanto Alemão ajudava os ladrões de carga a não serem reconhecidos. Em poucos meses, a fortuna de Faísca quase triplicou, fazendo com que ele agilizasse ainda mais os roubos de carga e o comércio dos produtos.

Certo dia, Faísca, depois de fazer as contas, disse satisfeito:

— Sou um homem plenamente realizado; faço o que gosto e ganho muito dinheiro.

Alemão sentiu mais ódio dele. Nesse momento, perguntou para Chico Bravo:

— Não acha que está na hora de acabarmos com essa alegria?

— Pensei que nunca fosse me dizer isso!

Alemão, sorrindo, decidiu que estava na hora de fazer Faísca pagar pelo seu crime. Daquele dia em diante, Alemão começou a frequentar a delegacia e com satisfação conheceu Alceu, um detetive veterano, passando a acompanhá-lo. Foi com alegria que descobriu que quando ele se empenhava em uma investigação ninguém o demovia do foco. Assim, começou a intervir para que o investigador voltasse a procurar indícios sobre os roubos de carga que ocorriam na principal estrada que levava à capital.

A princípio, o homem relutou, até que certo dia, um primo que transportava sacaria de arroz foi assaltado e ele voltou a se interessar pelo assunto. Assim decidiu procurar os caminhoneiros que haviam sido assaltados naquela estrada. Um deles, com satisfação, disse:

— Naquela manhã eu vi apenas um assaltante, mas se eu o visse prontamente o reconheceria.

A quadrilha de Faísca assaltava sempre na altura do quilômetro 140 daquela estrada. Um dia, Alemão, sabendo que estavam planejando assaltar uma carga de tecidos, sugeriu a Alceu que vigiasse esse quilômetro. Embora os assaltos fossem muito parecidos, o investigador tinha dúvidas de que eram praticados pela mesma quadrilha, porém decidiu averiguar e foi com cinco policiais à paisana até o local. Para sua alegria, naquela manhã aconteceu o assalto. Ao dar voz de prisão aos cinco integrantes da quadrilha, ele recebeu uma rajada de tiros. Eles se dispersaram e os policiais conseguiram resgatar apenas um: Fernando, um homem negro com uma grande cicatriz que ia da boca ao pescoço.

Fernando relutou em dizer alguma coisa, mas como o delegado Percival era um homem de pouca paciência ele acabou confessando.

— Trabalho com Faísca. Ele é o dono dos caminhões com que carregamos as cargas.

O delegado Percival perguntou:

— Quem é Faísca?

— É o dono da transportadora Vale Verde.

— Sei onde fica a transportadora.

Percival, percebendo que o rapaz estava arrumando uma maneira de ganhar tempo, continuou:

— Mas o que a transportadora tem a ver com o roubo de cargas?

Fernando contou como funcionava o esquema de roubo e transporte de carga, e Percival, sorrindo, disse a um dos policiais:

— Pode levá-lo! É melhor você procurar um bom advogado, pois ficará trancafiado por muito tempo.

O policial levou Fernando aos empurrões para a cela, e o delegado ficou pensando numa maneira de abordar o dono da transportadora.

Faísca, ao ficar sabendo que Fernando havia sido preso, ficou furioso e decidiu contratar um advogado para defendê-lo.

Alemão, ao ver o desespero de Faísca, disse:

— Chegou a hora de você pagar por todos os seus crimes! E quanto a mim vou continuar a me divertir à sua custa, seu miserável!

Percival era um homem muito experiente e decidiu continuar as investigações sem abordar diretamente Faísca. Os dias foram passando e o dono da transportadora sentia-se cada vez mais desesperado, com medo de Fernando contar alguma coisa à polícia.

Faísca, após a prisão do comparsa resolveu suspender os roubos de cargas. O advogado que contratou lhe dava as notícias e dizia que a situação do rapaz não era das melhores. Enquanto isso, a investigação a respeito dos roubos a caminhoneiros continuava a todo vapor, sem que Faísca pudesse suspeitar de que ele mesmo era o principal suspeito.

O delegado decidiu interrogar mais uma vez Fernando. Ele, cansado das mesmas perguntas, contou tudo o que sabia. Faísca foi chamado para depor. Duas viaturas da polícia chegaram à transportadora com a intimação convocando-o para prestar esclarecimentos na delegacia. Ao receber a intimação, ele estremeceu, porém obedeceu. Na delegacia, o interrogatório foi demasiadamente longo e ele, cansado, pediu a presença do advogado, o mesmo que cuidava do caso de Fernando.

Quando o advogado chegou, o delegado, aproveitando sua inexperiência, disse:

— Se ele for o autor dos delitos, aconselhe-o a confessar, pois quanto mais negar, pior ficará sua situação.

O advogado saiu sem dizer uma palavra e foi à sala vizinha para conversar com o cliente. Ao chegar, Faísca disse:

— Doutor, não fiz nada, nem sei por que estou aqui. Por favor, encontre uma maneira de me tirar dessa cilada.

— Senhor Jeremias da Silva Cruz, por favor, diga-me somente a verdade, se quer que eu o defenda.

O PASSADO ME CONDENA

— Sou inocente de qualquer acusação; trabalho honestamente e tudo o que consegui foi com muito esforço e suor.

— Se você não confia em mim, sou obrigado a abandonar o seu caso.

Nesse momento, Faísca passou a tremer como se fosse uma vara ao vento. Depois de alguns minutos, contou a verdade ao seu defensor.

— Jeremias, o seu funcionário Fernando o delatou e contou como era o esquema de roubo de carga.

— Fernando me traiu, quero que o senhor abandone o seu caso, pois um traidor não merece compaixão.

— Quem paga os meus honorários é você, farei o que me pede.

O advogado estava ciente de que jamais poderia provar sua inocência uma vez que ele era culpado, porém o aconselhou:

— Jeremias, não hesite em confessar ao delegado tudo o que fez, pois somente dessa maneira poderei estudar uma maneira de defendê-lo.

Sentindo-se intimidado com as palavras do advogado, ele decidiu confessar; mesmo sabendo que ficaria por muitos anos na prisão.

O delegado já estava irritado com a demora, mas decidiu fingir uma calma que estava longe de sentir; foi quando ouviu as batidas na porta. Achando se tratar de algum funcionário, gritou mal-humorado:

— Entre!

Não demorou e o advogado entrou com Faísca.

— Vai confirmar o que já sabemos? — questionou remexendo-se na cadeira.

— Sim! Mas vou contar apenas uma vez.

O delegado, sorrindo, chamou o escrivão:

— Décio, coloque papel na máquina de escrever e não perca uma só palavra da confissão de Jeremias.

O advogado ficou calado, e somente ao término da confissão, disse:

— Dr. Percival, peço que deixe meu cliente em uma sala longe dos demais presos.

— Não se preocupe, felizmente todos os meliantes passam por aqui e depois são transferidos a um presídio qualquer.

— Jeremias, vou pedir um *habeas corpus* ainda hoje para que possa responder ao processo em liberdade.

— Você era o responsável pelos roubos das cargas, mas quem as comprava? — perguntou o delegado curioso.

Jeremias não hesitou em contar quem era o receptador das mercadorias. Satisfeito, o delegado anotou o nome de Ananias, a fim de interrogá-lo e prendê-lo. Alemão ficou feliz, porém algo o incomodava, achava que ele ainda não estava pagando por seu crime.

Chico perguntou:

— E então, está satisfeito com a prisão de seu assassino?

— Não! Faísca ainda tem alguns crimes a responder, como meu assassinato e alguns que ocorreram enquanto eu ainda estava vivo.

— Não importa se ele vai responder pelos assassinatos, o importante é que você conseguiu colocá-lo atrás das grades. Além disso, se a polícia descobrir que ele foi o autor dos disparos que o vitimou, saberá também a respeito do assalto que vocês praticaram.

— E que diferença faz isso? Acaso não estou morto? Ninguém poderá me prender.

— E agora, o que pretende fazer?

— Preciso arranjar uma maneira de a polícia descobrir que foi ele quem matou o dono da padaria.

— Isso é fácil! Certamente há alguma testemunha do assalto e também do assassinato.

— O único que viu o assalto foi o filho do português. Será que ele reconheceria o assassino do pai?

— Claro!

— Veja o que sou capaz de fazer.

Chico ficou observando Alemão se aproximar do delegado Percival e enviar-lhe sugestões para que a prisão de Faísca fosse divulgada no jornal da cidade. Percival pensou: "Jeremias é um homem frio, certamente há outros crimes que não foram devidamente solucionados. Vou pedir para colocarem no jornal uma nota sobre a sua prisão e de seus companheiros".

Alemão sentiu-se radiante; finalmente seu assassinato poderia ser descoberto, assim como muitos outros.

Percival chamou um repórter do jornal para uma entrevista. O repórter, assim que ficou sabendo do chamado do delegado, ficou radiante; não tinha notícias exclusivas para a edição da tarde seguinte. Depois de algumas horas, o jornalista chegou à delegacia e o escrivão o encaminhou à sala do delegado.

— O senhor mandou me chamar?

— Sim! Quero que coloque no jornal uma nota sobre a prisão dos responsáveis pelos roubos de carga da região.

— O senhor conseguiu pegar o meliante? — perguntou Marcelino surpreso.

— Sim! E quero que coloque uma foto do acusado na primeira página.

— Para mim será um enorme prazer, dr. Percival.

O repórter começou a escrever as principais informações passadas pelo delegado e, assim que terminou, pediu para tirar uma foto do acusado.

— Tenho algumas fotos que Jeremias tirou antes de ir para a cela, se quiser pode aproveitá-las.

Marcelino estava radiante com a matéria e não se opôs a pegar uma foto de Faísca para colocar na primeira página do jornal. Assim que ele saiu, o delegado disse:

— Agora vamos descobrir de onde veio o dinheiro que fez Jeremias ficar rico em tão pouco tempo.

No dia seguinte, ao voltar do almoço, o delegado disse ao escrivão:

— Por favor, vá à banca de jornal e compre um exemplar do jornal em que Marcelino trabalha.

— O senhor tirou fotos para o jornal?

— Não preciso de notoriedade, apenas cumpro com o meu dever.

O escrivão, João Paulo, logo retornou com o jornal na mão. Sorrindo, disse:

— Veja, doutor, o jornalista colocou na primeira página do jornal as informações obtidas aqui na delegacia.

Apressadamente, Percival pegou o jornal e leu:

"Polícia desfaz quadrilha que roubava carga na região.

Preso ontem, Jeremias, acusado de ser o responsável pelos inúmeros roubos de carga na principal rodovia que liga a cidade à capital paulista. Os roubos aconteciam à noite, quando os motoristas, cansados, paravam para fazer suas refeições. Assim que saíam do restaurante, um grupo de homens armados os seguiam, obrigando-os a parar e declarando o assalto. Os motoristas eram levados a um matagal e as cargas eram desviadas para outro caminhão.

Os assaltados eram amarrados e amordaçados enquanto a carga era levada. Os meliantes agiam sempre da mesma maneira, deixando os motoristas na mata, esperando que alguém fosse socorrê-los.

Chegou-se ao líder do grupo por meio do trabalho inteligente da polícia, que ficou esperando a ação dos bandidos no local. Alguns meliantes fugiram, mas a polícia conseguiu pegar um dos ladrões, de nome de Fernando Aquino Rocha, que confessou os crimes e entregou o líder do grupo. Graças ao bom trabalho do delegado Percival da Silva Vianna, os motoristas poderão trafegar tranquilamente em nossa rodovia, sem medo de assaltos".

— Este caso está encerrado!

— Doutor, até quando esse sujeito ficará em nossa delegacia?

— Talvez ele seja transferido para o principal presídio da capital amanhã de manhã. Estou aguardando a ordem de transferência.

O delegado, sem se importar com outras notícias, dobrou o jornal e deixou-o sobre a mesa.

⚜ — O sofrimento de Faísca está apenas começando... — disse Alemão.

Chico acompanhava Alemão, seguindo as ordens de Zé Dragão. Duas semanas haviam se passado desde que a notícia da prisão de Faísca saíra no jornal e ele ainda permanecia preso na delegacia.

Certa manhã chegou um rapaz de aproximadamente vinte anos de idade com o jornal em punho, desejando falar com o delegado. A secretária entrou em sua sala e disse:

— Doutor, tem um rapaz querendo falar com o senhor.

— Dona Cássia, a senhora não vê que estou ocupado? Pergunte o que ele deseja.

— O rapaz disse que quer conversar com o senhor a respeito de Jeremias.

— Diga que entre!

Não demorou e logo o rapaz franzino entrou timidamente na sala. Percival perguntou:

— O que deseja?

— O senhor não está lembrado de mim, doutor?

— Não.

— Sou o filho do senhor Joaquim Gusmão, morto em um assalto na padaria.

— Ainda não descobrimos os assassinos de seu pai. Infelizmente, há somente um investigador na delegacia e todos os dias surgem novos casos.

— Vim lhe falar sobre o assassino, pois há duas semanas o homem que tirou a vida de meu pai está preso.

— Quem é ele?

O rapaz, abrindo o jornal, respondeu:

— Aqui está ele, Jeremias da Silva Cruz, vulgo Faísca.

— Você tem certeza de que esse homem é o assassino de seu pai?

— Como poderia esquecer-me do rosto do homem que tirou meu pai do seio da família?

— Venha, vou pegar o boletim de ocorrência, pois nele está a descrição do assassino.

O delegado pegou o boletim e leu as características fornecidas pelo jovem, que era a única testemunha do assalto.

23

O amor aproxima

Armando estava feliz por ter Rita em seu quadro de funcionários. Não só porque a moça se esforçava em desempenhar bem o serviço, mas também porque estava apaixonado por ela.

Era comum conversar com ela sobre o trabalho, porém quem percebeu que o encarregado estava apaixonado foi Joana, uma moça que trabalhava em uma injetora ao lado de Rita.

Certo dia, quando Rita saía tranquilamente para o almoço, Joana se aproximou e disse:

— Você percebeu que o Armando está sempre atrás de você para conversar?

— E o que tem isso?

— Rita, deixe de ser boba! Ele está apaixonado por você.

— Joana, deixe de ver coisas onde não existem; quando Armando vem até aqui é somente para falar de trabalho.

— O pior cego é aquele que se recusa a enxergar.

— Joana, entenda, Armando está observando meu desempenho, só isso.

— Ele não está observando o seu trabalho, ele a está observando e, do jeito que vai, não demorará para se declarar.

— Joana, você tem cada ideia! A minha máquina está horrível, muitas peças estão saindo com defeito.

Joana, percebendo que a moça estava fugindo do assunto, disse:

— Bem que eu queria que fosse a minha máquina.

— Por que diz isso?

— Rita, se eu te contar uma coisa, você jura que não conta para ninguém?

— Juro!

— Estou apaixonada por Altamir, o mecânico de manutenção.

— Você está louca! Altamir é casado.

— Diga isso ao meu coração.

— E ele lhe dá esperanças?

— Rita, para falar a verdade, Altamir e eu estamos namorando há cinco meses.

— Joana, o que espera de um homem casado? Não se iluda achando que ele deixará a esposa e os filhos para ficar com você — disse a amiga indignada com a atitude dela.

— O casamento dele não está indo bem e ele me disse que está pensando seriamente em se separar da mulher.

Rita sentiu raiva do mecânico por iludir aquela moça de apenas vinte e dois anos e disse:

— Joana, você é uma moça bonita, que pode arrumar um bom rapaz e se casar, não perca tempo com um homem casado.

— Rita, nunca me apaixonei por ninguém. Altamir é minha vida.

— Deixe de ser boba! Ninguém morre por causa de ninguém, esse homem está apenas lhe tomando o tempo. Você se deitou com Altamir?

— Claro que não! Posso parecer tresloucada, mas saiba que sou uma moça honesta.

Rita, que conhecia um pouco sobre a natureza masculina, aconselhou-a:

— Joana, muitos homens casados gostam de aventura e dizem que o casamento não vai bem; Altamir sabe bem o que quer de você, quando conseguir vai descartá-la como um objeto que não serve mais e vai atrás de outra. Você acha que ele é o amor de sua vida, mas para ele você não passa de uma aventura, que depois de conquistada perderá a graça. Não se deite com ele, pois isso é a única coisa que ele quer.

— Mas ele jura que me ama.

— Joana, não acredite. Tenho certeza de que ele diz isso a todas que surgem em seu caminho.

— Na semana passada Altamir me pediu uma prova de amor, mas eu não lhe dei.

— Não acha que há muitas maneiras de alguém provar o amor? Por que tem de se deitar para provar que o ama? Isso é coisa de cafajeste.

— Quer saber? Hoje mesmo vou terminar com ele. Quero arranjar um bom moço, que me leve ao altar e isso ele já não poderá fazer, uma vez que já é casado.

Rita gostou da decisão da moça e as duas foram almoçar. Quando Altamir entrou no refeitório, sentou-se ao lado de Rita e perguntou:

— E então, está gostando do trabalho?

— Sim! O trabalho é bom.

— Joana, vou à sorveteria, quer me acompanhar?

Joana olhou para Rita, que se manteve impassível, e respondeu:

— Não! Estou cansada.

— Cansada a essa hora?

— E o que tem isso?

— Estar cansado na hora do almoço é coisa para velho, e isso você não é!

— Está bem! Vou com você.

Joana terminou o almoço e saiu acompanhando Altamir. Assim que o casal saiu da fábrica, o homem disse:

— Joana, pensei em você a manhã inteira e confesso que estava louco para chegar a hora do almoço.

— O que você quer comigo?

— Não quero nada de você a não ser o seu amor.

— Para quantas mulheres você já declarou seu amor?

— Só o declarei a você.

— Altamir, se está comigo achando que vou me deitar com você, está muito enganado. Não sou uma moça qualquer e, além disso, quero me casar na igreja e ter filhos.

— Joana, compreenda, é natural um homem querer fazer amor com a mulher que ama! Se eu disser que não penso nisso estarei mentindo.

Joana olhou para o rapaz como se o estivesse vendo pela primeira vez e respondeu:

— Não quero mais continuar a vê-lo. Peço que respeite e me deixe em paz.

Joana se afastou angustiada e sem olhar par trás pensou: "Fiz a coisa certa; Rita tem razão, Altamir está comigo com segundas intenções".

Joana voltou para a empresa e, ao se aproximar de Rita, disse:

— Você tinha razão, Altamir não me ama, apenas quer se deitar comigo.

— Joana, você é uma moça bonita e vai encontrar um rapaz que a ame verdadeiramente e a respeite, portanto, tenha paciência.

O PASSADO ME CONDENA

Joana sorriu angustiada e com tristeza ouviu o sinal da fábrica anunciando que o horário de almoço havia terminado. Altamir se aproximou da máquina da jovem e disse:

— Joana, o que espera de mim? Acaso quer que me separe?

— Você deixaria sua esposa e seus filhos para ficar comigo?

— Não posso me separar, como sabe, tenho filhos que dependem de mim.

— Você não quer nem pretende se separar; por que quer ficar comigo? Por esse motivo nosso namoro acabou.

— Se não quer ficar comigo, tem quem queira. Além disso você nem é tão bonita assim...

— O quê?

— Estou dizendo que nunca me separaria de minha esposa para ficar com você; afinal, Marina é a mulher da minha vida e você seria apenas um passatempo.

— Altamir, por favor, nunca mais fale comigo! Jamais poderia supor que fosse tão cafajeste; ainda bem que não nos relacionamos mais intimamente.

Altamir se afastou sentindo muito raiva. Joana queria conversar com Rita, porém tinha de esperar o fim de expediente. Sentiu-se aliviada por não ter cedido às pressões de Altamir.

Armando, sem disfarçar o sentimento que nutria por Rita, aproximou-se dela e perguntou:

— Rita, preciso ter uma conversa séria com você. Será que poderia me esperar no fim do expediente?

— Por que esperar para conversar comigo? Não pode ser agora?

— Não, a conversa é pessoal.

— Está bem! Vou esperá-lo no portão da fábrica.

349

— Não; peço-lhe que vá até a sorveteria da esquina e me espere em um lugar discreto, não gosto de falatórios.

— Então não se atrase, se demorar mais que cinco minutos vou embora.

Armando sentiu-se feliz. A tarde passou tranquila e Armando evitou conversar com ela. Assim que a campainha da fábrica tocou, Rita se apressou em sair e foi aguardar o moço na sorveteria.

Quando estava entrando na sorveteria, Joana, que estava nervosa querendo lhe contar as últimas novidades, chamou-a. Rita não queria que a amiga soubesse do encontro, assim perguntou:

— Joana, será que poderíamos conversar amanhã?

— Aquele miserável do Altamir disse que a esposa é a mulher de sua vida e que eu não sou tão bonita assim! — contou com raiva.

Quando Armando chegou, não gostou de ver Joana sentada ao lado de Rita, mas, como era um homem íntegro, não hesitou em se aproximar. Cumprimentou-as timidamente e sentou-se.

Joana, percebendo que estava sendo inconveniente, logo se despediu do casal e se retirou.

— Joana é uma boa moça — afirmou Armando trêmulo.

Rita concordou e com pressa de voltar para casa perguntou:

— E então, Armando, o que tem para me falar?

Armando jamais pensou que um dia ficaria sem jeito diante de uma mulher e, com voz trêmula, começou a falar:

— Rita, quero lhe dizer que não consigo tirá-la do pensamento, e cada dia que passa estou mais apaixonado por você.

Rita, apesar de não demonstrar, também estava apaixonada por Armando.

— Armando, como pode dizer que está apaixonado por mim se nem me conhece o bastante?

— O que conheço de você foi o suficiente para me apaixonar.

Rita sentiu vontade de ceder aos seus encantos, porém lhe veio à mente os filhos e a vida que levara com Alemão.

— Armando, fui casada por cinco anos e meu marido morreu. Tenho dois filhos para sustentar e não pretendo me envolver com nenhum homem.

— Por favor, Rita, peço perdão pela minha ousadia. O que sinto por você é verdadeiro, além disso estou disposto a ajudá-la a criar seus filhos.

— Armando, você é um bom homem e sinceramente gostaria de conhecê-lo melhor; mas acho que devemos ir devagar.

— Tenho alguma chance?

— Isso dependerá de você.

Sorrindo, ele mudou de assunto e falou sobre sua vida. Num momento de pausa, Rita perguntou:

— Armando, por que não se casou?

— Rita, só me casaria com uma mulher por quem me apaixonasse, e até o momento ela não havia aparecido. Acredite, nunca senti por mulher nenhuma o que sinto por você.

Rita, percebendo sinceridade nos olhos de Armando, relatou-lhe brevemente sua vida com José Antônio: as brigas, as surras, as privações sofridas e, principalmente, sua vida de bandido.

Armando pensou: "Ainda bem que morreu!". E ela finalmente disse:

— Tenho medo de me envolver e sofrer novamente.

— Sinta-se à vontade para pensar; lhe dou quanto tempo quiser.

— Agora preciso voltar para casa. Ainda tenho de buscar meus filhos.

— Posso acompanhá-la?

— Por favor, não me leve a mal, mas não me sinto à vontade em aparecer com um homem na rua de minha casa.

— Compreendo, mas não se esqueça de pensar em tudo o que lhe falei.

— Prometo que pensarei com carinho.

Rita saiu da sorveteria preocupada com os filhos, porém não conseguia pensar em outra coisa a não ser nas últimas palavras de Armando, que depois daquele dia não mais tocou no assunto. O jovem continuava a agir com discrição, temendo comentários no local de trabalho, mas já não ia com tanta frequência até Rita, pois sabia que Joana, apesar de ser boa funcionária, tinha um grave defeito: não conseguia controlar a língua.

Rita, cada dia mais apaixonada por Armando, certa tarde se aproximou dele e comentou:

— Armando, creio ter uma resposta à pergunta que me fez na sorveteria.

— E qual é?

— Armando, encontre-me na sorveteria.

Armando anuiu com a cabeça e como ainda tinha alguns problemas para resolver, disse:

— Espere-me lá.

Ao chegar à sorveteria estava com o coração aos saltos, e foi com alegria que viu Rita sentada tranquilamente à sua espera.

— Rita, perdoe-me pela demora.

— Você nem demorou tanto assim...

— Há mais de um mês lhe declarei meu amor e somente agora você tem a resposta?

— Antes tarde do que nunca.

— E então?

O PASSADO ME CONDENA

— Armando, há algumas coisas sobre mim que precisa saber.

— Que coisas?

— Nasci em um lar pobre, sou a segunda filha de sete filhos e perdi minha mãe quando ainda era criança. Meu pai, homem honesto, trabalhava para nos sustentar. Minha irmã mais velha, Maria Clara, cuidava de todos nós enquanto meu pai trabalhava. A pobreza era tanta que quando completei quinze anos desejei ardentemente sair daquela miséria. Foi nessa ocasião que conheci José Antônio, que mais tarde se tornou meu marido. Com dezessete anos já estava casada. Dede o início do casamento, José Antônio se mostrou um homem terrivelmente irascível e, mesmo sem trabalhar, aparecia com dinheiro para ajudar na manutenção da casa. Logo fiquei sabendo como ele ganhava dinheiro...

— O que ele fazia?

— Ele mentia dizendo que fazia biscates, porém não demorou para que eu soubesse que ele era ladrão.

— E o que ele roubava?

— Tudo o que fosse de valor. José Antônio não se preocupava com os filhos; sua vida era dormir durante o dia e sair à noite para roubar.

— Qual foi a causa da morte dele?

— Foi assassinado. Você entende o porquê de eu ter medo de um novo relacionamento? Temo passar por tudo o que já passei.

— Compreenda que ninguém é igual a ninguém; portanto, se um dia ficarmos juntos, cuidarei de seus filhos como se fossem meus.

— Quero acreditar em você; afinal, meus filhos são muito importantes para mim e não quero que ninguém os maltrate.

Armando, sorrindo, pegou na mão dela e disse:

— Confie em mim e verá que falo a verdade.

— Eu confio em você, sem nem mesmo saber por quê.

353

— E então, você aceita meu pedido de namoro?

— Sim!

— Ótimo! Vou conversar com seu pai no sábado.

— Não há por que pedir consentimento ao meu pai; sou uma mulher emancipada, que sobrevivo com meu trabalho.

— Rita, sou um homem de bem, faço questão de conversar com o seu pai.

— Quando conheci José Antônio ele apenas disse que iríamos nos casar e que moraríamos de aluguel.

— Não sou José Antônio, tampouco penso como ele.

— Esta bem! Antes quero que conheça meus filhos, depois discutiremos esse assunto.

— Rita, você não imagina como sua resposta me faz feliz. Quero que conheça minha mãe.

— Certamente sua mãe não concordará com o nosso namoro. Você é um rapaz que nunca se casou e agora se envolve com uma viúva que tem dois filhos!

— Não se preocupe com isso; hoje mesmo conversarei com ela sobre o assunto.

— Saiba que se sua mãe não concordar, não prosseguiremos.

— Sou um homem de trinta e nove anos e sei muito bem o que faço da minha vida; portanto, nosso namoro não dependerá da aprovação de minha mãe.

Rita sorriu ao ver a determinação estampada no rosto dele. Em silêncio, concordou com o rapaz. Ao lembrar-se dos filhos, disse:

— Armando, preciso ir embora, estou preocupada com os meus filhos.

— Quem cuida deles?

— Dona Matilde, minha vizinha.

— Posso acompanhá-la?

— Você vai à minha casa, mas não hoje, pois tenho de fazer os trabalhos domésticos.

Armando, não querendo ser inconveniente, concordou:

— Se é assim que quer, assim será; mas sábado quero conhecer seus filhos.

Rita sorriu e percebeu que Armando estava feliz. Logo se despediu e apressadamente voltou para casa; estava preocupada com os filhos.

Armando chegou a sua casa sentindo-se imensamente feliz. Ao entrar, encontrou a mãe preparando o jantar. Sorrindo, cumprimentou-a:

— Boa noite, mamãe!

Dona Iraci, ao ver o bom humor do filho, disse:

— Há muito tempo não o vejo tão feliz...

— Mamãe, a senhora sempre diz que preciso arranjar uma esposa, não é?

— Todo homem precisa de uma mulher; afinal, você não terá mãe para sempre.

— Mamãe, a senhora tem razão; e o motivo de minha felicidade é uma moça que conheci em meu trabalho.

— Você está namorando?

— Sim! Seu nome é Rita e ela é uma boa moça — respondeu sorrindo.

— Parabéns meu filho! — exclamou Iraci. — Quando vai trazê-la para que eu a conheça?

— Mamãe, Rita é uma boa mulher...

— Se é uma boa moça o que impede de eu conhecê-la?

— Nada, mas quero que saiba que ela é viúva e tem dois filhos.

— Meu filho, com tanta moça solteira você vai escolher uma mulher que tem filhos? Não foi isso que sonhei para você.

— Mamãe, não tenho culpa se me apaixonei por ela.

— A decisão é sua, mas saiba que pegar uma família feita constitui um verdadeiro desafio.

— Estou certo de que fiz uma boa escolha.

— Meu filho, não vou me opor à sua decisão; afinal, a esposa é para você, mas saiba que mulheres que já foram casadas têm mania de fazer comparações, e isso poderá lhe trazer imenso dissabor.

— Não me preocupo com isso, mamãe; aliás, seu primeiro casamento não foi nada bom.

— O que está querendo dizer?

— Que sou bem melhor que seu primeiro marido.

A mulher, percebendo que de nada valeriam suas palavras, acrescentou:

— O que eu quero é que você seja feliz!

— É por esses e tantos outros motivos que eu a amo.

— Quero conhecer a mulher que fisgou o coração de meu filho. Traga-a aqui para eu conhecê-la.

Armando anuiu com a cabeça e se afastou. Iraci, preocupada, pensou: "Não vou permitir que uma pistoleira qualquer se aproveite da ingenuidade de meu filho".

Armando chegou ao trabalho e procurou por Rita; encontrou-a conversando com Joana. Ainda faltavam alguns minutos para começarem o trabalho do dia.

— Rita, preciso conversar rapidamente com você antes de tocar a campainha.

Rita, sorrindo, pediu licença para Joana e, curiosa, perguntou:

— Por que está tão aflito?

Armando contou-lhe sobre a conversa que tivera com a mãe e animado perguntou:

— Quero convidá-la para almoçar em minha casa no domingo.

— Não acha que é cedo?

— Cedo? Estamos namorando e é natural que minha mãe queira conhecê-la; afinal, sou seu único filho.

— Está bem, mas no sábado quero que vá até minha casa para conhecer meus filhos.

— Isso é tudo o que mais quero.

Logo a campainha soou avisando que começaria mais um dia de trabalho e os dois se separaram.

Armando ficou ansioso até que o sábado chegou. Rita lhe deu o endereço de sua casa e a visita foi marcada para as três horas da tarde. O moço chegou com flores para Rita e doces para as crianças. Ao vê-lo, a jovem sentiu imensa vontade de beijá-lo, porém Luís Carlos, seu filho mais velho, estava observando-os e ela resolveu se conter. O menino era muito tímido, e ao conhecer Armando ficou calado. Rita pediu que o namorado a acompanhasse ao interior da casa, e com alegria ele aceitou o convite.

Armando logo se sentiu à vontade e passou a brincar com Luís Carlos e o irmão José Maria.

Rita ficou em um canto e observou que Armando era sincero com os meninos, por essa razão se sentiu feliz.

Não demorou para que eles começassem a chamá-lo de tio. Rita, surpresa, viu os meninos gargalharem na companhia de Armando. O tempo passou e ele disse aos meninos:

— Nossa caça ao tesouro ficará para outro dia, tenho de ir embora.

Armando conversou alguns minutos com Rita e se despediu. Luís Carlos sorrindo perguntou:

— Mamãe, quando o tio Armando voltará a nos visitar?

— Você gostou dele?

— Gostei muito!

— Amanhã vamos à casa do tio Armando, o que acha?

— É verdade, mamãe? A senhora vai nos levar?

— Sim!

O menino saiu gritando de alegria. Rita logo viu que com Armando o filho não ficara triste nem retraído. Com alegria disse a si mesma: "Armando conseguiu conquistar a simpatia de meu filho, coisa que o próprio pai nunca fez". Com alegria, chamou os meninos para tomarem banho.

Armando caminhava e pensava nos filhos de Rita: "Engraçado! Tive a sensação de que conheço Luís Carlos há muito tempo...". Sorrindo, balançou a cabeça em negativa e voltou a pensar: "Isso é loucura! Como posso conhecer o menino há muito tempo se ele só tem seis anos de idade?".

Em casa, Iraci estava apreensiva; afinal, iria conhecer a namorada do filho no dia seguinte. Pensava: "Sou mulher e conheço uma interesseira de longe! Se essa moça está querendo se apoiar em meu filho, não vai conseguir; afinal, sou mãe e quero o melhor para ele".

No domingo, conforme combinado com Rita, Armando foi buscá-la para o tão esperado almoço. Assim que ele chegou, Luís Carlos gritou:

— Tio Armando chegou!

Rita, que estava terminando de se arrumar, saiu do quarto em direção à sala e logo encontrou Armando prometendo ao menino que naquela tarde iria soltar pipa no campinho perto de sua casa. Ao ver Rita, ele ficou ainda mais encantado; a moça usava um vestido sóbrio e de bom gosto. Sorridente, a todo o momento falava com Luís Carlos, fazendo com este o apreciasse ainda mais. E foi com grande alegria que os quatros chegaram à casa de Iraci, que, ao ver Rita, olhou bem em seus olhos e disse:

— Então você é a moça que cativou o coração de meu filho?

Rita esboçou um sorriso, deixando claro seu constrangimento. A mulher, percebendo que se tratava de uma moça tímida, sorriu:

— Não precisa ficar com vergonha, minha filha; afinal, logo você fará parte da família.

Armando lançou um olhar desaprovando a atitude da mãe, e dissimulando a contrariedade disse:

— Mamãe, este é Luís Carlos, o filho da Rita, e o menor é José Maria.

Iraci, ao olhar para as crianças, não soube explicar o motivo do carinho repentino que sentiu, e com alegria disse para Luís Carlos:

— Luisinho, venha, vou lhe mostrar os brinquedos de Armando.

Rita estranhou a atitude carinhosa de Iraci, porém preferiu nada dizer para não parecer petulante. A futura sogra levou os meninos até o quarto de Armando e lá ficou por alguns minutos, mostrando-lhes os brinquedos que o filho tão cuidadosamente guardara.

Luís Carlos admirava e olhava tudo sem mexer em nada. Quando José Maria foi pegar a bola que estava em um canto, o irmão lhe disse:

— José Maria, não mexa em nada!

Iraci logo percebeu que ambos eram crianças educadas e disse:

— Pode pegar, José Maria! A vovó deixa você brincar com a bola.

José Maria, ao olhar para o irmão, recusou-se a pegar a bola, o que causou em Iraci uma boa impressão.

Observando os modos de Rita, a senhora viu que ela era uma moça simples. Depois de certo tempo, ela convidou a todos a se sentarem à mesa para o almoço.

Rita estava constrangida e preocupada com o comportamento dos filhos. Armando, percebendo o embaraço da moça, disse:

— Rita, sinta-se à vontade, somos tão simples quanto vocês.

Iraci, querendo se entrosar melhor com Rita, perguntou:

— Rita, há quanto tempo está viúva?

— Há mais de um ano.

Iraci, percebendo o desagrado da moça em tocar no assunto, mudou o rumo da conversa. Rita falava pouco, porém a senhora achou-a uma boa moça e passou a agir naturalmente, ora conversando com Rita, ora com Luís Carlos.

Assim que terminaram o almoço, Rita levantou-se e foi ajudar a dona da casa a limpar a cozinha, o que lhe agradou profundamente. Enquanto isso, Armando foi com os meninos ao seu quarto e lhes deu total atenção.

Iraci, que não era mulher de meias palavras, ao se ver sozinha com a futura nora disse:

— Rita, ao contrário do que pensava, gostei de você. Armando é um bom rapaz, sempre se preocupou muito comigo e com o pai. Infelizmente perdeu o pai há mais de cinco anos e desde então tem sido meu companheiro. Sempre disse a Armando que ele precisava se casar. Fiquei imensamente feliz quando me contou que estava namorando, mas quero saber de você quais são suas intenções.

Rita, enxugando o prato, colocou-o sobre a mesa e falou com muita sinceridade:

— Dona Iraci, conversei com Armando sobre minha vida e sobre o quanto já sofri neste mundo.

A mulher, curiosa, sabia que devia agir com discrição para não assustar a moça. Desse modo, ficou calada esperando que ela falasse naturalmente. Rita, com simplicidade, relatou-lhe sua vida na casa do pai, a morte da mãe, o casamento com José Antônio e, principalmente, as privações que sofrera enquanto esteve casada.

Contudo, ressaltou o fato de não deixar faltar nada para os filhos que para ela eram seu maior tesouro. A cada palavra, mais Iraci foi se afeiçoando à moça, e com um sorriso sincero disse:

— Minha filha, a única coisa que lhe peço é que faça meu filho feliz, pois não viverei para sempre e ele precisará de uma companheira. Ele é um bom filho e com certeza será um bom marido. Aproveite a oportunidade de ser feliz que a vida está lhe oferecendo.

— Dona Iraci, a única coisa que quero é ser feliz! Não tenho dúvidas de que serei ao lado de Armando.

Iraci, sorrindo, viu Armando se aproximar com Luís Carlos e José Maria.

— Rita, vou ao fundo do quintal brincar de bola com os meninos. Luís Carlos me parece um verdadeiro craque.

— Dona Iraci, acho que arranjei mais um filho!

— Minha filha, toda esposa se torna um pouco mãe do marido. Esta é a primeira lição que lhe passo.

Rita viu o entusiasmo dos filhos que brincavam alegremente. Assim que todos saíram, ela comentou:

— Dona Iraci, quero que saiba que com o nosso casamento a senhora não vai perder seu filho, mas ganhará mais uma filha e netos.

Iraci, que gostara verdadeiramente da moça, respondeu:

— Disso não tenho dúvidas, minha filha.

O domingo foi tranquilo. Rita ajudou a mãe de Armando a fazer um bolo para o café da tarde e todos sentiam-se felizes.

À tarde, Rita olhou com carinho para Iraci e falou:

— Está na hora de voltar para casa, pois tenho de arrumar algumas coisas para o trabalho.

— Minha filha, foi um prazer recebê-la em minha casa; venha sempre, pois quero acompanhar o crescimento dos meninos.

Rita, com lágrimas nos olhos, abraçou a mulher com todo o carinho que havia em seu coração. Iraci sentiu-se feliz e os acompanhou até o portão. Armando avisou:

— Mamãe, vou acompanhá-los até a casa deles e volto logo. Caso demore, por favor, não se preocupe.

— Está bem, meu filho. Vou deixar a porta da frente trancada, entre pela porta da cozinha.

Assim que se afastaram, Armando perguntou para a moça:

— Rita, o que achou de minha mãe?

— Ela é o oposto do que imaginei; é generosa e simpática, acredito que vamos nos dar muito bem.

— Minha mãe é uma excelente pessoa e uma de suas principais virtudes é a sinceridade. Pelo visto, gostou de você.

Rita, que caminhava lentamente, prestou atenção em seus passos e disse:

— Dona Iraci é uma mulher verdadeira, mas eu não fui tão verdadeira com ela.

— Por que que está dizendo isso?

— Sua mãe me perguntou sobre José Antônio e eu menti dizendo que ele foi acometido por séria doença.

— Fez muito bem! Não acho prudente minha mãe saber sobre a vida e a morte de seu marido. O que passa pela cabeça de um ser humano só Deus sabe...

— Armando, estou começando a crer que foi Deus quem o colocou em meu caminho.

O rapaz sorriu enquanto os meninos faziam de tudo para chamar a atenção do casal.

Quando Armando voltou já eram vinte e uma horas. Encontrou a mãe fazendo seu crochê calmamente. Ao vê-lo, ela exclamou:

— Chegou cedo, meu filho!

O PASSADO ME CONDENA

— Sou-lhe grato por tratar bem Rita e seus filhos.

— O que está querendo dizer com isso, Armando?

— Mamãe, sempre admirei sua boa educação e talvez a senhora não faça ideia do quanto isso me fez feliz.

— Armando, você acha que eu usei apenas de boa educação com a moça e seus filhos?

— E não foi?

— Não! Você me conhece muito bem; não sou mulher de fazer agrados. Gostei de Rita e de seus filhos.

— Mamãe, a senhora é formidável! Hoje me fez muito feliz. A senhora é a melhor mãe do mundo.

— Rita gostou de nossa casa?

— Rita gostou muito da senhora.

— Quando me disse que estava namorando uma mulher viúva, pensei que entraria por essa porta uma mulher arrogante; mas foi o contrário, entrou uma moça humilde e foi justamente isso que gostei em Rita.

— Rita é uma moça que sofreu barbaramente no primeiro casamento e que luta para não deixar faltar nada aos filhos.

— Talvez o sofrimento seja o motivo de tanta humildade.

— O que achou dos meninos?

— Gostei dos dois, mas senti uma aproximação maior com Luís Carlos. Achei-o inteligente e educado.

— Não sei por quê... Mas também gostei de Luís Carlos, às vezes fico olhando para ele e sinto que já o conheço de algum lugar...

— Que bobagem, meu filho. Ele é uma criança, como pode ter a sensação de que já o conhece?

— A senhora tem razão! Isso é uma loucura sem resposta — respondeu meneando a cabeça.

Armando, sorrindo, levantou-se e, enquanto cantava uma canção muito em voga, dirigiu-se ao seu quarto.

363

Iraci, feliz, disse a si mesma: "Nunca o vi tão feliz! Talvez essa moça tenha aparecido em boa hora! Conheço-a, mas não sei de onde, mas sinto que a conheço". Cansada, levantou-se e rumou ao seu quarto a fim de descansar.

Armando conferia a produção quando João Vitor se aproximou dizendo:

— Armando, quantas caixas faltam para fazermos a entrega?

— Pelos meus cálculos faltam umas cento e cinquenta caixas.

— Mas a que horas terminaremos essa encomenda?

— Daqui a cinco horas.

— Cinco horas? Teremos de pagar horas extras!

— João Vitor, não há outra maneira. Se a injetora número dois não tivesse quebrado terminaríamos no horário.

— Peça ao pessoal para trabalhar até as dezenove horas, pois não podemos ficar pagando horas extras.

— Está bem! Às dezenove horas a encomenda estará pronta.

— Armando, é verdade que você e Rita estão namorando?

— Sim! Estamos namorando há um mês.

— Fico feliz por vocês, mas não deixe que isso atrapalhe seu bom desempenho no trabalho.

— Doutor, sei separar minha vida pessoal da profissional; portanto, não vejo motivos para preocupação.

João Vitor sabia que Armando sempre fora um funcionário exemplar. Por esse motivo chegara à posição de gerente-geral da produção.

— Calma! Não estou lhe chamando a atenção, estou dizendo isso para que tome cuidado; afinal, quando o cupido flecha nosso coração nos esquecemos de todo o resto.

— Aqui Rita é uma funcionária como outra qualquer. Se tiver de despedi-la, o farei, mas por enquanto ela está se saindo muito bem.

João Vitor estranhou ouvir aquelas palavras gélidas de Armando e respondeu:

— Não espero outra coisa de você.

Afastando-se, o homem voltou à sua sala.

Armando, que não gostava de João Vitor, pensou: "O que esse playboy está pensando? A produção continua a sair como de costume; não lhe dou o direito de se envolver em meus assuntos pessoais. Deixando de contar as caixas, foi de máquina em máquina avisando que teriam de ficar até mais tarde para entregar a produção. Rita, ao ser informada pensou nos filhos e disse:

— Armando, não posso ficar! Você sabe que tenho filhos e que preciso voltar para casa.

— Rita, desculpe-me pela insistência, sei que tem de cuidar dos seus filhos, porém não posso dispensá-la do trabalho; afinal, há duas mães que deixam seus filhos e que concordaram em fazer as horas extras exigidas. Preciso que o trabalho fique pronto até as dezenove horas.

— Armando, sabe que preciso voltar no horário de sempre; meus filhos ficarão sozinhos.

— E se minha mãe fosse ficar com as crianças? Todos aqui sabem do nosso namoro, tenho de ser imparcial, caso contrário vão falar.

— E como fará para avisar sua mãe?

— Não se preocupe, vou buscar as crianças e levá-las para minha casa. Mamãe vai adorar, ela também não gosta de ficar sozinha.

— Não há outro jeito...

— Querida, tenha paciência você precisa do trabalho e se João Vitor ficar sabendo que a deixei ir embora, poderá vir falar comigo.

— Peça para alguém ficar em meu lugar. Vou falar com João Vitor.

— Não permitirei que vá falar com ele, que é um homem inflexível quando o assunto é trabalho.

— Armando, ficarei para não lhe arranjar aborrecimentos com o patrão.

— Sempre soube que era uma mulher compreensiva; ademais quando nos casarmos quero que deixe o trabalho.

— Você quer que eu deixe de trabalhar?

— Isso só acontecerá se você quiser, pois eu vou ajudá-la a cuidar da casa e dos meninos.

— Sinceramente não pretendo deixar de trabalhar — afirmou com olhar carinhoso.

— Se é assim que quer, assim será.

— Vou buscar as crianças e quando terminarmos o turno você poderá ir para minha casa.

Rita ficou observando o rapaz se afastar e pensou: "Ele é um bom homem e se preocupa com os meninos. O que mais eu poderia querer da vida?".

Passados quarenta minutos, Armando voltou:

— Está tudo resolvido, os meninos estão com a minha mãe.

Rita sorriu satisfeita e continuou o trabalho.

2 4

Um novo amor

Osmar chegou à fábrica feliz e com entusiasmo chamou João Vitor e Lucas ao seu escritório para anunciar o casamento com Berenice.

— O motivo pelo qual os chamei à minha sala nesta manhã é para comunicá-los que irei me casar daqui a dois meses.

João Vitor sentiu como se o chão tivesse sumido de seus pés, e em tom gélido disse:

— Papai, o senhor está certo disso? Não acha que é cedo para falar em casamento?

Lucas, feliz com a notícia, disse:

— Parabéns, papai! Já não era sem tempo.

João Vitor, surpreso, disse ao irmão:

— Papai está sendo precipitado em se casar com essa moça; ele ainda não tem certeza se ela o ama.

Osmar, esquecendo a alegria momentânea, respondeu:

— Não acho que estou sendo precipitado, pelo contrário, Berenice e eu nos amamos e é natural querermos nos casar e constituir família.

— Constituir família a esta altura de sua vida? O senhor não é nenhum jovenzinho que tem uma vida inteira pela frente. Para mim essa moça não passa de uma oportunista qualquer, ela quer apenas o seu dinheiro — disse João Vitor irritado.

— Não seja egoísta, João. Papai é um homem e como tal tem o direito de se casar como qualquer pessoa.

— Lucas, você não vê que essa mulher fará nosso pai sofrer? A diferença de idade entre eles é muito grande e não demorará a se dar conta disso e procurar um rapaz de sua idade para se relacionar. E papai, como ficará nessa história?

— João, meu filho, compreendo sua preocupação, mas tenho idade suficiente para saber o que é melhor para mim, além disso, todo homem precisa de uma companheira. Berenice provou por diversas vezes que não está interessada em meu dinheiro nem em minha posição social.

João lançou um sorriso irônico ao pai e disse:

— Se o senhor fosse um homem pobre talvez ela nem notasse sua presença.

— Berenice me ama pelo que sou e não pelo que tenho, tanto que ela aceitou se casar comigo em separação total de bens.

Lucas interveio em favor de Berenice:

— Papai, acredito no amor de Berenice, mas o que será dela se acaso o senhor vir a faltar?

Osmar sorrindo respondeu:

— Se isso acontecer, Berenice terá de voltar para a casa da mãe e tentar recomeçar a vida. A única coisa que vou lhe pedir é que a empregue na fábrica.

— Romantismo tem limite; mas prometo que lhe darei trabalho na fábrica.

— Como pode permitir uma coisa dessas, meu pai? — disparou Lucas irritado.

João Vitor, com um sorriso vitorioso, disse:

— Isso é bom! Pelo menos mostra que a moça tem caráter.

Lucas, discordando da aceitação do pai, disse:

— Nunca pensei que o senhor fosse aceitar uma coisa dessas, ainda mais em se tratando da mulher que diz amar.

— Isso mostra que papai é um homem de bom senso; se ela realmente o ama, não vai se importar de ficar sem nada — continuou João Vitor sorrindo.

— João Vitor tem razão! Essa será a maior prova de seu amor por mim.

Lucas, contrariado, pediu licença e se retirou, deixando o pai com o irmão.

— O senhor continua a mesma raposa velha! Eu que pensei que fosse dividir com essa moça o que nos pertence de direito... — disse João Vitor.

Osmar, sorrindo, pediu educadamente:

— João, dê-me licença, quero trabalhar.

Ao ficar sozinho, Osmar pensou: "Como pode João Vitor ser tão diferente de Lucas? Enquanto um pensa no futuro de Berenice, o outro só pensa em seu próprio bem-estar...".

Osmar levantou-se e disse à secretária:

— Dona Verônica, por favor, vá até o setor de vendas e peça ao Lucas para vir à minha sala.

Osmar estava em pé, olhando pela janela, quando ouviu uma batida suave na porta. Sem demora, ordenou:

— Entre!

— O que deseja, meu pai?

— Meu filho, sente-se, precisamos conversar.

— Obrigado! Estou bem.

— Por que está contrariado, meu filho?

— Aqui não é lugar para falarmos sobre isso.

— Meu filho, aqui é o lugar certo para conversarmos; afinal, sou eu quem decide o lugar em que devemos conversar.

— Papai, pensei que o senhor tivesse mudado depois de tantos sofrimentos, mas vejo que me enganei; continua o mesmo homem autoritário e prepotente de outros tempos. Confesso que me enganou com suas idas ao Centro Espírita e suas doações generosas a obras assistenciais. Tudo não passou de uma máscara que o senhor começou a usar somente para enganar os incautos; infelizmente, fui um deles quando acreditei no senhor e nas suas boas obras.

Osmar, embora estivesse compreendendo aonde o filho queria chegar, bancou o desentendido e perguntou:

— Por que está zangado comigo? Fiz algo de que não gostou?

— O senhor ainda me pergunta? Acreditei quando disse que amava Berenice, mas agora vejo que me enganei.

— O que o fez mudar de ideia?

— Papai, o senhor é como João Vitor, não ama nada nem ninguém que não seja o dinheiro e a posição social. Por que continua com essa moça? Uma mulher merece proteção, mas infelizmente nem isso o senhor está querendo lhe proporcionar, antes está feliz em saber que ela não lhe cobrará nenhum tostão!

Nesse momento, Osmar soltou uma gargalhada, deixando Lucas perplexo. Sem permitir que o rapaz continuasse com suas ofensas avisou:

— Lucas, quando sua mãe morreu acreditei que nunca mais amaria outra pessoa, mas graças a Deus estava enganado, conheci Berenice em uma situação delicada, e ela com sua bondade e simpatia conquistou meu coração. Não sou nenhum jovenzinho que se deixa levar pelas emoções, de modo que meu sentimento por ela é algo maduro, que me devolveu a alegria de viver.

— Se houvesse sentimentos de sua parte para com ela, o senhor estaria preocupado com o futuro dela.

— Berenice é jovem e cheia de vida, e isso me deixa feliz.

— Papai! Para mim chega, deixe de usar a máscara de homem apaixonado, pois isso não lhe cai bem!

— Meu filho, pensei que ficaria feliz com meu casamento.

— Papai, se houvesse amor eu ficaria imensamente feliz, mas não sei o que o senhor pretende ao se casar! Parece que quer apenas uma mulher para se exibir, e com isso eu não concordo!

— Lucas, amo Berenice e vou me casar com ela. Isso é o que importa.

— Que amor é esse que se casa em regime de separação total de bens e não pensa no futuro da mulher que diz amar? Sua preocupação é que depois que partir não lhe falte emprego! Isso é amor? Desculpe, meu pai, mas o senhor não sabe o que é amor!

— Sente-se, agora vai me ouvir.

— Lucas, amo Berenice e pretendo me casar com ela, nosso casamento não será em separação total de bens, antes será em comunhão de bens, pois não quero desampará-la se um dia eu me for. Disse que seria em regime de separação de bens para não ter mais problemas com João Vitor. Quanto à história do emprego, caso eu viesse a faltar, foi somente uma estratégia para deixar seu irmão tranquilo. Ainda nesta semana pretendo fazer meu testamento e nomearei você e seu irmão como herdeiros da fábrica e para Berenice vou deixar alguns imóveis e dinheiro. Berenice não vai mais ter preocupações financeiras se souber administrar o que pretendo lhe deixar.

Boquiaberto, Lucas, perguntou:

— Papai, então a história de que Berenice quer se casar com separação total de bens é mentira?

— Não! Berenice quer se casar com separação total de bens, mas claro que eu não faria isso; tenho de pensar no futuro dela. Ela não é uma moça interesseira como seu irmão pensa, já me provou por mais de uma vez o quanto me ama.

Lucas esboçou um largo sorriso e disse:

— Papai, como fará para que ela aceite se casar em regime de comunhão de bens?

— Não se preocupe, meu filho, embora Berenice seja uma mulher inteligente, ela é simples demais para discordar das medidas que nosso advogado tomar.

— Papai, tome cuidado com João Vitor, ele poderá descobrir e atrapalhar seu casamento.

— Não se preocupe. Quando disse a ele que me casaria em regime de separação de bens o deixei tranquilo. Ele não fará nada para atrapalhar meu casamento; por esse motivo quero-o sempre por perto.

— Devemos querer o amigo sempre por perto, mas o inimigo mais perto ainda...

Osmar, percebendo que o filho compreendera o que estava querendo dizer, respondeu:

— Isso mesmo, meu filho; devo deixar João Vitor achar que penso como ele, mas na verdade farei como manda meu coração.

— Papai, peço que me perdoe, errei quando o julguei mal.

— Tenho me sentido dividido entre Berenice e João Vitor, por esse motivo decidi mentir sobre minhas reais intenções.

— Esse é o dr. Osmar que conheço e de quem sinto orgulho.

— Meu filho, peço discrição; afinal, esse é meu plano estratégico e ninguém poderá descobri-lo.

— Papai, ninguém ficará sabendo, pode confiar em mim.

Osmar, sorrindo, voltou sua atenção a um contrato que estava sobre a mesa enquanto o filho saiu sorrateiramente.

Ao voltar para seu escritório, Lucas pensou: "O velho Osmar é uma águia, vê longe...".

Enquanto isso, em seu escritório, João Vitor pensava: "Como pude achar que o velho Osmar estava se entregando a uma paixão?

Papai não ama ninguém a não ser ele mesmo... Pobre Berenice, achou que ia dar o golpe do baú! Ledo engano, vai sair desse casamento da mesma forma que entrou: sem nada!".

Naquela noite, João Vitor chegou em casa bem-humorado. Ao olhar para a esposa disse:

— Alice, o que acha de jantarmos fora?

Ela lançou um olhar curioso para o marido e perguntou:

— Você, convidando-nos para jantar? João, você sempre está cansado ou indisposto para sair de casa; aconteceu alguma coisa para essa súbita mudança?

— Quero sair com minha família, há algum mal nisso?

— Aonde vai nos levar?

— O lugar é você quem escolhe.

— Vou pensar e depois lhe respondo.

— Vou ao escritório ver alguns contratos pendentes e logo subirei para me arrumar.

— Adoro vê-lo bem-humorado...

João Vitor, sorrindo, nada respondeu. Entrou no escritório e antegozando a vitória pensou: "Ainda bem que Alemão morreu; caso contrário eu teria feito uma besteira sem necessidade".

Abrindo uma pasta, ele tirou alguns papéis e passou a lê-los vagarosamente. Depois de uma hora, saiu do escritório e foi até o seu quarto a fim de se arrumar para sair. Ao passar diante do quarto do filho, ele ouviu o menino reclamar:

— Mamãe, não gosto de restaurantes; prefiro comer pizza.

Maria Alice dizia em tom enérgico:

— Você não tem que querer; vai aonde seu pai e eu o levarmos.

— Não vou! Não quero ir a esses lugares chatos onde só há pessoas velhas! — gritava o menino.

Maria Alice ia perder a paciência quando João Vitor entrou:

— O que está havendo aqui?

O menino, olhando para o pai com olhar súplice, respondeu:

— Mamãe quer me levar a um restaurante e o senhor sabe que não gosto desses lugares!

João Vitor olhou calmamente para o filho e disse:

— Se não quer ir, não vá! Não vamos obrigá-lo a nada.

Maria Alice, discordando da atitude do marido respondeu:

— João, não podemos deixar Ademar sozinho!

— Ademar não ficará sozinho, vamos deixá-lo com uma babá.

— Onde vamos encontrar uma babá a uma hora dessas?

— Podemos falar com a dona Fátima, ela sempre ficou com Ademar quando precisamos.

— Não preciso de babá, sou capaz de ficar sozinho — falou Ademar.

João Vitor, usando sua autoridade, disse:

— Você não tem idade para ficar sozinho; portanto, ficará com uma pessoa responsável.

O menino, abaixando o olhar, disse:

— Está bem! Vou ao restaurante com vocês.

João Vitor esboçou um leve sorriso e respondeu:

— Vou me arrumar e sairemos em trinta minutos.

Maria Alice, sorrindo, saiu do quarto do menino acompanhando o marido e com satisfação disse:

— Você pretendia chamar dona Fátima para ficar com Ademar?

— Certamente; desde o acidente Ademar tem se mostrado caprichoso ao extremo, acho que está na hora de compreender que não é o centro do universo.

— Dona Fátima é uma mulher de pouca paciência e não temos boas referências dela.

— Eu a deixaria com Ademar justamente por ser uma mulher severa. — Sorrindo, João continuou: — Ademar ia se arrepender profundamente se escolhesse ficar em casa.

— João, você tem se mostrado um bom pai.

— Vamos jantar em um restaurante na cidade vizinha; peço que se vista sobriamente.

Nesse momento, João dirigiu-se ao banheiro para tomar um banho e se arrumar.

2 5

O encontro

Alemão estava em um canto da cela olhando para a figura triste de Faísca, quando de repente Chico se aproximou:

— Alemão, temos um serviço para fazer.

— Que serviço? Não vê que ainda não terminei meu trabalho com esse calhorda?

— O que quer? Já não está satisfeito em saber que seu algoz está atrás das grades?

— Isso é pouco! Eu ainda tinha uma vida inteira pela frente e veja onde esse sujeito me meteu!

— Deixe de bobagem! Faísca está tendo tempo suficiente para se arrepender de seus erros.

— Arrependimento não basta! Ele tem de pagar por todo o mal que me fez.

— O que pretende fazer?

— Veja o que sou capaz de fazer.

Alemão se aproximou de Faísca, que estava sentado, e lançou sobre ele sombras negras. O preso, que dividia a cela com mais dois presos, começou a sentir fortes dores no peito e uma enorme pressão na cabeça, que o fizeram gritar. Quanto mais gritava, mais prazer Alemão sentia. Chico olhava como se não estivesse vendo nada de anormal. Sorrindo, disse:

— Deixe de bobagem! Vamos sair daqui e iniciar outro trabalho.

— O chefe disse que meu trabalho só terminaria quando eu o deixasse louco!

— Está bem! Esse energúmeno é todo seu; faça o que quiser com ele.

Alemão, sorrindo, voltou a envolver Faísca em densa névoa, fazendo com que ele se sentisse muito mal. Em dado momento, não suportando o mal-estar, o homem estremeceu e convulsionou.

— Isso é pouco! Preciso arranjar uma forma de esse traidor me enxergar.

— Você só sabe fazer isso?

— Sou capaz de fazê-lo sentir-se tão mal que nem ele mesmo será capaz de explicar o que está sentindo.

— Isso é simples; como somos invisíveis aos olhos dos encarnados, lançamos sobre eles energias nocivas, fazendo-os se sentir mal.

Alemão, sem compreender o que Chico estava tentando lhe dizer, comentou em sua total ignorância:

— Não faço nada, o simples fato de me aproximar já o faz passar mal.

— Você o odeia e seus fluidos maléficos acabam por atingi-lo, de modo que se ele fizer exames médicos sofisticados nada será diagnosticado.

— Ser morto tem suas vantagens... Posso me vingar e ele nem desconfia que sou o causador de seu mal-estar.

Alemão se afastou quando o agente penitenciário entrou na cela e gritou:

— Preciso de ajuda! Um interno precisa ser levado imediatamente à enfermaria!

Não demorou e logo dois agentes levaram Faísca. Ele já havia voltado a si, porém sentia a cabeça rodar. Com a voz embargada perguntou:

— O que aconteceu?

O enfermeiro que o atendia perguntou:

— Você é epilético?

— Não que eu saiba, estava me sentindo bem quando fui acometido por fortes dores no peito e de repente perdi os sentidos. Não me lembro de mais nada.

O enfermeiro, com descaso, foi até a sala principal para ligar para o médico responsável pelos internos. Depois, apareceu com uma injeção e a aplicou no braço de Faísca, que adormeceu.

Alemão, não contente, aproximou-se de Faísca e o envolveu em fluidos escuros, mas desta vez não obteve os mesmos resultados.

Chico, que observava o empenho de Alemão, gargalhando, disse:

— Deixe de bobagem!

— Por que não surtiu efeito?

— Porque Faísca está sedado. Nesse estado de torpor pouco poderá fazer para prejudicá-lo.

— E o que isso tem a ver?

— Só conseguimos envolver um encarnado plenamente quando ele está em estado de vigília.

Alemão ficou olhando com raiva para Faísca. De repente, o corpo fluídico do rapaz se levantou da cama e olhou com horror para o espírito.

— Alemão? Eu o matei, desgraçado!

— Faísca está falando comigo!

— Alemão, quando o corpo de carne adormece não raro seu espírito sai do físico para entrar em contato com o mundo espiritual. É exatamente isso o que está acontecendo, mas não se entusiasme, pois ele está confuso e logo voltará ao corpo — Chico explicou.

— Não vou deixá-lo voltar ao corpo de carne, antes vou lhe dar uma surra que ele jamais esquecerá.

— Não seja idiota! Faísca está sob o efeito de medicamentos. Quando acordar, não vai se lembrar de nada.

Alemão estava perplexo diante de tantas informações. Ao se aproximar do rapaz, viu-o se deitar sobre o corpo inerte que estava na cama.

— Miserável! Desta vez ele escapou, mas não conseguirá escapar da próxima — falou Alemão.

— Você poderá conversar com Faísca quando ele estiver dormindo naturalmente, sem o efeito de medicamentos; agora o melhor a fazer é deixá-lo em paz. Quando ele estiver dormindo placidamente, você poderá chamá-lo para uma conversa. Venha! Vamos sair um pouco.

Alemão lembrou-se de Rita e disse:

— Chico, quero voltar para casa e ver como estão as coisas por lá.

— Está bem! Mas lembre-se, você não poderá ficar em sua casa, pois temos muito trabalho.

Os dois espíritos malfazejos chegaram em frente à casa de Alemão, que ficou observando a fachada e comentou:

— Fiz tudo errado! Se tivesse procurado um trabalho e me afastado das más companhias, hoje não estaria nesta situação.

— Deixe de se lamentar e entre para ver seus filhos!

Alemão entrou e logo viu Luís Carlos que brincava com José Maria.

— Onde está Rita?

— Pelo que sei está trabalhando para sustentar seus filhos.

Uma lágrima brilhou nos olhos de Alemão e com tristeza ele ficou observando os filhos brincarem alegremente.

Luís Carlos, com um pedaço de madeira, gritou:

— Você está preso!

José Maria, o menor, respondeu:

— Isso não tem graça! Você me prendeu só porque peguei um pedaço de bolo?

— Você roubou e agora será preso!

— Eu não vou ser preso! Peguei um pedaço de bolo e isso não é crime.

— Você será preso, pois não importa se roubou um pedaço de bolo ou um saco de dinheiro, roubo é roubo.

José Maria, jogando o pedaço de bolo longe, gritou:

— Não quero mais brincar.

— Se você não continuar brincando vou contar para a mamãe que você pegou um pedaço de bolo!

Pela primeira vez em todo aquele tempo, Alemão riu das brincadeiras dos filhos. Chico, percebendo a emoção dele, disse:

— Um homem não dá valor ao que tem a menos que o perca, e com você não é diferente. Quando teve tempo para brincar com seus filhos?

— Nunca brinquei com eles, estava sempre preocupado em trazer dinheiro para casa.

— Deixe de ser mentiroso! Você sempre se preocupou em ganhar dinheiro fácil, mas nunca se preocupou muito com seus filhos. Todo o dinheiro que ganhava gastava com bebidas e com mulheres e quando chegava em casa ainda surrava sua esposa como se ela fosse culpada por suas desgraças.

Alemão abaixou a cabeça, sabia que as palavras de Chico eram verdadeiras.

— Se eu pudesse voltar no tempo faria tudo diferente...

— Deixe de lamentações! O que está feito não se muda; você foi um péssimo marido e pai; agora é tarde para chorar o leite derramado. Vamos embora! Você terá de se inteirar de seu próximo trabalho.

— Onde Rita está trabalhando?

— Por que quer saber? Ela é uma boa mulher; trabalhadora e cumpridora de seus deveres.

— Gostaria de vê-la apenas mais uma vez.

— Venha! Vou levá-lo até ela.

Logo, os dois chegaram à fábrica e viram Rita trabalhando em silêncio. Alemão se aproximou e disse:

— Rita! Não fui um bom marido; peço que me perdoe.

Rita não ouviu as palavras de Alemão, porém lembrou-se dele e disse com raiva:

— Por que me lembrei daquele miserável agora? Se pudesse o apagaria de minha memória de uma vez. Não gosto nem mesmo de me lembrar de seu rosto.

Naquele momento, Alemão percebeu o rancor que Rita carregava, e com tristeza disse a Chico:

— Meus filhos não se lembram de mim e minha esposa me odeia!

— Alemão, compreenda, cada um colhe o que planta. Você nunca pensou em sua família e agora quer que eles se lembrem de você com carinho? Vamos!

— Para onde?

— O chefe quer conversar conosco — respondeu com certa irritação.

Alemão estremeceu ao pensar que voltaria àquele lugar horrível, mas como sabia que não poderia fugir, respondeu resignado:

— Vamos ver o que Zé Dragão quer conosco.

Não demorou e logo os dois estavam naquele local terrivelmente frio e fétido. Alemão, ao ver pessoas gemendo e rolando na lama viscosa, perguntou:

— Por que Zé Dragão não dá uma chance a toda essa gente?

— Os motivos pelos quais essas pessoas estão aqui são diferentes; portanto, para cada ação uma reação. Você está aqui por ter

levado uma vida torpe; outros, por orgulho, egoísmo, suicídio...
enfim, há uma série de motivos que traz essas pessoas para cá
depois da morte do corpo físico.

— Se os vivos soubessem que suas ações podem direcioná-
-los a lugares como este, certamente mudariam seu proceder.

— O que está acontecendo com você, Alemão? Acaso está
arrependido por todas as suas maldades?

— Um homem nunca se arrepende do que faz.

— Não é o que está parecendo.

Alemão se calou e caminhou lentamente entre aqueles espíritos sofredores do vale da sombra. Logo chegou à clareira onde
Zé Dragão residia. Prestando atenção naquele lugar, percebeu que
tudo parecia mais feio que antes. Logo estava diante de Zé Dragão,
que permanecia na penumbra. Com voz austera, o chefe disse:

— Alemão! Temos muito serviço a fazer. Você está demorando
muito para se vingar de seu algoz!

— Minha vingança está apenas começando.

— Você está fraquejando e isso muito me preocupa.

— Não sou homem de fraquejar!

Zé Dragão lançou um olhar maroto para Chico e perguntou:

— O que você está achando do desempenho de Alemão?

— Acho que devemos dar uma chance a ele; afinal, tem poten-
cial para se tornar um bom servidor — respondeu Chico sorrindo.

— Termine logo sua vingança, pois temos outros trabalhos
a realizar — ordenou Zé Dragão. — Agora vá! Não temos tempo a
perder.

Alemão se retirou; ao sair perguntou para Chico:

— Por que Zé Dragão acha que estou fraquejando?

— Não se preocupe com isso. O chefe gosta de ver resultados,
e até agora a única coisa que você conseguiu foi colocar Faísca atrás
das grades.

O PASSADO ME CONDENA

— Quero sair daqui!

— Agora terá de sair sozinho; pois tenho muito trabalho e não poderei mais acompanhá-lo.

Alemão sentiu medo de não conseguir sair dali, porém, usando toda sua vontade, logo se viu na penitenciária onde Faísca estava preso.

— Consegui! Não vou precisar que Chico fique me vigiando o tempo todo.

Ao deparar com um homem vestido sobriamente perguntou-se: "Quem será esse homem? Talvez esteja visitando algum detento...".

O homem cumprimentou alegremente o carcereiro:

— Bom dia, Antenor!

— Bom dia, seu Francisco!

— Juscelino melhorou?

— Está melhor, já não está tão revoltado nem arranjando confusão como de costume. O senhor tem feito milagre com esse sujeito!

— Todos os que aqui estão precisam de uma palavra de conforto. Ninguém é totalmente mau nem totalmente bom. Deus, em sua infinita bondade e misericórdia, conhece todo coração humano.

— Seu Francisco, o senhor perde um tempo precioso tentando ajudar esses homens, que se fossem bons não estariam aqui.

— Já imaginou se Jesus tivesse deixado que apedrejassem Maria Madalena? Certamente ela não teria se tornado uma de suas seguidoras.

— O senhor vai para o céu, isso é fato.

— Talvez não. Enquanto você vê minhas visitas como um grande feito, vejo-as apenas como uma obrigação cristã.

— Juscelino não quis sair para tomar banho de sol e está na cela.

— Por favor, leve-me até ele — pediu Francisco sorrindo.

Antenor pegou o molho de chaves da cintura e rapidamente começou a andar pelo longo corredor escuro e fétido. Alemão estava curioso. Decidiu acompanhar o homem que ia visitar um dos detentos da cela e que, aproximando-se e sorrindo, perguntou:

— Como vai, Juscelino?

— Como poderia dizer que estou bem se estou preso neste inferno?

— Quer conversar?

Juscelino estava preso porque havia matado a esposa. Com indiferença, ele respondeu:

— Se o senhor quiser, para mim tudo bem.

O carcereiro abriu a grade da cela e com altivez disse:

— Se quiser conversar com o sr. Francisco terá de ser na sala de visita.

Juscelino levantou-se com descaso e estendeu as mãos para que o carcereiro colocasse as algemas em seus punhos. Francisco, sorrindo, acompanhou o preso até o local em que os detentos recebiam os advogados. O carcereiro tirou as algemas dele e o fez sentar em uma das cadeiras que estavam em volta de uma grande mesa.

"Quanta humilhação! O que esse pobre diabo poderia fazer nesse lugar se em cada canto há um agente penitenciário?", pensou Alemão. "Ainda bem que não cheguei a ser preso, pois se isso tivesse acontecido eu teria me matado!"

Francisco, sorrindo, perguntou:

— Fiquei sabendo que seu advogado esteve aqui ontem. Quer conversar sobre isso?

— Infelizmente, as notícias que tenho não são as melhores, pois fui preso em flagrante.

Francisco era espírita e costumava acompanhar os detentos. Era querido por toda a carceragem e tinha dia e hora para realizar as visitas.

O PASSADO ME CONDENA

— Não acalore seu coração, pois tudo está certo como está; pense que está saldando sua dívida com a sociedade.

— Posso pagar o que fiz, mas jamais poderei sanar a dívida que assumi com minha consciência.

— Homem, não seja algoz de si mesmo. Deus está sempre pronto a nos entender. E quem somos nós para nos crucificarmos? Para Deus, o mais importante é seu arrependimento.

Juscelino começou a chorar copiosamente enquanto Francisco falava.

— Você errou, é verdade, mas infelizmente o sentimento de culpa o está destruindo pouco a pouco.

— Seu Francisco, sempre fui um homem trabalhador e honesto, cumpridor dos meus deveres como pai e chefe de família, mas jamais poderia supor que minha esposa me traía flagrantemente. Quando descobri, deixei a emoção tomar conta de mim e fiz a maior besteira que um homem pode fazer, matei-a. No silêncio da noite ainda escuto seus gritos implorando para que eu não a matasse; sinto vontade de morrer para tentar me livrar dessas lembranças dolorosas. — Ao se lembrar da noite em que matara a esposa, voltou a chorar copiosamente.

Assim que o detento acalmou o coração, Francisco disse:

— Juscelino, sabemos que seu ato foi errado, perante a lei dos homens e sobretudo perante a lei de Deus, pois ninguém tem o direito de tirar a vida de outro ser humano, por pior que seja o motivo. Contudo, Deus, em sua infinita bondade e misericórdia, dá a todos a oportunidade de redimir-se por meio das múltiplas reencarnações. Percebo que você deixou-se abater pelo arrependimento que tem torturado sua consciência.

— Mas Deus não se alegra quando um pecador se arrepende?

— Deveras, Deus se alegra com o arrependimento sincero daquele que pratica o mal e se mostra perdoador. O arrependimento só é prejudicial quando se transforma em sentimento de culpa. O que o atormenta é sua consciência; portanto, antes de qualquer coisa, é imprescindível que você aprenda a se perdoar.

— Seu Francisco, preciso lhe dizer algo e sei que pensará que estou louco.

— Jamais pensaria isso de você, pois se tem algo que você não é, é louco — afirmou o bom homem, lançando-lhe um olhar paternal.

— Ando com medo de dormir, pois todas as noites sonho com a falecida dizendo que vai se vingar e que vou me tornar uma árvore ressequida. O pior de tudo é que estou começando a vê-la até mesmo quando estou em vigília. Se continuar assim vou acabar me suicidando, pois isso não é vida.

Francisco, em tom sério, disse:

— Para tudo há uma explicação. Posso lhe garantir que você não está louco.

Juscelino sentiu-se confortado ao saber que Francisco lhe dava credibilidade e perguntou:

— O que o leva a acreditar em minhas palavras?

— Infelizmente, o homem só acredita no que vê, porém a doutrina à qual pertenço explica claramente que cada ser humano continua a viver depois da morte do corpo físico, que é apenas uma vestimenta da qual nos despojamos depois do fenômeno natural da morte.

— Mas o que é a morte?

— A morte não existe. Para a maioria das pessoas, é um ponto final, mas para nós, espíritas, trata-se apenas de uma mudança de estado, pois a vida sempre continuará a existir. Como espíritos, estamos permanentemente em processo de crescimento e renovação, e a morte é uma das maneiras que forçam o espírito a essa renovação. A morte nos faz mudar de ambiente e nossa maneira de encarar a vida.

— Mas uma pessoa pode vir e assombrar aqueles que ainda estão vivendo na carne?

— O espírito desencarnado continua tendo as mesmas habilidades e sensações de quando estava encarnado; portanto, o efeito do espírito sobre a matéria é bem maior do que se pode imaginar. Como seres pensantes, eles agem livremente sobre a matéria. Para se fazerem notar, ora fazem barulhos, ora aparecem na frente de um encarnado. Algumas vezes, quando querem prejudicar os que ainda permanecem na carne, contam com a vantagem da invisibilidade. Por essa razão, a maioria das pessoas ignora a existência deles, que conseguem fazer muitas coisas sem serem descobertos. No seu caso, sua esposa deixou o envoltório de carne sentindo muita raiva de sua atitude; portanto, não é incomum que ela esteja querendo se vingar.

Juscelino estremeceu e perguntou:

— Mas por que Deus permite que esses espíritos façam mal a um encarnado?

— Deus não permite nada, pois ele não interfere no livre-arbítrio das pessoas. Ele, em toda sua justiça e sabedoria, apenas criou leis das quais jamais poderemos fugir.

— E que leis são essas?

— A Lei de Causa e Efeito, por exemplo. Trago comigo as escrituras sagradas onde o Apóstolo Paulo fala sobre ela.

Juscelino, que fora coroinha na igreja, disse em tom desdenhoso:

— Quando era criança eu dizia que iria ser padre e frequentei a igreja por muitos anos. Li a bíblia por duas vezes e confesso que nunca li sobre essa lei.

Francisco pegou o livro surrado, abriu em um trecho e começou a ler:

— As palavras do apóstolo Paulo estão descritas no livro de Gálatas, capítulo seis, nos versículos de oito a dez: "De Deus não se zomba, pois aquilo que o homem semear isso também ceifará. Porque aquele que semeia visando à carne, colherá da carne corrupção, mas aquele que semeia visando ao espírito, colherá do espírito a vida eterna. Não nos cansemos de fazer o bem, porque a seu tempo ceifaremos se não desfalecermos. Portanto, aproveitemos todo o tempo para fazermos o bem".

— Seu Francisco, eu já havia lido isso, porém nunca pensei que se tratava de uma das leis de Deus, principalmente a Lei de Causa e Efeito.

— Infelizmente, as pessoas leem e não compreendem o que as palavras dos evangelhos querem realmente dizer. Mas, voltando ao assunto, as visões que tem com sua esposa me levam a crer que ela não o perdoou, e isso a impossibilita de ir para mundos felizes.

Alemão, que estava ouvindo a conversa, passou a pensar em tudo o que havia feito enquanto estava encarnado e pela primeira vez sentiu vergonha de suas atitudes.

Alemão olhou para o lado e viu um casal que olhava com ódio para Juscelino e Francisco. Mas como não estava querendo arranjar confusão, permaneceu calado, sem se importar com as duas entidades.

A mulher, olhando para a entidade masculina, disse:

— Se Juscelino pensa que vou deixá-lo em paz está muito enganado; ele vai suplicar por misericórdia assim como eu supliquei.

A entidade, que a acompanhava, demonstrando ódio afirmou:

— Esse idiota tirou-me a vida por nada.

— Como, por nada? Até onde sei, você morreu por amor.

— Por amor? Eu nunca a amei; queria apenas uma aventura; nada mais.

Noemi olhou com ódio para Adauto e disse:

— Antes de você aparecer eu nunca havia traído meu marido! Veja no que resultou!

— Sou experiente e conheço uma mulher de um homem só, você sempre teve cara de anjo, mas por baixo da saia era um demônio...

Noemi sentiu nojo de Adauto e sem pensar cuspiu em seu rosto se retirando. Adauto, sorrindo, disse:

— Idiota! Como pôde pensar que eu estava apaixonado por ela? Minha infelicidade foi esse cretino ter sido traiçoeiro; caso contrário, ele estaria em meu lugar.

Noemi foi para o pátio do presídio e lá viu a maneira que os detentos se tratavam; afinal, em uma prisão prevalece a lei do mais forte. Pela primeira vez pensou na enrascada em que havia metido Juscelino, que sempre fora bom provedor e atencioso para com os assuntos da família.

"Como pude me enganar tanto com Adauto? Canalha, seduziu-me e me fez trair o único homem que realmente me amou com todos os meus defeitos". Pensando nisso, se pôs a chorar sentada em um banco de cimento. Foi nesse momento que Adauto se aproximou e falou:

— Noemi, precisamos elaborar um plano de vingança contra Juscelino. Afinal, veja o que ele fez conosco!

— Você não tem o mínimo escrúpulo mesmo, não é? Traiu Juscelino e ainda quer se vingar? Jamais farei qualquer coisa para prejudicá-lo. Ele sempre foi bom pai e marido. Veja a situação em que nós o colocamos!

— Isso é pouco! Juscelino acabou com minha vida e terá de pagar; afinal, comigo é olho por olho e dente por dente.

— Se hoje nós nos encontramos nesse estado, é porque fizemos por merecer, Juscelino não merecia ser enganado, e o que fizemos a ele? Você, seu melhor amigo, e eu, a esposa em que ele confiava cegamente! Não vou ajudá-lo a se vingar de Juscelino, pois, se estamos aqui, a culpa é nossa.

— Estamos juntos e você não vai me deixar sozinho! Vou continuar ouvindo a conversa de Juscelino com aquele senhor e depois pensarei em algo.

Noemi não o acompanhou; com lágrimas, fez uma prece pedindo ajuda a Deus. Nesse momento, uma luz intensa se formou diante dela, que logo notou uma forma humana. Percebeu se tratar de uma mulher, que ternamente lhe perguntou:

— Noemi, o que fez ao seu marido?

— Acabei com a vida de um homem honesto e trabalhador; apaixonei-me por Adauto e meu marido descobriu. Sinto-me envergonhada diante de minha leviandade e juro que se pudesse faria tudo diferente.

— Todos os que vivem neste planeta de provas e expiação cometem erros. Por que com você seria diferente? Seu marido perdeu totalmente a razão quando decidiu lavar sua honra com sangue. Agora terá de responder pelos seus atos. E quanto a você, vai se torturar pelo sentimento de culpa, que não a levará a lugar algum? Perdoe-se, minha filha. Venha comigo para a outra morada que Deus nos oferece.

Noemi, com lágrimas nos olhos, respondeu:

— Não posso, agora terei de proteger Juscelino das garras de Adauto.

— A vida nunca erra e tudo está certo como está. Talvez um dia Adauto perceba que está atrasando sua evolução espiritual. Quanto a Juscelino, já está tendo a oportunidade de conhecer a espiritualidade por meio do senhor Francisco.

— E como ficarão meus filhos? Sem mãe e sem pai?

— Não se preocupe. Eles ficarão bem. Quando forem adultos saberão da verdade.

— Meus filhos vão me odiar!

O PASSADO ME CONDENA

— Não se preocupe com isso. Um dia você terá a oportunidade de explicar-lhes o que realmente aconteceu; além disso você pensou que estivesse apaixonada por Adauto.

Noemi, ao pensar em Adauto, respondeu com tristeza:

— Acreditei em Adauto e pensei que seria feliz ao seu lado, uma vez que meu casamento com Juscelino havia caído em uma rotina interminável.

— Minha filha, você está presa a uma ilusão, mas saiba que não é a primeira nem tampouco será a última. Aproveite a chance que Deus está lhe oferecendo para ir a um lugar onde traçará novo plano para o futuro juntamente com novos aprendizados.

Noemi, chorando, pegou na mão daquela mulher e disse:

— Eu aceito a ajuda que a senhora está me oferecendo.

— Essa foi uma sábia escolha. Não se preocupe que Juscelino aprenderá uma importante lição.

— Que lição?

— O autodomínio. Muitas pessoas o perdem facilmente quando se veem confrontadas com situações difíceis. Com o seu marido não foi diferente.

— Estamos conversando há algum tempo e nem mesmo sei o seu nome.

— Chamo-me Antônia.

— Antônia, por favor, leve-me daqui, não suporto ver Juscelino sofrer dessa maneira.

O espírito superior espalmou as mãos sobre a cabeça de Noemi e uma forte luz tomou conta delas, que desapareceram em seguida.

391

26

Arrependimento

O horário de visita terminou e Juscelino foi conduzido à sua cela. Alemão continuou na sala de visita, pensando em tudo o que havia escutado. Com tristeza, disse:

— Certamente este local não é bom para mim, mas não quero voltar àquele lugar terrível.

Aturdido, decidiu fazer companhia a Juscelino.

Francisco havia presenteado Juscelino com dois livros, o primeiro era *O Evangelho Segundo o Espiritismo* e o segundo *O Livro dos Espíritos*.

Alemão gostou da postura respeitosa de Francisco, porém uma coisa ficava indo e voltando em sua mente. Por mais que ele não quisesse pensar no assunto, o tema sobre ação e reação lhe voltava incessantemente à mente. Sem ter com quem conversar, começou a expor suas ideias em voz alta:

— Aquele senhor mencionou que para toda ação há uma reação. Isso é verdade, se eu não tivesse me envolvido em más companhias, jamais estaria nestas condições.

O homem sentia-se triste, pois sempre culpara Faísca pela sua morte; porém, em seu íntimo, sabia que se não fosse Faísca seria outro; afinal, muitas pessoas tinham motivos suficientes para acabar com ele. Ao lado de Juscelino, ao olhar para os livros sobre a cama, sentiu curiosidade em saber do que tratava, principalmente *O Livro dos Espíritos.*

Juscelino pegou o livro com descaso e, abrindo uma página ao acaso, passou a ler em voz alta:

— "Quando um espírito afirma que sofre, de que espécie é o seu sofrimento? As angústias e perplexidades que o torturam mais pungentemente que os sofrimentos físicos".[1]

Juscelino, sem perceber que estava lendo para mais alguém, continuou a leitura:

— "Como se explica, então, que vários espíritos se queixem de sofrer frio ou calor? Lembram-se do que sofreram na existência corporal e essas lembranças podem ser tão penosas quanto a própria realidade. Mas, quase sempre, é uma comparação de que se servem para exprimirem, com o que vos é conhecido, a situação em que se acham. Quando se recordam do corpo físico, experimentam forte impressão. É mais ou menos o que ocorre quando tirais de sobre os vossos ombros um pesado sobretudo: durante algum tempo julgais que ainda o tendes vestido".[2]

Juscelino leu aquelas palavras e pensou: "Será que Noemi continua a sentir frio? Meu Deus, não a deixe sofrer".

No mesmo instante, ele fechou o livro e deitou-se deixando a mente vagar a esmo. Alemão, então, percebeu que o frio que sentia nada mais era que uma impressão, pois sempre se lembrava do

---

1. KARDEC, Allan. *O Livro dos Espíritos.* Capítulo VI, item III, questão 255 (Nota da Médium).

2. KARDEC, Allan. *O Livro dos Espíritos.* Capítulo VI, item III, questão 256 (N.M.).

corpo físico. Viu que o frio não era igual ao frio das estações de inverno, era diferente e chegava a doer na alma. Ficou ainda mais triste. Ao olhar para o detento, notou que ele chorava e disse:

— Juscelino, não se lamente pelo passado; certamente sua esposa está em um lugar muito melhor que a Terra.

Juscelino não ouviu aquelas palavras, porém as registrou como se os pensamentos fossem seus. Assim, disse:

— Noemi sempre foi uma boa esposa; era prestimosa com a casa e com a família e fazia questão de ir todos os domingos às missas pedir perdão por seus pecados. Talvez esteja bem melhor do que eu. Mas seja como for, aceito minha punição e nada farei para me livrar da cadeia.

Alemão esqueceu-se temporariamente de Faísca. Passava a maior parte do tempo ao lado de Juscelino, que começou a tomar banho de sol ao lado dos outros presos.

Juscelino era um homem negro, de quase dois metros de altura, e isso lhe servia de proteção na cadeia, pois nenhum detento se atrevia a mexer com ele. Enquanto alguns presos faziam ginástica para não ficarem com os músculos atrofiados, ele levava os dois livros e ficava por horas lendo, sem falar com ninguém. Durante as refeições, Juscelino comia rapidamente e voltava à cela para continuar a leitura, que o prendia cada vez mais. Francisco ia ao presídio uma vez por semana e reparou que Juscelino o aguardava com ansiedade. Assim, começou a falar sobre a morte, a pluralidade dos mundos habitados, a reencarnação, as zonas inferiores e os sofrimentos decorrentes de escolhas erradas que os indivíduos muitas vezes fazem.

Certo dia, Juscelino fixou seu olhar em Francisco e questionou:

— Um espírito está condenado a viver eternamente nas zonas inferiores?

O PASSADO ME CONDENA

— Para responder à sua pergunta, é necessário analisarmos as qualidades de Deus. Tudo à nossa volta reflete o amor de Deus, que é a personificação do amor. Você não acha que seria incoerente acreditarmos em pena eterna? Acreditarmos nisso ofende o bom senso e o nosso entendimento de Deus, que é todo amor, bondade, justiça e, principalmente, misericórdia. Você não acha que uma condenação perpétua seria a negação da bondade e misericórdia divinas? Deus reconhece que somos seres em evolução e estamos sujeitos a erros; sendo assim, Ele nos apoia sempre. Contudo, só há duas maneiras de aprender: pelo amor ou pela dor. Como estamos a caminho da evolução, somos passíveis de erros, e Deus, sabendo de nossas deficiências morais, está sempre pronto a nos acompanhar. O sofrimento que um espírito experimenta ao residir nas zonas inferiores é que permitirá que ele aprenda o caminho do amor e do perdão, que leva ao reerguimento moral e espiritual. Um espírito ficará residindo nas zonas inferiores até que ele se arrependa de seus atos e esteja disposto a corrigir sua maneira de pensar e de agir. Deus dá oportunidades a todos de se melhorarem, mas para isso é necessário que cada um tenha a humildade necessária de reconhecer seus defeitos e se esforçar para corrigi-los, pois somente assim ele seguirá para mundos mais felizes.

Alemão, ao ouvir aquilo, sentiu como se um efeito balsamificador lhe percorresse todo o corpo, e sem vergonha deixou que as lágrimas escorressem pelo rosto. Juscelino gostou das respostas e fez outras perguntas.

Depois de ouvir todas as explicações daquele senhor, Alemão resolveu ir até o pátio. Estava chovendo e não havia nenhum detento. Sem sentir a água, ele começou a pensar em como errara durante toda sua vida. Assim, sentiu imenso pesar por todo o mal que havia feito. Naquele instante, percebeu que não somente havia prejudicado outros, mas antes a si mesmo. Sentiu vontade de orar, porém em sua mente não lhe veio nenhuma oração; enquanto esteve encarnado nunca se preocupou em frequentar uma religião e conhecer alguns dos preceitos de Jesus. Tomado de desânimo, olhou para o céu, observou a chuva e disse:

— Deus, tenha piedade de mim! Errei muito, mas me arrependi muito também. O senhor talvez nem olhe para um homem que quando estava vivo apenas pensava em tirar vantagem de todos e de todas as situações. Mas Lhe peço, amado Deus, olhe para mim e me perdoe, se for possível!

De repente, ele viu duas criaturas se formarem na sua frente, e perguntou:

— Quem são vocês? Acaso vieram cobrar a minha vida de erros?

— Quão bom é vermos quando alguém se arrepende de seus erros! Deus, em sua infinita bondade e misericórdia permitiu que viéssemos ajudá-lo.

A outra entidade falou:

— Não há por que temer! Estamos aqui apenas com o intuito de ajudá-lo.

Alemão sentiu-se confortado e, pela primeira vez desde que desencarnara, sorriu com satisfação. Com humildade, disse:

— Acho que não sou merecedor de ajuda, pois cometi muitos erros e prejudiquei muitas pessoas, inclusive minha esposa e meus filhos.

— Não estamos aqui para apontar seus erros, mas antes para ajudá-lo a se reerguer moral e espiritualmente.

— Quem são vocês?

— Eu me chamo Florêncio e este é meu irmão Jonatan. Estamos aqui para levá-lo a um lugar onde, depois de aprender sobre os ensinamentos de Jesus, vai se preparar para uma nova encarnação. Venha, José Antônio, acompanhe-nos a uma das moradas do Pai. Verá que lá existe somente amor e todos são verdadeiramente felizes.

Jonatan tomou a palavra e perguntou:

— Não acha que tem sofrido demais?

— Estou sofrendo muito, mas tenho medo de Zé Dragão e de Chico Bravo; afinal, eles são maus e poderosos.

— Não se preocupe com eles, doravante eles nada poderão fazer contra você — respondeu Florêncio.

Alemão soluçou por alguns momentos e Florêncio e Jonatan lhe emanaram um passe revigorante. Assim que ele serenou, comentou:

— Quero ir com vocês.

— Você sabe que se não fosse por sua vontade não estaríamos aqui lhe oferecendo ajuda! — disse Florêncio sorrindo.

Alemão sentiu-se protegido. Deu as mãos para Florêncio e os três seguiram rumo a mundos mais felizes.

O tempo passou e o julgamento de Juscelino chegou. Ele estava indiferente, pois ele próprio se condenava. Ao entrar no tribunal, mostrou-se amedrontado, porém em pensamento fazia preces pedindo a Deus que lhe desse forças para ouvir os fatos. Durante o julgamento, o promotor fazia de tudo para mostrar ao júri que ele era um assassino frio e cruel. Já o advogado de defesa tentava convencer os jurados de que ele havia cometido o assassinato em um momento súbito de loucura. O juiz, às vezes, batia com seu martelo pedindo silêncio. O julgamento, que iria durar vinte e oito horas, acabou se estendendo para setenta horas e vários recessos.

Em seu pensamento, o réu só pensava na frase de Francisco: "A vida não erra nunca, tudo está certo como está; portanto, seja resignado e forte para aceitar tudo o que lhe for imposto".

Depois das considerações finais do advogado de defesa e do promotor, o júri se recolheu em uma sala durante um tempo relativo longo. Juscelino ficou incomunicável, sozinho, aguardando em outra sala na presença de dois policiais.

De repente, o advogado de defesa entrou:

— Vamos, Juscelino, o julgamento vai recomeçar.

Como um boi que segue para o abate, ele acompanhou o advogado e se sentou em seu lugar. Em poucos minutos, o júri e o julgamento teve sequência.

O juiz perguntou ao primeiro jurado:

— O júri já tem o veredicto final?

O jurado entregou um papel a um guarda e este prontamente entregou ao juiz, que depois de ler afirmou:

— O réu, Juscelino dos Santos Nóbrega, foi absolvido pelo júri deste tribunal por oito votos a dois e considerado inocente.

O advogado de defesa ficou exultante; afinal, ele não era tido como um advogado brilhante, porém as evidências e o comportamento do réu agiram a seu favor, facilitando a decisão. O advogado apertou a mão de Juscelino, que se mantinha introspectivo, e, percebendo uma certa tristeza no olhar dele, afirmou:

— Juscelino, você está livre! E fica impassível dessa maneira?

— De que me vale a absolvição dos homens se minha consciência não me absolve?

— Não se preocupe com sua consciência, logo você ficará bem.

Juscelino, voltando a apertar a mão do advogado, despediu-se. Ao sair, encontrou com Francisco, que o esperava do lado de fora. Com um sorriso, o homem disse:

— Parabéns! Aproveite esta chance para refazer sua vida.

— Francisco, preciso conversar.

— Por que a tristeza? Hoje é um dia de alegria. Você foi absolvido das acusações que lhe pesavam.

O PASSADO ME CONDENA

— De que me vale a liberdade se não tenho para onde ir? Segundo minhas últimas informações meus filhos foram morar com a mãe de Noemi e certamente não vão querer me ver. E como se não bastasse, essa absolvição não aliviou minha consciência. Continuo sentindo um vazio.

— Juscelino, nos fundos de minha casa há uma edícula onde guardo algumas ferramentas. Se quiser, poderá morar lá por uns tempos, até voltar a trabalhar.

— Não posso aceitar, isso seria abusar de sua bondade.

— Deixe de bobagem! Estou convidando-o porque realmente quero que fique em minha casa. Ademais, somos apenas minha esposa e eu; meu único filho saiu de casa para cursar faculdade e não voltou mais a conviver conosco, em nossa casa. Para nós será um prazer contar com sua companhia.

Juscelino pensou por alguns instantes e com lágrimas nos olhos abraçou Francisco, que prontamente retribuiu o abraço.

A esposa de Francisco, Isabel, tratava Juscelino bem e ele se sentia à vontade. Atarefado em pintar a edícula, ele quase esqueceu seu drama pessoal.

Isabel era espírita e todos os dias, na hora do almoço, conversava com o rapaz sobre a Doutrina Espírita. Francisco, homem aposentado, tentava amainar a tristeza do rapaz ligando o rádio num jogo qualquer ou em alguma programação.

Francisco aposentara-se como marceneiro, e ainda tinha as ferramentas. Assim, passou a ensinar a profissão a Juscelino, que logo aprendeu a trabalhar e começou a fazer pequenos trabalhos. Com a ajuda de Francisco, não demorou para se tornar um ótimo profissional. Também começou a frequentar o Centro Espírita com Francisco e Isabel, e foi lá que encontrou paz no coração.

2 7

A doença

Osmar estava feliz com os preparativos do casamento com Berenice. Naquela manhã, levantou-se e ao descer para tomar seu desjejum encontrou João Vitor esperando-o lendo um jornal.

Assustado, o pai perguntou:

— João Vitor, o que o traz aqui a uma hora dessas? Seja qual for o problema, não podia esperar que eu chegasse à fábrica?

— Não costumo tratar de problemas particulares no local de trabalho.

Osmar, sentando-se a mesa e servindo-se de café, disse bem--humorado:

— Problemas particulares?

— Papai, talvez para o senhor não haja problemas, mas para mim existem vários que precisam ser resolvidos com urgência.

— Do que está falando?

— Até agora fechei os olhos para suas sandices, mas para mim chega! Estou cansado de vê-lo feliz como um adolescente que arranja a primeira namorada. O motivo que me trouxe à sua casa é para falar sobre seu casamento com Berenice.

O PASSADO ME CONDENA

— João, sou um homem adulto e capaz de tomar minhas próprias decisões; portanto, peço-lhe que respeite minha decisão de me casar com Berenice, pois quando você quis se casar não ouviu ninguém. Por que tenho de ouvi-lo agora?

— Porque o senhor está passando dos limites! Não vê que está velho para se casar? Além disso, essa moça está apenas interessada no nosso dinheiro!

Osmar, irritando-se com as palavras do filho, respondeu:

— Nosso dinheiro? Tudo o que tenho consegui com muito esforço e trabalho! Se Berenice realmente fosse oportunista, eu já teria percebido. Ela me ama pelo que sou e não pelo que tenho, ao contrário de você que vive me bajulando pensando apenas em seu bem-estar. Não lhe devo satisfação da minha vida, muito menos das decisões que tomo.

— O senhor é um homem decrépito! Não vou permitir que tire de nós o que nos é devido.

— Não vou tirar nada de você e de seu irmão. Apenas vou me casar.

— Não permitirei que faça uma loucura dessas!

— O que fará para impedir que eu me case?

— Espere e verá.

Nesse momento, Lucas saiu do quarto e ouviu os gritos do pai dizendo:

— Você não vai impedir meu casamento com Berenice! Tudo o que consegui com meu esforço, darei a quem bem entender!

Lucas, andando rapidamente entrou na copa e perguntou:

— O que está havendo aqui?

Osmar se apressou em responder:

— Seu irmão veio até a nossa casa para decidir sobre minha vida pessoal! Que disparate!

Lucas, fixando o olhar em João Vitor perguntou:

401

— Como assim, decidir pelo senhor?

— Nosso pai não pode se casar com essa pistoleira! Descobri que aquela conversa de casar-se com separação de bens era mentira e que tudo o que é nosso será dividido com ela.

— João Vitor, sua ambição o está fazendo perder a noção das coisas. Papai é um homem jovem e capaz de tomar suas próprias decisões.

— Você é um louco romântico! Não vê que se ele se casar com essa moça ela acabará com o nosso patrimônio? Em vez de ficar do meu lado, você se posiciona a favor dessa pistoleira oportunista?

Osmar, tomando a defesa de Berenice, gritou:

— Não admito que fale dessa maneira de Berenice! Saiba que ela não está nem um pouco preocupada com o que tenho; além disso, ela se preocupa com minha saúde como você nunca se preocupou. Sei que para você seria bem melhor se eu tivesse morrido, pois assim teria ficado com tudo o que é meu!

— Seria melhor mesmo se o senhor tivesse morrido; assim não me envergonharia.

— Como pode dizer uma coisa dessas ao nosso pai? Temos uma vida confortável e devemos a ele, que muito trabalhou.

— Ele fala que conquistou tudo com trabalho árduo, mas se esquece de que nossa mãe veio de uma família abastada.

Osmar jogou o guardanapo sobre a mesa e vociferou:

— Sua mãe realmente veio de uma família abastada, porém seu avô, que nunca concordou com nosso casamento, deixou-a entregue à própria sorte. A fim de provar que ela havia se casado com um homem de bem, fiz questão de trabalhar duro para adquirir tudo o que temos. O que sua mãe herdou do seu avô foi dividido entre você e seu irmão, pois eu não quis um centavo daquele velho maldito! Portanto, o que tenho é meu e foi conseguido com muito trabalho e dedicação.

402

— Isso é mentira! Vovô sempre ia à nossa casa e ficava por horas conversando com o senhor na varanda de nossa casa. Embora fosse criança, lembro-me muito bem desse fato.

— Isso só se deu depois, quando comecei a ficar rico, pois antes ele nem mesmo falava comigo. Afinal, queria que sua mãe se casasse com um homem rico da capital, amigo da família.

— João Vitor, você não tem o direito de cobrar nada de papai. A parte de mamãe nos foi entregue depois de sua morte. Quanto a papai, ele faz o que bem desejar com o seu patrimônio.

— Vocês vão se arrepender por não terem me ouvido.

João Vitor rodopiou nos calcanhares e saiu rapidamente da casa do pai, batendo fortemente a porta. Osmar lançou um olhar desalentado para o filho e disse:

— João Vitor sempre foi ambicioso, porém agora está passando dos limites.

— Sinto pena dele, pois a ambição é corrosiva e destrutiva.

— Em nome da ambição um homem é capaz de cometer loucuras. Temo que seu irmão se volte contra nós.

— Concordo quando diz que muitas atrocidades são cometidas em nome da ambição, porém não acredito que ele seja capaz de nos fazer algum mal.

Osmar, levantando-se lentamente, olhou com pena para Lucas e disse:

— Meu filho, quando um homem é demasiadamente ambicioso, os laços familiares não significam muita coisa; você ainda tem muita coisa a aprender nesta vida!

Lucas voltou para o quarto a fim de terminar de se arrumar para mais um dia de trabalho. Naquela manhã, Osmar trabalhou desanimado. Como não encontrara com João Vitor nem mesmo no corredor dos escritórios da fábrica, solicitou a sua secretária que o chamasse.

Ao saber que o pai o estava chamando, respondeu rispidamente:

— Diga ao rei da fábrica que agora não posso deixar o que estou fazendo para atender a seu chamado; mas assim que sobrar um tempo vou ter com ele.

Verônica, que estava acostumada às diversas brigas entre pai e filho, apenas transmitiu parcialmente o recado dizendo:

— Dr. Osmar, João Vitor pediu que eu lhe dissesse que ele virá assim que resolver um problema de trabalho.

Osmar levantou-se e dirigiu-se ao escritório do filho. Sem bater na porta, entrou e viu o filho sentando tranquilamente em sua poltrona.

— Como você estava muito ocupado para me atender, resolvi vir ajudá-lo...

— Não pretendia ir à sua sala! Quis conversar com o senhor pela manhã e recebi apenas humilhações.

— João Vitor, desde que sua mãe morreu eu nunca me envolvi com mulher alguma. Vivi apenas para você e seu irmão. Não acha que está na hora de pensar um pouco em mim e em minha felicidade? Todo homem precisa de uma mulher. Você tem Alice e seu irmão logo vai se casar; portanto, não acho que devo permanecer sozinho.

— Meu irmão vai se casar com uma mulher pobre e sem cultura, assim como o senhor; percebo claramente que isso é realmente mal de família.

— Escute aqui, a vida é minha e faço dela o que quiser! Pelo que me lembre, sua esposa veio de uma família falida, ou você já esqueceu?

João Vitor irritou-se com o comentário do pai e retrucou:

— Alice veio de uma família falida e não de famílias que nunca tiveram nada, assim como sua noiva e a de meu irmão.

O PASSADO ME CONDENA

— Meu filho, a ambição o está cegando; não deixe que ela o destrua.

Nesse momento, Osmar abriu a porta e saiu, deixando João Vitor entregue a seus pensamentos. Lembrou-se de quando se casou com Alice e disse a si mesmo: "Comparar Alice com essas duas mortas de fome é um insulto à minha inteligência".

João Vitor achou que era hora de agir e impedir que o pai se cassasse com Berenice.

Naquela noite Osmar se encontrou com Berenice e seu semblante estava terrivelmente abatido. Ela, percebendo o abatimento do noivo, perguntou:

— Osmar, está tudo bem com você?

Osmar hesitou por alguns instantes, mas decidiu contar tudo o que estava acontecendo entre ele e seu filho mais velho.

— Osmar, ao contrário do que seu filho pensa, eu o amo como nunca amei nenhum homem em minha vida — afirmou a jovem.

— Não tenho dúvida disso, minha querida.

— Talvez esteja na hora de buscarmos ajuda espiritual, pois somente Deus poderá ajudar seu filho.

— Tem razão! Estou feliz e ele não compreende.

— Está quase na hora da reunião. Lá encontraremos paz para nosso espírito atormentado.

Osmar, desde que conhecera a Casa Espírita, passou a ser um frequentador assíduo, não faltava a nenhuma reunião. Sentia-se feliz sendo útil e participando das obras assistenciais da casa. O senhor sentou-se e fechando os olhos passou a fazer uma prece a fim de receber uma palavra que viesse a balsamificar sua alma.

Pedro, um senhor, iniciou a reunião com uma oração e em seguida começou a palestra:

— Amai os vossos inimigos.

Nesse instante, o orador, que era um homem calmo por natureza, respirou profundamente, e olhando para a assistência leu:

— Aprendam o que foi dito: "amarás o teu próximo e odiarás o teu inimigo. Eu, porém, vos digo: amai os vossos inimigos e orai pelos que vos perseguem; para que vos torneis filhos do vosso Pai celeste, porque ele faz nascer o seu sol sobre maus e bons e vir chuvas sobre justos e injustos. Porque, se amardes os que vos amam, que recompensa tendes? Não fazem os publicanos também o mesmo? E, se saudardes somente os vossos irmãos, que fazeis de mais? Não fazem os gentios também o mesmo?". Essas palavras de Jesus se encontram no livro de São Mateus, capítulo cinco, versículos quarenta e três a quarenta e sete.

Pedro esboçou um leve sorriso e continuou a leitura:

— Se somente amarem as pessoas que as amam, que mérito terão, uma vez que as pessoas de má vida também amam? Se somente fizerem o bem aos que lhes fazem, que mérito se reconhecerá, se as pessoas de má vida se ajudam dessa maneira, para auferir a mesma vantagem? Pelo que lhes toca, amem os seus inimigos, façam o bem a todos e auxiliem sem esperar coisa alguma. Então, muito grande será a recompensa e serão filhos do Altíssimo, que é bom para os ingratos e também para os maus. Sejam, pois, cheios de misericórdia, como cheio de misericórdia é o nosso Pai.

Pedro voltou a inspirar profundamente e continuou:

— A vinda de Jesus a este planeta teve como finalidades: amar e ensinar o homem a amar. O amor ao próximo é o princípio da caridade, e Jesus deixou claro que nosso próximo é todo irmão que se encontra neste planeta de provas e expiações, quer esteja encarnado ou não. Jesus amou a tal ponto o próximo que devotou sua vida ao bem-estar das pessoas, não somente físico, restabelecendo a saúde dos doentes, mas também atendendo às necessidades espirituais.

Quando estava para ser preso no jardim Getsêmani, ele provou isso ao curar a orelha de um soldado que fora ferido justamente por estar prendendo-o. Que exemplo de abnegação e prova de amor ao próximo! Não podemos devotar ao inimigo a mesma ternura que devotamos a um irmão ou amigo; afinal, ternura significa confiança e instintivamente não confiamos em alguém que sabemos querer o nosso mal. Mas, seguindo o exemplo do maior homem que já viveu neste planeta, não devemos pagar o mal com o mal, mas sim procurar amar até mesmo aqueles que nos perseguem e caluniam. E como demonstrarmos amor aos nossos inimigos? Amá-los significa não lhes guardar rancor, muito menos acalentar em nosso íntimo o desejo mesquinho da vingança. Significa perdoá-los, assim como Deus faz conosco todos os dias. Devemos perdoar liberalmente, ou seja, perdoar sem impor condição. Amar o inimigo não significa se regozijar com suas derrotas, mas antes se alegrar com suas vitórias, por menores que sejam. Lembrem-se de que o tempo corre inexorável e um dia o inimigo encarnado vai desencarnar. Sabendo que a morte não anula sentimentos, uma pessoa, quando passa por esse processo, continua sendo a mesma que era enquanto vivia no corpo de carne, sendo assim, sentimentos de amor, ódio e vingança o acompanham além-túmulo. Nunca esqueçam que um inimigo encarnado poderá ser um obsessor no futuro. Sabendo disso, Jesus mencionou o benefício de amar o inimigo. Se quisermos paz, é imprescindível que perdoemos os nossos inimigos.

Pedro, sorrindo, convidou todos a acompanhá-lo em uma prece de encerramento. Osmar, enquanto esperava a sua vez de se dirigir à câmara de passes, refletia sobre as palavras do orador. Lembrou-se de João Vitor e por um momento se entristeceu. Berenice percebeu certo desânimo estampado no rosto dele e disse:

— Você está se sentindo bem?

— Estou muito bem, não se preocupe.

Nesse momento, aproximou-se de Osmar seu antigo médico, Cassiano Medeiros, que sorrindo disse:

— Como vai?

— Estou bem.

— Osmar, o que o preocupa?

Osmar, tentando dissimular, abriu um sorriso e respondeu:

— Nada.

— Hoje minha esposa e eu vamos a uma pizzaria. O que acha de nos acompanhar?

Berenice, percebendo que a companhia daquele homem bondoso faria bem a Osmar, intrometeu-se:

— Que bom! Para falar a verdade, estou com muita fome.

— Então o convite está aceito? — perguntou Cassiano Medeiros.

Berenice se calou e voltou sua atenção a Osmar, esperando uma resposta. Ele, ao notar seu entusiasmo e para não desagradar-lhe, respondeu:

— Vamos à pizzaria; afinal, o que Berenice não me pede chorando que eu não faça sorrindo?

— Vamos ao Rei das Pizzas, na rua dr. Mascarenhas.

Berenice, sorrindo, pegou a mão de Osmar com carinho e combinou:

— Estaremos lá em pouco mais de meia hora.

Osmar conversou com alguns trabalhadores da casa e em seguida rumou à pizzaria recomendada por Cassiano Medeiros. Sentia-se desanimado e triste. Ao observar que o amigo e a esposa ainda não haviam chegado, pediu ao garçom para juntar duas mesas.

Berenice, percebendo o mutismo de Osmar, questionou:

— Osmar, por que está tão quieto?

— Trabalhei e economizei muito para conseguir tudo o que tenho, mas vejo que todo o meu trabalho foi em vão. Até mesmo meu filho se tornou meu inimigo, o que muito me entristece; às vezes chego a pensar que seria bem melhor se eu tivesse continuado sendo aquele pobre corretor de imóveis; afinal, sem fortuna não haveria brigas...

Berenice ouvia calada a lamentação de Osmar quando viu Cassiano Medeiros e a esposa entrando na pizzaria. Osmar tentou disfarçar. Sorrindo, convidou o casal para sentarem-se à sua frente. O médico, sentando-se à mesa, sorrindo, disse:

— Osmar, o que achou da reunião de hoje?

— A palestra estava muito boa.

Berenice espantou-se com a maneira de Osmar se referir à reunião, porém deixou que o médico continuasse.

— Cada reunião é um verdadeiro banquete espiritual; agora, se vamos aproveitá-lo é com cada um.

— O que está querendo dizer com isso, Cassiano Medeiros? — perguntou Osmar.

— Que cada reunião é um presente, deleitamo-nos com os ensinamentos de Jesus, mas devido a nosso estado de espírito nem sempre degustamos os ensinamentos como deveríamos.

— Continuo sem compreender.

— Osmar, todos os dias enfrentamos problemas diferentes e, infelizmente, muitas vezes não conseguimos tirar o verdadeiro proveito das reuniões. Há muitas pessoas que se sentindo cansadas da lida do dia a dia, ouvem a palestra, porém não a escutam.

— Acaso ouvir e escutar não quer dizer a mesma coisa?

— Ao contrário do que muitas pessoas pensam, ouvir e escutar nem sempre são sinônimos; ouvir é usar a audição, e escutar é usar de discernimento. Veja bem, se eu começar a falar em alemão, todos poderão me ouvir, sem compreender uma só palavra do que estou dizendo.

— Tem razão, viver é aprender e neste momento acabo de aprender a diferença entre ouvir e escutar.

Berenice gostou da observação do médico, porém permaneceu calada a fim de que o amigo continuasse a explicação. Cassiano Medeiros, percebendo que todos estavam prestando atenção em suas palavras, continuou:

— Algumas vezes ouvimos as palestras na Casa Espírita, porém não conseguimos compreender uma só palavra.

— Hoje eu ouvi a palestra, porém muitas coisas ficaram obscuras em meu parco entendimento.

— Não se envergonhe, Osmar, isso já aconteceu pelo menos uma vez com todo mundo.

Nesse momento, um garçom entregou-lhes o cardápio. Berenice e a esposa de Cassiano Medeiros escolheram a pizza e pediram refrigerante. Enquanto o garçom não voltava com a pizza, Cassiano Medeiros continuou:

— Osmar, você está com algum problema?

— Há problemas que não se resolvem...

— Amanhã tirarei um dia de folga.

— Não posso acreditar que não trabalhará amanhã!

— Tenho algumas coisas para resolver em minha casa e por esse motivo não vou ao hospital nem ao consultório.

A esposa do médico, intrometendo-se na conversa, disse:

— Cassiano tem trabalhado muito nos últimos anos. Antes dizia que precisava trabalhar por causa dos filhos, agora cada um tomou um rumo diferente e nós estamos sozinhos, não vejo motivos para tanto trabalho. Como no sábado será nosso aniversário de casamento, pedi a ele que me ajudasse a cuidar dos preparativos.

Osmar, sorrindo, perguntou:

— Quantos anos de casamento?

— Trinta e nove anos.

Osmar deu os parabéns ao casal e Cassiano Medeiros, quebrando o silêncio, comunicou:

— Faremos uma festa para comemorar as bodas e gostaríamos muito que estivessem presentes.

— O que acha, Berenice? — perguntou Osmar.

— Acho uma ótima ideia! Faz muito tempo que você não vai a uma festa.

— Então, convite aceito!

Cassiano pediu licença e se levantou, voltando minutos depois com um envelope branco na mão, que entregou a Osmar. Sem receio, falou:

— Vocês estavam em nossa lista de convidados, mas havia esquecido que o convite estava no carro.

Ao ver seu nome no convite, Berenice enrubesceu e, sorrindo, disse:

— Obrigada por se lembrar de mim.

A esposa de Cassiano respondeu:

— Por que acha que nos esqueceríamos de você? Para mim será um grande prazer recebê-la em nossa casa.

Berenice agradeceu e o médico completou:

— Osmar, gostaria de ir à cidade vizinha amanhã?

— Infelizmente não vai dar. Tenho muitas coisas para resolver na fábrica.

Berenice, percebendo que Osmar iria perder uma boa oportunidade de conversar com um amigo, intrometeu-se:

— Osmar, não se prenda tanto à fábrica. João Vitor pode representá-lo muito bem. Quando ficou doente, ele desempenhou bem seu papel, além disso um dia não lhe trará nenhum prejuízo.

— Tem razão! Amanhã passarei o dia com meu amigo Cassiano Medeiros.

Após cerca de uma hora, os quatros saíram da pizzaria e se despediram.

❦ No dia seguinte, Lucas estranhou o fato de não encontrar seu pai fazendo seu desjejum e, preocupado, pensou que talvez ele pudesse estar doente. Assim, dirigiu-se ao quarto do pai, sem nem mesmo bater na porta, e sobressaltado disse quase aos gritos:

— Papai! Papai! O senhor está passando mal?

Osmar remexeu-se preguiçosamente na cama e respondeu:

— O que aconteceu?

Lucas, suspirando aliviado, disse sorrindo:

— Papai, pensei que o senhor estivesse passando mal.

Osmar, sentando-se na cama, fixou o olhar no filho e disse:

— Por que pensou isso?

— Todas as manhãs quando entro na copa o senhor já está quase terminando seu desjejum. Assustei-me quando não o vi.

Soltando uma gargalhada, Osmar respondeu:

— Acalme-se, meu filho! Hoje não vou trabalhar, combinei de passar o dia com Cassiano Medeiros.

— Estranho... O senhor nunca perdeu um dia de trabalho.

— Meu filho, decidi que de hoje em diante não serei escravo do trabalho. Cassiano Medeiros quer que eu passe o dia com ele a fim de que o ajude a preparar a festa de seu aniversário de casamento.

— O senhor tem razão! Não há motivos para trancar-se o dia inteiro em um escritório, a vida não é somente trabalho.

— Tudo o que tinha de fazer fiz, agora quero aproveitar um pouco de tudo o que consegui durante todos esses anos.

— Papai, estou vendo que o senhor acordou para a vida! É assim que se pensa. A vida é curta. Ter dinheiro e não aproveitar é sinônimo de falta de inteligência.

— Lucas, por que não foi à Casa Espírita ontem?

— Papai, ontem dona Nair passou mal e Rosângela e eu ficamos lhe fazendo companhia.

— Mas o que ela tem?

— Dona Nair tem problemas de coração e ontem sua pressão estava alta. Teve de ficar em repouso, conforme orientação médica.

— Irei lhe fazer uma visita ainda hoje. Será que ela me recebe?

— Certamente que sim! E ficará feliz em recebê-lo.

— Mas se ela está doente quem está lhe fazendo companhia?

— Ninguém! Por conta disso, Rosângela me disse que está muito preocupada.

Osmar pensou por alguns instantes e decidiu fazer uma ligação.

— Maurício, aqui quem está falando é Osmar; peço que dispense Rosângela Alves do trabalho e não faça nenhum desconto em seu pagamento.

Lucas sentiu-se orgulhoso do pai e disse:

— Papai, o senhor mudou muito, e para a melhor! Se fosse em outros tempos diria que todos têm problemas e que a vida continua, apesar da existência deles.

— Graças à Doutrina Espírita aprendi a me colocar no lugar das pessoas. Imagino como deve estar no trabalho! Quando sua mãe adoeceu, fiquei por vários dias sem trabalhar, acompanhando seu tratamento; antes, era egoísta demais para compreender que todos somos iguais em sofrimento. Como essa moça vai trabalhar preocupada com a mãe? É melhor que cuide da mãe e quando voltar esteja com sua concentração apenas no trabalho.

— Papai, sinto muito orgulho do homem em que o senhor se transformou — Lucas disse, abraçando-o.

— Deixe disso, meu filho! O fundamento principal da doutrina não é a caridade para com o nosso próximo? Pois então, de que me serviriam esses ensinamentos se não os colocasse em prática no meu dia a dia?

Lucas, sorrindo, levou a mão no ombro do pai e disse:

— Estou atrasado, vamos tomar café?

— Hoje não poderei lhe fazer companhia, preciso me arrumar.

Lucas lhe desejou um bom-dia e saiu. Enquanto penteava os cabelos, Osmar lembrou-se do gesto de carinho do filho e sentiu uma indizível felicidade no coração.

Rosângela chegou à fábrica desanimada e extremamente preocupada com a mãe e viu que Lucas ainda não havia chegado. Toda manhã, ela pegava os contratos antigos e separava os que iria usar. Enquanto fazia isso, o telefone tocou. Ela atendeu e Maurício a informou sobre a dispensa.

— Por que estou sendo dispensada do trabalho?

— Não sei os motivos que levaram o dr. Osmar a me dar tal ordem; a única coisa que sei é que não haverá desconto algum em seu salário.

Rosângela desligou o telefone e viu Lucas chegar sorrindo.

— Que estranho... Seu pai me dispensou do trabalho e não vai me descontar o dia.

Lucas, percebendo que ela estava preocupada, finalmente respondeu:

— Fique tranquila, Rosângela. Contei para o meu pai sobre o estado de saúde de sua mãe e ele disse que seria melhor você lhe fazer companhia.

— Seu pai é um homem generoso.

— Sim! A Doutrina Espírita está lhe fazendo muito bem.

Rosângela ia se despedir quando o rapaz se apressou em dizer:

— Espere um minuto, vou fazer um telefonema e em seguida a levo para casa.

Rosângela permaneceu em silêncio e esperou que o namorado fizesse a tal ligação. Os dois saíram do escritório rumo ao estacionamento. Enquanto dirigia, o jovem percebeu uma ruga de preocupação no rosto da moça e perguntou:

— Em que está pensando?

Ela, sem aguentar, deixou que as lágrimas banhassem seu rosto e falou:

— Lucas, estou preocupada com o estado de saúde de minha mãe, temo ficar sozinha no mundo.

Lucas estacionou o carro e respondeu:

— Rosângela, compreenda, enquanto eu viver você não estará só.

Ao ouvir as palavras do namorado, ela passou a chorar copiosamente no ombro dele. Depois que ela se acalmou, ele ligou o carro e rapidamente seguiu para a casa da moça.

Nair estava deitada no sofá ouvindo um programa de rádio. Rosângela, ao ver a mãe deitada, percebeu que ela não estava nada bem.

— Minha filha, o que faz em casa a uma hora dessa? — ao ver Lucas, agradeceu: — Obrigada, meu filho, por permitir que minha filha voltasse para casa. Infelizmente, hoje não estou me sentindo nada bem.

— Essa ideia foi de meu pai.

Nair, sorrindo, agradeceu mais uma vez. Rosângela dirigiu-se ao quarto e em poucos minutos mudou de roupa. Com muito esforço, Nair levantou-se para servir um café a Lucas, que, percebendo seu estado, disse:

— Não se preocupe, dona Nair, não precisa se levantar para me servir uma xícara de café. Tenho de voltar ao trabalho, mas prometo que à tarde estarei de volta.

— Obrigada pela compreensão, meu filho.

Lucas esperou Rosângela sair e se despediu das duas mulheres, voltando à fábrica.

— Mamãe, hoje mesmo vou marcar uma consulta com o dr. Cassiano Medeiros.

— Minha filha, não temos dinheiro para pagar a consulta. Fique tranquila, logo ficarei bem.

— Mamãe, vamos consultar o dr. Cassiano Medeiros; se for o caso, peço para que me deixe pagar depois.

— Minha filha, não se preocupe, logo ficarei bem, não podemos nos dar ao luxo de pagar uma consulta tão cara!

— Estou cansada de trabalhar e não ter dinheiro nem mesmo para cuidar da senhora.

— Minha filha, o que sua revolta vai resolver?

Nair se levantou com esforço e decidiu lavar a louça que estava na pia da cozinha. Naquele dia, Rosângela limpou a casa e já estava terminando o trabalho doméstico quando ouviu batidas de palmas no portão. Ao sair, Rosângela ficou abismada ao ver Osmar e o dr. Cassiano Medeiros no portão. Tentando se ajeitar, disse:

— Lucas não me disse sobre a visita de vocês!

— Estávamos passando aqui perto quando Cassiano Medeiros me convidou para visitar sua mãe; afinal, ela não foi à Casa Espírita — disse Osmar.

Rosângela, arrumando os cabelos, convidou-os para entrar.

— Peço licença para me arrumar, desculpem meu estado, mas não estava esperando visitas...

Osmar, que sempre fora um homem educado, falou:

— Peço desculpas por virmos sem avisar, mas pelo fato de estarmos nas proximidades resolvemos fazer uma visita à sua mãe.

Nesse momento, Nair entrou na sala. Ao ver Cassiano Medeiros disse:

O passado me condena

— Que bons ventos os trazem?

Osmar, sorrindo, repetiu a mesma história e Cassiano Medeiros completou:

— Como não a vimos na reunião de ontem decidimos visitá-la.

— Infelizmente tive um mal súbito e não pude comparecer à reunião.

Rosângela, que entrava na sala naquele momento, irritou-se com a discrição da mãe e disse:

— Doutor Cassiano Medeiros, minha mãe não se sente bem há alguns dias e ontem piorou.

— Não sei o que se passa comigo, dr. Cassiano Medeiros. Há alguns dias sinto que minha pressão arterial está subindo e sinto dores agudas no peito.

— A senhora sentiu dores no braço esquerdo?

— Sim.

Osmar, sem compreender aonde Cassiano Medeiros estava querendo chegar, permaneceu calado ouvindo a conversa entre o médico e Nair.

— Nair, minha boa companheira de trabalho, estou achando que está na hora de ir ao meu consultório...

— Pretendo ir na semana que vem.

— Arrume-se, eu a levarei ao meu consultório agora!

— Doutor Cassiano Medeiros, estou esperando para ir na semana que vem, pois receberei a pensão de meu marido.

— Doutor, na semana que vem poderemos acertar o valor da consulta — disse Rosângela.

O médico, olhando com ternura para a companheira da Casa Espírita, disse:

— Não me lembro em ter falado de dinheiro. Você ouviu alguma coisa, Osmar?

— Não! Alguém aqui falou em dinheiro?

— Nair, minha velha amiga, arrume-se que eu mesmo vou levá-la ao consultório.

Rosângela olhou com carinho para aquele homem bondoso e acrescentou:

— Doutor, assim que minha mãe receber nós vamos pagar a consulta.

— Não se preocupe com isso, o tratamento de sua mãe correrá por minha conta — falou Osmar.

— Meu amigo Osmar não se expressou adequadamente; o tratamento de minha amiga correrá por nossa conta — afirmou o médico.

— Dona Nair, peço que se arrume rapidamente para que Cassiano Medeiros possa atendê-la — completou Osmar satisfeito.

Com sofreguidão, Nair se levantou e dirigiu-se ao quarto com Rosângela. Enquanto elas não voltavam, o médico disse preocupado:

— Meu amigo, precisarei que ela faça alguns exames como ecocardiograma, mas infelizmente esse exame só tem na cidade vizinha.

— Faça o que for necessário por dona Nair, que eu pago.

— Não cobrarei a consulta, apenas alguns exames.

— Não se preocupe com os exames, tudo correrá por minha conta.

Logo as duas mulheres voltaram e Rosângela, que se arrumara rapidamente, disse:

— Acompanharei minha mãe.

— Então vamos logo, não podemos perder tempo — falou o doutor.

Logo os quatros entraram no carro de Osmar e rapidamente seguiram ao consultório de Cassiano Medeiros, que estava vazio. Sorrindo, ele disse à secretária:

— Dona Marisa, por favor, ligue para o laboratório e pergunte se ainda dá tempo de levar material para ser examinado.

O PASSADO ME CONDENA

Logo depois, a secretária, mesmo sem compreender o que estava acontecendo, avisou:

— Doutor, a moça do laboratório informou que ainda dá tempo de examinar o material.

— Ótimo! Examinarei minha amiga e em seguida quero que a senhora leve o material para ser examinado.

Cassiano Medeiros examinou a senhora e pediu à secretária que coletasse sangue para alguns exames. Ele desconfiou que o caso de Nair era bem mais grave do que imaginara. Sendo assim, disse a secretária:

— Assim que o exame ficar pronto, por favor, ligue em minha casa e peça para me chamar.

Não demorou e novamente os quatro voltaram para a casa de dona Nair. O médico, que ficara encarregado de comprar as bebidas para a festa, despediu-se dizendo que voltaria mais tarde. Nair sentia-se cansada, porém estava satisfeita com a visita dos amigos.

Enquanto dirigia, Cassiano Medeiros disse ao amigo:

— Estou preocupado com Nair.

— Mas o que acha que pode ser?

— Meu amigo, não posso afirmar, mas sinto que ela está com problemas no coração.

— Mas que tipo de problema?

— Vamos esperar para vermos os resultados dos exames. Somente depois disso é que poderei fazer comentários.

— Ética médica...

— A ética é imprescindível em minha profissão.

— Faça tudo o que for necessário. Eu me encarrego de pagar as despesas.

— Quanto às consultas, nada cobrarei. Você pagará somente os exames.

— Não se preocupe com valores, pagarei todos os exames.

— Fazemos parte da família universal e como tal temos por obrigação ajudar uns aos outros.

Pela primeira vez em todos aqueles anos, Osmar faltara ao trabalho sem nenhum motivo aparente. Cassiano Medeiros encomendou as bebidas para a festa, e voltando para casa combinou de levar a esposa à florista para encomendar as flores que enfeitariam o salão. Já passava das quatro horas da tarde quando o telefone tocou e a esposa do médico ao atender disse:

— Cassiano, é sua secretária.

O médico, que conversava alegremente com Osmar, atendeu prontamente o telefone. Assim que desligou, disse a Osmar:

— Amigo, precisamos voltar à clínica agora mesmo; os resultados dos exames já chegaram.

— Já?

— Sim. Pedi urgência.

Osmar, preocupado, levantou-se. Ambos entraram no carro e saíram em disparada. Ao chegarem ao consultório, o médico abriu os envelopes e depois de ler os resultados disse:

— Meu amigo, minhas suspeitas se confirmaram. Nair está com um problema sério no coração.

— O que ela tem, homem de Deus?

— Nossa amiga sofre de doença de Chagas.

— É grave?

— Chagas é uma doença que afeta o coração. É transmitida pelo barbeiro e infelizmente não tem cura.

— Mas essa doença pode matar?

— Sim! Pode causar várias doenças do coração, dificuldades para engolir e defecar e levar o doente à morte.

— Cassiano, peço que cuide de dona Nair. Quanto ao dinheiro, não se preocupe, faça tudo o que estiver ao seu alcance.

— Essa doença é fatal, porém é imprescindível ter fé.

— E agora, o que pretende fazer? Vai falar sobre o mal que a acomete?

— Como médico, tenho obrigação de dizer a verdade. Osmar, vamos à casa de Nair, pois preciso ter uma conversa séria com ela.

Osmar levantou-se sem nada dizer e no trajeto permaneceu calado imaginando como seria a reação da boa mulher com a notícia. Ao chegarem em frente à casa, Osmar sugeriu:

— Cassiano, sugiro que converse antes com Rosângela.

— Tem razão! Enquanto você conversa com Nair, conversarei com a filha sobre o estado de saúde da mãe.

Ambos encontraram Rosângela aflita e Cassiano Medeiros disse:

— Rosângela, como sabe, pedi exames de urgência e os resultados apontaram o mal de Chagas.

Rosângela não sabia nada sobre a doença e começou a fazer perguntas para o médico.

Osmar, usando de toda a discrição, entrou para conversar com Nair, que naquele momento estava preocupada com as obras assistenciais da Casa Espírita. O senhor impressionou-se com a abnegação de Nair e disse:

— Não se preocupe com a Casa da Sopa, tenha certeza de que a sopa continuará sendo feita cuidadosamente pelas trabalhadoras da casa.

— Eu gosto de preparar a sopa para as crianças carentes, e faço com muito zelo.

Osmar mudou de assunto na tentativa de tranquilizar Nair, que falava sobre algumas crianças que iam todos os sábados se alimentar na Casa da Sopa, uma área do Centro Espírita destinada para tal trabalho.

Cassiano Medeiros entrou com Rosângela, e Nair, ao ver os dois, logo percebeu que seu estado de saúde era grave.

— Estava chorando, minha filha?

A moça sentou-se ao lado da mãe e sem conter a emoção passou a chorar copiosamente. Cassiano Medeiros, percebendo que aquilo não faria bem a Nair, disse:

— Acalme-se, Rosângela. Não sabe que isso não fará bem ao coração de sua mãe?

— Desculpe, mamãe. Isso não vai mais se repetir.

— Por que minha filha está tão nervosa, dr. Cassiano Medeiros?

O médico, com sua habitual calma, explicou à mulher sobre seu estado de saúde e sobre o tratamento. Nair, depois de ouvi-lo, disse:

— Tenho fé de que ficarei boa dessa doença.

— Nair, conhece a doença? — perguntou Osmar, espantado com a serenidade da senhora.

Ela, passando a mão nas mãos da filha, que estavam em seu colo, respondeu:

— Por que a perplexidade, dr. Osmar? Acaso Jesus não curou os doentes e fez andar os coxos?

Cassiano Medeiros, que nunca havia visto manifestação maior de fé, respondeu com serenidade:

— Certamente que sim, minha irmã!

— Fiquei sabendo que há um médium que com a ajuda de um espírito desencarnado tem curado muitas pessoas, inclusive curou a filha do presidente.

Cassiano Medeiros logo se lembrou de um médium famoso, que atuava na cidade de Congonhas, em Minhas Gerais.

— Acaso está disposta a se consultar com esse médium, Nair?

— Sim! Tenho ouvido relatos de muitas curas por intermédio desse médium.

Osmar ficou interessado no assunto e começou a fazer algumas perguntas sobre as curas do médium mineiro. Rosângela, que a princípio estava aflita ao saber sobre o estado de saúde da mãe, acalmou-se ao ver a esperança em seus olhos. Osmar disse sorrindo:

— Nair, se desejar, poderei levá-la até Congonhas para se consultar com esse médium.

— Dr. Osmar, não sei como lhe agradecer!

Cassiano Medeiros, surpreso com a atitude de fé de Nair, disse bem-humorado:

— Nair, vejo que leva a sério as palavras de Jesus.

— Que palavras?

— Se tiverdes fé do tamanho de um grão de mostarda, transportareis a montanha de um lugar a outro e nada vos será impossível.

— Dr. Cassiano Medeiros, reconheço que o trabalho dos médicos é extremamente útil, mas quando a medicina da Terra nada pode fazer, Deus pode, pois para Ele nada é impossível.

O médico concordou com as palavras de Nair. Os dois homens ficaram por mais algum tempo na casa de Nair e saíram logo após tomarem uma xícara de café.

2 8

Atitudes infelizes

João Vitor estava intratável. Não tinha paciência nem com a esposa, nem com o filho, nem com os funcionários da fábrica. Naquela sexta-feira, ele pediu à secretária de Osmar:

— Dona Verônica, diga ao meu pai que temos de repor alguns materiais que estão faltando.

— O dr. Osmar ligou avisando que não viria trabalhar e que as principais decisões deveriam ser tomadas na segunda-feira.

— E qual foi a desculpa que meu pai deu para explicar sua ausência?

— Dr. João Vitor, o seu pai nunca me deu liberdade para lhe fazer perguntas, talvez seja melhor o senhor perguntar a ele o motivo de sua ausência.

— Meu pai está se tornando cada vez mais decrépito! Onde já se viu faltar ao trabalho sem motivo!

João Vitor, a passos firmes, entrou em sua sala e jogou-se em sua cadeira. Demonstrando certa preocupação disse:

— Preciso fazer alguma coisa... Papai está se tornando um homem irresponsável; certamente está com aquela morta de fome gastando nosso patrimônio.

A entidade que estava ao lado dele disse:

— Seu pai gastará toda sua fortuna em coisas fúteis, impeça-o enquanto há tempo.

João Vitor assimilou como se fossem seus próprios pensamentos. Dessa maneira disse:

— Não posso ficar de braços cruzados; preciso impedir que papai gaste sua fortuna com uma pistoleira qualquer. — Irritado, levantou-se da cadeira e andando de um lado a outro disse: — Serei obrigado a fazer o que tinha pensado tempos atrás...

Nesse momento, decidiu pôr em prática a ideia de matar o pai. Saiu e disse para a secretária:

— Tenho coisas para resolver e talvez só volte no início da tarde. Os fornecedores vão ligar, peça-lhes para entrar em contato comigo na segunda-feira.

Antônia, o espírito de sua mãe, ficou ouvindo a conversa e, preocupada, tratou de acompanhar o filho, que voltou ao bairro onde Alemão morava. Não conhecia ninguém, mas resolveu ficar no bar esperando que algum homem mal-encarado surgisse. O dono do estabelecimento, ao perceber que se tratava de um homem de posses, perguntou:

— O senhor quer tomar alguma coisa?

Sentindo nojo daquele ambiente, respondeu educadamente:

— Não, obrigado! Só quero descansar um pouco.

O dono do bar, sem compreender o que aquele homem de fino trato pretendia, começou a conversar sobre alguns fatos que havia lido no jornal. João Vitor não estava disposto a conversar, e com descaso respondia às perguntas do homem de aparência rude. O tempo passou e um homem mal-encarado entrou com a camisa na mão. João Vitor não deixou de observar a grande tatuagem em forma de serpente nas costas do homem e com isso deduziu: "Esse rapaz não me cheira coisa que preste; talvez seja a pessoa que eu estou procurando".

O rapaz, em tom irônico, disse:

— Vieira, coloque uma dose dupla de cachaça.

— Tatão, não vou lhe servir a cachaça, sua conta está alta.

— Saiba que você tem muito mais a perder que uma dose dupla de cachaça...

João Vitor ouvindo aquela conversa, disse ao dono do bar:

— Pode servir a cachaça ao rapaz que é por minha conta.

— O que está esperando? Ele vai pagar a conta.

Assim, o dono do bar pegou uma garrafa da prateleira e o serviu. O rapaz, sorrindo, aproximou-se de João Vitor e perguntou:

— O que um homem fino faz nesta pocilga?

O dono do bar sentiu-se ofendido com o comentário, porém decidiu se calar. Sabia que Tatão era um homem extremamente perigoso.

João Vitor, sorrindo, disse:

— Para falar a verdade estou à procura de alguém para trabalhar para mim.

Tatão, com seu jeito debochado, disse sorrindo:

— Está procurando alguém para trabalhar? Olha aqui, doutor, neste lugar só tem vagabundo.

Em seguida, Tatão soltou uma gargalhada, irritando João Vitor, que se conteve. O rapaz refinado sabia que para conseguir algo daquele marginal precisava pagar sua despesa. Com sutileza perguntou:

— Qual é seu nome, rapaz?

— Chamo-me Josivaldo Martins, mas todos me conhecem por Tatão.

— Sirva mais cachaça ao Tatão.

O homem, sem compreender o que um homem de aparência fina queria com um vagabundo, esperou que Tatão fosse ao banheiro e se aproximando de João Vitor disse:

O PASSADO ME CONDENA

— Assim que você entrou logo vi que se tratava de um homem de posses; portanto, não se envolva com um homem como Tatão, pois ele não vale a comida que come.

— Sirva tudo o que ele quiser, eu pagarei a conta.

Tatão, ao sair do banheiro, disse ao dono do bar:

— Sirva-me outra dose de cachaça. Por que está pagando minha conta?

— Talvez esteja precisando de seus serviços.

— Sou filho do vento e dono da noite; não costumo trabalhar para ninguém.

— Coma e beba à vontade, tudo será por minha conta.

Tatão, aproveitando-se da situação começou a pedir cerveja e petiscos. Ele era um homem alto e louro e sua tatuagem chamava a atenção de todos.

— Onde conseguiu essa tatuagem?

— Fiz na prisão.

João Vitor pensou: "Esse é o homem de que estou precisando".

Embora Tatão fosse um homem temido pela comunidade local, era conhecido pela falta de inteligência. João Vitor, ao perceber que ele já estava embriagado, disse:

— Tatão, vamos dar umas voltas de carro, preciso conversar com você.

— Vamos, adoro um bom carro, só não gosto de viaturas...

João Vitor sentiu repulsa daquele elemento, porém sabia que para conseguir o que pretendia, era obrigado a se envolver com tal tipo de gente. O mau elemento, antes de sair, disse ao dono do bar:

— Hoje é meu dia de sorte; sirva-me outra cerveja.

Assim que tomou a cerveja, João Vitor pagou a conta e deixou uma pequena gorjeta ao dono do bar.

Os dois entraram no carro e João Vitor perguntou:

427

— Qual o motivo de sua prisão?

— Fui acusado de roubar um supermercado.

— Só isso?

Tatão, sem perceber o desapontamento nos olhos de João Vitor, defendeu-se:

— Paguei por um crime que não cometi.

— O serviço que quero encomendar é coisa pesada...

— Mas que tipo de serviço?

— Estou querendo encomendar uma morte... Mas pelo jeito você não faz esse tipo de serviço.

— Eu menti... Não fui preso por roubo, mas antes fui acusado a vinte anos de prisão por homicídio.

— Mas se foi condenado por homicídio, como conseguiu sair da prisão?

— Fui condenado a vinte anos, mas, certo dia, fugi da prisão e vim para o estado de São Paulo.

— Mas quem você matou?

— Matei meu padrasto.

— E se arrependeu?

— De maneira alguma! Se aquele desgraçado voltasse a ficar na minha frente eu o mataria novamente. Quem você quer ver abaixo de sete palmos?

— Quero matar meu patrão! Ele tem me ofendido muito nos últimos tempos e pretendo me vingar daquele velho desgraçado.

— Isso é fácil! O difícil é quando se mata alguém da família, mas quem é seu patrão?

— É o dono da fábrica de plástico.

— Posso fazer o serviço, mas ficará caro.

Por um instante João Vitor pensou em desistir, mas de repente uma força estranha tomou conta de seu ser e ele decidiu:

— Está bem! Pago pelo serviço, mas ninguém poderá saber que fui o mandante do crime.

— Para quando quer o serviço?

— Quero o trabalho para amanhã à noite.

Tatão, indignado com o pequeno prazo, argumentou:

— Não posso chegar e matar o homem assim, preciso planejar um crime perfeito.

— Mas afinal de contas, você é matador ou não?

— Para ser um bom matador, tem de se pensar nos mínimos detalhes. Isso leva tempo.

— Quero o serviço em quinze dias!

— Doutor, precisarei de uma parte do dinheiro adiantado.

— Dinheiro só quando fizer o serviço.

— Amanhã lhe direi quanto ficará o trabalho.

— Já lhe disse que pagarei o preço exigido, mas não me procure. Eu virei até você. Agora, saia do meu carro! Entrarei em contato com você.

João Vitor achou que Tatão havia bebido muito e não lhe deu a devida atenção. Enquanto dirigia, pensou: "Voltarei para casa para tomar um banho e pedir que limpe meu carro. Ainda sinto o cheiro de cachaça daquele sujeito imundo."

Maria Alice folheava tranquilamente uma revista quando viu a porta se abrir e surpresa disse:

— João, o que faz aqui a uma hora dessa?

— Vim pegar uns documentos no escritório e tomar um banho.

A esposa estranhou a atitude do marido; afinal, ele nunca voltara para casa dizendo que iria tomar banho. Sem muita conversa, ele subiu as escadas e dirigiu-se ao quarto a fim de tomar banho. Passados quinze minutos, desceu com os cabelos ainda molhados, perfumado, e vestindo um terno diferente. Maria Alice observando-o perguntou:

— Por que tomou banho quase na hora do almoço?

— Que mal há em tomar banho nesse horário? Acaso você não toma de dois a três banhos por dia?

— Vai almoçar em casa?

— Sim! Mas antes vou pedir ao Carlos que lave meu carro.

Ao ouvir as palavras do marido, Maria Alice logo desconfiou que o marido estivesse envolvido com alguma mulher. Sem rodeios, perguntou:

— João, que estranho você vir antes do almoço tomar banho e ainda mandar lavar o carro! Acaso há alguma mulher nessa história?

— Pare com isso! Sou um homem íntegro, e se um dia eu tiver de traí-la pedirei o desquite antes, pois traição demonstra a baixeza de um homem!

Maria Alice percebeu sinceridade nas suas palavras e calou-se para não arrumar discussão desnecessária. Ele pegou o telefone e chamou Carlos, o rapaz do posto de gasolina. Depois, entrou em seu escritório e jogando-se no sofá disse:

— Será que aquele cachaceiro fará bem o trabalho?

Roendo as unhas, pensou em desistir, mas ao pensar no casamento, decidiu seguir com seus planos. Os dias se passaram e ele viu os proclamas do casamento do pai anunciando o casamento. Irritado, disse:

— Não posso perder tempo! Preciso conversar com Tatão e pedir que ele faça o serviço.

Naquele mesmo dia, ele foi atrás do marginal e o encontrou no bar tomando cachaça e conversando tranquilamente com o dono do estabelecimento. João Vitor chamou-o e sem rodeios disse:

— Preciso que faça o serviço amanhã à noite. Não posso esperar mais tempo.

— Não se preocupe, doutor, comprei uma arma e preciso do dinheiro para pagá-la e para fugir para bem longe.

Jo. Vitor, desconfiado, disse:

— O homem tem por hábito, nos sábados à noite, ir à casa da noiva. Você ficará à espreita. Quando ele voltar, você fará o serviço ali mesmo, no portão. Depois, venha a este bar para eu lhe entregar o dinheiro e suma. Se disser a alguém que foi um serviço encomendado por mim, coloco um promotor feroz que não hesitará em colocá-lo atrás das grades.

— Não se preocupe, farei o serviço e ninguém saberá quem atirou no tal homem.

João Vitor, sem muita conversa, deu o endereço a Tatão e o dinheiro da arma, voltando para casa em seguida.

Tatão, ao ver o carro zarpar, pensou: "Esse sujeito é perigoso, e até onde sei a corda sempre quebra do lado mais fraco...".

Naquele sábado, Osmar estava especialmente feliz; afinal, o dia do casamento se aproximava e tudo já estava quase pronto: os convites já haviam sido entregues, o bufê já havia sido contratado e as passagens para a Europa já haviam sido compradas.

Osmar vestiu sua melhor roupa e tranquilamente resolveu ir ao clube do qual era sócio para encontrar com alguns amigos. Berenice, por outro lado, ao mesmo tempo em que estava feliz, sentia-se apreensiva. Havia convidado algumas famílias do bairro e não sabia como iriam se comportar em um casamento suntuoso.

Osmar passou na casa de Berenice e a avisou que iria ao clube e que à noite passaria lá para irem a um restaurante da cidade vizinha. Ao perceber certa preocupação no rosto da noiva, perguntou:

— O que a preocupa, minha querida?

— Creio que não será necessário fazermos uma grande festa para celebrar nosso casamento; afinal, as pessoas do bairro são pessoas simples, de pouca instrução, temo que não se sintam à vontade.

— Berenice, não se preocupe com isso. O importante é que elas compareçam à nossa festa para nos prestigiar. Saiba que tudo farei para que se sintam à vontade.

— Osmar, eu o amo de uma maneira que nunca imaginei amar alguém...

— Não imagina o quanto me faz bem ouvir essas palavras.

— Você amava sua esposa, ela ainda significa alguma coisa para você?

— Berenice, não vou mentir, fui apaixonadíssimo por Antônia, mas por você meus sentimentos são profundamente verdadeiros.

— Vou esperá-lo à noite.

Osmar entrou no carro e saiu rumo ao clube. O senhor sentia-se bem-disposto. Ao chegar, encontrou com alguns amigos, conversou e decidiu almoçar no restaurante a fim de passar o tempo. Chegou em casa por volta das cinco da tarde e foi com alegria que encontrou com Lucas e Rosângela, que ouviam música na sala de visita.

— Como vai sua mãe, Rosângela?

— Minha mãe está melhor, obrigada.

— Quero vê-la em meu casamento.

— Não perderemos esse evento por nada deste mundo...

Osmar sorriu e pediu licença para descansar para o encontro com a noiva logo mais.

Rosângela, ao ouvir Osmar cantando, disse para Lucas:

— Seu pai está muito bem... Nem parece que ficou doente tempos atrás.

— O amor faz bem para a alma e para o corpo.

— Gostaria que minha mãe se apaixonasse, quem sabe não melhoraria sua saúde!

— Para tudo há o tempo certo... Há pessoas que precisam estar sozinhas. Sua mãe é uma delas, pois se ela assumisse as responsabilidades do casamento, certamente não teria tempo para realizar os trabalhos na Casa Espírita.

— As atitudes altruístas de minha mãe fazem dela uma pessoa maravilhosa.

Naquela noite, Osmar se arrumou com esmero e saiu para ir à casa de Berenice. Abriu a carteira e viu algumas cédulas de alto valor e sorrindo disse:

— Talvez não seja prudente sair com todo esse dinheiro, vou deixar uma parte em casa.

Sorrindo, ele saiu de casa e foi direto para a casa de Berenice. Foi com alegria que viu a moça sair apressada do interior da casa. Berenice, ao ver o carro de Osmar estacionado em frente à sua casa disse sorrindo:

— Admiro sua pontualidade.

— Berenice, hoje vou levá-la para jantar. Depois poderemos ir a um clube dançar algumas valsas.

— Osmar, qualquer lugar é um bom lugar se eu estiver ao seu lado.

O carro zarpou rumo à cidade vizinha onde o casal jantou. Logo depois, ambos foram ao melhor clube da cidade, onde Berenice se sentiu pouco à vontade. Já passava das duas da manhã quando Osmar chegou à casa de Berenice prometendo voltar no dia seguinte.

Ele estava feliz; afinal, Berenice tinha o dom de despertar em seu íntimo um sentimento de juventude de que ele mesmo havia se esquecido. Ao chegar a sua casa, Osmar saiu e abriu o portão para colocar o carro na garagem. Foi nesse momento que um homem se aproximou gritando:

— Passa a grana!

Osmar percebeu que estava sendo assaltado e tirou a carteira do bolso entregando ao meliante. O rapaz, depois de pegar a carteira, disse:

— Cuidado, velho, tem gente querendo seu pescoço...

Osmar não compreendeu e viu quando o rapaz saiu correndo em direção à rua de baixo. Ainda trêmulo, ele entrou em casa e ligou para a polícia, informando que havia sido vítima de um assalto.

Não demorou, uma viatura chegou e pediu que ele informasse tudo o que havia ocorrido, bem como passasse informações a respeito do assaltante.

Já passava das duas horas da madrugada quando Tatão chegou ao bar e encontrou com João Vitor.

Sorrindo, Tatão, disse:

— Pode vestir um terno preto para ir ao velório do velho.

Naquele momento, os sentimentos de João Vitor foram conflitantes. Trêmulo, ele perguntou:

— Tem certeza de que o velho morreu?

— Estourei os miolos do safado e amanhã você verá a notícia no principal jornal da cidade.

— Para todos os efeitos você nunca me viu antes; portanto, suma da cidade.

— Ninguém vai me pegar. Quanto ao senhor, estará livre de qualquer acusação.

Acreditando que o serviço havia sido realizado, João Vitor entrou em seu carro e saiu a toda velocidade. Quando chegou a casa, trancou-se em seu escritório e esperou notícias da casa do pai. Já passava das quatro horas da manhã e ele não havia conseguido conciliar o sono. Naquela noite as horas demoraram a passar. João Vitor sentia-se aflito por não ter notícias do pai.

Entre uma dose e outra de uísque, ele viu o dia clarear na janela de seu escritório. Eram quase sete horas da manhã quando ele ligou para a casa do pai para saber alguma informação. Com o assalto, Osmar passara mal na noite anterior e aconselhado por Cassiano Medeiros, tomou um calmante para dormir.

O telefone tocou, mas Osmar estava sob o efeito do sedativo que tomara na noite anterior. Mal abrindo os olhos, observou o horário e irritado decidiu não atender o telefone. O filho tentou mais algumas vezes sem sucesso, assim decidiu desligar o telefone.

Embora estivesse aflito, repetia que fora obrigado a tomar tal atitude na tentativa de desculpar sua consciência. Maria Alice, ao acordar, percebeu que o marido não dormira ao seu lado e, preocupada, saltou da cama a fim de saber se ele estava em casa.

Ao entrar no escritório, deparou com João andando de um lado para o outro. Percebendo que ele não havia nem mesmo tirado a roupa perguntou:

— João, acaso chegou agora?

— Não diga bobagem! Passei a noite no escritório resolvendo alguns problemas da fábrica.

— Resolvendo problemas de escritório em plena madrugada de sábado? Isso já está passando dos limites; desligue-se da fábrica e comece a prestar mais atenção em sua família.

— Se passo a noite trabalhando é visando ao bem-estar de minha família; portanto, deixe-me em paz, preciso rever alguns contratos.

Maria Alice deixou uma lágrima brilhar em seus olhos e com desprezo disse:

— Você nunca vai mudar. Quando Ademar ficou doente, você chegava mais cedo somente para ficar ao seu lado. Agora que ele está bem, fica trancado neste maldito escritório, trabalhando! Quer saber? Estou farta deste casamento e desta solidão que me consome dia após dia.

— Não diga isso, Alice. Tudo o que faço é pensando em você e em nosso filho.

— Preferia que não pensasse tanto e fosse um marido e pai um pouco mais presente.

Alice rodopiou rapidamente nos calcanhares e saiu do escritório batendo a porta.

João Vitor, ao se ver sozinho, disse irritado:

— Se Maria Alice soubesse o que me vai na alma, não discutiria comigo em plena manhã de domingo.

João Vitor voltou a pensar em seu pai e com ar vitorioso disse:

— Lucas não teve tempo de me ligar informando sobre a morte de papai, talvez seja melhor eu tomar um banho e ir até lá como se não soubesse nada.

João Vitor saiu rapidamente do escritório; passando pela copa tomou uma xícara de café e dirigiu-se ao banheiro. Estava tenso e decidiu deixar a água morna escorrer por suas costas para relaxar um pouco. Passados mais de quarenta minutos, aproximou-se de Maria Alice e disse:

— Alice, vou à casa de meu pai. Quer ir comigo?

— Não há coisa melhor para fazer mesmo... Espere, vou acordar Ademar e me arrumar, demorarei pouco mais de meia hora.

João Vitor estava em verdadeiro desespero. Esperando a esposa e o filho resolveu voltar ao escritório para acalmar os pensamentos. A todo minuto olhava no relógio. Passada uma hora, Maria Alice e Ademar desceram arrumados.

— Que demora! — exclamou João Vitor.

Maria Alice, ignorando o comentário do marido, puxou Ademar em direção à garagem. O marido ligou o carro e todos se dirigiram à casa de Osmar, que na imaginação dele, deveria estar no necrotério municipal.

Ao chegar, João percebeu que a casa estava em silêncio e em pensamento disse: "Certamente não encontrarei ninguém". Descendo do carro, viu Ademar sair correndo em direção à porta principal da casa. João Vitor tocou a campainha e rapidamente a empregada os atendeu dizendo:

— Bom dia, dr. João.

— Onde está meu pai?

— Doutor Osmar ainda não se levantou.

Ao ouvir as palavras da serviçal, João Vitor sentiu seu coração disparar e pensou: "Mas Tatão afirmou ter realizado o trabalho, isso não pode estar acontecendo".

João Vitor decidiu conferir com seus próprios olhos, e sem dizer nada à empregada, dirigiu-se ao quarto do pai e abriu a porta. Osmar, que estava se levantando, perguntou assustado:

— João, o que faz em meu quarto?

— Papai, estava passando por aqui e decidi lhe fazer uma visita.

Osmar, ainda estonteado pelo sedativo, disse com voz pastosa:

— Meu filho, vou tomar um banho e desço em seguida.

João Vitor, antes de se juntar à família, decidiu ir ao banheiro a fim de pensar no que havia acontecido. Ao se aproximar do lavatório, disse com ódio: "Maldito! Tatão me enganou, mas vou procurá-lo nas profundezas do inferno e exigir meu dinheiro de volta!". Ao sair deparou com Maria Alice, que estava à sua procura, e preocupada perguntou:

— João, sente-se bem?

— Sim! Estou ótimo!

A esposa percebeu que alguma coisa estava acontecendo com o marido e não querendo exasperá-lo ainda mais decidiu se calar e descer. Passada meia hora, Osmar desceu e convidou o filho e a família para tomar café da manhã com ele.

Ademar, sorrindo, disse:

— Vovô, estou morrendo de fome, mamãe não me deixou tomar café direito.

— Vamos tomar café e lhes contarei o que me aconteceu na noite anterior.

— O que aconteceu, papai?

— Ontem, ao chegar em casa, fui abordado por um elemento alto, que me assaltou.

— O senhor foi assaltado? Mas como foi acontecer uma coisa dessas?

Osmar relatou calmamente tudo o que havia acontecido e arrematou:

— Ainda bem que eu só tinha algumas cédulas de pouco valor na carteira. Assim que ele pegou o dinheiro, saiu correndo em direção à rua de baixo.

— E o senhor prestou queixa à polícia sobre o ocorrido? — questionou Maria Alice.

— Sim! Os policiais ficaram aqui até as três e meia da manhã. Como passei mal, liguei para Cassiano Medeiros, que mandou que eu tomasse um calmante para dormir.

"Desgraçado! Tatão levou vantagem, mas isso não vai ficar assim", pensou João Vitor.

Depois do café, o filho disse:

— Que bom que não aconteceu nada grave.

— Como assim? Seu pai sofreu um AVC há pouco mais de um ano e um transtorno como esse poderia lhe custar a vida!

Osmar, intrometendo-se na conversa, respondeu:

— Mas João tem razão. Ainda bem que não reagi.

Depois de alguns comentários sobre o assunto, João disse:

— Alice, vamos voltar para casa, ainda tenho alguns contratos para rever.

— Meu filho, esqueça os assuntos de trabalho e tire o dia para passar ao lado de sua família.

— Se o dono da fábrica está dizendo para aproveitar seu tempo com a família, por que passar o domingo trabalhando? — perguntou Maria Alice.

— Está bem, vamos à cidade vizinha passear. Almoçaremos em um bom restaurante e voltamos logo mais à tarde. — Levantando-se contrariado da cadeira e fingindo preocupação, ele completou: — Papai, depois de um susto como esse, não acho de bom-tom que volte para casa tarde da noite.

— Não se preocupe, meu filho, a partir de amanhã contratarei um guarda-costa.

João Vitor pensou: "Aquele incompetente apenas dificultou ainda mais as coisas para mim, mas ele não perde por esperar".

Ao chegarem à cidade vizinha, João Vitor decidiu passear pelo parque, onde as famílias costumavam ir para descansar depois da longa semana de trabalho. Ademar conheceu alguns adolescentes de sua idade que jogavam futebol e logo se juntou a eles. Maria Alice ficou ao lado das outras mães conversando sobre muitos assuntos. João Vitor sentou-se à beira do lago pensando em como pudera ser tão ingênuo a ponto de confiar em um homem como Tatão.

Sentindo verdadeiro ódio do indivíduo, decidiu não mais tentar matar o pai, porém usaria outra maneira de reaver o que lhe pertencia, voltaria a fraudar a fábrica.

O domingo transcorreu tranquilamente. João Vitor e a família só retornaram para a casa no fim da tarde. Ele mentiu que estava com dor de cabeça e trancou-se no escritório, pois sabia que lá ninguém o incomodava.

Com ódio, resolveu sair e ir atrás de Tatão. Alice, não compreendendo a saída do marido, perguntou:

— João, aonde vai?

— Vou à farmácia

— Vai ser difícil encontrar uma farmácia aberta em pleno domingo.

— Vou sair porque preciso respirar um pouco sem ouvir suas cobranças!

— Meu casamento é uma mentira — refletiu com lágrimas nos olhos, depois que o marido bateu a porta. — Sou casada e não tenho um esposo para me fazer companhia...

 No bar onde conhecera Tatão, com arrogância, ele perguntou:

— Onde posso encontrar Tatão?

— O senhor poderá encontrá-lo no barraco que fica no fim da rua.

João Vitor, cego de ódio, chegou ao barraco e a pontapés abriu a porta, porém não encontrou ninguém. Na rua, viu um moleque e quase aos gritos perguntou:

— Menino! Você conhece Tatão?

— Sim!

— E você sabe onde ele está?

— Ele está na casa da namorada.

João perguntou onde era a rua e o menino lhe explicou. Entrando no carro, saiu em alta velocidade e rapidamente chegou ao local. Ao descer, entrou na casa e encontrou Tatão tomando cerveja. Com raiva, disse:

— Seu cretino! Onde está o dinheiro que me roubou?

Tatão levantou-se e tentou fugir, porém João foi mais rápido e pegou-o pelo colarinho da camisa:

— Acaso achou que ia me passar para trás?

Tatão, que tinha um punhal na cintura, sacou e sem pensar tentou acertar João Vitor que se esquivou e o desarmou. O ódio dele foi tanto, que descontou toda sua ira no meliante, que não conseguiu reagir. A namorada de Tatão começou a gritar a plenos pulmões, pedindo socorro para o namorado.

João pegou Tatão e o levou de volta ao seu barraco. Mais uma vez gritou:

— Quero meu dinheiro agora! Ou você me entrega ou eu o mato!

Tatão não era benquisto, por essa razão as pessoas viram-no apanhar, mas não fizeram nada. O elemento pegou o envelope com o dinheiro e o entregou a João, que, não se dando por vencido, pediu também o dinheiro do assalto a seu pai.

— Não me bata! Prometo que arranjarei o dinheiro em uma semana — falou Tatão, que já havia gastado o dinheiro.

João Vitor, ao ver o rapaz caído, aplicou-lhe mais alguns chutes, dirigiu-se ao carro e saiu em alta velocidade. No caminho de volta para sua casa, pensou: "Safado! Recebeu o que merecia".

No carro, conferiu o dinheiro e percebeu que faltava uma parte. Teve ímpetos de voltar e exigir o restante, porém pensou melhor e desistiu; não queria mais ouvir falar de Tatão.

Em casa, extremamente nervoso, viu Maria Alice conversando com Ademar, mas ignorou a presença de ambos e trancou-se no escritório. Ao colocar o dinheiro na gaveta, pensou: "Como não encontro ninguém competente para fazer o serviço, terei de agir sozinho".

29

O enlace

Osmar estava feliz. Finalmente chegara o dia do casamento sem nenhum sobressalto. Na recepção, o juiz de paz estaria presente. Lucas e Rosângela eram testemunhas do pai, e Jorge e a mãe, testemunhas de Berenice.

O senhor mandou que um alfaiate italiano confeccionasse seu terno. Os sapatos eram italianos, comprara em sua última viagem à Europa. Lucas ria por ver o nervosismo do pai, e João Vitor, irritado, dizia:

— Papai gastou uma verdadeira fortuna nesta festa...

— Tudo está lindo... Seu pai tem extremo bom gosto — completou Maria Alice.

— Gosto para ser ridículo — respondeu João indignado.

Osmar conversava com o juiz de paz, que estava sentado atrás de uma mesa recoberta com uma toalha de renda inglesa. Embora fosse de praxe a noiva se atrasar, Berenice chegou pontualmente às dezoito horas e trinta minutos. A orquestra contratada logo começou a tocar a marcha nupcial. Osmar e Berenice dispensaram as formalidades do casamento na igreja.

O juiz de paz oficializou o enlace e logo após os convidados foram servidos. A viagem de lua de mel começaria em Portugal, depois ambos iriam para a Espanha e terminariam na Itália.

Na cerimônia havia pessoas ilustres e até alguns políticos, que foram prestigiar o enlace do amigo. Lucas se dividiu dando atenção para a namorada, para a sogra e para outros convidados.

João Vitor, observando a alegria dos noivos, incansavelmente dizia:

— Papai é ridículo! Onde já se viu um homem de sua idade se prestar a um papelão desse!

Sabendo que o marido era totalmente contra o casamento do pai, Maria Alice ouvia seus comentários sem nada dizer.

Eram quase onze horas da noite quando Osmar se despediu de alguns convidados e dirigiu-se a um hotel. A viagem estava marcada para o dia seguinte.

Os convidados de Berenice não se sentiram à vontade, porém todos se comportaram muito bem, alegrando a noiva. O casamento foi um sucesso e conquistou os elogios de críticos do jornal da cidade.

Um mês havia se passado desde o casamento de Osmar e Berenice. Ainda havia quem comentasse sobre a festa muita bem organizada. Berenice mudou-se para a casa de Osmar, e Lucas fazia de tudo para deixá-la à vontade.

Desde que se casara, ela deixou de trabalhar como enfermeira na fábrica do marido e passou a cuidar somente da casa. Osmar estava extremamente feliz. Depois da viagem, ele retornou ao trabalho em uma segunda-feira.

Berenice ligava incansavelmente para o marido, perguntando se estava tudo bem no trabalho; afinal, preocupava-se com seu estado de saúde, que naquele momento não poderia estar melhor.

Naquela tarde Lucas entrou nervoso no escritório do pai e, sentando-se à sua frente, disse:

— Papai, Rosângela precisa de férias, dona Nair não está nada bem.

Osmar, então, lembrou-se da promessa que fizera à pobre mulher de levá-la ao médium que incorporava o Espírito do dr. Fritz em Congonhas.

— Meu filho, prometi levá-la a Congonhas, em Minas Gerais, para consultar o médium José Pedro de Freitas.

Lucas, sem saber de quem se tratava, perguntou:

— Quem é esse homem, papai?

— José Pedro de Freitas, mais conhecido como Zé Arigó. Ele tem realizado muitas curas com o auxílio do espírito de um médico alemão chamado dr. Fritz. Diga a dona Nair que vou levá-la na próxima semana a Congonhas e Rosângela pode nos acompanhar.

— Papai, quero conhecer esse médium.

Osmar, que com o passar do tempo havia desenvolvido fé em seu coração, disse:

— Diga a Rosângela para não se preocupar, pois em breve sua mãe estará curada.

— Mas como o senhor pode ter tanta certeza de que dona Nair ficará curada?

— Meu filho, eu soube de uma senhora de Copacabana, que estava acometida por uma séria doença no sangue e seus dias estavam praticamente contados. Com o coração cheio de esperança, ela procurou o médium, seguiu à risca seus conselhos e quando refez os exames, dois meses depois, ficou constatado que ela estava curada. Fiquei sabendo de relatos de várias pessoas que foram curadas por esse médium, por esse motivo tenho certeza de que dona Nair ficará bem.

— Doutor Osmar, quem diria que um dia o senhor iria se tornar um homem de fé...

— Filho, antes, eu não pensava em nada que não fosse dinheiro e bens materiais, mas com os conhecimentos espíritas e as provas apresentadas, não há como refutar o bem que os espíritos fazem aos seres encarnados.

— Quando vamos a Minas Gerais?

— Podemos ir sexta-feira. Se for preciso ficamos a semana inteira em Congonhas.

Lucas, sorrindo, pediu licença e foi informar a namorada de que iriam a Congonhas na sexta-feira seguinte.

Osmar, ao ver a alegria do filho, pensou: "Não há presente maior do que ver a felicidade de um filho...".

Lucas entrou em seu escritório e encontrou Rosângela com os olhos vermelhos. Sorrindo, disse:

— Querida, sua mãe ficará curada do mal de Chagas, tenha fé.

— Do que está falando?

Lucas lhe contou sobre a conversa com o pai e o relato de cura da mulher em Copacabana. Rosângela, apesar de ser espírita, não aprendera a desenvolver plenamente sua fé, e com descaso disse:

— Não vejo motivos para viajarmos para tão longe. Não existe cura para o mal de Chagas.

— Rosângela, como pode dizer uma coisa dessas? Para Deus nada é impossível.

— Lucas, não podemos viver apenas de fé, antes temos de prestar atenção à nossa realidade.

— A realidade da vida é muito difícil. Sabemos que vivemos em um planeta de provas e expiações. Já imaginou se a perdermos? A fé é o combustível para continuarmos vivos.

— Mamãe e eu não temos dinheiro para fazermos essa viagem.

Lucas, que não conhecia o lado orgulhoso de Rosângela, respondeu:

— Dinheiro não é problema, para nós o importante é que dona Nair fique curada.

— Curada... Que ilusão!

— Diga a sua mãe que vamos a Congonhas na sexta-feira à noite.

Rosângela não respondeu, apenas voltou sua atenção para alguns papéis que estavam em sua mesa.

Antes de ficar doente, Osmar era o último a sair da fábrica, mas depois do casamento, o dono passou a sair antes dos funcionários. Naquela mesma noite, Osmar e Berenice fizeram uma visita para dona Nair. Encontraram-na sentada em uma velha cadeira de balanço.

Osmar, sorrindo, perguntou:

— Como vai, minha amiga?

— Meu bom amigo, a fadiga e o cansaço não me abandonam, passo o dia inteiro sentada nesta cadeira, esperando o nada — respondeu Nair, respirando com dificuldade.

— O que acha de irmos ao médium mineiro atrás da cura para o mal de Chagas?

— Ir a Congonhas é o meu sonho... Mas não sei se aguento uma viagem longa.

— Estou pretendendo levá-la a Congonhas na sexta-feira.

— Esse médium é minha última esperança.

Osmar falou sobre a viagem e salientou que não era necessário ela se preocupar com dinheiro, pois ele arcaria com todas as despesas. Ao ouvir, Rosângela sentiu-se incomodada, e intrometendo-se na conversa disse:

— Doutor, peço que façamos essa viagem perto do dia do meu pagamento...

— Faremos seu pagamento na quinta-feira.

O PASSADO ME CONDENA

A jovem, percebendo que não conseguiria contradizer o sogro e patrão, ficou calada, sem força para argumentar.

— Convidarei Cassiano Medeiros para nos acompanhar.

Osmar e Berenice ficaram conversando com Nair sobre assuntos espirituais e depois de pouco mais de uma hora, foram à casa da mãe de Berenice.

Assim que Rosângela se viu sozinha com Lucas disse:

— Não gostei da ideia de viajarmos neste fim de semana. Ainda faltam alguns dias para o pagamento.

— Rosângela, meu pai quer me ver feliz e para que eu seja plenamente feliz é necessário que você também esteja.

— Lucas, o orgulho ainda é para mim um grande entrave.

— Para muitos é assim, mas no seu caso poderá custar a vida de sua mãe.

— É como diz dona Wanda, o orgulho e o egoísmo caminham de mãos dadas causando grandes danos para a alma.

— Vamos a Congonhas e, como disse meu pai, não se preocupe com nada, seu pagamento será adiantado em alguns dias para que não se sinta humilhada.

A moça, ao pensar na mãe que passava o tempo todo sentada em sua velha cadeira de balanço, respondeu:

— Muito bem! Se for para curar minha mãe, nós vamos.

Lucas a abraçou e disse:

— Se há esperança, por que desperdiçá-la com orgulho, que não levará a lugar algum?

— Tem razão! O importante é que minha mãe volte completamente curada. Esta semana ela procurou um cardiologista e ele disse que seria necessário colocar um marcapasso para ajudar nos batimentos cardíacos.

— Não se preocupe, nada disso será necessário.

— Como pode ter tanta certeza de que esse médium vai resolver o problema de minha mãe?

— A certeza vem da fé.

— E então o que decidiram? — perguntou Berenice, que os encontrou do lado de fora da casa.

— A decisão é apenas uma: vamos a Congonhas e mamãe será consultada pelo médium.

— Sábia decisão! Osmar convidará o dr. Cassiano Medeiros para nos acompanhar, para uma eventual necessidade.

Na sexta-feira à noite, todos estavam a caminho de Congonhas, em Minas Gerais, levando uma grande esperança no coração. Cassiano Medeiros e a esposa os acompanharam. Ao todo, foram três carros. No primeiro, Osmar, Berenice e Nair. No segundo, Lucas e Rosângela. No terceiro, Cassiano Medeiros, a esposa e Wanda, uma trabalhadora da Casa Espírita.

Os três carros chegaram à cidade de Congonhas no dia seguinte. Embora a viagem fosse cansativa, Nair passou bem e não houve sobressalto. Naquele sábado, Osmar, Cassiano Medeiros e Lucas deixaram as mulheres em uma hospedaria e saíram à procura da Casa Espírita Jesus de Nazaré, pois ficaram sabendo que o médium atendia naquele local.

Havia muitas pessoas na fila e foi Cassiano Medeiros quem disse:

— Vamos conversar com o médium e pedir que ele atenda primeiramente Nair, pois seu estado de saúde não permitirá que ela fique na fila por tanto tempo.

Os três entraram na Casa Espírita e lá encontraram um homem simples, que levava um crucifixo no bolso e cortava o olho esquerdo de um jovem.

Lucas ficou intrigado, porém permaneceu calado e viu quando o médium manuseou com destreza a faca no olho do rapaz, dizendo em seguida:

— Vá para casa e siga as instruções que vou lhe dar.

O rapaz levantou-se sem demonstrar desconforto. Cassiano Medeiros, como médico, aproximou-se do médium e disse:

— Desculpe incomodá-lo, mas trouxe uma senhora que sofre do mal de Chagas e está cada vez mais debilitada. Gostaria de lhe pedir que a atendesse, pois ela não vai aguentar ficar muito tempo na fila.

O médium respondeu com sotaque diferente:

— Todos somos iguais perante Deus; portanto, peço que aguarde no fim da fila.

Cassiano Medeiros, percebendo que havia sido inconveniente, desculpou-se:

— Cumprirei suas ordens.

Os três foram procurar o fim da fila, que estava extremamente grande. Lucas, então, disse:

— Ficarei na fila. Digam a Rosângela para trazer dona Nair somente quando estiver chegando nossa vez. Vamos avisá-la.

Cassiano Medeiros, percebendo que o rapaz estava com fome, disse:

— Vamos fazer o seguinte, procure uma pensão para se alimentar enquanto espero na fila. Depois, será a minha vez.

Osmar decidiu:

— Lucas vai procurar uma boa pensão para almoçar, depois vai o dr. Cassiano Medeiros. Eu fico por último.

— Precisamos avisar as mulheres que ficaremos aguardando na fila, caso contrário elas ficarão preocupadas.

Assim foi feito. Os três homens se revezaram, pois sabiam que Nair não aguentaria esperar ali, em pé. Cassiano Medeiros estava na fila quando um homem disse:

— Faz dois dias que estou aguardando. Acredito que ficarei esperando por mais uns dois dias...

— O que o senhor tem?

— Tenho problemas no estômago e os médicos disseram que é aquela doença ruim, mas tenho certeza de que esse santo homem vai me curar.

Passadas algumas horas, uma caravana que vinha da Argentina chegou e formou-se uma enorme fila atrás deles. Os três passaram dia e noite aguardando. Depois de três dias, finalmente estava chegando a vez Nair, e ela foi para a fila.

Quando entrou para se consultar, Nair sentia um imenso cansaço tomar conta de seu ser. O médium olhou para ela e disse:

— A senhora tem um problema sério no coração, mas com a graça de Deus sairá daqui plenamente curada. — Assim, pegou um crucifixo escuro, levou-o à testa de Nair, e depois de fazer uma prece, começou a massagear seu coração, dispensando-a: — Vá em paz! Sua fé a curou.

Nair, que entrara cansada, logo sentiu suas forças voltarem e o cansaço desaparecer. Cassiano Medeiros ficou perplexo ao ver como o médium agia em determinados casos.

Nair, ao sair, disse sorrindo para a filha:

— Querida, fui curada, com a graça de Deus.

— Mamãe, não se entusiasme tanto... Ainda terá de refazer alguns exames.

Todos retornaram para casa na quarta-feira. Cassiano Medeiros, ao chegar, fez questão de examiná-la e pedir novos exames. O médico sabia que o coração de Nair estava dilatado e seus batimentos cardíacos eram inconstantes.

Depois de dois dias, os resultados ficaram prontos e, para a surpresa de todos, o coração de Nair estava em seu tamanho normal e o eletrocardiograma não acusava nenhuma irregularidade em seus batimentos cardíacos.

Cassiano Medeiros, ao pegar os resultados, foi pessoalmente ter com Osmar em seu trabalho. Sorrindo, disse:

— Meu amigo, trago-lhe boas-novas. Estes são os resultados dos exames de Nair. Veja, ela está totalmente curada!

— Ela já sabe dos resultados?

— Ainda não — respondeu o médico. — Gostaria de conversar com Rosângela antes de ir ter com Nair.

Osmar pediu à secretária que fosse chamar Lucas e Rosângela para que o próprio Cassiano Medeiros lhes desse a notícia. Assim que entraram, o médico, em tom sério, perguntou:

— Como está dona Nair?

— Depois que foi a Congonhas passou a ser outra pessoa. Tem disposição para fazer qualquer tipo de trabalho e já não apresenta mais a fadiga de outrora. Minha mãe ficou sugestionada pelo médium mineiro, mas isso fez bem a ela.

Cassiano Medeiros, percebendo a incredulidade nas palavras dela, respondeu:

— Veja os resultados dos exames de sua mãe antes de ir a Minas Gerais e note como o coração dela está duas vezes maior que o normal. Neste eletrocardiograma que fizemos, as batidas são irregulares.

Rosângela, sem compreender, perguntou:

— Mas por que está me mostrando exames antigos?

— Aqui estão os exames que fizemos depois da visita ao médium mineiro. Seu coração está em tamanho normal e as batidas estão regulares. Esse é o motivo pelo qual sua mãe se sente tão bem-disposta.

— O que isso quer dizer, doutor?

— Isso quer dizer que sua mãe está curada! — interferiu Lucas emocionado.

Rosângela deixou brilhar uma lágrima em seus olhos, e olhando para Cassiano Medeiros, perguntou:

— Isso é verdade, dr. Cassiano Medeiros?

— Sim! Sua mãe não sofre mais do mal de Chagas.

Rosângela chorou copiosamente, e abraçada a Lucas disse:

— Como pude ser tão incrédula?

— Não se culpe, todos nós vacilamos na fé uma hora ou outra.

— Doutor, minha mãe já sabe que está curada?

— Ainda não.

— Por favor, quando for dar-lhe a notícia, quero estar presente — pediu Rosângela.

Osmar, radiante diante da notícia, disse:

— Convido-os para almoçarem em minha casa. Rosângela, você está dispensada do trabalho por hoje.

Lucas sentiu-se feliz. Lançando um olhar súplice ao pai continuou:

— Papai, hoje o trabalho está tranquilo e gostaria de dividir esse momento com Rosângela e dona Nair.

— Olha o prejuízo...

Todos desataram a rir diante da brincadeira de Osmar. Rosângela saiu do trabalho para avisar a mãe que iriam almoçar na casa de Osmar. Na hora do almoço, todos que haviam ido a Congonhas estavam presentes. Foi Osmar quem disse:

— Hoje é um dia feliz para todos nós, pois Deus nos agraciou com sua misericórdia.

— Até agora não estou compreendendo o motivo dessa comemoração — falou Nair.

Cassiano Medeiros, sorrindo, passou a explicar os resultados dos exames e finalizou:

— Minha amiga, o que estamos lhe dizendo é que está curada e que o mal de Chagas não vai mais importuná-la.

Nair, chorando, disse:

— Façamos uma prece em agradecimento a Deus e ao espírito do dr. Fritz, que me curou.

O PASSADO ME CONDENA

Cassiano Medeiros foi o responsável pela prece e com alegria todos foram encaminhados à sala de jantar para comemorarem a cura definitiva de Nair.

Logo após o almoço, o médico se despediu, dizendo que teria de ir ao hospital para visitar seus pacientes. Lucas levou mãe e filha para casa e Osmar aproveitou a tarde para ficar ao lado de Berenice.

Todos estavam encantados com a cura de Nair. Não restava dúvida, a mulher fora curada de maneira espetacular.

Se antes Rosângela se esquivava de qualquer responsabilidade na Casa Espírita, depois da cura da mãe entregou-se de corpo e alma às obras assistenciais da Casa Espírita, em demonstração viva de fé.

❦ João Vitor passou a desviar dinheiro da fábrica. Como responsável pela compra de matéria-prima, começou a emitir documentos superfaturados. Depositava o dinheiro em uma conta que abrira em outro banco para o pai não descobrir.

Lucas, às vezes, avisava o pai que estava faltando material e que alguma máquina estava parada por falta de matéria-prima. Osmar sabia que o filho era capaz de tudo, assim, contratou uma auditoria sem que João soubesse.

Não demorou para que o auditor descobrisse as fraudes de João Vitor. Assim que Osmar soube dos feitos do filho chamou-o em sua sala.

— João Vitor, a partir de hoje você não faz mais parte do quadro de funcionários da fábrica.

— Por que estou sendo destituído?

— Você não está sendo destituído, você está sendo literalmente demitido da fábrica, por justa causa.

— Por quê?

— Talvez não precise dizer, você sabe a razão. Não trabalhei a vida inteira para ser roubado por um filho ingrato! Já lhe perdoei uma vez. Agora, sem que você soubesse, coloquei um auditor para checar as contas da fábrica e descobri mais tramoias e trapaças.

Lívido, João Vitor tentou argumentar, porém Osmar pegou o telefone e ordenou ao chefe do Departamento de Pessoal a dispensa do filho.

João Vitor, gritando, disse:

— Ninguém vai me tirar do meu trabalho!

— Se você não sair por bem, serei obrigado a chamar a polícia e mostrar as provas que tenho; portanto, escolha: a rua ou a prisão.

João Vitor, percebendo que o pai estava falando sério, optou por arrumar suas coisas e ir embora. Antes de sair, disse:

— Queria que estivesse morto!

Osmar voltou sua atenção aos papéis que estavam sobre sua mesa, ignorando completamente as palavras do filho. Assim que saiu da sala, Osmar deixou as lágrimas banharem seu rosto. Quando se recompôs, pediu à secretária que chamasse Lucas.

Lucas, que não sabia da auditoria, ao entrar, disse sorrindo:

— Mandou me chamar, meu pai?

— Sim, entre e feche a porta. A conversa será longa.

Osmar contou tudo o que havia descoberto e apresentou as provas. Em seguida, disse:

— Acabei de demitir seu irmão! Não posso ter em um cargo de confiança alguém em que pessoalmente não confio.

— E agora, quem vai preencher a vaga de João Vitor?

— Você!

— Papai, não sou digno desse cargo, peço que coloque alguém em quem confie.

— Não quero pessoa estranha ocupando o cargo do seu irmão. Confio em você e sei que não vai cometer os mesmos erros.

— Vou pensar e no fim da tarde lhe dou uma resposta.

A secretária de João Vitor foi chamada e Osmar mandou que ela pegasse todos os contratos e pedidos de material para as máquinas. Ao ver os pedidos de clientes, Osmar logo percebeu o porquê de muitos terem deixado de ser clientes.

Ao olhar para um ponto indefinido, Osmar disse:

— João desviou muito dinheiro da fábrica; portanto, não terá direito a nenhuma parte da herança.

Osmar sentiu-se desgastado; afinal, jamais imaginara que o filho fosse ambicioso a ponto de roubá-lo.

Com o dinheiro que João Vitor desviou da fábrica, ele comprou algumas injetoras e montou uma pequena fábrica que fazia concorrência com o pai. Enquanto tinha dinheiro, conseguiu manter algumas das injetoras que comprara, mas com a falta de um vendedor competente, seu material foi ficando estocado. Sem conseguir vender o material, o dinheiro começou a minguar. Não demorou para ser obrigado a demitir alguns funcionários, pois não conseguia pagar nem mesmo a energia do galpão.

João Vitor começou a fazer empréstimos no banco, a juros altíssimos e, sem conseguir saldar a dívida, finalmente o banco lhe tomou as máquinas. Osmar ficou sabendo dos apuros financeiros do filho, porém se manteve impassível, embora isso lhe causasse muita preocupação.

João Vitor foi obrigado a vender a casa em que vivia e comprou uma menor. Os carros também foram vendidos, restando apenas um para seu uso pessoal.

Lucas estava com pena da situação do irmão, porém sabia que seu pai não voltaria atrás. Maria Alice começou a trabalhar em um banco para ajudar o marido, que ficava o dia inteiro em casa, folheando o jornal, na tentativa de arranjar um emprego à sua altura.

Certa tarde, estando Antônia com uma companheira de trabalho, disse ao ver o filho:

— João Vitor foi tragado por sua própria ganância.

A companheira de Antônia respondeu:

— Certa vez um sábio me disse: "O plantio é livre, mas a colheita é obrigatória".

Ademar também começou a trabalhar em uma loja de sapatos. Foi com tristeza que Lucas informou seu pai sobre a situação financeira do irmão.

Osmar, apesar de ser um homem enérgico em suas decisões, foi até a loja de sapatos onde o neto trabalhava e ao vê-lo perguntou:

— Seu pai está trabalhando?

— Está desempregado, graças ao senhor.

— Vamos almoçar comigo. Você precisa saber de algumas coisas que certamente seu pai não lhe contou.

O rapaz, obedecendo-lhe, seguiu-o até um restaurante próximo. Enquanto almoçavam, Osmar relatou todos os fatos, sem poupar o neto sobre a maneira inescrupulosa que o pai vinha agindo no decorrer dos anos.

Ademar, ao ter conhecimento do roubo, disse:

— Vovô, papai nos disse que o senhor vivia a persegui-lo e que foi demitido por injustiça.

— Meu neto, seu pai inventou histórias a meu respeito, mas não contou por que fui obrigado a tomar tal decisão.

— Quando era criança, costumava ver meu pai como um herói, mas quando cresci pude ver que ele não era o herói que eu imaginava — disse Ademar chorando.

— Ademar, quero que peça a conta do seu trabalho e venha trabalhar comigo na fábrica.

— Vovô, estou juntando dinheiro para cursar uma faculdade...

— Não se preocupe, que pagarei a sua faculdade e você terá o tempo necessário para estudar.

— Mas vou trabalhar em quê?

— O que acha de trabalhar no departamento de vendas da fábrica?

— Papai não vai gostar de saber que estou trabalhando na fábrica.

— Você tem o direito de tomar suas próprias decisões. Seu pai tomou as dele e hoje sofre. Quanto a você, quero que estude e trabalhe e seja um homem honesto, coisa que infelizmente seu pai não foi.

— Eu aceito, vovô! Não quero terminar meus dias como meu pai, que passa o dia olhando o jornal e dizendo que não nasceu para esse ou aquele serviço.

— Vá e faça o que lhe pedi. Peça demissão do trabalho e depois vamos à fábrica.

Naquela tarde, Ademar voltou feliz para casa e contou sobre a proposta do avô e as vantagens que teria em trabalhar na fábrica.

João Vitor estava desleixado, com a barba por fazer e com um jornal na mão, quando disse:

— Não quero você metido com seu avô! Quer que ele faça com você o que fez comigo?

— Não se faça de vítima! Vovô me contou sobre os roubos na fábrica e sobre sua incompetência em administrar seu próprio negócio! Vou trabalhar com ele, pois sou jovem e tenho um futuro imenso pela frente; preciso aproveitar a oportunidade que a vida está me oferecendo.

— Se for trabalhar com seu avô, não será mais meu filho!

— Quem deveria ter dito isso ao senhor era vovô, que foi roubado!

— Seu avô é um mentiroso! E tem mais: quando aquele velho maldito morrer, reaverei o que é meu por direito.

— Mamãe trabalha todos os dias e chega nervosa. A culpa disso tudo é sua; se não tivesse sido tão ganancioso, não estaríamos nesta situação; o senhor me dá pena!

Embora João Vitor estivesse vivendo em uma situação precária, seu orgulho não o abandonou.

— Fora da minha casa! Ingrato!

Ademar pegou algumas roupas e saiu decidido. Iria ao banco para se despedir da mãe.

30
A arte de perdoar

 E o tempo passou inexorável...

Maria Alice trabalhava havia três anos no banco quando começou a sentir fortes dores nas articulações. João Vitor arrumara diversos empregos, mas pela sua arrogância não conseguiu se manter em nenhum deles. Maria Alice começou a emagrecer a olhos vistos, e, a pedido de Ademar, Osmar começou a pagar o tratamento da nora. O médico Cassiano Medeiros a atendia ao lado de outro facultativo da cidade vizinha. Depois dos exames, foi constatado que ela estava com leucemia em estado adiantado.

Como João Vitor não tinha dinheiro para pagar as despesas de hospitais e exames, Osmar permitiu que eles fossem morar em uma de suas casas. Ademar estudava engenharia em uma cidade vizinha.

Maria Alice começou a apresentar hematomas e inchaço em todo o corpo. Certa manhã, depois de sofrer a noite inteira com fortes dores, fechou os olhos para a vida na Terra.

Pela primeira vez João Vitor sentiu-se completamente sozinho. No velório, viu Lucas, que entrou de mãos dadas com Rosângela e perguntou:

— Qual é a data do nascimento de seu filho?

— Segundo as contas do médico, o nascimento será em novembro.

Rosângela procurou um lugar para se sentar e ficou observando Ademar, que deixava suas lágrimas banharem o rosto da mãe. No enterro, ele segurou uma alça do caixão e dizia sem parar:

— Mamãe, um dia estaremos juntos...

Assim que o caixão baixou à sepultura, uma chuva torrencial caiu. Todos procuravam um lugar para se proteger. João Vitor dizia:

— Alice, perdoe-me por não ter sido o marido que você merecia...

Berenice, que permanecia ao lado de Osmar, ficou observando com comoção os lamentos de João Vitor e disse ao marido:

— João Vitor precisa de seu apoio neste momento.

— Não sinto pena dele, pois está colhendo o que plantou. Se não tivesse sido tão ganancioso, talvez não estivesse passando por essa situação.

Berenice, com pena da situação de João, murmurou:

— Erros, quem não os comete? Você como pai tem o dever de amparar seu filho nessa dor.

— Eu não podia ter escolhido pessoa melhor para terminar meus dias...

Nesse momento, Osmar pegou um guarda-chuva, e, aproximando-se do filho disse:

— Meu filho, sua esposa se foi. Agora pense no que será de sua vida daqui por diante.

Olhando para o caixão, quase que totalmente recoberto de terra, ele respondeu:

— Papai, não há mais tempo para mim. Passei a vida inteira querendo ajuntar dinheiro e não pensei na família que tinha; nem mesmo meu filho ficou ao meu lado.

— "Deus nos concede uma página nova no livro do tempo, o que escreveremos nela correrá por nossa conta."

Osmar observou que o filho já não usava mais as roupas caras de antes nem seus sapatos estavam devidamente lustrados. De maneira compassiva, disse:

— Meu filho, está na hora de recomeçar; portanto, compareça à fábrica na segunda-feira.

— Sempre julguei minha esposa como uma dondoca inconsequente, que só pensava em gastos e nada mais; mas foi no momento de maior desespero que pude notar a preciosidade que tinha em minha companhia; nem dinheiro, nem posição social poderão trazer Alice de volta.

— João, você fez o que julgou certo, mas aprendeu a duras penas que a ambição desmedida é como um câncer, que destrói os sentimentos mais nobres!

Encostando a cabeça no ombro do pai, João Vitor disse chorando:

— Papai, agora é tarde para mim, o meu passado me condena.

Ao dizer essas palavras, um filme de horror passou na mente de João Vitor. Ele lembrou-se de suas armações para matar o pai, do quanto fizera Maria Alice se sentir sozinha, evitando sua companhia, e da ambição que o impedira de usufruir plenamente a vida familiar.

Osmar, acariciando-lhe os cabelos em desalinho, comentou:

— Meu filho, o passado condena todos nós.

João Vitor olhou mais uma vez para a cova de Maria Alice, e sentindo a dor da solidão voltou para casa. Desalentado, pensou: "Antes me trancava no escritório para ficar sozinho, hoje gostaria muito que Maria Alice estivesse ao meu lado. Por que pensamos tanto em dinheiro se ao morrermos nada levamos deste mundo? A vida para mim perdeu o sentido. Não tenho mais minha esposa e meu filho se voltou contra mim! Tentei matar meu próprio pai e ficar com toda a sua fortuna. De que me serviria o dinheiro dele? Mesmo que eu tivesse conseguido meu intento, hoje estaria me sentindo ainda mais sozinho".

O espírito da mãe se fez a seu lado e quase em desespero gritou:

— João! Não faça isso! Não se esqueça de que para cada ação há uma reação.

João, que havia pegado o revólver e levado à boca, sentiu um tremor nas mãos e rapidamente colocou a arma na gaveta. Chorando, disse:

— Sou um verme! Nem mesmo para me suicidar eu tenho coragem!

Antônia, espalmando a mão sobre a cabeça do filho, emanou luzes claras que fizeram com que suas pálpebras pesassem a ponto de fazer com que recostasse a cabeça sobre a mesa e adormecesse.

João Vitor não era nem a sombra do homem orgulhoso de outros tempos. Antônia, que permanecia ao seu lado, olhou para sua companheira e disse:

— João poderá voltar a trabalhar com o pai, mas há algo que o dinheiro jamais poderá comprar...

— Do que está falando?

— A consciência, minha irmã... Não há dinheiro que possa desculpar uma consciência ferida.

O tempo passou, João voltou a trabalhar na fábrica do pai e Osmar aposentou-se e dividiu a fábrica em três partes: Berenice, Lucas e João Vitor.

João não mais voltou ao seu antigo cargo e dedicou-se somente a cuidar da produção. Ademar trabalhava na parte administrativa ao lado de Lucas e outros funcionários.

João Vitor conheceu a Doutrina Espírita e fez visível progresso. Certa vez, convidado a fazer uma palestra na Casa Espírita disse:

— Não estou apto a ensinar quem quer que seja, cometi muitos erros e me arrependo de todos eles.

Wanda, sorrindo, disse:

— João Vitor, a única coisa que Deus espera de cada um de nós é o arrependimento sincero de nossos erros e não o sentimento de culpa que chega a esmagar o nosso espírito.

Ele, ao se lembrar do dia do enterro de Maria Alice, respondeu:

— Não poderei fazê-lo, pois meu passado me condena e minha consciência também.

Certa tarde, na colônia espiritual, Antônia conversava com Margarida quando olhou para cima e disse:

— Deus é infinitamente bom. Ele está sempre disposto a nos ajudar.

— Saber disso é um bálsamo para a alma, pois todos nós cometemos erros, porém é importante aprendermos a perdoar os outros e a nós mesmos. Acompanhei sua aflição, minha irmã, mas em meu íntimo sabia que João iria recobrar o bom senso.

Nesse momento, Maria Alice se aproximou de Antônia e de Margarida e disse:

— Sobre o que estão falando?

— Estávamos falando sobre o perdão amplamente difundido para todas as criaturas, quer encarnadas ou não — Antônia respondeu.

— João tem feito muitos progressos, apesar de ser ambicioso sempre foi um bom pai e um bom marido; infelizmente, estava preso à ilusão de que a posse dos bens materiais era a âncora, que isso iria lhe dar felicidade.

— João compreendeu que para sermos felizes não dependemos do quanto temos, mas antes do que realmente somos...

Margarida, sorrindo, completou:

— Ele não só se arrependeu de seus atos passados, mas muito sofrerá se continuar achando que seu passado o condena; portanto, temos de vibrar muito amor para que ele possa se perdoar sem olhar para os fios do passado.

Fim

Leia estes envolventes romances do espírito Margarida da Cunha
Psicografia de Sulamita Santos

Doce Entardecer

Paulo e Renato eram como irmãos. O primeiro, pobre, um matuto trabalhador em seu pequeno sítio. O segundo, filho do coronel Donato, rico, era um doutor formado na capital que, mais tarde, assumiria os negócios do pai na fazenda. Amigos sinceros e verdadeiros, desde jovens trocavam muitas confidências. Foi Renato o responsável por levar Paulo a seu primeiro baile, na casa do doutor Silveira. Lá, o matuto iria conhecer Elvira, bela jovem que pertencia à alta sociedade da época. A moça corresponderia aos sentimentos de Paulo, dando início a um romance quase impossível, não fosse a ajuda do arguto amigo, Renato.

À Procura de um Culpado

Uma mansão, uma festa à beira da piscina, convidados, glamour e, de madrugada, um tiro. O empresário João Albuquerque de Lima estava morto. Quem o teria matado? Os espíritos vão ajudar a desvendar o mistério.

Desejo de Vingança

Numa pacata cidade perto de Sorocaba, no interior de São Paulo, o jovem Manoel apaixonou-se por Isabel, uma das meninas mais bonitas do município. Completamente cego de amor, Manoel, depois de muito insistir, consegue seu objetivo: casar-se com Isabel mesmo sabendo que ela não o amava. O que Manoel não sabia é que Isabel era uma mulher ardilosa, interesseira e orgulhosa. Ela já havia tentado destruir o segundo casamento do próprio pai com Naná, uma bondosa mulher, e, mais tarde, iria se envolver em um terrível caso de traição conjugal com desdobramentos inimagináveis para Manoel e os dois filhos, João Felipe e Janaína.

Laços que não se Rompem

Em idos de 1800, Jacob herda a fazenda de seu pai. Já casado com Eleonora, sonha em ter um herdeiro que possa dar continuidade a seus negócios e aos seus ideais. Margarida nasce e, já adolescente, conhece Rosalina, filha de escravos, e ambas passam a nutrir grande amizade, sem saber que são almas irmanadas pelo espírito. O amor fraternal que sentem, e que nem a morte é capaz de separar, é visível por todos. Um dia, a moça se apaixona por José, um escravo. E aí, começam suas maiores aflições.

Os Caminhos de Uma Mulher

Lucinda, uma moça simples, conhece Alberto, jovem rico e solteiro. Eles se apaixonam, mas para serem felizes terão de enfrentar Jacira, a mãe do rapaz. Conseguirão exercitar o perdão para o bem de todos? Um romance envolvente e cheio de emoções, que mostra que a vida ensina que perdoar é uma das melhores atitudes que podemos tomar para a nossa própria evolução.

O Passado Me Condena

Osmar Dias, viúvo, é um rico empresário da indústria plástica. Os filhos, João Vitor, casado, forte e independente, é o vice-diretor; e Lucas, o oposto do irmão, é um jovem, feliz, alegre e honesto. Por uma fatalidade, Osmar sofre um AVC e João Vitor tenta de todas as maneiras abreviar a vida dele. Contudo, depois de perder os seus bens mais preciosos, João se dá conta de que não há dinheiro que possa desculpar uma consciência ferida. E ele terá um grande desafio: perdoar-se sem olhar para os fios do passado.

Leia os romances de Schellida!
Emoção e ensinamento em cada página!
Psicografia de Eliana Machado Coelho

CORAÇÕES SEM DESTINO – Amor ou ilusão? Rubens, Humberto e Lívia tiveram que descobrir a resposta por intermédio de resgates sofridos, mas felizes ao final.

O BRILHO DA VERDADE – Samara viveu meio século no Umbral passando por experiências terríveis. Esgotada, e depois de muito estudo, Samara acredita-se preparada para reencarnar.

UM DIÁRIO NO TEMPO – A ditadura militar não manchou apenas a História do Brasil. Ela interferiu no destino de corações apaixonados.

DESPERTAR PARA A VIDA – Um acidente acontece e Márcia passa a ser envolvida pelo espírito Jonas, um desafeto que inicia um processo de obsessão contra ela.

O DIREITO DE SER FELIZ – Fernando e Regina apaixonam-se. Ele, de família rica. Ela, de classe média, jovem sensível e espírita. Mas o destino começa a pregar suas peças...

SEM REGRAS PARA AMAR – Gilda é uma mulher rica, casada com o empresário Adalberto. Arrogante, prepotente e orgulhosa, sempre consegue o que quer graças ao poder de sua posição social. Mas a vida dá muitas voltas.

UM MOTIVO PARA VIVER – O drama de Raquel começa aos nove anos, quando então passou a sofrer os assédios de Ladislau, um homem sem escrúpulos, mas dissimulado e gozando de boa reputação na cidade.

O RETORNO – Uma história de amor começa em 1888, na Inglaterra. Mas é no Brasil atual que esse sentimento puro irá se concretizar para a harmonização de todos aqueles que necessitam resgatar suas dívidas.

FORÇA PARA RECOMEÇAR – Sérgio e Débora se conhecem e nasce um grande amor entre eles. Mas encarnados e obsessores desaprovam essa união.

LIÇÕES QUE A VIDA OFERECE – Rafael é um jovem engenheiro e possui dois irmãos: Caio e Jorge. Filhos do milionário Paulo, dono de uma grande construtora, e de dona Augusta, os três sofrem de um mesmo mal: a indiferença e o descaso dos pais, apesar da riqueza e da vida abastada.

PONTE DAS LEMBRANÇAS – Ricos, felizes e desfrutando de alta posição social, duas grandes amigas, Belinda e Maria Cândida, reencontram-se e revigoram a amizade que parecia perdida no tempo.

MAIS FORTE DO QUE NUNCA – A vida ensina uma família a ser mais tolerante com a diversidade.

MOVIDA PELA AMBIÇÃO – Vitória deixou para trás um grande amor e foi em busca da fortuna. O que realmente importa na vida? O que é a verdadeira felicidade?

MINHA IMAGEM – Diogo e Felipe são irmãos gêmeos. Iguais em tudo. Até na disputa pelo amor de Vanessa. Quem vai vencer essa batalha de fortes sentimentos?

Obras de Irmão Ivo: leituras imperdíveis para seu crescimento espiritual
Psicografia da médium Sônia Tozzi

O Preço da Ambição
Três casais ricos desfrutam de um cruzeiro pela costa brasileira. Tudo é requinte e luxo. Até que um deles, chamado pela própria consciência, resolve questionar os verdadeiros valores da vida e a importância do dinheiro.

A Essência da Alma
Ensinamentos e mensagens de Irmão Ivo que orientam a Reforma Íntima e auxiliam no processo de autoconhecimento.

A Vida depois de Amanhã
Cássia viveu o trauma da separação de Léo, seu marido. Mas tudo passa e um novo caminho de amor sempre surge ao lado de outro companheiro.

Quando chegam as Respostas
Jacira e Josué viveram um casamento tumultuado. Agora, na espiritualidade, Jacira quer respostas para entender o porquê de seu sofrimento.

O Amor Enxuga as Lágrimas
Paulo e Marília, um típico casal classe média brasileiro, levam uma vida tranquila e feliz com os três filhos. Quando tudo parece caminhar em segurança, começam as provações daquela família após a doença do filho Fábio.

Somos Todos Aprendizes
Bernadete, uma estudante de Direito, está quase terminando seu curso. Arrogante, lógica e racional, vive em conflito com familiares e amigos de faculdade por causa de seu comportamento rígido.

No Limite da Ilusão
Marília queria ser modelo. Jovem, bonita e atraente, ela conseguiu subir. Mas a vida cobra seu preço.

O Passado ainda Vive
Constância pede para reencarnar e viver as mesmas experiências de outra vida. Mas será que ela conseguirá vencer os próprios erros?

Almas em Conflito
Cecília é casada com Joaquim e ambos têm três filhos: Teresa, Lucas e Marilda. Mas uma fatalidade leva Teresa para o plano espiritual. Joaquim abandona Cecília e os filhos, e passa a viver sua vida como gosta: de maneira egoísta. Apesar das adversidades, Cecília conhece Francisco e por ele se apaixona. Sua vida passa por transformações penosas, mas não injustas: o débito é sempre proporcional à dívida que se contrai em uma existência anterior e imprudente.

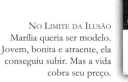

Renascendo da dor
Raul e Solange são namorados. Ele, médico, sensível e humano. Ela, frívola, egoísta e preconceituosa. Assim, eles acabam por se separar. Solange inicia um romance com Murilo e, tempos depois, descobre ser portadora do vírus HIV. Começa, assim, uma nova fase em sua vida, e ela, amparada por amigos espirituais, desperta para os ensinamentos superiores e aprende que só o verdadeiro amor é o caminho para a felicidade.

Romances imperdíveis!
Psicografia de Maurício de Castro

Nada é para Sempre
Clotilde morava em uma favela. Sua vida pelas ruas a esmolar trocados e comida para alimentar o pequeno Daniel a enchia de revolta e desespero. O desprezo da sociedade causava-lhe ódio. Mas, apesar de sua condição miserável, sua beleza chamou a atenção de madame Aurélia, dona da Mansão de Higienópolis, uma casa de luxo em São Paulo que recebia clientes selecionados com todo o sigilo. Clotilde torna-se Isabela e começa então sua longa trilha em busca de dinheiro e ascensão social.

Ninguém Lucra com o Mal
Ernesto era um bom homem: classe média, trabalhador, esposa e duas filhas. Espírita convicto, excelente médium, trabalhava devotadamente em um centro de São Paulo. De repente, a vida de Ernesto se transforma: em uma viagem de volta do interior com a família, um acidente automobilístico arrebata sua mulher e as duas meninas. Ernesto sobrevive... Mas agora está só, sem o bem mais precioso de sua vida: a família.

Herdeiros de Nós Mesmos
Herdeiros de Nós Mesmos
A fazenda Boa Esperança era uma verdadeira mina de ouro. Durante anos, vinha sustentando a família Caldeiras com luxo e muito dinheiro. Mas o velho Mariano, dono de todo aquele império, agora estava doente e à beira da morte. Uma emocionante obra que nos mostra as consequências do apego aos bens materiais, sobretudo quando ele contamina o amor entre as pessoas, gerando discórdia e desarmonia.

O Preço de uma Escolha
Neste emocionante romance, uma trama repleta de momentos de suspense, com ensinamentos espirituais que vão nos ajudar no decorrer de nossa vida a fazermos sempre as escolhas certas sem prejuízo ao semelhante.

Sem Medo de Amar
Até quando o nosso medo de amar vai impedir que sejamos felizes? Hortência, Douglas e Amanda venceram esse desafio.

Ninguém Domina o Coração
Luciana e Fabiano têm uma relação apaixonada, mas a vida separa o casal. Luciana não vai desistir e quer se vingar. Um enredo cheio de suspense, vingança e paixão, no qual descobrimos que ninguém escolhe a quem amar, mas que o caminho do verdadeiro amor deve sempre ser preenchido pelo perdão incondicional, não importando as mágoas de um doloroso passado.

Donos do Próprio Destino
Lucélia era uma mulher sofisticada. Empresária, dona de muitos negócios na Europa, pouco vinha ao Brasil. Seus filhos, os jovens Caio e Nicole, foram praticamente criados pela tia, Virgínia, irmã de Lucélia. Em uma de suas raras passagens pelo Brasil, Lucélia decide que os filhos devem voltar com ela para a Europa. A notícia cai como uma bomba naquela família. Estava em curso um ajuste de compromissos do passado, no qual todos estavam entrelaçados e remonta ao século XVIII. Este romance instigante e cheio de mistérios, aborda assuntos como adultério, amor sem preconceito, vingança, paixão e resignação, mostrando-nos que todos nós somos donos do nosso próprio destino e responsáveis por tudo o que nos acontece. Cabe a nós fazermos as escolhas corretas, pois a harmonização de compromissos do passado é inevitável.

Livros da médium Eliane Macarini

Resgate na Cidade das Sombras
Virginia é casada com Samuel e tem três filhos: Sara, Sophia e Júnior. O cenário tem tudo para ser o de uma família feliz, não fossem o temperamento e as oscilações de humor de Virginia, uma mulher egoísta que desconhece sentimentos como harmonia, bondade e amor, e que provoca conflitos e mais conflitos dentro de sua própria casa.

Obsessão e Perdão
Não há mal que dure para sempre. E tudo fica mais fácil quando esquecemos as ofensas e exercitamos o perdão.

Aldeia da Escuridão
Ele era o chefe da Aldeia da Escuridão. Mas o verdadeiro amor vence qualquer desejo de vingança do mais duro coração.

Comunidade Educacional das Trevas
Nunca se viu antes uma degradação tão grande do setor da Educação no Brasil. A situação deprimente é reflexo da atuação de espíritos inferiores escravizados e treinados na Comunidade Educacional das Trevas, região especializada em criar perturbações na área escolar, visando sobretudo desvirtuar jovens ainda sem a devida força interior para rechaçar o mal.

Amazonas da Noite
Uma família é alvo de um grande processo obsessivo das Amazonas da Noite, uma falange de espíritos comandada pela líder Pentesileia. Elas habitam uma cidadela nas zonas inferiores e têm como inspiração as amazonas guerreiras de tempos remotos na Grécia.

Vidas em Jogo
Nesta obra, a catastrófica queda de jovens no mundo dos vícios e torpezas até a ascensão, que liberta e dignifica a própria existência. Uma lição de vida, que toca fundo no coração.

Berço de Luz
Rachel vive vários conflitos agravados pelo descontrole do pai, César, um homem que se embriaga com frequência e a maltrata. Inês, a mãe, é totalmente submissa ao marido autoritário. Esta obra nos mostra que a vida é um constante renascer, um processo contínuo de melhoria e evolução. Muitas vezes pelo sofrimento. Mas a dor é uma amiga passageira, aceitemos as dificuldades e logo um novo dia irá brilhar, mais bonito, mais radiante e mais feliz!

Só o Amor Pode Vencer
Dois jovens, Rebecca e Heitor, encontram-se novamente nesta encarnação para realizarem sonhos antigos de vidas passadas, dos tempos em que ele era um cavalariço e ela uma menina rica, com grande mediunidade. A história desses amigos nos mostra que é possível vencer qualquer obstáculo na vida, desde que tenhamos o firme propósito de superar limitações e problemas, na certeza de que, só com caridade, união, fé e fraternidade, as conquistas aparecerão.

Leituras envolventes de Tanya Oliveira

LONGE DOS CORAÇÕES FERIDOS
Em 1948, dois militares americanos da Força Aérea vão viver emoções conflitantes entre o amor e a guerra ao lado da jornalista Laurie Stevenson.

O DESPERTAR DAS ILUSÕES
A Revolução Francesa batia às portas do Palácio de Versalhes. Mas dois corações apaixonados queriam viver um grande amor.

A SOMBRA DE UMA PAIXÃO
Um casamento pode ser feliz e durar muitos anos. Mas um amor de outra encarnação veio atrapalhar a felicidade de Theo e Vivian.

DAS LEGIÕES AO CALVÁRIO
O espírito Tarquinius nos relata fatos ocorridos em uma época de grande conturbação no Império Romano. Vinicius Priscus, orgulhoso legionário romano, retorna a Roma com a intenção de desencadear violenta perseguição aos cristãos. Para tanto, procura realizar algumas alianças, como com Ischmé uma bela, ambiciosa e influente cortesã em Roma e Caius Pompilius, seu melhor amigo.

DUDA – A REENCARNAÇÃO DE UMA CACHORRINHA
Uma ligação tão forte que nem a morte foi capaz de separar. Uma história de afeto e dedicação a uma amiga inseparável: Duda, que assim como nós, também reencarnou para viver novas experiências na Terra.

ANTE O SILÊNCIO DAS ESFINGES
A emocionante e envolvente trajetória de vida de Olívia em outra encarnação, no Antigo Egito, no período da XVIII dinastia. Sua vida ao lado de Hatshepsut, a rainha faraó, a filha Neferure e Tutmés III, consolida a certeza de que a vida é eterna e de que todos nos reencontraremos um dia, além da vida física, com nossos amados do coração!

Obras da médium Vera Lúcia Marinzeck de Carvalho

Rosana, a Terceira Vítima Fatal
Suspense, morte e o reencontro, na espiritualidade, de Rosana e Rafael, dois personagens vítimas da violência.

Amai os Inimigos
O empresário Noel é traído pela esposa. Esse triângulo amoroso irá reproduzir cenas do passado. Após seu desencarne ainda jovem, Noel vive um novo cotidiano na espiritualidade e se surpreende ao descobrir quem era o amor de sua ex-esposa na Terra.

Escravo Bernardino
Romance que retrata o período da escravidão no Brasil e apresenta o iluminado escravo Bernardino e seus esclarecimentos.

Véu do Passado
Kim, o "menino das adivinhações", possui intensa vidência desde pequeno e vê a cena da sua própria morte.

O Rochedo dos Amantes
Um estranha história de amor acontece no litoral brasileiro num lugar de nome singular: Rochedo dos Amantes.

Um Novo Recomeço
Nelson era um empresário rico. Autoritário e dominador, conduzia a empresa e a família sem maiores problemas. Tudo estava indo bem, até que o pior aconteceu. Depois de uma discussão com o filho, ele sentiu-se mal, adormeceu e acordou em sua própria casa, mas com tudo diferente. "O que aconteceu?", indagou-se várias vezes. Ninguém o via, a esposa não lhe dava atenção e as empregadas o ignoravam. Este emocionante enredo nos faz pensar de imediato: "E se fôssemos nós no lugar de Nelson, como nos defrontaríamos com a desencarnação?".

espíritos Guilherme, Leonor e José
Em Missão de Socorro
Histórias de diversos resgates realizados no Umbral por abnegados trabalhadores do bem.

espírito Rosângela (infantil)
O Pedacinho do Céu Azul
História da menina cega Líliam cujo maior sonho era ver o céu azul.